SEIRI CENEDL Y CYMRY

GWYNFOR EVANS

Seiri Cenedl y Cymry

Gwynfor Evans

GWASG GOMER
1986

Argraffiad cyntaf — Rhagfyr 1986
Ail Argraffiad—Rhagfyr 1987

ISBN 0 86383 244 X

Ⓗ   Gwynfor Evans

Argraffwyd gan J. D. Lewis a'i Feibion Cyf.,
Gwasg Gomer, Llandysul, Dyfed

I
Rhiannon

RHAGAIR

Llyfr yw hwn am bobl a gyfrannodd at adeiladu a chryfhau cenedl y Cymry. Perthynant oll i'r gorffennol bywiog ond y maent yn dal yn fyw yn ein plith ni heddiw yn y cwmwl tystion gogoneddus a'n hamgylchyna. Wrth eu dwyn ar gof mewn llyfr, gobeithiaf galonogi'r rhai a weithia dros ddyfodol cenedlaethol.

Rhan o dristwch bywyd Cymru yw na chaiff hanes cymeriadau'r llyfr hwn ac eraill tebyg, ddim neu fawr ddim, lle mewn llu o ysgolion ein gwlad; ond da gweld bod lleiafrif cynyddol o ysgolion yn rhoi lle teilwng i'n hanes cenedlaethol. Anghofio ein rhagflaenwyr ddoe yw anghofio pwy ydym heddiw, a ffurf ar anghofio, meddir, yw marwolaeth. Pan anwybyddir hanes, meddai Simone Weil, dinistrir hanes, a dinistrio hanes, meddai, yw'r drosedd fwyaf oll. Mae anghofio ein hynafiaid neu anwybyddu eu hanes yn ffordd o ddinistrio'r genedl. Dyna pam y bu'r polisi o gadw hanes Cymru allan o ysgolion Cymru yn mynd law yn llaw â chadw'r iaith allan.

Nid yw'r sawl sy'n gwybod dim am orffennol Cymru, neu sy'n ddirmygus ohono, yn mynd i godi bys bach dros ei dyfodol hi. Y mae bwrw golwg dros ein bywyd cenedlaethol yn amlygu hyn. Yn unig trwy adeiladu yn fwriadus ymwybodol ar seiliau'r gorffennol y llwyddwn i greu amodau parhad gwerthoedd ac iaith a diwylliant y genedl.

Wrth reswm rhoddais ddehongliad cenedlaetholwr o Gymro ar y ffeithiau gan ddibynnu'n llwyr ar waith ymchwil y cwmni ardderchog o haneswyr a'n gosododd ym meddiant gorffennol y genedl. Iddynt hwy y mae fy nyled yn bennaf. Anrheithiais eu llyfrau a'u hysgrifau'n ddigywilydd, a benthyg ambell ymadrodd, heb nodi'r ffynonellau.

Fy mab Dafydd Prys, a awgrymodd y llyfr, biau'r ysgrifau ar Garadog, Cunedda, Maelgwn Gwynedd, Arthur, Cadwallon a Merfyn Frych. I'r graddau hynny, cywaith yw'r llyfr.

Rwy'n ddiolchgar i'r rhai a wnaeth luniau, i Siân Bailey am y llun o Taliesin; i Elwyn Ioan am luniau o Arthur a Chunedda; i Dafydd Prys am dri llun, i Rhiannon am bymtheg, ac i Alcwyn Deiniol am bum llun camera.

Gwynfor Evans

CYNNWYS

CYNNWYS (*parhad*)

Mab oedd Caradog i'r brenin Cynfelyn, Cymbeline Shakespeare, a lywodraethai'r Trinovantes i'r gogledd-ddwyrain o Lundain yng nghyfnod gweinidogaeth a chroeshoeliad Iesu Grist ac wedyn. Camulodunum, Colchester yn swydd Essex, oedd y brifddinas. Erbyn ei farw yn y flwyddyn 40 roedd Cynfelyn wedi uno gwlad y Trinovantes â gwlad y Catuvellauni i'r gogledd-orllewin o Lundain yn un wladwriaeth gref. Rhwng 40 a'r flwyddyn 43 bwriodd Caradog ymlaen â'r gwaith hwn gan dynnu gwlad yr Atrebates i'r de-orllewin o Lundain i mewn i'w deyrnas hefyd. Ffôdd Ferica, brenin yr Atrebates, i Rufain a gofyn i'r Ymerawdwr ymyrryd ar ei ran.

Ymosododd y Rhufeiniaid yn y flwyddyn 43. Pan laddwyd ei frawd hŷn daeth Caradog yn brif frenin y Brythoniaid, ac y mae'n bosibl fod y Cymry yn ei dderbyn fel uwch-frenin hyd yn oed cyn iddo ddod i'w harwain yn 48. Ar ôl concro'r rhan fwyaf o Loegr erbyn y flwyddyn 46 penderfynodd Rhufain oresgyn Cymru hefyd. 48 O.C. a welodd eu hymosodiad, a dyna pryd y daeth Caradog yn arweinydd uniongyrchol y Cymry. Gan iddo arwain ymdrech Gymreig unedig yn erbyn y Rhufeiniaid, gallwn yn hyderus ei alw'n frenin cyntaf Cymru. Dan arweiniad y gŵr nobl hwn y daw'r Cymry gyntaf i lwyfan hanes.

Sefydlodd Caradog bencadlysoedd yn ardaloedd y Deceang-liaid yng Nghlwyd a'r Ordoficiaid yng Ngwynedd. Yng Ngwent a Morgannwg arweiniodd y Silwriaid, a ddisgrifir gan Tacitus fel pobl â wynebau tywyll a gwallt cyrliog. Efe oedd yr arwein-ydd yn y frwydr fawr yn y flwyddyn 51 ar ffin Powys. Mae dau fryn ar y goror a elwir Caer Caradog o hyd. Mae'n debyg i'r Rhufeiniaid ddod i Gymru gyda phymtheng mil o filwyr, nifer enfawr yn y dyddiau hynny. Fe'u hwynebwyd gan Garadog gyda byddin o saith mil wrth ei gefn wedi eu gosod ar safle cryf, ar fryn uwchlaw afon yn ardal Caersws y mae'n debyg. Pan geis-iodd y Rhufeiniaid groesi'r afon a dringo'r bryn cawsant golledion trwm. Yna, ar orchymyn Ostorius eu harweinydd codasant eu tariannau dros eu pennau ac ymglosio at ei gilydd gan ffurfio to cadarn a elwid *testudo*. Dywedir y gallai ceffylau a

1

CARADOG   *Llyfrgell Genedlaethol*

chertiau groesi'r to hwn heb ddamwain. Ni allai gwaywffyn a cherrig ffyn-tafl y Cymry niweidio'r gelyn dan do mor amddiffynnol gadarn. Cyrhaeddwyd byddin Caradog, a chyda'i fwyafrif llethol o filwyr disgybledig llwyddodd Ostorius i gario'r dydd.

Bu'n rhaid i Garadog ffoi i deyrnas y frenhines Cartimandua yng Ngogledd Lloegr. Trwy dwyll traddododd hi'r brenin i ddwylo'r Rhufeiniaid. Fe'i dygwyd yn garcharor i Rufain a'i arwain mewn cadwyni drwy'r torfeydd gwatwarus a lenwai strydoedd y ddinas. Er hynny gwnaeth argraff ddofn. Gydag ymddygiad brenhinol cerddai â'i ben yn uchel. Siaradodd â'r senedd mewn modd eofn ac urddasol. Penderfynwyd peidio â'i ladd, penderfyniad a deifl oleuni ar wroldeb arweinydd y Cymry yn ogystal â thrugaredd yr Ymerodraeth. Cofiwyd yn hir amdano yng Nghymru. Parhaodd tywysogion Gwent a Morgannwg i gario'i enw am fil o flynyddoedd.

Ar ôl colli Caradog daliodd y Cymry i frwydro. Ymhen deuddeng mlynedd ar ôl y goresgyniad cyntaf gorchfygwyd yr Ordoficiaid pan ymosodwyd ar Ynys Môn, prif ganolfan derwyddon Prydain a Gâl. Distryw'r derwyddon oedd digwyddiad mwyaf syfrdanol hanes cynnar Cymru. Ond dinistriwyd un o'r cadarnleoedd Rhufeinig gan wŷr Gwent, a threchwyd byddin gref o filwyr traed a gwŷr/meirch a ddanfonwyd ato; bu'n rhaid wrth fyddin o ddeuddeng mil i adfer y sefyllfa. Collwyd nifer fawr o filwyr profiadol yr Ymerodraeth yn y buddugoliaethau Cymreig hyn. Ychydig yn ddiweddarach dinistriwyd dwy uned Rufeinig arall a bu farw Ostorius o dan straen ei golledion. Dathlwyd hyn gan y Cymry trwy fuddugoliaeth dros fyddin o bum mil. Erbyn hyn yr oedd pob caer Rufeinig mewn perygl ar hyd gororau Cymru, ac o achos maint ei cholledion yng Nghymru bu Rhufain yn dwys ystyried ymadael â Phrydain yn gyfangwbl. Concrwyd Lloegr mewn tair blynedd, ond mor ddiweddar â'r flwyddyn 79, dros genhedlaeth ar ôl eu goresgyniad cyntaf, roedd y Rhufeiniaid yn dal i frwydro'n ffyrnig yn neheudir Cymru a'r gogledd.

Er iddynt gael eu gorchfygu yn y diwedd ni bu'r Cymry'n bobl hawdd eu rheoli. Bu gwrthryfel ar ôl gwrthryfel, a thrwy gydol eu harhosiad ym Mhrydain bu'n rhaid i'r Rhufeiniaid gadw tua'r bymthegfed ran o holl fyddinoedd eu hymerodraeth fawr ar ffin Cymru. Caer a Chaerleon oedd dwy o dair prif ganolfan eu llengoedd ar Ynys Prydain

Darganfu archaeolegwyr gartref Caradog gan gynnwys eitemau y bu ef ei hun yn eu trafod, gwydr a chrochenwaith drud o'r cyfandir a gwaith haearn o safon uchel. Daethpwyd o hyd i'r tŷ yn ardal Sheepen ger Colchester, ond erbyn hyn y mae'r *North East Essex Technical College* yn sefyll ar y fan fel troed eliffant ar ben gloÿn byw.

MAGNUS MAXIMUS — MACSEN WLEDIG c.335-388

Gadawodd y gwareiddiad Rhufeinig ei ôl yn drwm ar fywyd Cymru, ar ei meddwl a'i gwerthoedd, ei chyfraith a'i chrefydd, ei hiaith a'i llên a'i diwylliant. Ynghyd â'r rhwydwaith o fil o filltiroedd o ffyrdd, paratôdd y drefn Rufeinig y ffordd ar gyfer ymffurfio trigolion Cymru yn gymuned genedlaethol. Nid yw'n ormod dweud mai yng nghrud yr Ymerodraeth Rufeinig y maged cenedl y Cymry; a phan ysgubwyd yr Ymerodraeth Orllewinol i ffwrdd gan y barbariaid, o'r holl genhedloedd a fu'n rhan ohoni, Cymru'n unig a fu byw trwy'r Oesoedd Canol. Daeth y goresgyniad Rhufeinig i ben yn derfynol pan ddygodd Magnus Maximus yr olaf o'i filwyr o Gymru yn y flwyddyn 383.

Celt o Galicia yn Sbaen oedd Maximus a siaradai iaith Geltaidd debyg i'r Frythoneg. Wedi iddo ddilyn gyrfa filwrol lwyddiannus yn y lluoedd Rhufeinig daeth i Brydain yn 368 fel cadfridog gyda Theodosius, tad Theodosius Fawr a'i lladdodd ugain mlynedd yn ddiweddarach. Daethant yma am fod Prydain Rufeinig wedi cael ei thaflu y flwyddyn gynt i anhrefn enbyd gan ymosodiad dinistriol a wnaeth y Pictiaid a'r Gwyddelod nerthol mewn cydweithrediad â'r Sacsoniaid. Amlygodd y cydweithio hwn, a ddygodd y Pictiaid dros y môr yn eu cyryglau di-lyw mor bell i'r de-ddwyrain â Chaint, fedr milwrol a gwleid-yddol eithriadol. Nid ymadferai economi Prydain byth ar ôl eu hymgyrch fawr.

MACSEN WLEDIG   *Dewi Prys Thomas*

Yn y rhyfela llwyddiannus a ddilynodd sonnir yn arbennig
am fuddugoliaeth fawr gan Maximus yn erbyn y Pictiaid, a
chysylltir ei enw ag ail-adeiladu Mur Hadrian. Roedd ail-godi'r
mur yn rhan o gynllun newydd radical i amddiffyn yr Hen
Ogledd a roddai'r cyfrifoldeb am yr amddiffyniad yn llwyr yn
nwylo'r brodorion o dan awdurdod eu penaethiaid. Rhoddwyd
taleithiau tebyg o ran maint i ganton Rhufeinig o dan eu
rheolaeth ac fe'u cydnabyddwyd yn swyddogion Rhufeinig
gyda holl fri ac awdurdod Rhufain wrth eu cefn. Canlyniad
gwleidyddol y cynllun, a symudai'r holl filwyr Rhufeinig i
ffwrdd, oedd gwneud y taleithiau yn gwbl ymreolus. Y swyddog
a benodwyd i reoli'r Votadini o gwmpas Caeredin oedd Paternus,

tad-cu Cunedda Wledig, a adnabuwyd fel Padarn Beisrudd oherwydd y clogyn porffor a wisgai fel arwydd o'i awdurdod Rhufeinig. Disgynnodd ei awdurdod ef a'r penaethiaid eraill i'w meibion, gan sefydlu'r teuluoedd brenhinol a ddaeth yn enwog yn ystod oes arwrol yr Hen Ogledd.

Dyma'r drefn a gymhwysodd Maximus at y sefyllfa Gymreig cyn ei ymadawiad yn 383. Rhoddwyd amddiffyniad y taleithiau Cymreig yn erbyn y Gwyddelod—nhw oedd y perygl mawr yma—yn nwylo'r brodorion, a thynnwyd pob milwr Rhufeinig o'r wlad, genhedlaeth cyn i hynny ddigwydd yn Lloegr. Ar ôl 383 nid oes dim ôl milwyr Rhufeinig yng Nghaernarfon, na sôn am yr ugeinfed lleng yng Nghaer, nac ychwaith am yr ail leng yng Nghaerleon. Yr oedd Cymru bellach yn gwbl annibynnol ar y drefn ymerodrol Rufeinig. Noda'r flwyddyn 383, gan hynny, ddechrau trefn ymreolus Gymreig a fyddai'n dod i ben yn derfynol naw can mlynedd yn ddiweddarach gyda dienyddiad y Tywysog Dafydd ym 1283. Mewn dwy dalaith rhoddwyd yr amddiffyn yn nwylo gwŷr nad oeddynt o Gymru. Tywysog Gwyddelig a'i bobl a sefydlwyd gan Macsen ym Mhenfro i amddiffyn y fro rhag eu cyd-Wyddelod. Hen arfer Rufeinig oedd hyn; yn nwyrain Lloegr dygwyd Almaenwyr i mewn i'w amddiffyn yn erbyn eu cyd-Almaenwyr. Yn y cyd-destun hwn y mae'n rhesymol gosod Cunedda a groesodd y môr gyda'i bobl o Fanaw Gododdin.

Ymestynnai hanner cylch o deuluoedd brenhinol a hawliai berthynas â Magnus Maximus o iseldirodd yr Alban trwy Ynys Manaw a Phowys i Ddyfed a draw i Fôr Hafren. Ac nid yw'r honiad ei fod wedi priodi tywysoges Gymreig yn amhosibl. Os do, priodas wleidyddol fuasai hi. Ond mae'n bosibl i'r brenhinoedd hawlio perthynas ag ef am fod Magnus Maximus wedi ymddiried amddiffyniad eu teyrnasoedd i'w teuluoedd.

I'r drefn a sefydlodd ef y mae diolch na orchfygwyd Cymru gan y barbariaid a goncrodd bob gwlad Ewropeaidd arall a fu yn yr Ymerodraeth Rufeinig. Ffaith nodedig yw mai'r Cymry'n unig o holl bobloedd yr Ymerodraeth a wrthsafodd y barbariaid Almaenaidd yn llwyddiannus. Yn ystod y ddwy ganrif ar ôl ei ymadawiad tyfodd oddi-mewn i'r drefn a sefydlodd Maximus yng Nghymru genedl a oedd yn unigryw fel unig etifedd gwareiddiad Rhufain yn yr ynysoedd hyn. Y mae i Macsen Wledig a'r flwyddyn 383, gan hynny, le allweddol yn hanes y genedl Gymreig.

Yn y flwyddyn 383, pan oedd Maximus wedi cwblhau'r gwaith o drefnu amddiffyniad gwledydd Prydain, fe'i cyhoeddwyd yn ymerawdwr gan ei filwyr. Casglodd ei luoedd ynghyd a chroesodd i Ffrainc. Cred rhai mai baner y ddraig borffor a gariwyd ar flaen ei luoedd yw rhagflaenydd Draig Goch Cymru. Ymhlith ei filwyr yr oedd catrawd y Seguntionses, sef gwŷr Caer Segeint—Caer Seint chwedloniaeth Cymru—a oedd o bosibl yn osgordd bersonol a gariai enw Caernarfon. Cafodd lwyddiannau mawr a chyflym yn Ffrainc a Sbaen, ac am bum mlynedd bu'n gyd-ymerawdwr llwyddiannus gyda Theodosius a'r bachgen Valentinian. Danfonodd ei fab Victor, a gafodd y teitl Awgwstws, yn ddiymdroi at Valentinian ifanc i geisio rheolaeth arno. Tystiai'r hanesydd Rhufeinig Orosius fod Maximus 'yn ŵr o egni ac unplygrwydd, teilwng o fod yn Awgwstws'. Sefydlodd ei lys yn Trèves, tref ymerodrol Geltaidd ei hiaith, prif ganolfan Cristnogaeth i'r gogledd o'r Alpau.

Cristnogion o argyhoeddiad dwfn oedd Maximus a'i wraig a buont eu dau mewn perthynas â phrif arweinydd Cristnogol y cyfnod, Sant Martin o Tours. Eithr o fewn pum mlynedd, mewn rhyfel yn erbyn Theodosius, ymladdodd ei frwydr olaf yn ymyl Aquileia ger Trieste yn rhan uchaf yr Adriatig gyda'r Seguntionses o'i gwmpas. Fe'i lladdwyd ar 28 Gorffennaf, 388. Gwnaeth Theodosius a'r sefydliad Rhufeinig eu gorau glas i lwyr ddileu'r cof amdano; a danfon cadfridog i Gâl i ladd Victor, fel na châi olynydd o'r teulu.

Mae'n bosibl i'w filwyr Cymreig ffeindio'u ffordd i Lydaw ar ôl ei farw, er bod Nennius yn honni eu bod wedi ymsefydlu yno yn union wedi i Maximus ddod yn ymerawdwr. Datblygir y thema hon gan Sieffre o Fynwy. Cysylltir Magnus Maximus gan hynny â chychwyniad dwy genedl Geltaidd, Cymru a Llydaw.

Fel Macsen Wledig yr adnabuwyd ef yn hanes a chwedlon-
iaeth Cymru. Efe yw'r cyntaf i'w alw'n Wledig, teitl a roddwyd
i uwch-arglwydd sydd hefyd yn arweinydd milwrol. Fe'i
rhoddwyd wedyn i Gunedda, Ceredig, Emrys ac Urien Rheged.
Mae'n arwyddocaol na elwir Arthur a Gwrtheyrn yn Wledig;
nid oes sôn am y naill fel llywodraethwr gwleidyddol na'r llall
fel arweinydd milwrol.

Trawsnewidiwyd hanes Magnus Maximus gan y cyfarwydd-
iaid Cymreig a roes i Facsen Wledig le yn ein chwedloniaeth
sy'n ail yn unig i Arthur. Yn *Breuddwyd Macsen*, un o'r
hyfrytaf o straeon yr oesoedd canol, gwelodd yr ymerawdwr
ifanc mewn breuddwyd yn Rhufain Elen Luyddog brydferth, a
chyrchu Caernarfon i'w phriodi, gan fyw yno am saith mlynedd.
Rhêd themâu clasurol cwbl anhanesyddol trwy'r chwedl ond
seilir peth o'i chynnwys ar ffeithiau hanesyddol. Y mae tra-
ddodiadau sy'n annibynnol ar y chwedl a gadarnha gysylltiad
Macsen â Chaernarfon a hefyd ei briodas â thywysoges o
Gymraes; ac y mae traddodiadau sy'n ei gysylltu â dechreuadau
Cristnogaeth yng Nghymru. Wrth gwrs, yr oedd yr Eglwys
Gristnogol yn bod ym Mhrydain o leiaf dri chwarter canrif cyn
amser Macsen; danfonwyd tri esgob Brythonig i Synod Arles yn
314, ac aeth Pelagius, y meddyliwr Cristnogol mawr a ddeuai
efallai o ardal Penfro, i Rufain tua'r un pryd ag ymadawiad
Maximus.

Un o storïau mawr hanes yw amddiffyniad y dreftadaeth
Gristnogol Gymreig am fil o flynyddoedd. Dylai fod mor fawr
yn ein chwedl ag yw ecsodus ychydig filoedd o Iddewon o'r
Aifft yn eu hanes hwy. Macsen Wledig a roes gyfrifoldeb yr
amddiffyn ar ysgwyddau'r Cymry. Pan ymadawodd ef yn 383
roedd ei waith dros Gymru wedi ei wneud, yn ddiarwybod iddo
wrth reswm. Cychwynnodd ef y flwyddyn honno ar ci daith hir
fel ymerawdwr trwy Ffrainc a'r Eidal i'w farwolaeth yn Aquileia
ger glannau'r Adriatig; a chychwynnodd Cymru hithau ar ei
hymdaith hir fel cenedl trwy un cant ar bymtheg o flynyddoedd
o hanes. Ceisio codi gwrthglawdd i ddiogelu ymerodraeth yn y
cornelyn hwn o'r ddaear a wnâi Magnus Maximus heb feddwl

ei fod yn gosod seiliau gwleidyddol bywyd cenedl. Diflannodd yr ymerodraeth ers mil a hanner o flynyddoedd; mae'r genedl yma o hyd, yn fregus iawn mae'n wir, ond yn fawr ei phosibiliadau er ei diymadferthwch gwleidyddol.

CUNEDDA c. 370 - 430

Rhyfedd meddwl mai i ŵr o'r Alban y mae diolch fod Cymraeg yn iaith y Cymry, ond dyna'r ffaith. Cunedda yw'r gŵr hwnnw. Fe'i maged yn agos i Gaeredin ym Manaw Gododdin—parhaodd yr enw hyd heddiw yn Clackmannan—yn fab i Aeturnus (Edern) ac yn ŵyr i Paternus Pesrut (Padarn Peisrudd). Yr oedd Aeturnus a Paternus yn benaethiaid Cristnogol a gydnabuwyd yn llywodraethwyr eu gwlad gan Rufain fel rhan o bolisi Magnus Maximus o gydnabod penaethiaid brodorol yn gynghreiriaid, er mwyn iddynt amddiffyn eu gwledydd. Dyma'r polisi a ddilynwyd ar ôl yr ymosodiad enbyd o ddifrodus a wnaed ar Loegr gan Wyddelod, Pictiaid a Saeson ar y cŷd yn y flwyddyn 367. Y cysylltiad Rhufeinig sy'n esbonio'r enwau Lladin. Roedd y gair Peisrudd a gariodd Paternus yn arwydd o awdurdod Rhufeinig. Efallai y medrai'r penaethiaid rywfaint bach o Ladin, ond ffurf gynnar ar Gymraeg oedd eu hiaith. Dyna fu iaith deheudir yr Alban a'r rhan fwyaf o bobl gogledd Lloegr hyd yr wythfed ganrif. Yn wir, parhaodd yn Ystrad Clud am ganrifoedd wedyn.

Mae'n rhesymol credu mai yn unol â pholisi Magnus Maximus y daeth Cunedda i Gymru. Cyn i Maximus ymadael â Phrydain yn 383 gosododd reolaeth Cymru yn nwylo penaethiaid Cymreig, ar wahân i waelod Dyfed. Sefydlodd y rhain deuluoedd brenhinol a barhaodd yn hir mewn sawl achos. Ond yn y blynyddoedd hynny câi Cymru a'r Alban eu poeni'n ddirfawr gan Sgotiaid Iwerddon, sef y Gwyddelod. Gwladychwyd rhannau helaeth o'r ddwy wlad ganddynt. Aeth cynifer ohonynt i'r Alban nes gosod eu henw ar y wlad—Scotland yw hi byth—a lledodd Gaeleg, sef yr iaith Wyddeleg, dros y rhan fwyaf o'r

wlad. Yng Nghymru hefyd yr oedd y Gwyddelod wedi gwlad-
ychu mewn llawer cylch a gallasai hithau fod wedi ei throi yn
Scotland Leiaf oni bai am Gunedda.

Yn ôl Nennius daeth Cunedda draw o'r Alban 146 o flyn-
yddoedd cyn i Maelgwn Gwynedd esgyn i'w orsedd. Gallai
hynny olygu iddo ddod tua throad y bedwaredd ganrif, er bod
rhai haneswyr yn rhoi'r dyddiad yn ddiweddarach. Dywedir
iddo ddwyn gydag ef wyth mab ac un ŵyr, Meirion, a diau fod
llawer uchelwr ymhlith ei ganlynwyr. Y gwaith mawr a briod-
olir iddo ef a'i deulu oedd trechu'r Gwyddelod. Digwyddodd
hynny yn arbennig yng Ngwynedd, ond y mae peth tystiolaeth

CUNEDDA   *Elwyn Ioan*

iddo symud trwy Gymru gyfan a hyd yn oed y tu hwnt i Hafren yn Sir Gaerloyw. Gall Allt Cunedda yn ymyl Cydweli fod yn fan un o'i frwydrau.

Awgryma enwau tad a thad-cu Cunedda ei fod ef a'i deulu yn Gristnogion. Cristion hefyd oedd Macsen Wledig. Rhaid bod Cristnogaeth prif sylfaenwyr y genedl wedi cyfrannu at wreiddio'r Ffydd yng Nghymru. Gwnaeth enwau teulu Cunedda hefyd eu hôl ar Gymru, pa un oedd y meibion yn blant yn ôl y cnawd ai peidio. Eu henwau nhw sydd ar ardaloedd Ceredigion, Rhufoniog, Edeirnion ac eraill, a dwg Meirionnydd enw ei ŵyr. Einion Yrth yw'r unig fab nad enwir unman ar ei ôl. Caiff Einion ei enwi gan Daliesin yn y ganrif nesaf fel cyndad i'r brenin nerthol Rhun ap Maelgwn, a dangosir trwy hynny mai Cunedda a sefydlodd y teulu brenhinol mwyaf nerthol yn hanes Cymru, y teulu a lywodraethodd Wynedd hyd at Lywelyn yr Ail. O'r cyff hwnnw yr hanodd Owain Lawgoch ac Owain Glyndŵr.

Oherwydd ei ran gwbl allweddol yn ei ffurfiant gellir ystyried Cunedda fel tad y genedl Gymreig.

ILLTUD c. 470 - c. 530

Oes y Saint, a ymestynnai o'r bumed i'r seithfed ganrif, oedd cyfnod mwyaf creadigol Cymru. Yn ystod y canrifoedd hyn yr ymffurfiodd trigolion y penrhyn mynyddig hwn yn gymuned genedlaethol, yn Gymraeg ei hiaith ac yn Gristnogol ei chrefydd. Cerddwyd y wlad gan ddeffroad mawr mewn crefydd a gwleidyddiaeth, iaith a diwylliant. Cyfrannwyd iddo gan filwyr ac arweinwyr gwladol fel Cunedda a Gwrtheyrn, Emrys ac Arthur, Maelgwn Gwynedd ac Urien Rheged; gan feirdd fel Cïan a Thalhaearn, Aneirin a Thaliesin; a gan saint ysgolheigaidd fel Dyfrig ac Illtud, Cadog a Phadarn, Peulin a Gildas, a saint efengylaidd ac asgetig fel Dewi a Theilo, Deiniol a Beuno. Cristnogion a dderbyniai ddisgyblaeth fynachaidd oedd y saint oll, a rhaid eu rhestru ymhlith tadau'r genedl.

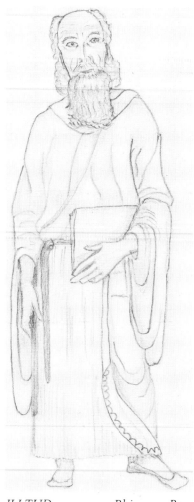

ILLTUD   *Rhiannon Prys*

Roedd y mynaich, adran fwyaf gwâr y genedl, yn niferus. Mae Beda yn adrodd, nid heb foddhad, am lofruddio deuddeg cant o fynaich Bangor Is-coed gan frenin Northumbria adeg brwydr Caer, mewn cyflafan debyg i lofruddiaeth y derwyddon ym Môn gan y Rhufeiniaid fwy na phum can mlynedd ynghynt. Hyd heddiw ceir enwau pum cant o saint ar fap Cymru. Y dysgedicaf ohonynt oedd Illtud, pennaeth mynachlog a sefydlodd ef ei hun ar ei ystad yn Llan-illtud Fawr ym Mro Morgannwg. Yn ffodus y mae gennym gryn dipyn o wybodaeth ddibynnol amdano ym *Muchedd Samson*, a sgrifennwyd yn Llydaw o fewn canrif i'w ddydd gan awdur a ymwelodd yn bersonol â Llan-illtud Fawr. Un o ddisgyblion disglair Illtud oedd Samson, a sefydlodd fynachlog Lydewig enwog, Dol. Nid yw'n amhosibl mai o Lydaw yr hanai Illtud yntau, er bod ei fuchedd a sgrifennwyd ganrifoedd yn ddiweddarach yn dweud ei fod yn fab i'r brenin Glywys ac yn ŵyr i Amlodd Wledig. Yn ôl y fuchedd honno buasai'n filwr cyn mynd yn fynach, ac yn benteulu, sef capten gosgordd frenhinol. Fe'i galwyd yn Illtud Farchog. Nid peth anghyffredin iawn mo hyn. Ceid milwyr ac arweinwyr gwleidyddol yn fynych ymhlith y saint; a deuai llawer ohonynt o deuluoedd brenhinol. Er enghraifft, pan oedd Cadog yn abad Llancarfan yr oedd hefyd yn frenin Gwynllwg, a chadwai gant o wŷr arfog, medd ei fuchedd, mewn bryngaer wrth gefn ei fynachlog. Nid syn deall, gan hynny, fod saint Cymreig yn amlwg ymhlith yr arweinwyr a sefydlodd Lydaw. Trwy gydol Oes y Saint parhaodd perthynas glòs iawn rhwng Cymru a'r wlad gyfandirol honno yn ogystal â Chernyw ac Iwerddon. Ffynnai cymundod o gen-hedloedd Celtaidd Cristnogol o gwmpas Môr Iwerddon.

Nid hap a damwain oedd lleoliad mynachlog Illtud yn Llan-illtud Fawr ac mai ychydig filltiroedd i ffwrdd yn Llancarfan y ceid mynachlog Cadog. Canys er bod tref Rufeinig o gryn faint yng Nghaerfyrddin a bod mwy na chysgod Romanitas i'w gael yng Ngwynedd, yn y de-ddwyrain y bu dylanwad y gwareiddiad Rhufeinig drymaf. Parhad Cristnogaeth y cyfnod Rhufeinig a welir yno, parhad y drefn Rufeinig a lwyr ddinistriwyd trwy ran fawr o Loegr gan wrthryfel cethin y Saeson, gwrthryfel a drechwyd gan Emrys ac Arthur ar ôl ugeiniau o flynyddoedd o anrhaith, ac a ddaeth i ben gyda buddugoliaeth Mynydd Baddon a sicrhaodd hanner canrif o heddwch. Buddugoliaethau Emrys ac Arthur a rwystrodd y barbariaid Seisnig rhag goresgyn Cymru, gan wneud datblygiad gwareiddiad Cristnogol yn bosibl yma pan oedd Lloegr yn baganaidd. Olion eglwys a godwyd yn y bedwaredd ganrif yng Nghaerwent yn y de-ddwyrain, lle y cafodd Cadog ei addysg, yw'r dystiolaeth ddiriaethol hynaf i Gristnogaeth yng Nghymru; ond os yw Pelagius, a aned yn 354, yn dod o deulu Gwyddelig neu Gymreig yn Nyfed, fel y tybia rhai, y mae'n rhaid bod Cristnogion yn Nyfed hefyd yn gynnar yn y ganrif. Yn Henlan-ar-Ŵy, yn yr un rhanbarth de-ddwyreiniol, sefydlwyd mynachlog flynyddoedd o flaen Illtud gan Ddyfrig, esgob Gwent a fu farw'n feudwy ar Ynys Enlli; a chyn hynny eto bu mynachlog Dochau yn Llan-dochau ym Mro Morgannwg. Eto o'r un cwr de-ddwyreiniol y deuai Padrig, a berthynai i drydedd genhedlaeth Gristnogol ei deulu. Cymraeg oedd iaith gyntaf apostol Iwerddon; yn wir, cenhadon Cymreig neu Frythonig a Gristioneiddiodd y wlad honno.

Rhufeinig a dysgedig oedd dull mynachaeth Illtud, Cadog a Dyfrig, genhedlaeth o flaen Dewi a'i gyfoedion. Er bod cenhed-

laeth Dewi yn gyfarwydd â Lladin, prin y gallent ddweud fel y
gwnâi Gildas, a gafodd ei addysg yn Llanilltud, mai Lladin yw
'ein hiaith ni'. Disgrifia *Buchedd Samson* fynachlog Illtud fel
un 'gwych' ond nid yw'n debyg ei fod yn cyfeirio at wychder
pensaerniol yr adeiladau. Byddai'r rheiny o waith coed a
gwiail, hyd yn oed yr eglwys. Ond yr oedd, meddai'r Fuchedd,
yn fawr a phoblog a swnllyd, yn fwy ei maint, mae'n siŵr, na'r
mynachlogydd llewyrchus a sefydlwyd ar hyd a lled deheudir
Cymru yn y bumed a'r chweched ganrif gan frenhinoedd
Brycheiniog, Dyfed a Cheredigion ac eraill. Ac ohonynt i gyd,
mynachlog Illtud oedd yr enwocaf am ei dysg a'i hysgolheictod.

Mae'n syndod y meddylwyr disglair o Frythoniaid a ddylan-
wadodd yn drwm ar feddwl Cristnogol y bedwaredd a'r bumed
ganrif. Cynhwysent Fastidius, Faustus, y Brython Sisilaidd ac
wrth gwrs Pelagius, y dywed John Morris yr hanesydd amdano.
'Cyn i gwymp Rhufain newid ffordd dynion o feddwl, mawr-
ygwyd y mynach Brythonig Pelagius fel llenor mwyaf caboledig
ei ddydd, Cicero Cristnogol . . . amddiffynnwr y gwerthoedd
dyneiddiol, clasurol, traddodiadol a etifeddodd Cristnogaeth
o'i gorffennol Rhufeinig.' Arhosodd yr Eglwys ym Mhrydain yn
Belagaidd am ganrif a mwy ar ôl condemnio Pelagiaeth yn
heresi yn Rhufain.

Magodd mynachlogydd Cymru draddodiad o abadau dysgedig
yn gynnar. Un ohonynt oedd Cadog y ceisiodd Iolo Morganwg,
gŵr o Lancarfan ei hunan, ei dra-ddyrchafu fel Catwg Ddoeth.
Tystia'r llyfr Groegaidd y sonia Gildas amdano yn ei fynachlog
ef i wybodaeth myneich dysgedig o'r iaith Roeg. Ond Illtud
oedd y mwyaf ei fri. Cawsai addysg orau'r bumed ganrif yn ei
chyflawnder cyn bod haul yr Ymerodraeth Rufeinig wedi llwyr
fachlud, ac ar ben hynny cafodd ddysg Feiblaidd yr Eglwys Fore
ynghyd hefyd â doethineb y dcrwyddon. Hon oedd yr addysg a
gyflwynai i'w ddisgyblion. Yn ogystal â'i wybodaeth o Ladin a
Groeg, dywed *Buchedd Samson* amdano mai ef,

> o'r holl Frythoniaid oedd fwyaf hyddysg yn yr Ysgrythurau Sanctaidd,
> yr Hen Destament a'r Newydd, yn ogystal ag mewn pob cangen o
> wybodaeth megis geometreg, rhethreg, gramadeg, rhifyddeg, a
> gwybodaeth o'r holl gelfyddydau; ac yr oedd ganddo allu i ragweld
> digwyddiadau i ddyfod.

Dywed hefyd mai Illtud ei hun a ofalai am y dosbarthiadau trafod, a'i fod yn rhoi sylw personol i Samson mewn tiwtorials lle y caent drafodaethau hir eu dau ar rannau astrus o'r Beibl. Cyfeiria hefyd at y cynghorion personol mwyn a roddai i wŷr ieuainc. Mae digon o dystiolaeth ei fod yn bugeilio ei ddisgyblion yn ofalus.

Eisoes yn nydd Illtud yr oedd mynachaeth yng Nghymru wedi datblygu ei chymeriad ei hun, yn nes at y bobl na'r dull Rhufeinig, yn gwasanaethu'r gymdeithas o'i chwmpas yn hytrach na bod yn gwbl neilltuedig, ac yn derbyn cyfrifoldeb am gynnal y tlawd a'r anghenus. Yn wahanol i fynachaeth Rufeinig rhoddai le i fywyd teuluol ac i wragedd yn ogystal â gwrywod. Dynion priod oedd yr abadau. Pregethent i leianod, a byddai abades yn hyfforddi llanciau a roddwyd i'w gofal. Câi plant o'r ddau ryw eu dysgu gan leianod cyn i'r bechgyn fynd i ysgol fynachaidd; ac y mae'n bosibl fod ysgolion i ferched yn ogystal â bechgyn. Adlewyrchir hyn yn nes ymlaen yn y safle uchel a gâi merched yng nghyfraith Cymru yn yr Oesoedd Canol.

Yn *The Age of Arthur* â John Morris mor bell â dweud mai i fynachlogydd Illtud a Chadog a'u tebyg y mae'n rhaid i fynachlogydd mawr Ewrop yn yr Oesoedd Canol ddiolch am eu bodolaeth. Codasant genhedlaeth o ddiwygwyr mawr a ddiwygiodd wlad ac eglwys. Deuai eu disgyblion iddynt o bob rhan o Gymru fel y tystia hanes Maelgwn Gwynedd, tywysog grymusaf y chweched ganrif, a hyd yn oed o'r Alban. Oddi yno y daeth Gildas a ymsefydlodd yn Llydaw wedyn ar ôl bod am gyfnod dylanwadol yn Iwerddon. Daeth llawer o ddisgyblion iddynt o Iwerddon, Llydaw a Chernyw. Hon oedd y genhedlaeth a adnewyddodd fywyd yr Eglwys yn y gwledydd Celtaidd oll; a thrwyddi helpodd Illtud, Cadog a'u cyfoeswyr ailgynnau'r lampau a ddiffoddasid yn y Gorllewin gan oresgyniadau'r barbariaid Tiwtonaidd.

ARTHUR   *Elwyn Ioan*

ARTHUR fl. 480 - 520

Mewn llawer ffordd Arthur yw'r brenin Cymreig mwyaf anodd
i sgrifennu'n fyr amdano yn ogystal â'r mwyaf cyffrous. Y mae
ei hanes yn gyffrous am ddau reswm. Efe yw'r enwocaf o'r holl
frenhinoedd Cymreig, yn ganolbwynt cyfres lachar o straeon
sifalri. Hefyd bu fyw mewn cyfnod pan oedd y llif barbaraidd yn
boddi Ewrop gyfan—ar wahân i Brydain. Roedd Arthur yn un
o'r ychydig arweinwyr a droes y llif yn ôl. Saif yng nghanol
cyfnod mwyaf arwrol hanes Prydain.

    Y mae'n anodd sgrifennu amdano am i'r oes arwrol honno
weld mwy nag un arweinydd mawr; y mae'n debyg fod tri o
leiaf. Ymddengys fod yr hyn a gyflawnodd y tri wedi cael ei
briodoli i un, sef Arthur. Y cyntaf o'r tri o ran trefn gronolegol

oedd Riothamus, olynydd Gwrtheyrn yng nghanol y bumed ganrif. Emrys Wledig oedd yr ail, a'r trydydd oedd buddugwr brwydr fawr Bryn Baddon yn niwedd y bumed ganrif. Gwyddom nad Emrys oedd 'yr Arthur iawn', ond gallai fod yn Riothamus wrth enw arall neu ynteu fuddugwr Bryn Baddon. Credaf mai buddugwr Bryn Baddon oedd ef.

Mae gyrfa Riothamus yn brawf o nerth yr adfywiad Cymreig. Gwnaeth Rhufain gynghrair ag ef; fe oedd gobaith olaf yr Ymerodraeth Rufeinig. Ar gais yr Ymerawdwr Anthemius fe groesodd i'r cyfandir gyda byddin o 12,000. Ymdeithiodd yn fuddugoliaethus trwy Gâl gan orchfygu'r Ffrancwyr a dinistrio'r Sacsoniaid yn ymyl Afon Loire. Ond cafodd ei drechu ei hun gan y Fisigothiaid. Pan oedd yn ymgilio i gyfeiriad Afalon ym Mwrgwyn, fe ddiflannodd. Mae'r tebygrwydd rhwng hyn â'r hanes a adroddir gan Sieffre o Fynwy yn drawiadol. Camp fwyaf Arthur yn ôl Sieffre yn ei *Historia Regum Britanniae* oedd arwain byddin fuddugoliaethus i'r cyfandir. Yn yr ystyr hon gall Riothamus fod 'yr Arthur iawn'.

Ar ôl Riothamus daeth Emrys Wledig. Rywbryd rhwng 460 a 480 arweiniodd ef ei fyddin trwy Ddyffryn Tafwys ac ail-ddwyn Llundain a Colchester oddi ar y barbariaid. Roedd gan Colchester bwysigrwydd symbolig gan iddi fod yn brifddinas Cynfelyn a Charadog ei fab. Mae'n bosibl mai oddi wrth ei hen enw *Camulodunum* y deilliai'r enw Camelot yn ddiweddarach. Ailgoncrodd Emrys hefyd Icknfield Way, y ffordd strategol rhwng Reading a Chaergrawnt. Ni chawsai Emrys amser i drechu'r barbariaid yn y Gogledd a'r Dwyrain, yn arbennig yn nhrefi pwysig Caerefrog a Lincoln. Ac arhosent yn o gryf yng nghylch Rhydychen ac yng nghanolbarth Lloegr.

Arthur a'u gyrrodd o Gaerefrog a'u hailsefydlu ar diroedd salach ger y môr. Rhannodd farbariaid swydd Lincoln yn ddwy ran lai yng ngogledd a de'r sir, a chymerodd feddiant o dref Lincoln. Fe'u gyrrodd nhw allan o ran fawr o'r canolbarth neu eu gwanhau'n arw yno. O gymryd hyn gyda llwyddiannau Emrys cyfyngwyd nerth y barbariaid i Gaint ynghyd â rhyw-faint yng ngogledd East Anglia, sef Norfolk a Suffolk. Cyfrinach ei lwyddiant, y mae'n debyg, oedd ei ddefnydd o feirch-filwyr yn nhraddodiad y Rhufeiniaid a'r Celtiaid. Trwy eu defnydd soffistigedig o feirch rhyfel y sefydlodd y Celtiaid eu hunain fel grym yn Ewrop wyth ganrif yn gynt.

Rhedai un duedd yn y cyfnod hwn yn groes i'r llwyddiannau hyn. Yr oedd y Sacsoniaid a wladychodd yng ngogledd Gâl wedi cael eu gorchfygu gan y Ffrancwyr a'u gyrru allan o'r wlad yn y 460au a hefyd y 480au. Glaniodd y Sacsoniaid hyn ar lannau Sussex a Hampshire a chryfhau yn raddol eu safleoedd tra bo Emrys ac Arthur yn trechu eu cyfeillion barbaraidd tua'r gogledd. Arweinydd Sacsoniaid Sussex yng nghanol y 490au oedd gŵr o'r enw Aelle. Mewn cynghrair ag Oesc o Gaint a Sacsoniaid Hampshire gwnaeth ymdrech fawr i drechu Arthur. Y byddinoedd hyn a fathrwyd yn llwyr gan Arthur ym mrwydr Bryn Baddon, rhywle yn ymyl Caerfaddon, y mae'n debyg.

Yn ystod y trigain mlynedd dilynol tcimlai'r barbariaid fod eu sefyllfa mor anobeithiol nes i luoedd ohonynt lifo yn ôl i'r cyfandir. Daeth y ffaith hon i sylw Ymerawdwr yr Ymerodraeth Rufeinig ddwyreiniol yng Nghaergystennin. O gwmpas 545 gallai Gildas ddweud bod Prydain wedi mwynhau dwy gen-hedlaeth o heddwch oddi ar 'orchfygiad diwethaf y cnafon' ym Mryn Baddon. Fel gyda chynifer o frenhinoedd Cymreig gallwn ddweud am Arthur na byddai dim Cymry'n bod heddiw oni bai amdano. Buasent wedi diflannu fel y darfu am y Galiaid yn Ffrainc.

MAELGWN GWYNEDD c. 490 - 549

Maelgwn Gwynedd, a fu byw yng nghyfnod yr heddwch Arthuraidd, oedd arweinydd Cymreig pwysicaf y chweched ganrif, pwysicach mewn nifer o hanesion nag Arthur ei hun. Efe a sefydlodd Wynedd fel y deyrnas gryfaf yng Nghymru, ac ymestynnodd ei rym trwy Brydain.

Yn fab i Gadwallon Lawhir, a drechodd y Gwyddelod yn derfynol, cafodd ei addysg yn Llancarfan neu Lanilltud Fawr ym Mro Morgannwg yr un pryd â Gildas a Deiniol Sant, a oedd fel Maelgwn yn or-ŵyr i Gunedda. Mae'r ffaith fod brenin Gwynedd a brenhinoedd Cymreig eraill yn danfon eu meibion i gael eu haddysg yn y pen mwyaf deheuol o Gymru yn tystio i ymdeimlad y Cymry â'u perthynas â'i gilydd fel un bobl ac un gymundod; a thystia hefyd i natur eu gwareiddiad mewn oes a elwir gan haneswyr yn dywyll. Petrusai rhai rhag danfon eu meibion i Lancarfan neu Lanilltud rhag ofn eu troi yn fynaich, ac yn wir bu Maelgwn ei hun yn fynach am gyfnod.

Gŵr go egr a phenderfynol oedd ef. Nid etifeddu'r orsedd yn dawel a wnaeth ef ond ei chipio trwy ddiorseddu ei ewythr. Gan Gildas y dysgwn fwyaf am ei gymeriad. Eisteddai'r ddau wrth draed un a ddisgrifia Gildas fel, 'Y meistr mwyaf dethol (*elegantem*) yn y cyfan bron o Brydain', Illtud y mae'n debyg. Yr oedd Dewi ei hun yn gyfoeswr, a Phadarn a Theilo hefyd.

MAELGWN GWYNEDD *Dafydd Prys*

O'r pum brenin y gesyd Gildas ei ffrewyll arnynt, Maelgwn yw'r pwysicaf o lawer. Ni ddylem synnu bod Gildas yn eu cystwyo. Arfer y saint oedd dwrdio'r brenhinoedd. Yr oedd yn rhan o'r ymgiprys am allu rhwng yr Eglwys â'r awdurdod seciwlar. Daeth Gwrtheyrn ac Arthur, fel Maelgwn, dan eu llach yn eu tro. Eithr y mae Maelgwn yn ei chael hi'n waeth na'r lleill yn ei ddydd, efallai, yn un peth, am ei fod wedi cefnu ar fywyd mynach a dewis dychwelyd i'r frenhiniaeth. Er mor rhyfygus ei bechodau, awgryma'r cyhuddiad o Belagiaeth a ddwg Gildas yn ei erbyn nad oedd heb feddwl uwchben ei Gristnogaeth. Ond argraff o fawredd Maelgwn sy'n cael ei adael gan Gildas, mawr yn ei bechodau—fe'i cyhuddir o ladd ei wraig a'i nai er mwyn priodi gweddw ei nai; mawr o gorff—gelwir ef yn Faelgwn Hir; mawr ei haelioni; mawr fel milwr a mawr fel gwleidydd—y mae Gildas yn ei alw'n 'Insularis Draco', sef draig neu ben-frenin yr Ynys. Y gair Pendragon a ddefnyddir gan Sieffre o Fynwy i ddisgrifio Uthr tad Arthur. Er bod rhai wedi awgrymu mai at Ynys Môn y cyfeiria Gildas y mae'n fwy rhesymol credu ei fod yn cyfeirio at Ynys Prydain, a bod Maelgwn yn fath o uwchfrenin y teimlwyd ei nerth trwy'r Ynys honno. Cadarnheir hyn gan y term Magnus Rex a ddefnyddia Nennius i'w ddisgrifio. Y mae'n debyg fod rhaid priodoli i'w nerth ef, mewn rhan o leiaf, dawelwch Almaenwyr Lloegr yn ystod ei deyrnasiad. Yn fuan iawn ar ôl ei farw bu rhyfeloedd trwy Loegr, yn arbennig yn Wessex a'r gogledd.

Y mae hanesion amdano sy'n awgrymu'n gryf fod brenhinoedd Cymru o leiaf yn ei gydnabod fel uwch-frenin, er enghraifft y stori amdano ef a'r brenhinoedd Cymreig eraill yn eistedd ar eu gorseddau ar lan y môr. Pan ddaeth y llanw i mewn, gorsedd Maelgwn yn unig a gododd a chadw'r brenin ar ei eistedd uwchlaw'r don. Hyd heddiw gelwir y traeth, sy'n wynebu Aberdyfi ar draws yr afon, yn Draeth Maelgwn. Crêd rhai mai'r stori hon yw gwreiddyn yr hanes am y brenin Danaidd Canute chwe chanrif yn ddiweddarach.

Y mae un peth a ddywed Gildas am lys Maelgwn o ddiddordeb mawr inni heddiw, sef ei gyfeiriad dirmygus at y 'giwed gnafaidd' o feirdd a cherddorion a ganai foliant i'r brenin.

Dyma'r cyfeiriad cyntaf sydd gennym at feirdd yn canu mawl i arweinydd y bobl, ond yr oedd yn draddodiad Celtaidd hen iawn. Cysylltir neb llai na Thaliesin â llys Maelgwn; efallai mai yn Ninarth ger Degannwy oedd hwnnw. Priodolid i Daliesin, fel i'r beirdd Celtaidd oll, alluoedd dewinol, ac y mae chwedl amdano'n rhyddhau ei feistr Elffin ap Gwyddno trwy hud o'r carchar y taflwyd ef iddo gan Faelgwn.

Bu Maelgwn yn hael wrth yr Eglwys. Rhodd nodedig ganddo i Gybi, er mwyn codi eglwys, oedd y gaer Rufeinig yng Nghaergybi; ac ar dir a roes i Ddeiniol y sefydlwyd eglwys Bangor a welodd y defnydd difwlch hwyaf o bob eglwys yng ngwledydd Prydain. Yn ôl Nennius fe'i lladdwyd gan y Fad Felen yn y flwyddyn 549, pla a ysgubodd dros Ewrop gyfan gan wneud difrod dychrynllyd. Yn y chwedl am ei ddiwedd fe welodd Maelgwn y Fad Felen yn rhythu arno trwy dwll y clo yn nôr yr eglwys a marw. Difaodd y pla ofnadwy hwnnw gyfartaledd uchel o Frythoniaid Lloegr, ond ni chafodd yr un effaith ar yr Almaenwyr yno. Bu modd iddynt hwy fanteisio mewn canlyniad ar wendid y Brython a goresgyn llawer o'r wlad. Ym mhen can mlynedd arall yr oeddent wedi meddiannu'r rhan fwyaf o Loegr yn ogystal â phob teyrnas Gymraeg yn neheudir yr Alban ac eithrio Ystrad Clud. Ceisiodd Rhun mab Maelgwn atal eu hymdaith yn y gogledd, ond er cystal gŵr oedd ef ni welwyd brenin cyn gryfed â Maelgwn Gwynedd hyd at ddydd Cadwallon.

DEWI SANT c. 515 - 589

Perthynai Dewi, fel cynifer o'r saint, i deulu brenhinol, y pwysicaf yn hanes Cymru. Yn y Buchedd a sgrifennodd Rhygyfarch yn Llanbadarn bum canrif yn ddiweddarach y ceir y manylion. Dywed fod tad Dewi, Sant, brenin Ceredigion, yn or-ŵyr i Geredig ac yn or-or-ŵyr i Gunedda Wledig, ac mai Non oedd enw ei fam. Cafodd ei addysg fore yn Henfynyw sydd yn ymyl Ffos-y-ffin i'r de o Aberaeron, cyn mynd i fynachlog Paulinus—Peulin—yn Llanddeusant yng ngolwg Cadair Arthur,

DEWI SANT
Alcwyn Deiniol gyda chaniatâd Neuadd y Ddinas Caerdydd

mynydd Llyn y Fan. Mae'n debyg mai'r un yw Peulin athro
Dewi a'r Paulinus y darganfuwyd ei garreg goffa hynod ym
mhlwyf Caeo,—carreg â'r arysgrif hon arni mewn Lladin:

Ceidwad y ffydd a charwr cyson ei wlad,
dilynai'n ffyddlon yr hyn oedd yn iawn.

Ychydig flynyddoedd cyn geni Dewi, roedd Arthur wedi
ennill brwydr Mynydd Baddon a thua diwedd ei oes roedd
Taliesin yn canu am arwyr yr Hen Ogledd. Roedd Urien Wledig,
y pennaf ohonynt, yn gydoeswr ag ef. Maelgwn Gwynedd oedd
brenin grymusaf cyfnod ei ieuenctid, ac yn rhan isaf Dyfed
teyrnasai Fortipor a elwir ar garreg goffa sydd yn amgueddfa
Caerfyrddin yn 'Protector', sef term Lladin am swyddog
milwrol a amddiffynnai'r ymerawdwr. Roedd gan dad Fortipor
hefyd enw a disgrifiad Lladin, sef Agricola y Tribiwn. Awgryma
John Morris fod Agricola wedi bod yn swyddog mewn byddin a
ddanfonwyd gan Arthur i Ddyfed i wrthwynebu'r Gwyddelod a
oedd newydd lanio yno, a'i fod wedi ei sefydlu yn llywod-
raethwr y dalaith ar ôl eu trechu. Efallai bod adlais o'r un cyrch
milwrol yn hanes Dewi ei hun yn stori Boia, a orchfygwyd
ganddo cyn sefydlu ei fynachlog yng Nglyn Rhosin. Enw cwbl
Almaenaidd yw Boia, a'r awgrym yw ei fod yn fab i filwr
proffesiynol o Almaenwr ym myddin Agricola a ymsefydlodd
yno ar ôl y fuddugoliaeth yn erbyn y Gwyddelod.

Er eu trechu, ni ddiddymwyd y Gwyddelod, a diau bod Dewi
yn clywed eu hiaith o'i gwmpas. Ni ddarfu amdanynt yn llwyr
am ganrifoedd, er nad oes dystiolaeth i'w hiaith barhau'n hir ar
ôl ei amser ef. Cymraeg oedd iaith gyntaf Dewi, a Chymraeg
hefyd oedd iaith gyntaf Padrig, nawddsant y Gwyddelod;
Aramaeg a siaradai Andreas nawddsant yr Alban, ond ni wyddys
beth oedd iaith George, nawddsant Lloegr, y credir iddo hanu o
ddwyrain Ewrop. Mae'n rhaid bod Cymreictod Dewi a'i gyd-
fynaich efengylaidd yn ffactor bwysig yn nilead yr Wyddeleg yn
neheudir Cymru fel y bu llwyddiant Cunedda ynghynt yn y
Gogledd. I Dewi a Chunedda y mae'r diolch pennaf fod y
Gymraeg yn iaith genedlaethol Cymru. Heddychlon oedd per-
thynas y Gwyddelod â'r Cymry erbyn hyn. I'r gorffennol y
perthynai eu hymosodiadau difrodus ar Ynys Prydain. Fel

Cristnogion tangnefeddus y morient i fynachlog Glyn Rhosin bellach. Yn wir, am fod y lle mor gyfleus i deithwyr o Iwerddon a'r gwledydd Celtaidd eraill y dewisodd Dewi ymsefydlu yno.

Llecyn delfrydol i'w bwrpas oedd Glyn Rhosin, mewn cwm cul o olwg môr-ladron ac eto o fewn cyrraedd rhwydd i'r môr. Ffyrdd y môr gorllewinol a ddilynai'r saint i Went a Gwlad yr Haf, i Gernyw a Llydaw ac Iwerddon; ac ar hyd-ddynt deuai crefftwyr a masnachwyr a saint yn uniongyrchol o'r cyfandir a'r gwledydd o gwmpas Môr y Canoldir. Nid oedd porthladd-oedd prysurach yn Ynys Prydain y pryd hynny, pan oedd gwrthryfel anrheithiol y Saeson yn Lloegr wedi cau porth-laddoedd y dwyrain, na'r Porth Mawr a Phorth Glais yn ymyl Tyddewi. Nid diarffordd oedd Tyddewi ond yn hytrach metro-polis bach bywiog a oedd yn ganolbwynt trafnidiaeth gydwladol. 'In the 6th century,' medd Gwyn Alf Williams, 'St. Davids was a veritable Crew Junction of the sea-routes.'

Er i Ddewi benderfynu sefydlu ei fynachlog yn y fangre ddelfrydol hon, ni chafodd wneud hynny'n ddidrafferth, canys yn union uwchben ei ddewis faes trigai Boia mewn bryngaer y mae ei holion yno o hyd. Gwrthwynebai ef fwriad y sant yn gryf. Cawn hanes yr ymgiprys ffyrnig rhyngddynt gan Rygyfarch. Methodd Dewi â pherswadio Boia i ildio trwy ympryd ac efallai bod ymladd arfog rhyngddynt cyn iddo ennill y dydd. Ond yno y sefydlwyd y fynachlog a'r eglwys enwocaf a phwysicaf o holl eglwysi Cymru.

Gwahaniaethai mynachaeth Dewi yn sylfaenol oddi wrth ddull Illtud a Chadog. Rhufeinig oedd eu hysbrydoliaeth hwy ac ar addysg yr oedd pwyslais eu mynachaeth foesgar a bon-heddig; mawrygent y clasuron a'r diwylliant Rhufeinig. Tra oedd eu bywyd hwy'n gymharol esmwyth a neilltuedig daeth Dewi a'i gymheiriaid o dan ddylanwad mynachaeth fwy gerwin a hunan-ymwadol anialwch yr Aifft a gyrhaeddodd orllewin Cymru ar hyd ffyrdd y môr. Dengys y darlun a geir gan Rygyfarch ei bwyslais ar lafur caled a bywyd llwm. Plaen iawn oedd y bwyd a'r ddiod a syml hyd at fod yn gyntefig oedd y wisg, crwyn anifeiliaid yn yr haf, crwyn blewog yn y gaeaf a dim byd ar na phen na thraed. Mynnid gwneud gwaith trymach nag oedd raid er mwyn disgyblaeth gorfforol. Er enghraifft, ni ddefnyddid ychen i droi'r tir. Tynnai Dewi aradr cystal ag unrhyw ŷch, a'r iau ar ei ysgwyddau. Rhaid ei fod yn gryf odiaeth o gorff, a gwydn; ymgosbai ef a'i gyd-fynaich trwy sefyll mewn dyfroedd rhewllyd yng nghanol y gaeaf.

Y mynaich eu hunain a gynhyrchai'r bwyd syml a fwytaent, a hwy a ddaliai'r pysgod mewn môr ac afon. Ni fwytaent gig ac nid yfent win. Dŵr oedd eu diod; dyna pam y gelwid y sant yn Ddewi Ddyfrwr. Nid oedd ganddynt ddim eiddo personol, eithr rhannent bopeth yn gyffredin rhwng pawb. Yn unol â phwyslais Pelagiaeth ar roi mynegiant cymdeithasol i Gristnogaeth, porthent y gweddwon a'r digartref a chynhalient y tlawd a'r gwan, heb sôn am y pererinion a ddeuai heibio. Hyn a barodd i Wynfardd Brycheiniog, bardd yr Arglwydd Rhys, ganu,

> A garo Dewi da gymydawc
> Cared ymwared ag ynghenawc.

Dim ond ar ôl gorffen gwaith ac amryfal ddyletswyddau'r dydd yr aent i'w celloedd i ddarllen, sgrifennu a gweddïo. Gwelir mor wahanol oedd disgyblaeth Tyddewi yn y gorllewin i Lanilltud a Llancarfan yn y dwyrain. Nid oedd hyn, na diwinyddiaeth Dewi chwaith, wrth fodd calon Gildas, a laddodd arno'n llym. Ond yr oedd arwriaeth ysblennydd yn ei hunanymwadiad, ac yr oedd hynny'n cydweddu'n naturiol â phatrwm yr oes arwrol honno.

Daw gwahaniaeth arall i'r golwg hefyd rhwng y gwahanol fathau o fynachaeth. Cenhadwr o efengylwr oedd Dewi. Nid ffoi rhag y byd a wnâi ef ond byw'n ymosodol yn ei ganol er mwyn ei feddiannu i Grist; ac ar ôl canol y ganrif, tra oedd ef yn dilyn ei genhadaeth yn heddychlon yng Nghymru, yr oedd y Saeson yn anrheithio a meddiannu gwastadeddau Lloegr. Yn y pen draw ei genhadu a'i gwnaeth yn ffigur cenedlaethol sylfaenol bwysig yn hanes Cymru. Fel y teithiai Williams Pantycelyn ddeuddeg cant o flynyddoedd yn ddiweddarach, felly y teithiai Dewi, efallai ar hyd ac ar led canolbarth a deheudir Cymru ac ymhellach. Nid merlyn a'i cludai ond ei ddeudroed noeth.

Deuai ymwelwyr lluosog o'r gwledydd Celtaidd i Dyddewi fel y deuent i Lanilltud a Llancarfan i eistedd wrth draed y meistri, ond yn wahanol i Illtud a Chadog âi Dewi a'i gyd-cfcngylwyr allan i gcnhadu yn nhcyrnaoocdd bach y dchcudir, gan ddefnyddio'r ffyrdd Rhufeinig, glaswelltog erbyn hyn, a wnaeth gymaint i uno Cymru, yn ogystal â llwybrau traddodiadol canolbarth a de. Ceir trigain o eglwysi Dewi yn ymyl y ffyrdd a'r llwybrau hyn, pob un ohonynt i'r de o linell wedi ei thynnu o Lanrhystud hyd y Clas-ar-Wy. Yn wahanol i Gadog nid oes soñ am Dewi'n mynd i Iwerddon, a dim ond un eglwys i Ddewi sydd yno. Bu Cadog yno am dair blynedd a dwyn nifer o ddisgyblion Gwyddelig yn ôl gydag ef. Eithr deuai llawer o Wyddelod at Ddewi, rhai i aros am flynyddoedd, a'r tebyg yw ei fod yn siarad eu hiaith. Ceir eglwysi iddo y tu allan i Gymru yn Sir Gaerloyw a Gwlad yr Haf, a oedd yn Gymraeg eu hiaith yn ei amser ef ac yn rhydd oddi wrth ddifrod y Saeson. Ac y mae wyth yn Nyfnaint a Chernyw, i gyd yn ymyl y llwybrau a gerddai ef a'r saint ar eu ffordd i Lydaw, lle y mae naw o'i elgwysi hefyd.

Yn rhinwedd ei egni a'i sancteiddrwydd, nerth ei bersonoliaeth a'i allu trefnyddol, daeth Dewi yn bennaf ymhlith yr esgobion ac yn ŵr mwyaf ei oes. Y mae Rhygyfarch yn adrodd stori sy'n amlygu ei oruchafiaeth. Galwyd senedd fawr ar lannau Afon Brefi—cynulliad llwythol medd E. G. Bowen—y daeth iddi fawrion a gwreng o ranbarth eang. Ei hamcan yn ôl Rhygyfarch oedd trafod Pelagiaeth. Coleddid meddwl Pelagius yn gyffredinol yn yr Eglwys Geltaidd, ac yn ôl stori Rhygyfarch galwyd senedd Brefi i'w gondemnio. Eithr ni chafwyd neb yno a oedd yn abl i wneud hynny'n effeithiol. Ar awgrym Paulinus cyrchwyd Dewi i'r cwrdd. Cododd y ddaear yn wyrthiol dan ei draed, a chlywyd ei lais yn glir fel utgorn gan bawb yn y dorf enfawr. Diddymwyd yr heresi. 'Doedd dim dwywaith amdani, Dewi oedd y prif esgob. Ac yn ôl Rhygyfarch, 'cyhoeddwyd ei ddinas yn fetropolis y wlad oll, fel y cydnabyddid ei rheolwr yn archesgob'. Ergyd oedd hon gan Rygyfarch o blaid cydnabod annibyniaeth yr Eglwys Gymreig ar Gaergaint. Tyfodd Tyddewi yn symbol o annibyniaeth Cymru, fel y gwelodd

Llywelyn Fawr, a chadarnhaodd hyn le Dewi fel nawddsant cenedlaethol Cymru.

Ar ben y bryn a gododd o dan draed Dewi y mae Eglwys Llanddewi Brefi. Yn y flwyddyn 1693 darganfu Edward Lhuyd faen uwchben drws cangell yr eglwys ac arno arysgrif Ladin a ddywedai:

> 'Yma y gorwedd Idnerth fab Iago a laddwyd wrth iddo amddiffyn eglwys Dewi sanctaidd rhag cael ei hysbeilio.'

Mae'n debyg i'r arysgrif drawiadol hon gael ei naddu ar y garreg pan oedd Dewi yn hen ŵr, neu ychydig flynyddoedd ar ôl ei farw, a chan hynny y mae'n dystiolaeth gyfoes i'w safle.

Tyfodd ei enw'n fwy eto gyda threigl y canrifoedd, a daeth Tyddewi yn hoff gyrchfan pererinion, gydag ambell Ysbyty ar y ffordd lle y caent lety a chroeso gan y brodyr. Erbyn yr oesoedd canol, beddrod Dewi oedd mangre fwyaf cysegredig y wlad. Tyrrai miloedd yno i addoli o Gymru gyfan ac o'r gwledydd Celtaidd eraill. Canodd Dafydd ap Gwilym gywydd i ferch a wnaeth y bererindod. Pan ganoneiddiwyd Dewi gan y Pab Calixtus yr Ail tua 1120—ac efe yn unig o'r saint Cymreig a gydnabuwyd gan Rufain—cyhoeddodd y Pab fod dwy bererindod i Dyddewi gyfwerth ag un i Rufain a bod tair gyfwerth ag un i Gaersalem. Aeth tri o frenhinoedd pwysicaf Lloegr yno, William y Gorchfygwr, Henry yr Ail ac Edward y Cyntaf.

Yn 'Armes Prydain', y gân wlatgarol fawr a sgrifennwyd tua 930 sy'n galw ar wŷr Llydaw a Chernyw ac Ystrad Clud, ynghyd â Daniaid Dulyn, i ymuno â'r Cymry i daflu'r Saeson ma's o Loegr, wrth gefn baner Dewi y maent i ymuno—'a lluman glân Dewi a ddyrchafant'. Eisoes, yn y ddegfed ganrif, ef yw pennaf sant Cymru, ac uniaethir ef ym meddwl y bobl ag arweinwyr cyfnod arwrol cynnar eu hanes. Tyn Pennar Davies sylw at y leitwrgi ganoloesol sy'n ei goffáu fel 'puqil Britannorum, dux et doctor Walicorum'—amddiffynnydd y Brytaniaid, arweinydd ac athro'r Cymry. Yn niwedd y drydedd ganrif ar ddeg, ar ôl trychineb Cilmeri, pan ddanfonwyd pen Llywelyn ein Llyw olaf i Lundain i'w gario mewn gorymdaith trwy'r strydoedd,

dygwyd penglog Dewi i Westminster er mwyn selio'r argraff o
ddarostyngiad llwyr cenedl y Cymry.

Ond 'rŷm ni yma o hyd'.

Dau wahanol iawn i'w gilydd yw dau arwr pennaf y Cymry,
Dewi Ddyfrwr ac Owain Glyndŵr. Gosod seilian Cristnogol a
Chymreig y genedl oedd gorchest y naill; ymladd dros ei rhyddid
a'i pharhad a wnaeth y llall dros naw can mlynedd yn ddiwedd-
arach. Dethlir Gŵyl Glyndŵr ar yr unfed ar bymtheg o Fedi, y
diwrnod y cyhoeddwyd ef yn Dywysog Cymru ym 1400. Dethlir
Gŵyl Dewi ar y cyntaf o Fawrth am mai ar y diwrnod hwnnw y
bu Dewi farw, yn y flwyddyn 589 y mae'n debyg, gan adael
gwaddol cyfoethog i etifeddion y dreftadaeth Gymreig. Deil ei
neges olaf i seinio yn ein clustiau bron fil a hanner o flynydd-
oedd ar ôl ei ddydd: 'Frodyr a chwiorydd', meddai—ac nid heb
arwyddocâd yw bod y disgynnydd hwn i Gunedda yn cyfarch y
dynion, a'r gwragedd hefyd, fel personau cydradd—'byddwch
lawen, cedwch eich ffydd a gwnewch y pethau bychain a wel-
soch ac a glywsoch gennyf fi.'

O werthoedd Cristnogaeth y codai'r pethau a welwyd ac a
glywyd gan Ddewi. Ymgorfforwyd y gwerthoedd hyn yn y
dreftadaeth Gymreig ganddo ef a'i gyd-Gristnogion yn Oes y
Saint. Byth wedyn y maent yn hanfod y traddodiad cened-
laethol a wareiddiodd Cymru, traddodiad a amddiffynnwyd ac
a gyflwynwyd yn ei flaen gan y rhai a ddethlir yn y gyfrol hon
a'u tebyg. Adeiladwyr cenedl ydyn nhw, a phrif swyddogaeth
cenedl yw trosglwyddo gwerthoedd o genhedlaeth i genhedlaeth.

TALIESIN AC ANEIRIN c. 560 - 620

Yn niffyg ei llywodraeth ei hun, ei hiaith a'i llenyddiaeth sy'n
gyfrifol am fodolaeth a pharhad cenedligrwydd Cymru. Gyda
Thaliesin, a elwir yn Daliesin Ben Beirdd yn chwedl Culhwch
ac Olwen, y dechreua llenyddiaeth Gymraeg. Yr oedd yn gyf-
oeswr â Gildas a dywalltai ei wawd ar feirdd llys Maelgwn
Gwynedd; yn wir, y mae traddodiad sy'n cysylltu Taliesin ei
hun â llys Maelgwn. Ganrif ynghynt bu Talhaearn, a elwir yn

Dad Awen, yn fardd llys Gwrtheyrn, ond nid arhosodd dim o'i waith ef.

Tystia'r graen sydd ar ganu caboledig Taliesin i hynafiaeth y traddodiad barddonol ymhlith y Brythoniaid. Roedd yn etifedd i fil o flynyddoedd ohono ac yn dad i draddodiad llenyddol hynaf gorllewin Ewrop. O'r 14eg ganrif y daw'r caneuon cyntaf yn yr *Oxford Book of English Verse*, wyth ganrif ar ôl dydd Taliesin. Canu mawl oedd y canu Cymreig mwyaf nodweddiadol. Nid gweniaith mo hwnnw, ond yn hytrach gyflwyniad o ddelfryd gerbron y gymdeithas a'i harweinydd, delfryd o arwr. Creadigaeth fwyaf Taliesin, a sylfaen traddodiad barddonol Cymru am fil o flynyddoedd, yw ei ddarlun o Urien Wledig.

Y gân gyntaf o'i waith sydd gennym yw Moliant Cynan Garwyn, brenin Powys, a geisiodd ei sefydlu ei hun yn uwchfrenin Prydain fel y bu Gwrtheyrn o'i flaen. Efe oedd tad Selyf a laddwyd ym mrwydr dyngedfennol Caer yn 616. Fe'i cyfansoddodd tua'r flwyddyn 575. Hon, gan hynny, yw'r gân Gymraeg hynaf a feddwn. Gwelir ynddi'r cyseinedd a'r odlau a'r patrwm sŵn a geir mewn barddoniaeth Gymraeg ar hyd ei hanes ac a glywir yn nhrefn unigryw'r gynghanedd.

Er bod ei gerdd i Gynan Garwyn yn awgrymu mai gŵr o Bowys oedd Taliesin, i Urien Rheged y canodd y mwyafrif o'r awdlau a drosglwyddwyd inni. Un o deyrnasoedd Cymraeg yr Hen Ogledd oedd Rheged. Ymestynnai o Stranraer ar lan Môr Iwerddon, heibio i Gaerliwelydd (Carlisle) ei phrifddinas, hyd at Gatraeth (Catterick), gan ffinio ag Elmet tua'r de ac Ystrad Clud (Strathclyde) i'r gogledd-orllewin, a Gododdin i'r gogledd-ddwyrain. Yn oes Taliesin ac Aneirin gallai bardd o Gymro gerdded o Gaeredin, heibio i ororau Cymru, trwy sir Gaerloyw a Dyfnaint, i ben draw Cernyw, a chanu i bobl a ddeallai ei iaith bob cam o'r ffordd, ac wedyn croesi'r môr i Lydaw Gymraeg. Iaith Almaenaidd a glywid i'r dwyrain o'r llinell hon. Er mai Angliaid a Ffrisiaid a geid yn y gogledd, galwai'r Cymry bawb a siaradai'r ieithoedd Almaenaidd yn Saeson. Tua'r gogledd i Afon Humber y sefydlodd yr Almaenwyr eu teyrnas gref gyntaf, o flaen Caint hyd yn oed. Dan yr enw Northumberland, byddai'n ymestyn, ar ôl canrif o frwydro yn erbyn y Cymry,

TALIESIN   *Siân Bailey*

hyd at Gaeredin. Gwladychodd Almaenwyr yn y rhannau hynny yn y bedwaredd ganrif, fel mewn rhannau eraill o ddwyrain Lloegr, milwyr a ddygwyd yno gan y Rhufeiniaid i helpu'r amddiffyn yn erbyn Pictiaid a Sgotiaid a'u cyd-Almaenwyr. Parhaodd y Cymry gyda'r arfer hon o ddwyn cynghreiriaid o Almaenwyr i mewn i gryfhau'r amddiffyn, fel y dengys hanes Gwrtheyrn, a daeth miloedd i'w dilyn heb wahoddiad.

Ni ellir deall cyfyngder enbyd ac unigryw y Cymry yn oes Taliesin ganrif a hanner ar ôl cwymp yr Ymerodraeth Rufeinig heb sylweddoli nerth y bobloedd a wasgai arnynt o bobtu, y Pictiaid o'r gogledd, yr Almaenwyr o'r dwyrain a'r de, a'r Gwyddelod o'r gorllewin. A dangosodd y bobloedd hyn allu rhyfeddol i gydweithredu â'i gilydd, fel y gwnaethant yn 367 pan ddygasant economi Lloegr i ymyl distryw, y gyflafan a ddug Macsen Wledig gyntaf i Brydain.

Taliesin oedd bardd Urien Wledig, y brenin a arweiniai gynghrair y teyrnasoedd Cymreig gogleddol yn erbyn y Saeson, a hynny gyda'r llwyddiant ysgubol a'i gwnaeth yn brif arwr Cymry'r cenedlaethau arwrol hyn. Dathlai Taliesin fuddugoliaethau Urien a'i ddiffeithio ar dai a thiroedd y gelyn. Llwyddodd Urien i yrru'r brenin a'r fyddin Seisnig o'r tir mawr a'u gorfodi i lochesu ar Ynys Lindisfarne. 'Does wybod beth a ddigwyddasai pe na chawsai Urien ei lofruddio pan oedd yn gwarchae ar yr ynys trwy gynllwyn bradwr o dywysog Cymreig eiddigeddus o'r enw Morgan. Gallasai hanes fod yn wahanol iawn pe cawsai'r lwc dda a gafodd y brenin Alfred. Serch hynny roedd cydweithrediad y Cymry yn erbyn eu gelynion wedi eu dwyn yn glòs at ei gilydd a'u gwneud yn ymwybodol o'r hyn oedd yn gyffredin rhyngddynt. Dechreuasant eu galw eu hunain yn Gymry. Ac er i ddwy deyrnas gael eu trechu ac i ddwy arall gael eu hymgorffori trwy briodas—dyna ddigwyddodd i Reged ei hun—parhaodd Ystrad Clud yn deyrnas annibynnol a Chymraeg ei hiaith am bedair canrif arall. A bu arwriaeth yr ymdrech hir yn ysbrydiaeth am ganrifoedd yng Nghymru ei hun. Canu Taliesin ac Aneirin yn bennaf a drosglwyddodd yr hanes.

Mewn ambell gân disgrifia Taliesin ymladd ffyrnig Urien heb ddim mawl personol iddo. Er enghraifft, yn ei gerdd am frwydr Argoed Llwyfain cawn weld trwy ei lygaid ei hun y rhyfela a barhaodd o fore Sadwrn tan fachlud haul—'ni chaent saib ar hyd y dydd'. Clywn â'n clustiau sŵn dygyfor y byddinoedd. Clywn lais bostfawr Fflamddwyn, arweinydd y Saeson, yn gweiddi uwchlaw tymestl y twrw, a chlywn Urien yn ateb yn ddramatig, 'Dyrchafwn waywffyn uwch ein pennau, wŷr,/a rhuthrwn ar Fflamddwyn yn ei lu.' Yna 'Cochai brain oherwydd rhyfelwyr./A'r bobl a ymosododd gyda'u pennaeth.'

Yn ei farwnad i Owain ab Urien, dywed Taliesin nad oedd lladd ei elyn yn ddim mwy na'i roi i gysgu: 'Pan laddodd Owain Fflamddwyn/nid oedd fwy nogyd cysgaid.' A sylwer ar gelfyddyd y canu:

> Owain a'u cosbes yn ddrud
> mal cnud yn dylud defaid.
> Gŵr gwiw uch ei amliw seirch
> a roddai feirch i eirchiaid.

> Cosbodd Owain ei elynion yn ddewr
> fel blaidd yn erlid defaid.
> Gŵr hardd ydoedd yn ei arfogaeth amryliw
> yn rhoi meirch yn rhodd i'r sawl a ofynnai amdanynt.

A'r olygfa olaf ar faes y gad:

> Cysgid Lloegr llydan nifer
> Â lleufer yn eu llygaid.

*   *   *

Testun canu Aneirin yn 'Y Gododdin', cân fwyaf yr hen fyd Cymreig, yw'r brwydro ar ôl dydd Urien. Y mae'n debyg fod cartref y bardd, a ddisgrifid fel Mechdeyrn, Brenin Mawr, yn Nhiroedd Ynys Prydain, yng Nghaeredin neu ei gyffiniau yng ngwlad Gododdin. Bardd gosgordd filwrol y brenin, ei deulu fel y gelwid ef, oedd Aneirin yn hytrach na bardd y brenin ei hun fel y bu Taliesin. Mynyddog Mwynfawr, sef Mynyddog gyfoethog, oedd brenin Gododdin, teyrnas a ymestynnai o Aber Gweryd (Firth of Forth) hyd at Afon Tyne. Daeth i ben tua deugain mlynedd ar ôl Brwydr Catraeth. Am gyrch arwrol ei osgordd o drichant yn erbyn 'canmil' o Saeson yng Nghatraeth y canodd Aneirin gân enwocaf y cyfnod arwrol. Wrth ei darllen hi dylem gofio mai peth i'w ganu neu ei lafar-ganu gyda'r delyn oedd barddoniaeth y Cymry, a'i miwsig geiriol yn apelio at y glust, er ei bod yn debyg i gân Aneirin gael ei sgrifennu mewn llawysgrif mor gynnar â'r seithfed ganrif.

Canolfan filwrol o bwys allweddol oedd Catraeth, wedi ei lleoli'n strategol lle yr ymuna'r ffordd ogleddol rhwng Durham a Chaeredin â ffordd Caerliwelydd tua'r gorllewin. Buasai'n fan pwysig yn nyddiau'r Rhufeiniaid. Collodd y Cymry eu gafael arno pan oresgynnodd y Saeson ran ddwyreiniol sir Gaerefrog, ac er ei ennill yn ôl fe'i collwyd eilwaith. Amcan Mynyddog wrth baratoi ei fyddin fach o drichant oedd ei adfer eto, efallai mewn cynghrair seithug â theyrnas Deira: mae awgrym o frad yn y stori. Meibion i deuluoedd brenhinol a phendefigaidd oedd y marchogion. Fe'u cynullwyd o bell ac agos, rhai o Wynedd ac o Ddyfnaint, am flwyddyn o wledda ac ymbaratoi. Enwir llawer ohonynt yn unigol gan Aneirin mewn cyfres o farwnadau bach sy'n moli eu gwrhydri a'u campau dewr. Ar gefn eu ceffylau y teithient, gyda byddin o filwyr traed o bosibl, y ddau can milltir i Gatraeth.

> Gwŷr a aeth Gatraeth oedd ffraeth eu llu;
> Glasfedd eu hancwyn a gwenwyn fu.
> Trichant trwy beiriant yn catäu—
> A gwedi elwch tawelwch fu.

Fel marchogion yr ymladdent, yn ôl yr arfer Rufeinig a Cheltaidd, yn erbyn y gwŷr traed Seisnig. Rhufeinig hefyd oedd eu harfau a'u harfwisg. Dulliau ymladd Arthur oedd ganddynt, yntau'n cael ei enwi yn y gân. Eisoes, ddwy genhedlaeth ar ôl ei ddydd, yr oedd Arthur yn ffigur chwedlonol. Wrth ganmol marchog o'r enw Gwawrddur dywed Aneirin y byddai'n gadael cymaint o gyrff gelynion ar ei ôl nes digoni'r brain ar fur y gaer.

> Gochonai brain du ar fur
> Caer cyn ni bai ef Arthur

Hynny yw, gwnâi hynny oll 'er nad ef oedd Arthur'—'cyn ni bai ef Arthur.'

Yn ôl un fersiwn o'r gân cafodd pawb o'r trichant eu lladd ond un, y bardd ei hun efallai, ond nid heb wneud difrod enbyd ymhlith y gelyn:

> A chyd lleddesynt, hwy lladasan';
> Neb i eu tymor nid atgorsan'

'Ac er eu lladd, lladdasant; ni ddychwelodd neb i'w wlad.'

Colli'r dydd a diflannu fu tynged teyrnasoedd Cymraeg yr Hen Ogledd a fuasai unwaith yn perthyn i Ymerodraeth Rufain. Pan wrthsafai'r Cymry oresgyniad y Normaniaid mewn oes arwrol arall, bum a chwe chanrif yn ddiweddarach, hwy oedd yr unig genedl Ewropeaidd a fuasai'n rhan o'r Ymerodraeth Rufeinig a gadwodd eu treftadaeth rhag cael ei sarnu gan y barbariaid Almaenaidd.

*   *   *

Trwy'r oesoedd a ddilynodd Taliesin ac Aneirin parhaodd eu gwaith i ysbrydoli'r beirdd a'r bobl a fu'n gwarchod ein gwerth-oedd ac yn cynnal ein cenedligrwydd, gan ennill iddynt le ymhlith tadau cynnar y genedl Gymreig.

Tua diwedd yr unfed ganrif ar bymtheg, disgrifir agwedd ar fywyd Cymru mewn dogfen a berthynai i Gyngor Cymru a'r Gororau:

> Upon the Sondaies and hollidaies the multitude of all sortes of men women and childerne of everie parishe doe used to meete in sondrie places either one some hill or one the side of some mountaine where their harpers and crowthers singe them songs of the doeings of their ancestors, namelie, of their warrs against the kings of this realme and the English nacion . . . Here alsoe doe they spende theire time in hearinge some part of the lives of Thalassyn (Taliesin) . . .

Fil o flynyddoedd ar ôl ei ddydd, yn oes Elizabeth Tudor, y werin Gymraeg a gadwai'r delyn, a'r canu am yr arwriaeth a fu, ac enw Taliesin ei hun, mewn bri.

CADWALLON *Rhiannon Prys*

CADWALLON c. 600 - 634

Y mae dyled Cymru i Gadwallon yn drwm. Efe a rwystrodd y barbariaid rhag gorchfygu Cymru yn y seithfed ganrif, yr un gymwynas ag a wnaeth Arthur yn y bumed ganrif. Saif yng nghanol cyfres o uwch-frenhinoedd Cymreig. O'i flaen bu Cunedda Wledig, Maelgwn Gwynedd a Rhun—a fedrai arwain

byddin i'r Alban gan fod yn siŵr fod ei deyrnas yn ddiogel wrth
ei gefn; Cadfan hefyd, tad Cadwallon, a goffawyd gan arysgrif
mewn Lladin ar faen yn Llangadwaladr ar ôl ei farw yn 613 fel 'y
doethaf a'r mwyaf enwog o'r holl frenhinoedd'. Ar ei ôl bu
Cadwaladr a gofféir yn 'Armes Prydein', a Rhodri Molwynog y
teimlwyd ei nerth yng Nghernyw, ac wrth gwrs Merfyn Frych a
fu'n enwog yn Ewrop. Uwch-frenhinoedd a hawliai wrogaeth
brenhinoedd eraill Cymru oedd y rhain oll.

Pan ddaeth Cadwallon i'w orsedd yr oedd deuddeng mlynedd
wedi mynd heibio oddi ar gyflafan erchyll Bangor Is-coed. Yno
lladdodd byddin o Northumbria o dan Aethelfrith ddeuddeg
cant o fynaich Cristnogol, perl y gwareiddiad crefyddol a
deallusol Cymreig, y blas cyntaf a gafodd y Cymry o farbar-
eiddiwch y Saeson. Ymgorfforai'r mynaich werthoedd gorau
Cymru fel y gwnâi'r derwyddon a lofruddiwyd gan y Rhufein-
iaid ym Môn. Dwy flynedd ar ôl cyflafan Bangor Is-coed
lladdwyd Aethelfrith gan Raedwald, brenin East Anglia, a
gladdwyd, fe gredir, ym medd paganaidd Sutton Hoo. Rhoddodd
hwnnw Eadwine (Edwin) ar orsedd Northumbria, teyrnas fwyaf
Lloegr yn awr. Buasai'r tir yn rhan o deyrnas Gododdin. Ymest-
ynnai o Afon Humber ymron i Gaeredin, dros ddwywaith
gymaint â Chymru gyfan, wedi iddi goncro rhannau helaeth o'r
Hen Ogledd. Fe'i helaethwyd ymhellach eto pan ymosododd
Eadwine ar deyrnas Gymreig Elfed a gynhwysai ardal tref
fodern Leeds. Bu Taliesin yn canu yn Elfed. Wrth ei gorchfygu
dygwyd nerth Northumbria yn nes at Gymru.

Mae'n bosibl fod hyn yn siom i Gadwallon am fwy nag un
rheswm. Yn un peth, yr oedd perthynas agos rhwng Gwynedd
ag Elfed yn y dyddiau hynny. A phan oedd Eadwine ar ffo rhag
llid Aethelfrith yr oedd ef a Chadwallon wedi byw gyda'i
gilydd. Efallai mai dyna'r pryd y daeth i arddel y grefydd
Gristnogol, er bod tystiolaeth mai'r allanolion yn unig a
dderbyniodd. Sut bynnag, o fewn misoedd i esgyniad Cadwallon
i orsedd Gwynedd yn 625 ymosododd Eadwine arno. Bu brwyd-
rau ffyrnig yn Rhos a ger Eglwys-fach, a gorfodwyd Cadwallon
i groesi i Ynys Môn, wedyn i Iwerddon ac efallai i Lydaw.
Syrthiodd Gwynedd i ddwylo Eadwine.

Teimlai hwnnw'n sicr iawn ohono'i hun. Yn y flwyddyn ganlynol ymdeithiodd drwy East Anglia, ac wedi derbyn gwrogaeth yno gorchfygodd Wessex, gan ladd pum brenin yn olynol. Bu'n rhaid i Sussex dalu gwrogaeth iddo, ac wedyn Mercia a ffiniai â Chymru. Dim ond Caint, canolfan Cristnogaeth Seisnig, a wrthododd. Eadwine oedd heb amheuaeth y brenin cryfaf a welsai Lloegr hyd yn hyn. Fe'i galwai ei hun yn frenin Prydain oll. Mae'r Saeson yn dal i gofio amdano fel un o'u harweinwyr cryf, dewr a bonheddig. Er nad oes sail hanesyddol i'r gred, gwelir ei gyfnod fel oes aur.

Hwn oedd y brenin a drechwyd gan Gadwallon. Erbyn 632 roedd ef wedi ail-feddiannu ei orsedd. Yn wir, adferodd gymaint o'i nerth nes derbyn gwrogaeth Mercia a'i harweinydd Penda—gŵr o dras Gymreig y mae'n debyg. Erbyn hyn, fel y dengys 'Moliant Cadwallon' a gyfansoddwyd gan Afan Ferddig yn 633, yr oedd Cadwallon wedi ennill brwydrau mewn llawer man yng Nghymru, gan gynnwys Gwent a Chaerfyrddin—y mae'n debyg mai dros y môr y teithiai yno. Cred rhai mai yn erbyn y barbariaid yr enillodd ei fuddugoliaethau yn neheudir Cymru.

Pwysau'r barbariaid a barodd i bobl y wlad hon eu galw eu hunain yn Gymry. Enw'r Almaenwyr arnynt oedd *Welsch*. Arferai pobl Almaenaidd roi'r enw *Welsch* ar rai a ddaeth o dan ddylanwad Rhufain. Galwent yr Eidalwyr yn *Welsch*, a'r *Walloons* yng ngwlad Belg a'r *Wallachians* sy'n siarad Rwmaneg.

Wedi diogelu Cymru fel hyn gwnaeth Cadwallon ei benderfyniad mwyaf beiddgar. Penderfynodd ymosod ar Northumbria bell. Ymunwyd ag ef yn yr ymgyrch hon gan Penda a ddeuai'n brif frenin Lloegr maes o law, ond Cadwallon oedd yr arweinydd fel y tystia hyd yn oed Beda, yr hanesydd mawr gwrth-Gymreig. Nid dial oedd amcan yr ymosodiad hwn. Rheswm strategol, hanfodol i ddiogelwch Cymru, a orweddai wrth ei gefn. Onid oedd y barbariaid wedi goresgyn Ewrop oll, ac onid oedd eu bygythiad i'r Cymry yng Nghymru ei hun yn ogystal â'r Hen Ogledd yn ddifrifol iawn? Gorchfygwyd y Cymry ym mrwydr Catraeth yn nechrau'r ganrif. Yn 613 ym mrwydr Caer a chyflafan Bangor Is-coed, ac eto yng ngorchfygiad Gwynedd yn 625 dangosodd Northumbria ei phenderfyniad i ddinistrio Cymru fel yr oedd eisoes wedi dinistrio Elfed a Gododdin; a deuai diwedd Rheged cyn bo hir. Prif amcan Cadwallon oedd ei gwanhau i'r fath raddau nes y peidiai â bod yn berygl i'w wlad. At hyn mynnai adfer rhyddid teyrnas Elfed a gollwyd yn 616 Yn wir, gorffenna'r gân 'Moliant Cadwallon' gyda'r geiriau, 'Boed inni gyfarfod o gwmpas Elfed.'

Felly yn y flwyddyn 632, dwy ganrif a hanner wedi ymadawiad Macsen Wledig, yn niwedd yr oes arwrol gyntaf, aeth Cadwallon a Penda i ogledd Lloegr. Cyfarfuont â byddin Eadwine ger Doncaster, ac yno, ym mrwydr Meigen, cawsant fuddugoliaeth ysgubol. Lladdwyd Eadwine a gwasgarwyd ei fyddin. Daeth terfyn ar deyrnasiad 'brenin Prydain oll'. Cafodd byddin Cadwallon groeso yn Elfed a chan Gymry Efrog, a bu cryn ddathlu. Symudodd ymlaen i anrheithio teyrnas Deira—Deifr i'r Cymry—er mwyn ei gwanhau, a llwyddwyd yn hynny; ni bu Deifr yn nerth o bwys byth wedyn. Casglodd Osric, mab neu nai Eadwine, fyddin i herio Cadwallon, ond fe'i trechwyd a'i ladd ym muddugoliaeth fawr olaf hen oes arwrol y Cymry. Ar hyd blwyddyn 633 teithiai Cadwallon trwy Northumbria. Dangosai ymgyrch mor hir ac mor bell o dref gryn allu trefniadol.

Trodd y brenin adref yn 634. Ond digwyddodd trychineb fawr. Heb yn wybod iddo roedd Oswald, brenin Bernicia, wedi cynnull byddin ynghyd wrth ei gefn. Wedi i'r fyddin honno gerdded trwy'r nos, rywle ger Hexham yn ymyl Mur Hadrian, ymosododd ar fyddin Cadwallon pan oedd hi'n dal i gysgu. Lladdwyd y brenin a chiliodd ei filwyr yn ôl i Gymru. Trwy Loegr gyfan bu croeso mawr i fuddugoliaeth Oswald. Cafodd ei alw'n union yn Bretwalda, prif frenin Lloegr, yn unig am iddo ladd Cadwallon.

Er hyn, nid methiant o bell ffordd fu ymgyrch Cadwallon. I'r gwrthwyneb, bu'n llwyddiant llachar a pharhaol. Nid adferwyd byth wedyn y nerth a oedd wedi galluogi Northumbria i ymosod yn llwyddiannus ar Gymru. Rhwystrwyd ymlediad y barbariaid. Deng mlynedd ar ôl marwolaeth Cadwallon lladdwyd Oswald, ac y mae'n debyg mai mewn ymdrech ganddo i orchfygu Cymru y digwyddodd hynny, mewn brwydr ger Croesoswallt y cydweithredai Penda eto â'r Cymry ynddi. Tua chenhedlaeth yn ddiweddarach, yn 678, daeth gyrfa rwysgfawr Northumbria i ben. Collodd ei nerth yn derfynol, ac ni wynebodd Cymru berygl marwol eto hyd nes i'r Normaniaid ymosod arni a threchu Rhys ap Tewdwr ym 1093.

Cymru oedd yr unig wlad yn Ewrop gyfan a wrthsafodd yn llwyddiannus ymdaith y barbariaid a foddodd wledydd cred rhwng 378 a 634. Oni bai am fuddugoliaethau Cadwallon yng Ngogledd Lloegr ni ddigwyddasai hynny. Bu lladd y brenin cryfaf a welodd y barbariaid ym Mhrydain yn anterth ei allu yn grwysol. Os oes cofgolofn i Gadwallon, Clawdd Offa yw honno. Tystia'r Clawdd fod bwriad y Saeson i orchfygu Cymru wedi dod yn derfynol i ben. Genhedlaeth yn ddiweddarach teimlai Cadwaladr, mab ac olynydd Cadwallon, fod ei wlad yn ddigon diogel iddo fynd ar bererindod i Rufain.

MERFYN FRYCH c. 790 - 844

Y ffaith ganolog am Merfyn Frych yw ei fod yn frenin o dras brenhinoedd yr Hen Ogledd. Cawn sôn am bwysigrwydd hyn yn nes ymlaen. Buasai cysylltiadau agos iawn, genedlaethau ynghynt, rhwng Gwynedd a Phowys ar y naill law â Rheged, Elfed ac Ystrad Clud yn yr Hen Ogledd ar y llall. O'r Hen Ogledd y daeth teulu Cunedda draw i Gymru. Yn y chweched ganrif cafodd Elidyr Hael ei ladd pan oedd yn ymweld â Chymru. Yn yr un ganrif canai Taliesin i frenhinoedd Cymru a'r Hen Ogledd; ac yn y seithfed ganrif gwelsom fod Cadwallon wedi ymosod ar Ddeifr yng ngogledd-ddwyrain Lloegr, yn rhannol am fod brenin Deifr wedi concro Elfed.

Gan mai bach iawn o wybodaeth a oroesodd o'r cyfnod cynnar hwn y mae'n deg casglu bod tipyn mwy o gydweithredu wedi digwydd nag y gwyddom amdano. Gwyddom fod nifer o Gymry ymhlith y trichant o'r Gododdin a ymosododd ar Gatraeth, ond y mae llawer na wyddom amdano. Nid yw'n rhyfedd canfod felly fod Gwriad brenin Manaw, disgynnydd i

MERFYN FRYCH   *Dafydd Prys*

Lywarch Hen, wedi priodi Esyllt, nith Hywel ap Rhodri Molwynog brenin Môn yn niwedd yr wythfed ganrif, yntau yn or-ŵyr i Gadwaladr o linach Cunedda. Cred rhai fod Llywarch ei hun wedi dod i Bowys yn y chweched ganrif. Cafodd Gwriad ac Esyllt fab, a'i enw oedd Merfyn. Pan fu farw Hywel, ewythr Esyllt, yn 825 daeth Merfyn yn frenin Môn. Ychydig wedi hyn bu farw Hywel ap Caradog a daeth Merfyn yn frenin y deyrnas yr ochr draw i Afon Menai, gan aduno etifeddiaeth llinach Cunedda.

Esgynnodd i'r orsedd ar adeg ddigon tywyll yn hanes Cymru. Rhwng 793 ac 823 roedd y Saeson wedi ymosod yn fynych arni, gan drechu Gwynedd, Powys, Ceredigion a Dyfed oll yn eu tro. Cafodd Powys ei llarpio'n ddidrugaredd. Ar un adeg credid bod Gogledd Cymru wedi syrthio am byth i afael Mercia. Er hynny, pan fu farw Merfyn yn 844 roedd yn medru rhoi brenhiniaeth Gwynedd yn ddiogel yn nwylo ei fab Rhodri. O fewn ychydig wedyn etifeddodd Rhodri Bowys a Seisyllwg, gan uno'r rhan fwyaf o Gymru mewn teyrnas gref.

Ond nid llwyddo i oroesi yn unig a wnaeth Merfyn; gwnaeth amryw o frenhinoedd cryf hynny. Camp arbennig Merfyn oedd llwyddo i greu amodau adfywiad meddyliol nodedig yng Nghymru. Ym myd barddoniaeth, ym myd hanes, ym myd crefydd, mewn llawer maes meddyliol, fe lifodd y cynnyrch ysgrifenedig allan yn ystod ei deyrnasiad ef. Yn ei oes ef y cofnodwyd llawer o'r hanes a gawn am yr Hen Ogledd. Daeth bri newydd ar arwriaeth yr hen Gymry, a chododd y bri hwnnw ysbryd Cymry'r dydd i wynebu her enfawr y Saeson a'r Daniaid. Tybed a wyddai Alfred Fawr am Merfyn pan geisiodd wneud yr un peth yn ddiweddarach gyda'r *Anglo-Saxon Chronicle*? Yn oes Merfyn y daeth barddoniaeth Taliesin ac Aneirin ac eraill i Gymru, o Ystrad Clud y mae'n debyg, teyrnas a barhaodd yn Gymraeg ei hiaith am ganrifoedd eto. O dan ddylanwad y ddysg newydd hon yr ysgrifennwyd barddoniaeth fawr y nawfed ganrif, canu Heledd a Llywarch Hen a llawer mwy. Yn wir, gwnaeth barddoniaeth Gymreig y cyfnod y fath argraff ar Loegr nes dechrau ysgol debyg o farddoniaeth yno.

Gallwn ni heddiw ddiolch i ysgolheigion cyfnod Merfyn am ein gwybodaeth am Myrddin, Taliesin, Gwyddno Garanhir, Llywarch Hen, Tristan a llawer ffigur arall yn chwedloniaeth Cymru. O'r Hen Ogledd y 'symudwyd' yr holl arwyr hyn, gan eu hailsefydlu mewn ardaloedd newydd yng Nghymru. Ni fuasai derwen Myrddin wedi bod yng Nghaerfyrddin heb Merfyn. Yn wir, symudwyd Tristan ymhellach byth, i Gernyw, a chysylltwyd ef â hanes Esyllt. Wedyn aeth yr hanes hwn draw i Ffrainc ac i'r Almaen. I Merfyn y mae diolch am un o operâu Wagner! Yr un modd fe seiliwyd yr hanes Seisnig enwog am 'Sir Gawaine and the Green Knight' ar hanesion am Owain fab Urien Rheged a ddygwyd i Gymru yn sgîl Merfyn.

Roedd enw Merfyn yn adnabyddus yn Iwerddon, Lloegr a Ffrainc. Ailenwyd tref Caernarfon gan y Saeson yn Mirmanton ar ei ôl. Roedd ei Lys yn ganolfan dysg. Galwai ysgolheigion yno wrth ymdeithio o Iwerddon i Ewrop neu yn ôl. Gwyddai'r ymwelwyr y byddai'n rhaid iddynt fod ar eu gorau glas rhag cael eu cywilyddio ym mhresenoldeb Merfyn. Goroesodd o leiaf un o'r posau dysgedig cymhleth a drafodwyd. Rai blynyddoedd wedyn âi Cymry allan i Ffrainc i gyfoethogi'r adfywiad meddyliol yno. Parhaodd yr adfywiad trwy oes Rhodri Mawr, mab Merfyn. Mewn un llawysgrif ddysgedig y mae nodyn ar ymyl y ddalen yn dweud yn Lladin, 'mae Rhodri yma', arwydd o'r diddordeb a gymerodd Rhodri yntau ym myd dysg. Trodd yr adfywiad diwylliannol yn adfywiad gwleidyddol a milwrol grymus yn oes Rhodri. Daeth ef hefyd yn enwog yn Ewrop, yn enwedig am ladd Gorm, arweinydd y Daniaid, a fuasai'n ddychryn i wledydd Cred. Canwyd ei glod yn y Llys yn Ffrainc.

Er bod llwyddiant politicaidd Rhodri yn fwy nag eiddo ei dad, eto Merfyn a osododd y seiliau. Nid yn unig ar ddaear Cymru y gosododd y sylfaen ond hefyd ym meddylfryd ei phobl. Llwyddiant moesol sydd wrth gefn pob llwyddiant materol o bwys. Gwelwn hynny'n glir a chynhyrfus yn hanes Merfyn.

RHODRI MAWR   *Rhiannon Prys*

RHODRI MAWR c. 820 - 878

'Rhodri oedd y mwyaf o holl frenhinoedd Cymru'. Dyna farn
Nora Chadwick, yr hanesydd mawr a wnaeth fwyaf yn ein
cenhedlaeth ni i ddatguddio hanes cynnar Cymru. Efe yw'r
unig frenin Cymreig a elwir yn fawr. Llwyddodd yn ei amcan o
greu teyrnas fawr a chadarn trwy uno o dan ei lywodraeth dair
o deyrnasoedd mwyaf Cymru, Gwynedd, Powys a Deheubarth,

a gynhwysai Gŵyr—Seisyllwg oedd ei enw ar y pryd. Byddai
Alfred Fawr yn uno'r rhan fwyaf o Loegr trwy goncwest, ond
trwy gyfres o briodasau gwleidyddol y daethpwyd â theyrnas-
oedd Cymru ynghyd. Yng Ngwynedd y sefydlwyd y polisi hwn.
Etifeddodd Merfyn Frych, tad Rhodri, Wynedd trwy briodas ei
dad yntau â merch y brenin Cynan. Trwy ei briodas â Nest,
chwaer brenin Powys, unodd Merfyn y deyrnas honno â
Gwynedd. Priododd ei fab Rhodri ag Angharad, chwaer Gwgon,
brenin Deheubarth, a daeth i feddiant y deyrnas honno pan
foddwyd Gwgon. Yn nes ymlaen dygwyd teyrnas fach Dyfed i
mewn gan Hywel Dda, eto trwy briodas.

Er bod o leiaf dri brenin Cymreig, Maelgwn Gwynedd,
Cynan   Garwyn   a   Chadwallon,   wedi   sefydlu   eu
penarglwyddiaeth yn y chweched a'r seithfed ganrif, Rhodri
oedd y cyntaf i greu undeb o deyrnasoedd dros y rhan fwyaf o'r
wlad. Hybodd ei lwyddiant yr ymwybyddiaeth o Gymru fel un
genedl.

Y ddelwedd a grewyd o Gymru yn yr Oesoedd Canol yw o
frenhinoedd yn lladd ei gilydd byth a hefyd. Ond y gwir yw bod
cyfartaledd uwch ohonynt wedi marw yn eu gwelyau nag yn
Lloegr a'r Alban a gwledydd eraill. Dyna pam y bu hanes mor
hir i deuluoedd brenhinol y teyrnasoedd Cymreig. Roedd mwy
o briodi â'i gilydd yn eu plith nag o ymladd â'i gilydd. Eithr yr
oedd yn rhaid i frenin fod yn arweinydd milwrol, a milwr oedd
Rhodri a dreuliodd ran dda o'i fywyd yn ymladd, ymladd nid yn
erbyn ei gyd-Gymry ond yn erbyn y Saeson a'r Daniaid, a
hynny cyn ac ar ôl iddo esgyn i orsedd Gwynedd ar farwolaeth
ei dad yn 844. Ei dynged, yn wahanol i Alfred, oedd gorfod
amddiffyn ei wlad ar ddwy ffrynt, yn erbyn y Saeson o'r dwyrain,
a'r Ficingiaid, neu'r Paganiaid Duon fel y gelwir hwy yn y Brut,
a ddeuai o'r gogledd; ac yr oedd y brwydro yn erbyn y Saeson
lawn mor ffyrnig ag yn erbyn y Northmyn. Saeson a'i lladdodd.
Gwnâi Rhodri fwy nag amddiffyn Cymru yn erbyn y Saeson; ni
pheidiodd â gobeithio goresgyn Lloegr. 'Doedd yr ymgiprys am
oruchafiaeth ddim wedi dod i ben yn llwyr eto; ac yn wir am
bron fil o flynyddoedd ar ôl dydd Rhodri, y myth am golli Lloegr
fyddai'r peth pwysicaf yn ymwybyddiaeth hanesyddol y

Cymry—'eu gwlad a gollant ond gwyllt Walia' oedd y broffwydoliaeth a briodolid i Myrddin.

Er i Gwynedd ddioddef oddi wrthynt, Powys a wynebodd waethaf ymosodiadau enbyd y Saeson. Y ganrif gynt cawsai ei goresgyn yn llwyr gan Mercia. Collodd Pengwern, prif lys ei thywysogion, ynghyd â'r gwastadeddau ffrwythlon o'i gwmpas; a chododd Offa ei glawdd enfawr i nodi'r ffin. Yn 853 ymunodd Wessex, o dan dad Alfred Fawr, â Mercia mewn cyrch enbyd ar Bowys eto, a gwnaethant ddifrod ofnadwy. Ddwy flynedd ar ôl hyn bu farw Cyngen brenin Powys yn Rhufain, lle'r aethai ar bererindod, a daeth Rhodri i'r orsedd. Ar y pryd yr oedd yn ymladd yn erbyn cyrchoedd difrodus y Daniaid. Fel yr oedd y barbariaid Seisnig wedi dod dros Fôr Udd o'r Almaen deuai'r barbariaid Danaidd hwythau dros yr un môr o Sgandinafia. Bu bron iddynt ddinistrio gwareiddiad gwych Iwerddon. Ymladdodd Rhodri yn eu herbyn gyda llwyddiant rhyfeddol. Enillodd fuddugoliaeth fawr yn 856 pan laddwyd eu harweinydd Horm, y gŵr a roes ei enw i Great Orme's Head, neu Trwyn y Gogarth, Llandudno. Aeth y newydd am hyn ymhell. Fe'i cofnodir mewn Brut Gwyddelig a bu sôn am y fuddugoliaeth bwysig yn llys Siarl Foel, mab Siarlymaen, yn Liège, lle y cyfansoddwyd cân amdani gan y bardd a'r ysgolhaig Sedulius Scottus, Gwyddel a berthynai i'r llys, un o ddynion mwyaf dysgedig ei oes a arferai alw yn llys Gwynedd.

Er mwyn deall maintioli camp amddiffynnol Rhodri a'r Cymry yn erbyn y Paganiaid Duon rhaid sylweddoli maint y difrod a wnaethant, yn Ddaniaid a Norwyaid, a'r llwyddiannau gwaedlyd a gawsant yn yr ynysoedd Prydeinig ac ar gyfandir Ewrop yn y cyfnod hwn. Ac eithrio brenin Wessex, lladdwyd pob brenin a dilëwyd pob teulu brenhinol ganddynt yn Lloegr. Gorchfygasant Mercia, East Anglia a Northumberland, teyrnasoedd mawr a nerthol, a buont bron â choncro Wessex. Diflaniad teuluoedd brenhinol Lloegr a'i gwnaeth yn bosibl i Wessex greu un frenhiniaeth Seisnig; ni ddigwyddodd dim tebyg yng Nghymru. Yn yr Alban meddiannwyd yr holl ynysoedd gorllewinol a gogleddol a rhan dda o'r tir mawr yng ngogledd y wlad. Yn Iwerddon sefydlasant ddinas Dulyn a meddiannu'r wlad o'i chwmpas, ynghyd â Wicklow, Wexford, Waterford, Cork a Limerick, a difrodi gwareiddiad y wlad. Ar y cyfandir meddiannwyd Normandi a rhoi eu henw iddi; ac ymosodasant ar ddinasoedd pwysicaf llawer gwlad, gan gynnwys Paris ac Orleans, Seville a Cadiz, Pisa, Hamburg a llawer mwy. Daethant yn agos at ddymchwel gwareiddiad gorllewin Ewrop oll. Byddai'r terfysg yn yr Eglwys yn ychwanegu at anhrefn yr oes. Mewn wyth mlynedd cyn diwedd y ganrif cafwyd deg o Babau yn Rhufain.

Yn erbyn y cefndir hwn y mae gweld gorchest Rhodri a'r arweinwyr a'i dilynodd. Er i Fôn gael ei hanrheithio'n enbyd gan y Daniaid; ac er iddynt drechu Rhodri ei hun ar ryw Ddydd Sul—'gwaith Dydd Sul' y galwyd y frwydr gan y Brut—yn 876, y flwyddyn cyn iddynt oresgyn Wessex a gyrru Alfred ar ffo i fryniau Gwlad yr Haf; ac er i Rhodri orfod ffoi am loches i Iwerddon, er hyn oll ni lwyddasant i feddiannu dim o Gymru. Morwyr o farsiandïwyr, nid milwyr a roes yr enwau Norseg a geir ar ynys a phenrhyn, a chanolfannau masnachol oedd Caerdydd, Abertawe ac Aberdaugleddyf.

Fel ei dad Merfyn, cadwai Rhodri lys diwylliedig a fawrygai hanes a thraddodiadau'r Cymry. Tystir i ddiwylliant clasurol y llys gan y gerdd Ladin o fawl a sgrifennodd Sedulus Scottus i Rodri. Âi'r beirdd, a gadwai'r hanes a'r achau ar eu cof, ar ôl gwreiddiau'r brenhinoedd Cymreig, a rhoddi'r hanes ar gadw mewn llawysgrifau. Meithrinwyd y diddordeb a ddeffrowyd yn yr Hen Ogledd yn nydd ei dad am fod eu cyndeidiau yn hanfod oddi yno. Meithrinai hyn wladgarwch newydd a datblygiad ymwybod â'r hyn y mae'n deg ei alw yn genedligrwydd Cymreig. Adlewyrchid diwylliant Cymreig y cyfnod gan wahoddiad Alfred i'r ysgolhaig Asser, ei gofiannydd, i ddod i'w lys yn Wessex o Ddyddewi. Trueni na chafodd Rhodri gofiannydd tebyg. Gogoniant diwylliannol yr oes yw cerddi godidog Llywarch Hen a Heledd nad oes dim mwy ardderchog na hwy mewn barddoniaeth Gymraeg. Er mai am ddigwyddiadau yn y chweched a'r seithfed ganrif y canent—roedd Llywarch yn gefnder i Urien Wledig—adlewyrchent ing yr ymladd ffyrnig a fu yn erbyn y Saeson yn amser Cyngen a Rhodri.

Wrth ymladd yn erbyn Saeson Mercia y cafodd Rhodri ei ladd, a'i fab Gwriad hefyd, wedi iddo deyrnasu am 34 o flynyddoedd. Bu farw fel y bu byw, dros ei wlad. Ergyd greulon oedd ei farwolaeth ar adeg argyfyngus pan ddaliai Saeson a Daniaid i bwyso ar Gymru o'r dwyrain, gogledd a gorllewin. Ond yn ymyl Conwy ymhen tair blynedd trechwyd y Saeson yn drwm gan Anarawd ei fab mewn buddugoliaeth fawr a alwai'r Cymru yn 'ddial Duw am ladd Rhodri'.

Yn ôl Asser gadawodd chwe mab ar ei ôl. Un ohonynt oedd Cadell a etifeddodd deyrnas Deheubarth. Ei fab ef oedd Hywel Dda a fyddai'n ailsefydlu'r undeb a grewyd gan ei dad-cu rhwng Deheubarth, Gwynedd a Phowys. Gorchest fawr Rhodri oedd creu'r undeb hwn ac amddiffyn ei wlad yn erbyn y Saeson a'r Daniaid pan oedd cynifer yn methu. Hyn oedd y gamp a roes i'r Cymry yr hyder a'r gobaith a ddylanwadodd yn barhaol ar eu hanes.

HYWEL DDA c. 890 - 950

Ni chafodd Cymru gymwynaswr mwy na Hywel Dda. Mae'r teitl a roddwyd iddo gan oes ddiweddarach yn dyst o'i barn am fawredd ei wasanaeth. Ef yn unig o holl dywysogion Cymru a elwir yn 'dda'. Ond nid rhyw ddaioni meddal a llonydd a fu'i eiddo ef; nid oedd lle i hynny mewn brenin yn yr oes erwin honno. Gwyddai'r gŵr a alwyd yn 'dywysog Cymru oll' wedi iddo uno Gwynedd a Phowys, Dyfed a Deheubarth, ac a gadwodd y Northmyn draw, sut i ddefnyddio grym yn ddidostur. Tybed ai mewn edifeirwch yr aeth ar bererindod i Rufain ym mlodau ei ddyddiau?

Ŵyr Rhodri Mawr oedd Hywel. Ar ôl i Rodri gael ei ladd mewn brwydr yn erbyn y Saeson rhannwyd ei deyrnas rhwng ei feibion yn ôl yr arfer Gymreig gyfiawn a greai anawsterau politicaidd mor enbyd. Ceredigion ac Ystrad Tywi (a gynhwysai Gŵyr) a ddaeth i ran Cadell, ac yn y deyrnas honno y ganed ei fab Hywel tua diwedd y nawfed ganrif. Etifeddodd ef y deyrnas

HYWEL DDA   *Llyfrgell Genedlaethol*

yn ei dro gyda'i frawd Clydog, a phan fu hwnnw farw yn 920
daeth yn ben ar y cyfan ohoni. Trwy ei briodas ag Elen, merch
brenin Dyfed, teyrnas fach a gynhwysai'r wlad ffrwythlon
rhwng Caerfyrddin a Thyddewi, yr oedd honno eisoes wedi dod
i'w feddiant. Dyna sut y ffurfiwyd teyrnas Deheubarth, enw
sy'n awgrymu bod Cymru'n cael ei hystyried yn un endid. Yn
Ninefwr y mae'n debyg y bu ei phrif lys. Parhaodd Deheubarth
yn ein dydd ni, heb Gŵyr, ar ffurf esgobaeth Tyddewi a sir
Dyfed. O dan deyrnasiad Hywel mwynhaodd genhedlaeth
gyfan o heddwch a oedd yn amheuthun ar ôl difrod y Daniaid a
Saeson y genhedlaeth gynt.

Pan esgynnodd i'w orsedd yr oedd Saeson Wessex o dan
Alfred ac Edward wedi cael y trechaf ar y Daniaid, ac ymest-
ynnai teyrnas Wessex hyd at ffin Cymru. Ond arhosai'r cof am
gyrchoedd enbyd y Northmyn yn fyw iawn, a pharhaent yn allu
dros y dŵr yn Iwerddon. Hyn a'r cof am ganlyniadau alaethus
gelyniaeth y Saeson yn y gorffennol a barodd i Hywel ddilyn
polisi o gymod, gan dalu gwrogaeth i'r brenin Seisnig fel y
gwnâi tywysogion Gwynedd, Powys a Deheubarth yn y canrif-
oedd canlynol. Cydweithredodd yn galonnog ag Athelstan, a
oedd bellach yn uwch-arglwydd yr ynys, a hyd yn oed ymuno ag
ef a'i gyd-frenhinoedd Cymreig mewn ymgyrch a oresygynnodd
yr Alban. Ni leihaodd y cydweithio hwn yr un iod ar awdurdod
Hywel yng Nghymru. Siawns na bu'r cof am Asser, a gyfrannodd
tuag at ddelfrydau meddyliol Alfred Fawr ac a fu'n gofiannydd
iddo ar ôl ei ddenu o Dyddewi yng ngwlad Hywel, yn elfen
ffurfiannol yn ei bolisi o gyfeillgarwch. Sut bynnag, roedd y
polisi hwn yn annerbyniol gan rai Cymry a ddaliai i goleddu'r
hen freuddwyd am reolaeth Gymreig ar Loegr. Yn y gân enwog
'Armes Prydain' galwyd am daflu'r Saeson allan o'r ynys trwy
undeb rhwng y Cymry a gwŷr Ystrad Clud (a oedd o hyd yn
deyrnas annibynnol, Gymraeg ei hiaith), y Gwyddelod a gwŷr
Cernyw a'r Paganiaid Duon:

> A chymod Cymry a gwŷr Dulyn
> Gwyddyl Iwerddon, Môn a Phrydyn,
> Cernyw a Chlydwys, eu cynnwys gennym.

Pan gyfarfu rhan o'r cynghrair hwn mewn brwydr â'r Saeson yn yr Alban fe'u gorchfygwyd â lladdfa enbyd. Gallwn fod yn ddiolchgar mai polisi Hywel a gariodd y dydd yng Nghymru canys hwnnw'n unig oedd yn gall.

Bu'n amlwg fod gwellhad yn sefyllfa Cymru ac Ewrop yn 928 pan deimlodd Hywel yn ddigon diogel i fynd ar bererindod i Rufain, y brenin Cymreig olaf i fynd yno a'r unig un i fynd ym mlodau ei ddyddiau. Y degau o flynyddoedd o waith a wnaeth wedi iddo ddod adref o Rufain a'i dyrchafodd i reng flaenaf tywysogion Cymru. Yng Ngwynedd dilynodd Idwal Foel bolisi gwahanol iddo tuag at Wessex a Mercia a thalodd y pris eithaf am hynny. Fe'i lladdwyd mewn brwydr yn erbyn y Saeson yn 942. Hynny a'i gwnaeth yn bosibl i Hywel ddisodli meibion Idwal a dod yn feistr ar Wynedd. Meistrolodd Bowys hefyd. Ac yntau eisoes wedi ymgorffori Brycheiniog yn Neheubarth pan ddaeth llinach Brychan i ben, yr oedd bellach yn ben ar Gymru gyfan ac eithrio Gwent a Morgannwg. Bathodd arian ag arno'r geiriau 'Houael Rex', yr unig dro i frenin Cymreig fathu arian yn ei enw ei hun. Ond ni chreodd frenhiniaeth i Gymru, canys, yn wahanol i Loegr, roedd nerth y teyrnasoedd bach annibynnol heb eu hysigo. Y rhyfeddod yw'r radd o lwyddiant a gafodd.

Ei safle fel 'tywysog Cymru oll' a'i galluogodd i ddwyn trefn ar gyfreithiau Cymru, gan alw, y mae'n debyg, gynhadledd i'r pwrpas yn Hendy-gwyn ar Daf. Cyfraith Hywel a roes iddo ei enwogrwydd mawr. Un effaith enfawr a gafodd ar fywyd y wlad oedd cryfhau'r ymwybod cenedlaethol Cymreig. Ei chyfraith a'i llenyddiaeth hi oedd gogoniant Cymru. 'O'r safbwynt deallusol,' medd Joseph Loth, 'y cyfreithiau sy'n rhoi'r hawl bennaf i'r Cymry i enwogrwydd.' Ac meddai Ferdinand von Walter o Bonn yn *Das Alte Wales*, 'Yng Nghymru blodeuodd iawnder a chyfiawnder, wedi eu seilio ar gyfreithiau Hywel Dda, mewn perffeithrwydd prydferthwch na cheir ei debyg ymhlith unrhyw bobl arall yn yr Oesoedd Canol.' Dim ond yn ystod y can mlynedd diwethaf y mabwysiadodd Lloegr rai o syniadau gwâr cyfraith Hywel. Rhoddaf bum enghraifft o'u rhagoriaeth.

(1) Safle menywod, a gawsai le anrhydeddus yn yr Eglwys Geltaidd. O dan gyfraith Hywel roedd gan ferched hawl i berchenogi eiddo na chafwyd yng nghyfraith Loegr hyd 1883. Hefyd roedd ganddynt hawl i iawndal pe bai'r gŵr yn eu taro yn ddiachos. O dan gyfraith Loegr eiddo y gŵr oedd y wraig; 'chattel' oedd hi, yr un gair â 'cattle'. Mewn tor-priodas câi'r wraig o Gymraes hyd at hanner eiddo'r teulu. Hynny yw, roedd safle merched yng Nghymru yn anhraethol uwch nag yn Lloegr. (2) Dienyddio. Nid oedd chwarter cymaint o ddienyddio'n digwydd dan gyfraith Hywel yn y ddeuddegfed ganrif ag oedd yn digwydd saith gan mlynedd yn ddiweddarach yn Lloegr yn y bedwaredd ganrif ar bymtheg. (3) Dulliau profi euogrwydd. Roedd syniadau cyntefig fel profi euogrwydd trwy ymladd, trwy dân neu drwy ddŵr berw yn gwbl estron i gyfraith Hywel. Syniadau oesoedd tywyll neu feddyliau caeëdig oedd y rhain, ond yn Lloegr yr oeddent yn gyffredin, megis y gwelwyd yno'n ddiweddarach hefyd gryn losgi 'gwrachod', sef hen wragedd ffwndrus eu meddyliau. Ni bu fawr ddim o hyn yng Nghymru. (4) Dwyn. Nid oedd cosb o gwbl am ddwyn os mai cadw'n fyw oedd yr amcan. Cymharer hyn â'r plant tlawd a newynog a grogid yn Lloegr am ddwyn oen i'w fwyta. (5) Plant anghyfreithlon. I esbonio'r pwynt hwn dyfynnaf osodiad cynnar sy'n cymharu mewn mawredd â Datganiad Arbroath yn yr Alban ym 1320: 'Cyfraith (Lloegr) a ddywed na ddyly un mab dref tad namyn y mab hynaf i'r tad o wraig briod; Cyfraith Hywel a'i barn i'r mab ieuengaf megis i'r hynaf, ac a farn na ddoder pechod y tad na'i anghyfraith yn erbyn y mab am dref y tad.' Nid yw cyfraith Loegr byth wedi cyrraedd y fan hon.

Ei chyfraith a'i llenyddiaeth a ddug Jacques Chevalier i'r farn mai, 'Pobl Cymru oedd pobl fwyaf gwâr a mwyaf deallusol yr oes.' Tynnodd yr ysgolhaig hwn sylw at y ffaith mai, 'Cymru yn y ddegfed ganrif oedd yr unig genedl yn Ewrop a chanddi lenyddiaeth genedlaethol ar wahân i un ymerodrol mewn Lladin.' Nid rhyfedd bod y brenin a deyrnasodd yma am ddeugain mlynedd yn cael ei alw gan Frut y Tywysogion yn 'Ben a Moliant yr holl Frythoniaid.'

MAREDUDD AB OWAIN   *Dafydd Prys*

MAREDUDD AB OWAIN c. 935 - 999

Yn ail hanner y ddegfed ganrif yr oedd Ffrainc, yr Almaen a'r
Eidal bob un yn gasgliad o wledydd bach niferus a rhyfelgar,
cwbl annibynnol ar ei gilydd, heb ddim o'r unoliaeth iaith a
diwylliant a geid yng Nghymru. Yn yr Eidal yr oedd ugeiniau o
wahanol ieithoedd; yr oedd y rhan fwyaf o Sbaen o dan reolaeth
Foslemaidd a'r Arabeg yn iaith swyddogol. Gwelodd Lloegr
gynnydd mewn unoliaeth ddiwylliannol hyd at ddegawdau olaf
y ganrif, ond y pryd hynny ail-ddechreuodd ymosodiadau'r
Daniaid a oedd eisoes wedi meddiannu rhan fawr o'r wlad a
sefydlu cyfraith Ddanaidd ynddi. Y tro hwn fe'i concrwyd
yn llwyr ganddynt. Gwnaed Lloegr yn rhan o ymerodraeth

Denmarc. Y blynyddoedd terfysglyd hyn oedd cyfnod teyrnasiad Maredudd ab Owain, tywysog na chafodd ei haeddiant gan haneswyr.

Ŵyr Hywel Dda oedd Maredudd a gor-or-ŵyr felly i Rodri Mawr. Daeth Owain ei dad i orsedd Deheubarth a Dyfed yn dawel a heb ymladd ar farwolaeth ei ddau frawd, a theyrnasodd am 34 o flynyddoedd. Rheolodd Maredudd am dair ar ddeg arall ar ôl marw ei dad. Rhyngddynt, gan hynny, sicrhaodd Hywel Dda, Owain a Maredudd lywodraeth sefydlog ar Ddeheubarth a Dyfed am y rhan fwyaf o'r ganrif. Esgynnodd Maredudd i'r orsedd yn y flwyddyn 986, a hynny yn heddychlon fel y gwnaeth ei dad, ond disgynasai baich llywodraethu'r deyrnas arno flynyddoedd cyn hynny yn ystod henaint ei dad. Yr oedd wedi gorchfygu Gwynedd rai blynyddoedd ynghynt.

Cyfnod anodd a therfysglyd oedd diwedd y ddegfed ganrif yng Nghymru fel yn Lloegr. Bu'n rhaid i Faredudd wrthsefyll cyrchoedd y Saeson a her i'w awdurdod gan dywysogion Cymreig. Ond pennaf ofid y wlad oedd ymosodiadau'r Daniaid a orchfygodd Loegr yn ystod ei deyrnasiad. Er iddynt fethu â meddiannu dim o Gymru yr oedd eu cyrchoedd arswydus yn enbyd o ddifrodus, yn arbennig ar fynachlogydd ac eglwysi. Yn yr wyth- a'r nawdegau anrheithiwyd Tyddewi bedair gwaith a lladd yr esgob ar un achlysur. Yn y flwyddyn 988 difrodwyd Llanbadarn Fawr, Llandudoch, Llancarfan a Llanilltud Fawr. Mae'n siŵr fod cyfoeth o lawysgrifau amhrisiadwy wedi eu dinistrio. Ym Môn y flwyddyn gynt dygwyd dwy fil o'i phobl yn gaethion. Pan gymerwyd rhai o ddeiliaid Maredudd yn gaethion ar achlysur arall roedd ganddo'r adnoddau moesol ac ariannol i'w cael yn ôl. Ond er enbyted eu difrod nid enillodd y Daniaid droedle yn y wlad.

Trwy gydol ei deyrnasiad bu Maredudd yn frenin ar y cyfan o Gymru, ac eithrio Gwent a Morgannwg. Diau i hyn fod yn symbyliad i'w ŵyr, Gruffudd ap Llywelyn, feistroli Cymru oll. Roedd Gruffudd, yn fab i Angharad merch Maredudd. Ac fel y byddai Gruffudd ymhen hanner canrif yn amddiffyn ei ffiniau trwy ymosod ar Mercia, felly y gwnaeth ei dad-cu yntau.

Tywysog galluog ag egnïol oedd Maredudd ab Owain a gryfhaodd draddodiad unoliaeth genedlaethol Cymru. Mewn heddwch a rhyfel llafuriodd a brwydrodd gyda llwyddiant trawladol i gynnal ysbryd y gencdl a thraddodi ei hetifeddiaeth i'r dyfodol. Enillodd hyn iddo'r teitl a roes y croniclau, 'clodforusaf frenin y Brytaniaid'.

GRUFFUDD AP LLYWELYN c. 1007 - 1063

O'r dydd y daeth yn frenin Gwynedd a Phowys ym 1039 uchelgais Gruffudd ap Llywelyn, y rhedai gwaed Rhodri Mawr a Hywel Dda yn ei wythiennau, oedd uno Cymru gyfan o dan ei reolaeth. Llwyddodd yn ei amcan, yr unig un i wneud hynny erioed. Unig fab Llywelyn ap Seisyll, brenin Deheubarth oedd Gruffudd. Roedd Llywelyn ei hun yn frenin nodedig. Dywed *Brut y Tywysogion* hyn am ei deyrnasiad:

> 'Yn ei amser ef, fel y byddai hynafiaid y deyrnas yn dweud, bu'r holl wlad o fôr i fôr yn gyflawn o amlder da a dynion, hyd na thebygid fod na thlawd na neb mewn eisiau yn ei holl wledydd, na'r un dref yn wag na diffaith.'

Llwyddodd Llywelyn yntau i uno Gwynedd a Phowys a Deheubarth am gyfnod byr cyn ei farw cynamserol ym 1023. Llanc oedd Gruffudd bryd hynny, ac os yw'r hyn a ddywedodd Gwallter Map amdano'n wir byddai gan ei dad achos i bryderu am ddyfodol mab yr oedd cymaint yn dibynnu arno, canys yn ôl y llenor ac ysgolhaig o gyrion Henffordd, yr oedd Gruffudd yn grwtyn llwfr, diog a diantur. Blinai hyn ei chwaer, medd Gwallter, a symbylodd hi ei brawd i fynd allan un Nos Galan i edrych a gwrando am arwyddion a allai newid cwrs ei fywyd, fel yr arferai pobl ei wneud y noson honno. Dyna a wnaeth Gruffudd, a phan oedd yn eistedd yn ymyl tŷ lle'r oedd tameidiau o gig yn cael eu coginio mewn pair, clywodd y cogydd yn dweud wrth y bobl a eisteddai o gwmpas y tân, 'Dyna beth rhyfedd: mae 'na un darn o gig sy'n mynnu dod i'r wyneb o hyd waeth pa mor aml y gwthiaf ef i lawr.' Aeth y geiriau i galon Gruffudd fel geiriau proffwydol iddo ef yn bersonol. O'r funud honno bu'n ddyn gwahanol, mor wahanol yn wir nes dweud o'r *Brut* amdano, 'a hwnnw o'r dechrau hyd y diwedd a ymlidiodd y Saeson a'r cenhedloedd eraill'. Ond cyn hynny bu'n rhaid iddo gyrchu coron Gwynedd. Gwnaeth hynny'n llwyddiannus.

Y Daniaid yn bennaf oedd y 'cenhedloedd eraill' y cyfeiriai'r *Brut* atynt. Er iddynt, ychydig flynyddoedd ynghynt, ddangos eu gallu trwy orchfygu Lloegr a'i huno o dan eu brenin Canute fel rhan o ymerodraeth Denmarc, nid oes hanes dibynnol am Gruffudd yn colli gymaint ag unwaith yn eu herbyn. Ond y Saeson a wynebodd gyntaf, a hynny ar y ffin rhwng Powys a Merca, y Merca a wnaeth y rhan fwyaf o'r ymosodiadau ar

GRUFFYDD AP LLYWELYN   *Rhiannon Prys*

Gymru yn ystod y canrifoedd blaenorol. Mewn brwydr dynged-fennol ym 1039 yn Rhyd-y-groes ger Y Trallwng ar lannau Hafren gorchfygodd fyddin yr Iarll Leofric o Mercia mor llwyr nes sefydlu goruchafiaeth y Cymry'n gadarn ar y gororau am bron chwarter canrif. 'Rhy gryf ydynt', meddai cronicl Seisnig, 'tra bo Gruffudd yn frenin arnynt.'

Gwnaeth fwy na threchu'r Saeson ar y gororau. Enillodd diroedd yn ôl oddi wrthynt. Estynnodd ffiniau Gwynedd y tu hwnt i Glawdd Offa, gan adfer Prestatyn, Treffynnon, Fflint, Wrecsam, Penarlâg, Merton, Whitford, Hope, y cyfan o Faelor a llawer cylch arall. Ym Mhowys adenillwyd Trefaldwyn, Edderton, Forden, Thornbury, Hopton a mannau eraill. Ym Maesyfed a Maldwyn enillodd ef neu Gruffydd ap Rhydderch reolaeth dros ddegau o bentrefi Seisnig, gan gynnwys Knighton, Radnor, Waterdine, Kington a Huntington. Cafodd yr ardaloedd hyn eu llwyr Cymreigio, ac er gwaethaf cyfnodau ysbeidiol o reolaeth Normanaidd, Cymraeg fu eu cymeriad hyd at ein dydd ni.

Ar ôl sefydlu a chryfhau ei safle trwy Wynedd a Phowys, troes Gruffydd ei sylw at Ddeheubarth, hen deyrnas ei dad, heb ofni ymosodiad o du Lloegr mwy. Ei amcan oedd ennill rheolaeth arni, ond nid tasg rwydd mo hynny canys yr oedd yno dywys-ogion galluocach na'r arweinwyr Seisnig a wynebodd. Un oedd Hywel ab Edwin brenin Deheubarth. Er i Gruffudd ennill brwydrau yn Llanbadarn a Phencader arhosai Hywel o hyd yn ddigon nerthol i drechu byddin o Ddaniaid yn ymyl Caer-fyrddin. Ddwy flynedd wedyn, dug Hywel lu a llynges Ddanaidd o Iwerddon i'w gynorthwyo, ond lladdwyd ef mewn brwydr yn erbyn Gruffudd ger aber Afon Tywi. Gyda'i farw disgynnodd baich yr amddiffyn ar Gruffydd ap Rhydderch, tywysog o allu anghyffredin. Er dwyn byddin dan yr Iarll Sweyn o Mercia i mewn, methodd Gruffudd ap Llywelyn â'i drechu ef. Mwy na hynny, dioddefodd golled drom pan ymosododd gwŷr Ystrad Tywi ar ei 'deulu'—ei osgordd bersonol—a lladd cant a deugain ohonynt. A bu Gruffydd ap Rhydderch yn ddigon cryf i wrth-sefyll y Daniaid a hyd yn oed i ymosod yn llwyddiannus ar diriogaeth Seisnig. Gwnaeth gynghreiriaid o'r Daniaid er mwyn ei helpu yn y cyrchoedd hyn, ac yn ôl y Cronicl Eingl-Seisnig hwyliodd tri dwsin o'u llongau gydag ef i fyny afon Wysg i ymosod ar sir Gaerloyw a sir Henffordd. Bu Gruffudd ap Llywelyn hefyd yn egnïol yn yr un cyfeiriad. Gan fod y brenin Edward wedi peryglu ei oror trwy sefydlu ei nai yn Iarll Henffordd, ymosododd ar lu cymysg o Saeson a Normaniaid ger Llanllieni a'u gorchfygu. Ymhen dwy flynedd ymosododd o'r newydd ar Ddeheubarth, a lladdwyd Gruffydd ap Rhydderch. O'r diwedd yr oedd yn ben ar deyrnas ei dad, a gynhwysai Ddyfed a Brycheiniog, a'i awdurdod yn ymestyn dros Went, a oedd bellach yn rhan o deyrnas Morgannwg. Yr oedd wedi cymryd pymtheng mlynedd iddo ddwyn Cymru gyfan dan ei law.

Ers pum canrif bu Cymru'n uned ddaearyddol a'i phobl yn siarad yr un iaith ac yn cyfranogi o'r un diwylliant; rhannent yr un hanes ac arferion; ufuddhaent i'r un gyfraith a phroffesent yr un grefydd. Hynny yw, yr oedd Cymru yn gymuned genedlaethol. Yn awr, o dan Gruffudd ap Llywelyn yr oedd ganddi unoliaeth wleidyddol hefyd. Fel brenin ar Gymru gyfan ffurfiodd gynghrair ag Aelfgar, Iarll Mercia ac ymosododd o'r newydd ar siroedd Henffordd a Chaerloyw. Yn ôl y croniclau Seisnig gorchfygodd yr Iarll Ralph a'i farchogion yn rhwydd iawn a dinistriodd dref Henffordd gan ddychwelyd gyda chyfoeth o ysbail. Gorfodwyd Edward brenin Lloegr i ddod i gytundeb ag ef, ond gan i hwnnw fod yn fyr ei barhad dygodd y brenin ei arglwydd galluocaf, yr Iarll Harold o Wessex, brenin nesaf Lloegr, i amddiffyn Caerloyw.

Bu'n rhaid i Gruffudd gyfarfod ag Edward Gyffeswr pan wnaed y cytundeb heddwch. Ar lan Hafren y bu'r cwrdd. Safai Edward frenin ar y lan Seisnig a'r brenin Gruffudd ar y lan Gymreig, y ddau yn rhy falch i wneud y symudiad cyntaf. Edward a'i gwnaeth, gan fynd i'r cwch i groesi'r afon. Pan welodd Gruffudd hynny fe neidiodd i'r dŵr a thynnu'r cwch tua'r lan. Mwy, fe gariodd frenin y Saeson ar ei gefn i dir sych. Teifl y digwyddiad dipyn o oleuni ar ei gymeriad. Dywedir ei fod yn debyg i Lywelyn ap Seisyll ei dad, yn gryf, yn ddewr a dyfalbarhaus ond hefyd yn fyrbwyll, yn feistrolgar a gwyllt ei dymer, yn methu â goddef neb a gydymgeisiai ag ef. Eto, pan

fynnai, gallai fod yn hynaws a dymunol. Roedd ganddo ffraeth-
ineb. Pan ddanodwyd iddo ei greulondeb tuag at ei gyd-Gymry
dywedodd, 'Na soniwch am ladd, nid wyf ond pylu min epil
Cymru rhag iddynt glwyfo'i famog.'

Y mae'n bosibl mai yn oes Gruffudd y cyfansoddwyd *Pedair
Cainc y Mabinogi* gan lenor o Ddyfed a oedd yn feistr ar yr iaith
Gymraeg. Saif y straeon hyn, sy'n dal i'n synnu â'u mireinder,
ymhlith prif ogoniannau llenyddol Ewrop. Lladin, nid yr
ieithoedd brodorol, oedd cyfrwng y llenorion Ewropeaidd y
pryd hwn.

Bu'n rhaid i Gruffudd amddiffyn ei deyrnas yn erbyn y
Saeson unwaith yn rhagor ym 1056 pan benodwyd Leofgar yn
esgob milwriaethus Henffordd i ofalu am y fyddin a'i milwyr
yn ogystal ag am yr Eglwys a'i hoffeiriaid. Yn fuan mentrodd
arwain lluoedd sir Henffordd ar gyrch i Gymru. Pan gyfarfu
Gruffudd â nhw mewn brwydr ger y Clas-ar-Wy fe'u trechodd
a'u chwalu a lladd yr esgob o gadfridog. Dywed Gwallter Map i
Harold gwrdd â Gruffudd ar ôl y fuddugoliaeth hon i lunio
cytundeb newydd. Ddwy flynedd yn ddiweddarach gwnaeth
Gruffudd gynghrair eilwaith ag Aelfgar, Iarll Mercia a seliwyd
gan briodas y brenin â merch yr Iarll. Dychrynwyd Wessex
gymaint gan hyn nes gwneud gorchfygu Gruffudd yn brif
amcan ei pholisi. Cafodd lwyddiant buan. Yng ngaeaf 1063
ymosododd Harold yn ddirybudd ar Ruddlan, y gaer lle y
cadwai Gruffudd ei lys a'i lynges, a bu'n rhaid iddo ddianc i
fynyddoedd Eryri. Yn y gwanwyn cynullodd Harold fyddinoedd
mawr a llynges er mwyn ymosod ar galon Gwynedd. Cynullwyd
y fyddin fwyaf ynghyd yn Rhydychen, a daeth Tostig ei frawd
draw o Northumberland gyda llu o farchogion, gan gwrdd ger
Ynys Môn â Harold, a oedd wedi hwylio o Fryste. Yr oeddent
wedi anrheithio rhannau o Wynedd pan ddaeth diwedd Gruffudd
yn frawychus o annisgwyl. Dioddefodd yr un dynged ag Urien
Wledig bum canrif ynghynt. Fe'i llofruddiwyd gan Gymro,
naill ai fel gweithred o ddial personol neu fel pris heddwch, a
danfonwyd ei ben at y brenin Edward; diwedd alaethus o drist i
dywysog mor fawr.

Am bedair blynedd ar hugain cadwasai Gruffudd ap Llywelyn y wlad a lywodraethodd yn rhydd oddi wrth gyrchoedd difrodus oddi allan. Lleol yn unig oedd y niwed a wnaeth y Saeson a'r Sgandinafiaid yn ystod ei deyrnasiad ef. Unodd Gymru gyfan a helaethu ei therfynau, gan nerthu'r traddodiad o undod gwleidyddol a chyfreithiol a ymestynnai'n ôl i ddyddiau Hywel Dda. Dair blynedd ar ôl ei ladd glaniodd y Normaniaid ar dir Lloegr a lladdwyd ei elyn Harold ar faes Hastings. Trechodd William Orchfygwr y Saeson yn gyflym iawn. Sefydlodd lywodraeth estron ganolog gref yn Lloegr gan gychwyn trawsnewidiad sylfaenol yng nghymeriad y genedl a goncrwyd. Gydag amser disodlwyd ei hiaith gan y Ffrangeg; ymhen tair canrif byddai'r iaith Eingl-Sacsonaidd wedi darfod. Ond byddai'r Llywodraeth ganolog, gref yn effeithio fwyfwy ar genedl y Cymry gyda threigl y canrifoedd nes dod yn agos at ei dinistrio yn y cenedlaethau diwethaf hyn. Ond ni lwyddodd eto i ladd iaith y Cymry fel y lladdwyd iaith y Saeson ganrifoedd lawer yn ôl.

RHYS AP TEWDWR c. 1040 - 1093

Ar Rhys ap Tewdwr y disgynnodd y cyfrifoldeb o amddiffyn Deheubarth yn erbyn y Normaniaid ar ôl iddynt goncro Lloegr mor gyflym. Ei farw wrth amddiffyn ei wlad a enillodd iddo le arbennig ymhlith tywysogion arwrol Cymru. Disgynnai'n uniongyrchol oddi wrth Rhodri Mawr a Hywel Dda ac yr oedd yn dad i Gruffydd ap Rhys, gŵr Gwenllian, ac yn daid i'r Arglwydd Rhys. Ei ferch, yr enwog Nest, oedd mam-gu Gerallt Gymro.

Daeth llywodraeth Deheubarth a Dyfed i'w ddwylo ym 1078 pan fu farw ei gyfyrder, Rhys Owain. Buasai'n teyrnasu am dair blynedd pan heriwyd ef gan Garadog ap Gruffydd, brenin Morgannwg, a geisiai uno Morgannwg a Deheubarth, un o'r ychydig droeon yn yr Oesoedd Canol pan ymddangosai Morgannwg ar y llwyfan cenedlaethol. Ffurfiodd Caradog gynghrair â Thrahaearn brenin Gwynedd a oedd wedi gyrru Gruffudd ap Cynan ar ffo i Iwerddon. Bu'n rhaid i Rys ap Tewdwr yntau gael

RHYS AP TEWDWR *Rhiannon Prys*

lloches rhag Caradog yn Eglwys Tyddewi. Ond ffurfiodd ef yn ei dro gynghrair â Gruffudd ap Cynan, a ddychwelodd o Iwerddon gyda byddin o filwyr Gwyddelig. Glaniodd ym Mhorth Clais yn ymyl Tyddewi. Dan fendith yr Esgob Sulien ysgolheigaidd, ymunodd Rhys a Gruffudd â'i gilydd i wynebu Caradog a Thrahaearn ar Fynydd Carn yn un o frwydrau mwyaf tyngedfennol hanes Cymru. Rhys a Gruffudd a orfu. Lladdwyd Trahaearn a Charadog. Cydiodd Gruffudd eilwaith yng ngorsedd Gwynedd a chadarnhawyd Rhys ym meddiant Deheubarth, a'i dra-arglwyddiaeth yn ymestyn dros deyrnas Morgannwg, a gynhwysai Gwent yn awr.

Sulien, a fendithiodd Rhys a Gruffudd, a'i bedwar mab dysgedig, oedd cynrychiolwyr mwyaf nodedig diwylliant cyfnod Rhys ap Tewdwr. Tystiolaeth i barhad yr hen gyfathrach rhwng Cymru a'r Alban ac Iwerddon oedd bod Sulien wedi treulio pum mlynedd yn yr Alban a thair ar ddeg yn Iwerddon, a bod perthynas hefyd rhwng ei feibion ag Iwerddon. Pan ddychwelodd oddi yno i Gymru sefydlodd ysgol o fri mawr yn Llanbadarn a ddenodd ddisgyblion o lawer cwr. Parhaodd Llanbadarn yn ganolfan ysgolheictod am yn agos i bedair canrif. Yno y bu ci feibion o ysgolheigion disglair, Rhygyfarch, Arthen, Daniel ac Ieuan. Rhygyfarch oedd awdur *Buchedd Dewi*, a sgrifennodd er mwyn hyrwyddo Tyddewi fel prif esgobaeth Cymru yn annibynnol ar Gaergaint. Yn ystod teyrnasiad Rhys ap Tewdwr cafodd Tyddewi ymwelydd hynod, neb llai na William y Gorchfygwr ci hun, a ymdeithiodd gyda'i fyddin ar hyd deheudir Cymru. Gwnaeth gytundeb â Rhys a gydnabu oruwch-lywodraeth William. Parhaodd Rhys i reoli Deheubarth am ddeuddeng mlynedd eto gyda'i brif lys yn Ninefwr.

Eithr ni chafodd lonydd. Ymosodwyd arno gan dywysogion Powys, a chafodd yntau, fel Gruffudd ap Cynan, ei yrru ar ffo i Iwerddon. Dychwelodd yn gyflym, a chyda chymorth Danaidd enillodd y dydd. Ond wedyn daeth y goresgyniad mawr oddi allan. Bygythiwyd ef a Chymru gyfan gan y gelyn Normanaidd a oedd wedi gorchfygu Lloegr mewn ychydig wythnosau ac a sefydlwyd ar ffin Cymru ers cenhedlaeth. Ystyrier manteision digymar y Normaniaid. Nhw oedd milwyr galluocaf a mwyaf profiadol Ewrop, a chanddynt well tacteg a gwell arfau ymosodol ac amddiffynnol na'r Cymry. Roedd eu ceffylau mawr, gyda'r gwartholion a gadwai eu marchogion yn sad yn y cyfrwy, yn beiriannau milwrol nad oedd gan y Cymry ddim byd tebyg iddynt. Ac ar ôl buddugoliaeth ar faes y gad adeiladent geyrydd i ddal gafael ar y tir a oresgynnwyd. Rhoddai'r manteision enfawr hyn le i ofni y gorchfygent Gymru mor gyflym â Lloegr. Serch hynny, bron ddau can mlynedd yn ddiweddarach, yr oedd Llywodraeth Lloegr yn gorfod cydnabod Llywelyn ap Gruffudd yn dywysog Cymru annibynnol.

Ysgubodd y Normaniaid trwy ogledd y wlad yn frawychus o gyflym a'i oresgyn bron yn llwyr. Codasant gestyll ym Môn a Meirionnydd, ac ym Mangor a Chaernarfon yn Arfon. Yn y deheudir dygasant gyrchoedd ar Went a Morgannwg, ac ar Frycheiniog a fuasai'n rhan o Ddeheubarth ers canrif a hanner. Yno, mewn brwydr yn eu herbyn yn ymyl Aberhonddu y lladdwyd Rhys ap Tewdwr, ddwy ganrif ar ôl lladd Rhodri Mawr wrth amddiffyn y Cymry yn erbyn y Saeson, a dwy ganrif cyn i Lywelyn ap Gruffudd syrthio yn ymyl Cilmeri wrth ymladd yn erbyn y Normaniaid Seisnig. Meddiannwyd Brych-einiog, a chyda chwymp brenin Deheubarth yr oedd y ffordd yn agored iddynt lifo trwy'r wlad hyd at lannau môr y gorllewin.

Ond yr oedd ymdaith y Norman ymhell o fod yn ddiwrthwyn-ebiad. Er gwaethaf holl anfanteision y Cymry, parhaent i ymladd yn wrol, yn wir yn arwrol. Flwyddyn ar ôl lladd Rhys, cawsant fuddugoliaethau nodedig yn y gogledd, y gorllewin a'r

de, a hyd yn oed yn y dwyrain ar ororau Cymru yng Nghaer ac
Amwythig, Trefaldwyn a Henffordd. Rhyfeddol oedd eu
hysbryd penderfynol; ni welwyd dim tebyg yn Lloegr. Ddwy-
waith dygodd y brenin ei hun fyddinoedd i geisio eu darostwng,
ond yn ofer. Eithr arhosodd llawer o'r cestyll a godwyd ar hyd a
lled y wlad am ganrifoedd yn ganolfannau milwrol cryf i'r
goresgynwyr. A rhan beryglus o'u strategaeth fu plannu yng
ngwaelod Dyfed, bymtheng mlynedd ar ôl marw Rhys, dref-
edigaeth gref o Ffleminiaid gyda'r môr wrth eu cefn yn
dramwyfa rwydd i bob cymorth. Serch hynny, yr oeddent yn dal
i ymladd ddeucant o flynyddoedd yn ddiweddarach dan arwein-
iad Madog, a thros drichant o flynyddoedd yn ddiweddarach
dan Owain Glyndŵr.

GRUFFUDD AP CYNAN 1055 - 1137

Bu Gruffudd ap Cynan fyw trwy un o gyfnodau mwyaf argyf-
yngus Cymru. Yn ei ganol oed cynnar, gwelodd y Normaniaid
yn goresgyn Cymru bron yn llwyr, ac yn ei henaint gwelodd y
Cymry'n taflu eu hiau oddi arnynt yn y rhan fwyaf o'r wlad. Un
ar ddeg oed oedd ef pan goncrodd y Norman Loegr a gosod
Llywodraeth arni a fyddai am dair canrif yn Ffrangeg ei hiaith.
Gosododd gyfraith Ffrengig hyd yn oed ar y *Danelaw* lle'r oedd
cyfraith Denmarc yn bod byth oddi ar y goncwest Ddanaidd
gyntaf. Yn Iwerddon yr oedd Gruffudd yn byw pan ddigwyddodd
hyn. Ganed ef yn Nulyn, yn blentyn i Gynan ap Iago, un o
ddisgynyddion Rhodri Mawr, a oedd yn alltud yno. Am ddeu-
gain mlynedd chwaraeodd Iwerddon ran fawr yn ei fywyd.
Bedair gwaith pan oedd mewn cyfyngder ffoes yno am lochcs.
Un o deulu brenhinol Sgandinafaidd oedd ei fam, Rhagnell, a
rhedai gwaed brenhinol Gwyddelig hefyd yn ei gwythiennau.
Gwelir ei henw ymhlith morynion teg Iwerddon yn *Llyfr
Leinster*. Ar ôl marw ei dad, a Gruffudd eto'n llanc ifanc, bu'n
byw yn nhŷ ei fam a chael ei fagu, gan hynny, yng nghanolfan
y diwylliant Sgandinafaidd yn Nulyn.

GRUFFUDD AP CYNAN   *Rhiannon Prys*

Ond nid anghofiodd ei dreftadaeth Gymreig, ac yn llanc ugain oed croesodd y môr i Gymru i'w hawlio. Am fwy na thrigain mlynedd o hynny ymlaen chwaraeodd ran o bwys ym mywyd Cymru. Cafodd fwy na'i siâr o anffodion a'i bwriodd i lawr yn ogystal â llwyddiannau a'i cododd i fri. Pan ddaeth draw o Iwerddon roedd Trahaearn brenin Arwystli wedi cipio coron Gwynedd trwy drais; ac yr oedd y Normaniaid, naw mlynedd ar ôl iddynt orchfygu Lloegr, wedi symud draw o Gaer i feddiannu'r gogledd-ddwyrain gan sefydlu eu prif ganolfan yn Rhuddlan, hen gaer Gruffudd ap Llywelyn. Robert, a fyddai'n bla ar Gymru am bymtheng mlynedd, oedd yr arglwydd nerthol yno.

Wedi glanio gyda byddin o Wyddyl a Daniaid ar lan Menai trawodd Gruffudd ap Cynan is-frenin Llŷn, ac yna trechodd

Trahaearn ym mrwydr Gwaed Erw a'i yrru'n ôl i Arwystli. Ar
ôl ei sefydlu fel hyn yn frenin Gwynedd y peth nesaf a wnaeth
oedd ymosod ar Ruddlan, gan ennill llawer o ysbail ond heb
ennill y castell. Yn y cyfamser cynhyrfwyd pobl Llŷn yn erbyn
ei filwyr Gwyddelig yno a lladdwyd cant a hanner ohonynt.
Clywodd Trahaearn am hyn a brysiodd draw o Arwystli i
fanteisio ar helbulon Gruffudd. Trechodd ef a bu'n rhaid i
Gruffudd ffoi i Iwerddon, wedi ennill teyrnas a'i cholli o fewn
blwyddyn.

Aeth chwe blynedd heibio cyn iddo ddychwelyd. Ni wyddys
lawer am yr hyn a wnâi yn ystod y cyfnod hwn. Ymddengys
natur ei weithgareddau'n fwy Danaidd na Chymreig. Ym
Muchedd Gwynllyw ceir hanes amdano'n hwylio i Ynysoedd
Erch y tu hwnt i'r Alban a mynd oddi yno gyda phedair llong ar
hugain i Fôr Hafren. Anrheithiodd ran o Went, arhosodd ar
Ynys y Barri, dychwelodd i Ynysoedd Erch ac wedyn i Iwerddon.
Ni sonnir am hyn yn ei fywgraffiad, *Historia Gruffud Vab
Kenan*—efe yw'r unig frenin Cymreig a gafodd gofiant. Ceir
disgrifiad difyr o'i berson yn hwnnw, yn ŵr cymedrol ei faint,
gwallt melyn, wyneb crwn, da ei liw, llygaid mawr gweddus,
aeliau teg, barf drwchus, cnawd gwyn, aelodau grymus, esgeir-
iau union a thraed teg!

Pan wnaeth Gruffudd, ac yntau'n saith ar hugain oed, ei ail
ymgais i ennill ei orsedd yn ôl, glaniodd ym Mhorth Clais ger
Tyddewi ac ymuno mewn cynghrair a drefnwyd gyda Rhys ap
Tewdwr, brenin Deheubarth, a wynebai her i'w deyrnas gan
Garadog o Forgannwg. Ym mrwydr dyngedfennol Mynydd
Carn ym 1081 wynebwyd Gruffudd a Rhys gan Drahaearn a
Charadog a llwyddasant i'w trechu. Lladdwyd Trahaearn a
daeth Gruffudd eto yn frenin Gwynedd.

Ond yr oedd ei helbulon ymhell o fod ar ben. Tra bu i ffwrdd
gwnaeth y Normaniaid gynnydd mawr yng Ngwynedd. Daeth
yr holl wlad rhwng Dyfrdwy a Chonwy i'w meddiant ac ystyrid
Robert o Ruddlan yn arglwydd Gwynedd gan Lywodraeth
Lloegr. Degannwy, hen gaer Maelgwn Gwynedd dros bum
canrif ynghynt, oedd ei brif lys bellach. Trwy gynllwyn
bradwrus Cymro o Wynedd, llwyddodd Robert i ddal gafael ar

Gruffudd. Fe'i taflodd i garchar, ac yno y bu am ddeuddeng mlynedd. Lladdwyd Robert gan y Cymry ond parhaodd Gruffudd yng ngharchar a pharhau hefyd a wnaeth ymdaith y Norman. Codwyd cestyll ganddynt ym Mangor a Chaernarfon, ym Môn a Meirion.

Pan oedd y wlad yn yr argyfwng enbyd hwn, a'r Gogledd oll dan draed yr estron, cododd y Cymry'n herfeiddiol i daflu'r iau oddi arnynt a daeth Gruffudd yn rhydd o'i gell i'w harwain. Digwyddodd hyn ym 1094. Aeth yn union i Iwerddon i geisio cymorth, a dychwelodd am y drydedd waith, gyda llynges i'w helpu y tro hwn. Glaniodd ym Môn ac ymosod ar gastell Aberlleiniog ger Biwmares. Methodd â'i ddwyn, ond ar ôl hwylio i Lŷn i gasglu byddin, dychwelodd a chipiodd y castell. Symudodd wedyn o gastell i gastell gan eu gorchfygu bob un. Rhyddhaodd y cyfan o Wynedd uwch Conwy o afael y Norman.

Y flwyddyn ganlynol symudodd y brenin William Rufus yn ei erbyn, ond gorfodwyd hwnnw i encilio ac ni fentrodd wedyn i Gymru. Eithr ymosododd Hugh, Iarll grymus Caer, gyda byddin a llynges ym 1098. Enciliodd Gruffudd i Fôn er mwyn ei hamddiffyn gyda help llynges Ddanaidd a logodd o Iwerddon. Llwyddodd yr Iarll Hugh i brynu'r Daniaid a'u troi yn ei erbyn ac unwaith eto bu'n rhaid i Gruffudd ffoi i Iwerddon. Pan oedd yno, digwyddodd Magnus Droednoeth, brenin Norwy, ddod heibio i Fôn gyda'i lynges. Ymosododd ar y Normaniaid a'u trechu. Magnus ei hun a laddodd Iarll Caer. Am y bedwaredd waith dychwelodd Gruffudd o Iwerddon, ond y tro hwn i aros a sefydlu brenhiniaeth gref a barhaodd yn ei ddwylo am ddeunaw mlynedd ar hugain.

Ym 1114 gwnaeth Henry II gyrch yn erbyn Gwynedd a Phowys, a oedd wedi magu cryn nerth. Enciliodd Gruffudd ac ildio ond heb golli tir. Erbyn hyn roedd wedi dysgu cryn ddoethineb wleidyddol. Cydnabu nerth y Norman a llywodraeth Lloegr. Fe'i profodd ei hun yn wladweinydd doeth, ac er lles i Wynedd osgôdd ymladd â'r Saeson ac unrhyw weithred a gythruddai Loegr. Dyna pam y gwrthododd yn ddi-anrhydeddus roi lloches i'w fab-yng-nghyfraith, Gruffudd ap Rhys ap Tewdwr, pan gododd hwnnw'n ofer yn erbyn y Normaniaid. Gan adael yr

ymladd fwyfwy i'w feibion, Owain a Chadwaladr, canol-
bwyntiodd ar adeiladu Gwynedd fel y gallai ddwyn arwein-
yddiaeth y genedl i'w ddwylo.

Creodd amodau ffyniant iaith a diwylliant Cymru, ac ymhlith
beirdd Cymru bu traddodiad iddo wneud trefn ar gerdd dafod.
Mae'n ddigon tebyg iddo ddwyn beirdd a cherddorion gydag ef
o Iwerddon, ac efallai iddynt hwy ddylanwadu ar gerdd dafod a
cherdd dant. Ceir darlun hyfryd yn yr *Historia* o ffyniant y wlad
yn ystod ei deyrnasiad, a'i heglwysi gwyngalchog yn disgleirio
fel sêr yn y ffurfafen, gwahanol iawn i'r sefyllfa hanner canrif
ynghynt. Dewrder a dyfalbarhad rhyfeddol yr arweinydd mawr
a wnaeth hyn yn bosibl. Gosododd Gruffudd ap Cynan seiliau
cadarn y byddai ei fab Owain Gwynedd yn adeiladu arnynt.

GWENLLIAN c. 1097 - 1136

Gwraig gwbl eithriadol yn hanes Cymru oedd Gwenllian,
merch y brenin Gruffudd ap Cynan, arwres a roes ei bywyd
wrth ymladd dros ei gwlad pan oedd y rhan fwyaf ohoni ym
meddiant y gelyn. Pan syrthiodd Rhys ap Tewdwr yn ymyl
Aberhonddu wrth amddiffyn ei deyrnas, bylchwyd y gwrth-
glawdd a rwystrai'r Normaniaid rhag llifo tua'r gorllewin. O
fewn wythnosau i'w farw yr oeddent wedi ysgubo gyda'u gwŷr
meirch grymus mewn cyrch cyflym drwy Ddyfed, Ceredigion
ac Arwystli. Codwyd cestyll ganddynt ar lan môr y gorllewin
ym Mhenfro ac Aberteifi a barhâi'n gaerau cryfion am ganrif-
oedd i ddod. Yn wir, ni lwyddai'r Cymry i goncro castell Penfro
byth; ac ychydig flynyddoedd yn ddiweddarach plannodd
Henry I drefedigacth luosog o Ffleminiaid yn ei ymyl yng
nghwmwd Rhos. Yn ystod y blynyddoedd hyn, ymestynnodd
gallu'r Norman yng Ngwynedd o Ruddlan draw i Ddegannwy,
hen gaer brenhinoedd Gwynedd, a daeth gorllewin Gwynedd o
dan bawen yr Iarll Robert o Ruddlan.

Dyna gefndir magwraeth Gwenllian, ei chenedl yn ymladd
am ei heinioes yn erbyn gelyn a orchfygasai Loegr oll mewn

wythnosau. Dyma hefyd y sefyllfa adfydus a orfododd Gruffydd ap Rhys ap Tewdwr, disgynnydd Hywel Dda a Rhodri Mawr, i ffoi yn fachgen i Iwerddon fel y bu'n rhaid i'w dad a Gruffudd ap Cynan wneud o'i flaen. Yn Iwerddon y treuliodd Gruffydd ap Rhys ei blentyndod a'i lencyndod, ac efallai mai dyna sut y daeth gyntaf i gysylltiad â Gruffudd ap Cynan a Gwenllian ei ferch, chwaer Owain Gwynedd. Gwyddeles Sgandinafaidd oedd Rhagnell, mam-gu Gwenllian. Priododd y dywysoges ifanc â Gruffydd ap Rhys a mynd i fyw o Wynedd, nid i gastell mawr yn Neheubarth ond i ganol coedwigoedd y Cantref Mawr a ddisgrifiwyd gan Gerallt Gymro fel 'lloches o'r diogelaf oherwydd trwch dryslyd ei fforestydd'. Brenin heb deyrnas oedd Gruffydd ei gŵr, a heb dir ond cwmwd Caeo. Dyna'r cyfan oedd yn weddill iddo o deyrnas Deheubarth. Efallai mai yno y ganed pedwar mab Gwenllian, ac yno yng nghanol bryniau coediog y Cantref Mawr, heb fod ymhell o Rydcymerau, y magwyd wŷrion brenhinoedd Gwynedd a Deheubarth, Maredudd a Morgan, Maelgwn a Rhys, brodyr a fu'n ffyddlon i'w gilydd, i'w rhieni ac i'w gwlad.

Ni wanhawyd ysbryd Gwenllian a Gruffydd gan galedi eu hamgylchiadau a maint eu hanawsterau. Gyda dygnwch penderfynol cynullwyd digon o wŷr Dyffryn Teifi ac Ystrad Tywi i ddilyn Gruffydd mewn ymosodiadau ar gestyll cyn belled oddi wrth ei gilydd ag Arberth, Llanymddyfri ac Abertawe. Anrheithiodd Geredigion, gan ddinistrio castell Ystrad Peithyll, cyn ei orfodi i geisio nodded Gruffudd ap Cynan, yn ofer fel y mae gwaetha'r modd, rhag llid y brenin Henry. Bu'n rhaid ffoi eilwaith i Iwerddon. Pan fu farw Henry nid oedd un cantref yn neheudir Cymru o dan reolaeth tywysog Cymreig.

Ond yn sydyn newidiodd y sefyllfa'n llwyr. Marwolaeth brenin Lloegr oedd yr arwydd i'r Cymry godi yn erbyn eu gelynion. 1136 oedd blwyddyn ryfeddol yr adfywiad cenedlaethol a ledodd trwy'r wlad yn fflam dân. Digwyddai 1136 hefyd fod yn flwyddyn ymddangosiad campwaith Sieffre o Fynwy ar hanes brenhinoedd Prydain a wnaeth gymaint i borthi balchter cenedlaethol y Cymry—'the most famous work of nationalistic historiography in the Middle Ages,'

GWENLLIAN   *Llyfrgell Genedlaethol*

medd Halvdan Koht. A 1136 oedd y flwyddyn pan amlygodd Gwenllian yr ysbryd a'i hanfarwolodd.

Buddugoliaeth fawr gwŷr Brycheiniog dan Hywel ap Maredudd ger Llwchwr, y lladdwyd 500 o'r gelyn ynddi, a ddangosodd i Gruffydd fod ei awr wedi dod. Ymosodiad ar drefedigaeth Iarll Warwick yng Ngŵyr oedd hwn. Aeth Gruffydd ar ei union i Wynedd i geisio eto gymorth Gruffudd ap Cynan a'i feibion. Ond pan oedd i ffwrdd, symbylwyd Maurice de Londres gan fuddugoliaeth y Cymry yn Llwchwr i wrthymosod cyn iddynt dyfu'n rhy gryf. Ef oedd arglwydd Cydweli a Charnwyllion, y wlad eang rhwng Caerfyrddin a Gŵyr a fu'n rhan o deyrnas Deheubarth. Efe a sefydlodd briordy mawr Ewenni. Ei wrthymosodiad a symbylodd Gwenllian, yn absenoldeb ei gŵr, i ymdaflu'n bersonol i'r rhyfel ac i arwain byddin o'r Cantref Mawr yn erbyn tref a chastell Cydweli, un o gaerau cryfaf y Norman ac allwedd i Garnwyllion a Gŵyr. Ni welwyd cadfridog o ferch ers mil o flynyddoedd a mwy, nid ers dyddiau Buddug a Cartimandua, hwythau'n Frythoniaid wrth gwrs. Ymdeithiodd Gwenllian, meddai Gerallt Gymro yn nydd ei mab Rhys, 'megis brenhines yr Amasoniaid ac ail Bentesilea, yn arwain ei byddin', gan ddisgwyl, y mae'n fwy na phosibl, gymorth o'r dwyrain gan y Cymry a enillodd fuddugoliaeth Llwchwr. Gyda hi yr oedd dau fab ifanc, Morgan a Maelgwn. Gwobr chwerw a gafodd ei gwroldeb. Ni chyrhaeddodd y cymorth disgwyliedig. Yn hytrach byddin Normanaidd a ddaeth dros Fynydd y Garreg, a chafodd Gwenllian ei dal rhwng dwy fyddin o Normaniaid, Saeson a Ffleminiaid, un ohonynt o dan arweiniad profiadol de Londres. Yn y fan a elwir hyd heddiw yn Faes Gwenllian y bu'r frwydr. Trechwyd y Cymry yn llwyr. Lladdwyd Gwenllian a'i mab Morgan gan y cleddyf, y fam a'r mab, a dygwyd Maelgwn yn garcharor.

Nid yn ofer y bu ei haberth. Anadlodd gwynt y bywyd ar farwor yr ysbryd Cymreig a'i chwythu'n fflam trwy'r wlad. Ni bu'n hir cyn i'r Cymry wneud iawn am farwolaeth Gwenllian. Mewn ychydig fisoedd cawsant eu buddugoliaeth fwyaf oll. Roedd y Normaniaid wedi casglu byddin o bob rhan o'r deheudir i odre Ceredigion. Ymosodwyd arnynt gan Gruffydd, gŵr

Gwenllian, ac Owain Gwynedd a Chadwaladr ei dau frawd, ac ym mrwydr Crug Mawr ger tref Aberteifi fe'u trechwyd yn drwm gyda lladdfa fawr, a'u gyrru'n bendramwnwgl i'r dref a thrwyddi droo y bont i gyfeiriad Llandudoch. Torrodd y bont o dan bwysau'r ffoedigion a boddwyd cannoedd ohonynt yn afon Teifi. Roedd Ceredigion yn rhydd, a rhydd y byddai am gant a hanner o flynyddoedd.

Hanner canrif yn ddiweddarach, yn oes mab Gwenllian, Rhys ap Gruffydd, a achubai ei wlad—pedair oed ydoedd adeg trasiedi Cydweli—dywedodd Gerallt Gymro am y Cymry; 'Ar amddiffyn eu gwlad a'u rhyddid yn unig y mae eu bryd: tros eu gwlad y brwydrant, tros ryddid y llafuriant,' a . . . 'hefyd roi eu bywyd i lawr'. Dyna'n union a wnaeth Gwenllian ar drothwy ymdrech ryfeddol 1136—y deffro mawr a gadwodd fywyd y genedl—rhoi ei bywyd i lawr dros ryddid ei gwlad, yr unig Gymraes a laddwyd gan gleddyf y gelyn.

Ond ni bydd y cof am arwres amlycaf Cymru byth yn marw. Ei haberth a'i hanfarwolodd. Erys yn ysbrydoliaeth i bawb a ddeil i weithio dros ryddid cenedlaethol ein gwlad.

OWAIN GWYNEDD c. 1100 - 1170

Yn oes Owain Gwynedd dyfnhaodd yr ymwybyddiaeth genedlaethol a gynhaliodd frwydr Cymru yn erbyn y Normaniaid a Llywodraeth Lloegr am gant a hanner arall o flynyddoedd. Ail fab Gruffudd ap Cynan a'i wraig Angharad oedd Owain, ac yn ystod henaint Gruffudd, ac yn arbennig ar ôl marwolaeth Cadwallon ei frawd hynaf, disgynnodd cyfrifoldeb milwrol a gwleidyddol trwm arno. Trwy gydol y blynyddoedd hyn bu ganddo ran amlwg yn adfywiad rhyfeddol y Cymry. Gyda Gruffydd ap Rhys o Ddinefwr, gorchfygodd Owain a Chadwaladr ei frawd iau y Normaniaid a'u cestyll yng Ngheredigion ac ennill buddugoliaeth ysgubol Crug Mawr yn ymyl Aberteifi. Cyn hynny cawsai Owain flynyddoedd o brofiad milwrol wrth ymladd yn erbyn y Sacson ar lan môr y gogledd rhwng Conwy a Chlwyd ac ym mherfedd y wlad ym Meirionnydd. Roedd yn filwr galluog na chollodd yr un frwydr erioed.

Pan fu farw Gruffudd ap Cynan yn y flwyddyn ar ôl yr adfywiad Cymreig, esgynnodd Owain i orsedd Gwynedd, ac am 33 o flynyddoedd cafwyd llawn fantais ei bwyll a'i ddoethineb a'i brofiad mewn heddwch a rhyfel. Ni frysia'r hwn a gredo medd yr hen air, ac ni wnaeth Owain ddim yn fyrbwyll, eithr dilyn ei weledigaeth gyda gallu meddyliol a gwastadrwydd amcan ar hyd y daith. O dan ei reolaeth ef daeth Gwynedd, yr estynnodd ei goror hyd at ffiniau Caer, yn fwy rhydd oddi wrth ormes y Norman na'r un rhan o Gymru. Am ganrif a hanner gwelodd Cymru gyfres o dywysogion arbennig o alluog yn cynnwys yr Arglwydd Rhys, Llywelyn Fawr a Llywelyn ap Gruffudd. Nid oedd un yn fwy nag Owain. Brenin oedd ei deitl ef a'r Arglwydd Rhys hyd at ganol y ganrif, ond dewisodd y ddau ollwng y stîl, efallai mewn cytundeb â Henry II. Ffrancwr oedd yr Henry hwn a fu wrth fodd calon y Saeson, ond a oedd yn elyn anghymodlon i'r cenhedloedd Celtaidd oll, yn Llydaw, Iwerddon a'r Alban yn ogystal â Chymru. Gyda mwy na hanner Ffrainc o dan ei reolaeth, hyd at y Pyreneau, ef a Frederick Barbarossa oedd brenhinoedd mwyaf pwerus Ewrop.

Llwyddiant milwrol Owain yn y gogledd-ddwyrain a'i dygodd i wrthdrawiad â Henry. Bwriodd y Normaniaid allan o Glwyd ac ychwanegodd y Berfeddwlad hyd at ddinas Caer at deyrnas Gwynedd. Bygythiodd hyn allu Madog ap Maredudd, tywysog nerthol Powys, ac mewn canlyniad ymunodd hwnnw â Henry ym 1157 pan drefnodd y brenin fyddin fawr i ymosod ar Owain. Casglodd ei filwyr a'i lynges ynghyd yng Nghaer, tra oedd prif ganolfan amddiffyniad y Cymry yn Ninas Basing ar draws yr unig ffordd i Ruddlan; ond gosododd Owain ei feibion a'u milwyr yn y pymtheg milltir o goedwig a ymestynnai hyd at Brestatyn. Ymdeithiodd prif fyddin Henry ar hyd ffordd glan y môr, ond aeth y brenin ei hun a'i osgordd trwy'r goedwig er mwyn ymosod yn ddirybudd ar Owain. Eithr y Cymry a ymosododd arnynt hwy yn y fforest. Lladdwyd nifer o arweinwyr Normanaidd amlwg a dim ond dianc o drwch blewyn a wnaeth Henry ei hun cyn ymuno â'i fyddin ger y môr. Ymgiliodd

OWAIN GWYNEDD   *Llyfrgell Genedlaethol*

Owain hyd at Lanelwy. Yn y cyfamser hwyliodd y llynges Seisnig am Fôn lle y trechwyd y milwyr a gariai gan yr ynyswyr. Yn y brwydro lladdwyd y mab a gafodd Henry I gan Nest, merch Rhys ap Tewdwr. Er i Henry fethu â gorchfygu Owain amlygodd ei nerth mawr, a bu'n rhaid i dywysog Gwynedd gytuno derbyn telerau costus a gynhwysai ollwng ei afael ar Degeingl, y wlad i'r dwyrain o Afon Clwyd, a thalu gwrogaeth i'r brenin. Prawf o'i gydbwysedd oedd iddo gytuno gwneud hyn, ond dros dro yn unig y bu'r cytundeb.

Trwy gydol y blynyddoedd hyn bu Cadwaladr ei frawd yn ddraenen yn ystlys Owain. Gŵr byrbwyll oedd ef a ochrodd fwy nag unwaith gyda Henry. Rheolai Geredigion ar ôl marw ei dad; ond pan fu'n gyfrifol am ladd Anarawd, mab yr Arglwydd Rhys, a pheryglu'r cynghrair rhwng Gwynedd a Deheubarth gan roi cyfle newydd i'r Normaniaid, bu'n rhaid i Owain gymryd Ceredigion oddi arno. Am flynyddoedd wedyn bu Cadwaladr yn enbyd o anhywaith; ond yn y diwedd, adeg yr argyfwng terfynol rhwng Lloegr a'r Cymry, cymodwyd ef â'i frawd. Gŵr cyfiawn a theimladwy oedd Owain, un a garai ei deulu a'i wlad. Bu bron iddo dorri ei galon pan fu farw ei fab Rhun. Ac o gariad at ei wraig, Cristin, goddefodd ei esgymuno gan yr Eglwys yn hytrach na'i rhoi hi heibio: yn y cyfwng hwnnw safodd yr offeiriad Cymreig yn gadarn wrth ei gefn. Un staen dywyll sydd ar ei fywyd, ei greulondeb gwrthun yn anafu Cunedda, mab ei frawd hynaf, fel na fedrai ei nai gael mab a allai ymgiprys am yr olyniaeth iddo.

Llawn ddeallai Owain bwysigrwydd sicrhau annibyniaeth yr Eglwys yng Nghymru. Pan etholwyd esgob newydd ym Mangor mynnodd iddo gael ei gysegru yn Iwerddon. Gwrthododd gyd-nabod bod gan Gaer-gaint ddim awdurdod yng Nghymru, a chefnogodd ymdrech lew yr Esgob Bernard i sicrhau safle metropolitan i Dyddewi.

Roedd ei deyrnasiad yn gyfnod o ad-drefnu cymdeithas a symudai i gyfeiriad ffiwdaliaeth, ac o adolygu safle Cymru mewn perthynas â Lloegr. Dywed Jones Pierce mai prif amcan polisi Gwynedd o oes Owain hyd at fachlud gobeithion Llywelyn II oedd sicrhau i'r Gymru rydd safle fel aelod cydradd mewn conffederaliaeth o deyrnasoedd ffiwdal yn cydnabod penarglwyddiaeth coron Lloegr, y math o bolisi a ddilynodd Hywel Dda o'i flaen a Llywelyn ap Gruffydd ar ei ôl, a pholisi tebyg i'r un a argymhellir gan genedlaetholwyr Cymru heddiw.

Ffynnai llenyddiaeth yn yr iaith Ladin yn ogystal â Chymraeg; ac ymgymysgodd y dreftadaeth Gymreig fwyfwy â'r etifeddiaeth Ewropeaidd. Cyfoethogwyd barddoniaeth yn arbennig gan nawdd Owain. Roedd Hywel, un o feibion Owain, yn fardd rhagorol. Ef a gyfansoddodd yr enwocaf o gerddi mawl i Gymru a'i phobl:

> Caraf ei morfa a'i mynyddedd,
> A'i chaer ger ei choed a'i chain diredd,
> A dolydd ei dwfr a'i dyffrynnedd,
> A'i gwylain gwynion a'i gwymp wragedd.
> Caraf ei milwyr a'i meirch hywedd
> A'i choed a'i chedyrn a'i chyfannedd.

Mor ddiweddar â 1163 talodd Owain wrogaeth i'r brenin Henry yng nghwmni'r Arglwydd Rhys a'r brenin Malcolm o'r Alban. Erbyn hynny, er i Henry ymosod yn rymus arno y flwyddyn honno, roedd Rhys ap Gruffydd wedi hen lwyddo i sefydlu teyrnas gref yn Neheubarth. Pan welodd Owain mor fawr oedd helynt Henry gyda'r Archesgob Thomas Becket penderfynodd ymuno â Rhys mewn cynghrair cryf yn ei erbyn. Mewn canlyniad penderfynodd y brenin geisio cael gwared ar y broblem Gymreig unwaith ac am byth. Cynullodd fyddin enfawr, ynghyd â llynges Ddanaidd, yng Nghaer. Cyfoeth mawr Lloegr a'i galluogai i dalu cost drom y lynges a'r milwyr a ddeuai yno o'i ymerodraeth oll, o bob rhan o Loegr, o'r Alban ac Anjou, o Iwerddon ac Acwitania, o Normandi, Fflandrys a Poitou. Yn eu herbyn safai tywysogion y Gymru rydd yn unedig, Owain Gwynedd a Rhys o Ddinefwr, Owain Cyfeiliog o Bowys a'i gyd-fardd Hywel ap Owain Gwynedd a Chadwaladr ei frawd, Einion Clud a Chadwallon, meibion Madog ap Maredudd o rhwng Gŵy a Hafren. Safent oll ysgwydd yn ysgwydd yn un dros eu gwlad.

Ymdeithiodd lluoedd Lloegr o Groesoswallt trwy Ddyffryn Ceiriog. Yno ymosododd minteiocdd o Gymry dethol arnynt 'a

llawer o'r rhai cadarnaf a syrthiodd o bob tu', meddai'r Brut.
Dringo'r Berwyn wedyn ar hyd y ffordd a elwir hyd heddiw yn
Ffordd y Saeson. Ac yno disgynnodd y glaw. Tywalltai fel o
grwc, a rhuai'r gwynt yn wyllt dros weunydd anial Berwyn.
Rhynnwyd y milwyr gan y glaw a rhwygwyd eu pebyll gan y
gwynt, a'r Cymry'n gwylio'u cyfle ymhob man. Y diwedd fu i
luoedd balch yr ymerodraeth gilio'n ôl mewn cywilydd. 'Yn
gyflawn o lid', dialodd y brenin Henry II ar ei wystlon Cymreig,
gan ddallu ac anafu dau ar hugain ohonynt, gan gynnwys dau
fab i Owain Gwynedd a Chynfrig a Maredudd, meibion yr
Arglwydd Rhys. A llosgodd ei filwyr eglwysi yn eu dicter.
Dywed Gerallt Gymro fod meibion Owain Gwynedd wedi
siarad yn llym â'u tad am y llosgi hwn 'gan haeru na fynnent
hwy ddangos yr un parch o hynny allan i eglwysi'r Saeson.'
Cytunai'r bobl a safai yn ymyl. Ond ar ôl tawelu'r cynnwrf,
llefarodd Owain 'megis y gweddai i ŵr o ymatal mawr a doeth-
ineb ymhlith ei genedl,' medd Gerallt:

> 'Nid wyf yn wir yn cytuno â'r farn hon; yn hytrach dylem fod yn
> ddiolchgar ac yn llawen oherwydd hyn. Canys yr ydym yn anghyfartal
> iawn yn erbyn y Saeson, oni chynhelir ni gan gymorth dwyfol; ond y
> maent hwy, drwy'r gwaith hwn, wedi gwneuthur yn elyn iddynt Dduw
> a all ddial ei gam ei Hun a'n cam ninnau yr un pryd. Ac felly bydded inni
> gyda'n gilydd, yn dduwiolfrydig, wneuthur diofryd i'r Arglwydd, y
> dangoswn ni, o hyn ymlaen, barch ac anrhydedd mwy nag arfer i
> eglwysi a llannau cysegredig.'

Owain Gwynedd yn ddi-gwestiwn bellach oedd arweinydd
Cymru gyfan. Esgorodd y rhyfel ar syniad o drefn genedlaethol
Gymreig a oedd yn seiliedig ar oruchafiaeth Gwynedd, a
chymerodd Owain deitl a ddynodai mai ef oedd yr arweinydd
cenedlaethol, *Princeps Wallensium*, Tywysog Cymru.

YR ARGLWYDD RHYS   *Llyfrgell Genedlaethol*

RHYS AP GRUFFYDD—YR ARGLWYDD RHYS
1132 - 1197

Adeg geni Rhys, roedd goresgyniad y Normaniaid wedi taflu'r Cymry, yn arbennig yn y De, i argyfwng dwfn a beryglai eu parhad cenedlaethol. Petai'r Norman wedi llwyddo i sefydlu ei reolaeth yn derfynol dros y deheudir oll fel y gwnaeth yn Lloegr prin y gallasai'r genedl osgoi tynged Cernyw ac Ystrad Clud a buasai'r Gymraeg wedi cilio mor llwyr â'r Eingl-Saesneg. Y gŵr yn anad neb a'i hachubodd rhag y dynged hon oedd Rhys ap Gruffydd, mab i Gwenllian ac ŵyr y brenhinoedd Rhys ap Tewdwr a Gruffudd ap Cynan. Brenin oedd Rhys ei hun mewn popeth ond enw, ac am genhedlaeth gyfan ymestynnai ei awdurdod dros y cyfan o'r deheudir. Cydnabu Lloegr ei or-uchafiaeth gyda'r teitl Ustus y De.

Bu'n rhaid iddo ymladd yn galed i ennill ei awdurdod mawr. Efallai mai yng Nghaeo y ganed ef, yng nghalon y Cantref Mawr, yr unig ran o'r De a gymharai ag Eryri o ran nerth naturiol. Cwmwd Caeo yn unig a arhosai'n weddill i Gruffydd ei dad o deyrnas eang Rhys ap Tewdwr. Eithr, trwy wrhydri Gruffydd a'i feibion, Cadell ac Anarawd, brodyr hynaf Rhys, adenillodd y Cymry lawer o dir erbyn bod Rhys ei hunan yn cyrraedd oedran gweithredu. Tair ar ddeg oed oedd ef pan ddechreuodd ar ei yrfa filwrol, oedran bachgen trydydd dosbarth yn ein hoes ni. Ef oedd yr ieuengaf o chwe brawd, a brodyr ardderchog oedden nhw. Byr fu rhawd pump ohonynt. Cawsai Morgan ei ladd wrth ochr ei fam Gwenllian yng Nghydweli ddeng mlynedd ynghynt. Gyda'i frawd Maredudd, a oedd ddwy flynedd yn hŷn nag ef, y mentrodd Rhys ar ei gyrch cyntaf. Gan gychwyn o fryniau'r Cantref Mawr, ymosododd y brodyr ar y Normaniaid a'r Saeson gan eu trechu a'u gyrru o'u blaen, rhai tuag at Abertawe ac eraill i gyfeiriad Penfro. Ymunodd gwŷr Gwynedd â nhw, a chyda help Hywel ab Owain Gwynedd y bardd, cipiasant gestyll Caerfyrddin a Llansteffan, a chyn bo hir yr oedd rhan dda o Ddeheubarth mewn dwylo Cymreig. Troesant eu sylw at Forgannwg wedyn, ac yn dilyn hynny adferwyd

Ceredigion gyfan. Cododd Rhys gastell yn y pen eithaf yng
Nglandyfi i warchod cantref Penweddig.

Ym 1155 bu farw Maredudd, un o'r goreuon ymhlith tywys-
ogion Cymru, gan adael Rhys yn unig yn fyw o'r chwc brawd.
Ac yntau'n dair ar hugain oed, disgynnodd yr arweinyddiaeth
yn gyfan gwbl ar ei ysgwyddau ef. Am genhedlaeth wedi marw
Owain Gwynedd ym 1170, ef oedd prif dywysog y wlad oll, yn
'anorchfygedig ben holl Gymru' meddai'r *Brut*. Eithr, er bod y
croniclwyr yn galw Maredudd ei frawd yn frenin, nid fel Rhys
frenin yr adnabuwyd Rhys ap Gruffydd ond fel yr Arglwydd
Rhys. Yr un modd yr adeg hon peidiwyd â galw tywysogion
Gwynedd a Phowys yn frenhinoedd. Ond cyn iddo sefydlu ei
awdurdod bu'n rhaid iddo wynebu grym Henry II a lwyddodd i
adfer eu cestyll i'r barwniaid a chyfyngu Rhys unwaith eto i'w
gaer yn y Cantref Mawr. Eithr methodd byddin fawr o dan bum
iarll â'i hel oddi yno. Roedd ei egni'n ddiball a'i ymosodiadau ar
gestyll yn ddi baid a bu'n rhaid i Henry'n bersonol arwain ei
fyddin i'w orchfygu a'i ddwyn yn garcharor i Loegr dros dro. Yn
ystod y rhyfel hwn y gwnaeth yr hen ŵr o Bencader ei ddat-
ganiad croyw o genedlaetholdeb Cymreig gerbron brenin
Lloegr, a gofnodwyd yn fuan wedyn gan Gerallt Gymro:

> 'Ac nid unrhyw genedl amgen na hon o'r Cymry, nac unrhyw iaith
> arall, ar Ddydd y Farn dostlem gerbron y Barnwr Goruchaf a fydd yn
> ateb dros y cornelyn hwn o'r ddaear.'

Fel pe bai am fynnu gweld gwireddu'r broffwydoliaeth hon
dychwelodd Rhys yn fuan o Loegr ac ymdaflu'n union i ymosod-
iad ffrwydrol ar Geredigion, gan glirio'r Normaniaid a'r Saeson
o bobman yn yr hen deyrnas honno ond o Aberteifi. Unwaith
yn rhagor ymestynnai goror Deheubarth hyd at lannau Dyfi.

Dyma'r pryd yr ymunodd Rhys a thywysogion eraill gydag
Owain Gwynedd mewn ymdrech ardderchog o gytûn i wrth-
sefyll grym mawr Lloegr. Cynullodd y brenin Henry ei luoedd
o'i ymerodraeth benbaladr, o'r Alban ac Iwerddon hyd at ffiniau
Sbaen, i geisio trechu'r Cymry'n derfynol. Yng Nghaer yr
ymgasglasant, ynghyd â llynges ar Afon Dyfrdwy i ymosod ar
lannau môr Gwynedd. Hon fu ymdrech olaf y brenin grymus

hwn i ddarostwng y Cymry, ac ofer fu. Yn ei gynddaredd dialodd yn farbaraidd ar ei wystlon Cymreig. Dallwyd ac anafwyd dros ugain ohonynt gan gynnwys Cynrig a Maredudd, meibion Rhys.

Dilynodd Rhys y fuddugoliaeth fawr hon gydag ymosodiad gorchfygol ar Aberteifi, castell cryfaf Ceredigion. Rhoes ben am byth ar reolaeth teulu Clare y perthynai Strongbow, concwerwr Iwerddon, iddo. Ail-adeiladodd y castell gan wneud Aberteifi yn gymar i Ddinefwr (yr un gair â Verdun yn Ffrainc), yr hen brif 'ddinas'. Yn Aberteifi ym 1176 y noddodd yr eisteddfod gyntaf y mae gennym gofnod ohoni. Bardd o Wynedd a enillodd y gadair a thelynor o Ddeheubarth a ddyfarnwyd yn feistr cerdd. Rhan oedd hyn o'r porthi egnïol a roes Rhys i'r adfywiad nerthol a brofodd yr ysbryd a'r diwylliant Cymreig yn ystod ei deyrnasiad hir. Adlewyrchwyd yr urddas a roes ei lywodraeth ar yr iaith Gymraeg a'r bywyd Cymreig yn y term 'maiestawd Dehau' a ddefnyddiodd Cynddelw wrth ei foli. Ymfalchïai Rhys yn yr iaith fel trysor ac fe'i noddodd fel polisi ymwybodol. Rhan o'r polisi hwn oedd dyrchafu cwlt Dewi, fel y gwelir yn yr awdl i Ddewi a ganwyd gan ei fardd llys, Gwynfardd Brycheiniog, a ganmolai Gymreictod 'Dewi doeth Gymraeg'.

Hybai Rhys wladgarwch hefyd trwy ei nawdd hael i Urdd y Sistersiaid a gynrychiolai'r symudiad mwyaf nerthol mewn Cristnogaeth gyfoes. Cymerodd y mynachlogydd Sistersaidd le'r hen glasau fel noddwyr a chynheiliaid iaith a diwylliant Cymru. Bu ei nawdd i Ystrad-fflur Sistersaidd mor hael nes ei alw'n sefydlydd. Hwn oedd un o'r Tai a gadwai *Frut y Tywysogion*, a oedd ei hun yn arwydd o'r diddordeb cynyddol yn hanes Cymru a adlewyrchai dwf yr ymwybyddiaeth genedlaethol. Ymgynullai ysgol feirdd yno yn nes ymlaen. Roedd Abaty Talyllychau y Premonstratensiaid a sefydlwyd gan Rhys mor Gymreigaidd nes dwyn morthwyl Edward I ar ei ben yn niwedd y ganrif nesaf a disodli ei fyneich gan 'others of the English tongue'. Bu'n hael iawn hefyd wrth Abaty Hendygwyn ar Daf lle y treuliodd ei fab Maredudd Ddall ei fywyd ar ôl ei ddallu gan Henry II. Sefydlodd hefyd leiandy Llanllŷr yn

Nyffryn Aeron. Cawn ddarlun bywiog o Gymru Rhys yn nau lyfr enwocaf Gerallt Gymro. Mewn Lladin coeth yr ysgrifennwyd llyfrau Gerallt ac adlewyrchir diwylliant llenyddol yr oes yn y gân Ladin nodedig a gyfansoddwyd adeg marwolaeth Rhys.

Ar ôl marw Owain Gwynedd ym 1170, safai Rhys ar ei ben ei hun ymhlith tywysogion Cymru. Gyda'i brif lys yn Ninefwr, rheolai'r cyfan o hen deyrnas Deheubarth, a gynhwysai Buellt a Brycheiniog ers canrif a hanner, ac ar ôl ei gydnabod yn Brif Ustus deheudir Cymru ymestynnai ei awdurdod dros ddeddwyrain Cymru oll fel y gwelir ym mhryddest W. J. Gruffydd:

> Yr Arglwydd Rhys, prif frenin Cymru fawr,
> Dyddiwr dros Elfael a Maeliennydd, teyrn
> Gwerthrynion, a'i wialen aur a'i lef
> Yn cyrraedd pellaf oror Saeson Gwent.

Mae'n werth nodi bod rheolaeth Gymreig ar rannau helaeth o Went a Morgannwg, a hyd yn oed olion brenhiniaeth Gymreig, wedi parhau hyd at amser goruchafiaeth Rhys.

At ei gilydd cyfnod o heddwch a ffyniant a fu rhan olaf ei deyrnasiad. Llwyddodd i arbed Deheubarth rhag llawer cyrch Normanaidd trwy ystryw a newidiodd hanes Iwerddon. Y mae disgynyddion Nest, merch Rhys ap Tewdwr, yng nghanol y stori. Fel hyn y bu. Ar ôl iddo apelio'n ofer at Henry II, roedd Dermot brenin Leinster wedi ymweld â Rhys i ymbil am ei help i adfer ei orsedd. Gwelai Rhys gyfle i gael arglwyddi Normanaidd gelyniaethus oddi ar ei ffordd. Rhyddhaodd Robert fitzStephen a gadwai mewn carchar er pan orchfygwyd ef ddwy flynedd ynghynt, hwnnw'n fab anghyfreithlon i Nest ac yn ewythr i Rhys. Aeth Robert i Iwerddon i helpu Dermot gyda Normaniaid Cymreig eraill megis Meilir fitzHenry, ŵyr Nest trwy fab Henry I, a Robert a Philip de Barri, dau ŵyr arall i Nest. Yn y fintai hefyd roedd Maurice fitzGerald, cyn arglwydd Llansteffan, Gerald a Raymond fitzGerald, ill dau yn ddisgynyddion i Nest. Y rhain, perthnasau i Rhys gan mwyaf, oedd gorchfygwyr cyntaf Iwerddon, y Normaniaid a wastrodwyd gan Rys ap Gruffydd. Diogelwyd ei safle gan eu hymadawiad a bu'n rhaid i frenin Lloegr gydnabod hyn mewn cytundeb, er bod Rhys yntau'n gorfod ymwrthod â statws brenhinol ei hynafiaid.

Y Rhys hwn, y milwr gorchfygol a'r gwleidydd gwlatgar, a folwyd gan Gynddelw:

Gwelais hael o hil Anarawd
A'i gweles, gwelai ryfeddawd,
Mal cadarn yn cadw ei briawd
Mal cadwr, cadwai a ddywawd.

Gŵr cryf oedd Rhys, ond gŵr bonheddig hefyd, cwrtais a hael. Hynny a enillodd iddo'r enw Rhys Mwynfawr. Mewn teyrnged anghyffredin i'w gwrteisi a'i warineb tystia'r *Brut* ei fod yn ŵr 'hynaws ei ymadrodd, teg ei wyneb, gwâr a chyfiawn wrth bawb.' Roedd yn briod â Gwenllian, merch Madog ap Maredudd tywysog Powys Fadog, chwaer i Marged mam Llywelyn Fawr, a ganed iddynt wyth mab ac un ferch.

Pan fu farw Henry II ym 1189 ofnai Rhys y gallai'r brenin newydd beidio â chydnabod ei oruchafiaeth yn neheudir Cymru. Gan gredu mai trwy ymosod y diogelai ei deyrnas orau, cymerodd unwaith yn rhagor at faes y gad fel y gwnaeth dros ddeugain mlynedd ynghynt yn fachgen 13 oed. Anrheithiodd drefedigaethau Rhos a Phenfro, Carnwyllion a Gŵyr. Cipiodd gestyll Lacharn a Llansteffan. Ond taflwyd cysgod dros ei flynyddoedd olaf gan anundeb ei feibion nad oeddynt yn adnabod ei gilydd yn dda o achos yr hen wendid ym magwraeth meibion y tywysogion. Un tro yn ystod yr anghydfod teuluol hwn, cadwodd dau o'r meibion eu tad yn garcharor am gyfnod. Er hynny, parhaodd i amlygu egni a phenderfyniad ardderchog a ddygodd nifer o fuddugoliaethau iddo, yn eu plith cipio castell Cydweli gyda'i atgofion am y dydd y lladdwyd Gwenllian ei fam gan y Normaniaid hanner canrif yn gynt.

Ym 1196 casglodd yr hen dywysog ei nerth ynghyd mewn ymgyrch fawr olaf. Fe gododd yn ei

henaint fel hen lew
I ysgwyd ymaith y Normaniaid mân.

Gydag ynni i'w ryfeddu ymosododd ar dref frenhinol Caerfyrddin a'i llosgi i'r llawr. Croesodd ucheldir Buellt i ddarostwng castell Colwyn, prif gaer Elfael. Ymosododd ar gastell Maesyfed, a phan ddygodd dau arglwydd Normanaidd cryfaf y gororau, Roger Mortimer a Hugh de Say, fyddinoedd yn ei erbyn fe'u trechodd hwy yn llwyr a dinistriodd y castell a'r dref. Buasai Painscastle, sydd am y ffin â Lloegr, wedi cwrdd â'r un dynged oni bai am gytundeb a wnaeth Rhys â'i arglwydd, William de Breos, tad-yng-nghyfraith ei fab Gruffydd.

Yr ymgyrch hon i ddiogelu ei ororau oedd ymdrech olaf yr hen wron. Bu farw y gwanwyn canlynol yn 65 oed. Claddwyd ef ym Mhrifeglwys Tyddewi lle y mae ei gerflun ar ei feddrod ers bron wyth ganrif, y gŵr a 'oedd ben a tharian a chadernid y Deheu a holl Gymru. Y gŵr hwnnw a hannoedd o fonheddicaf lin brenhinedd.'

Ei ymdrech hir a phenderfynol yn erbyn y gallu Eingl-Normanaidd yn fwy na dim byd arall a gadwodd yn fyw yn neheudir Cymru y syniad am genedligrwydd ac annibyniaeth Gymreig. Nid gormod dweud ei bod yn annhebyg y byddai'r iaith Gymraeg a'r gwareiddiad Cymreig yn bod yn y deheudir heddiw oni bai am ei fywyd ef.

GIRALDUS CAMBRENSIS—GERALLT GYMRO
1148 - 1223

Giraldus Cambrensis yw'r llenor Lladin mwyaf a gynhyrchodd Cymru erioed. Yr oedd yn ffigur Ewropeaidd. Efe a Sieffre o Fynwy a wnaeth fwyaf i ddwyn sylw at Gymru yn Ewrop. Bu fyw yng nghanol y ddau can mlynedd o frwydro rhwng y Cymry â'r Normaniaid. Er ei fod yn dri-chwarter Norman ymdrechodd y gŵr galluog hwn yn lew am bum mlynedd dros annibyniaeth yr Eglwys yng Nghymru, gan wneud, trwy hynny, gyfraniad pwysig tuag at dwf yr ymwybyddiaeth genedlaethol.

Ganed Gerallt Gymro ym Maenorbŷr yng ngwaelod Penfro. Efe oedd yr olaf i chwarae rhan o bwys ym mywyd Cymru a godwyd yn y rhanbarth honno. Roedd yn fab i'r arglwydd Normanaidd William de Barri ac Angharad ei wraig, merch Gerald de Windsor a Nest, hithau'n ferch i'r brenin Rhys ap Tewdwr. Ffrangeg oedd iaith gyntaf Gerallt, ond siaradai Ladin yn rhwydd hefyd. Ni phregethai'n rhugl mewn Cymraeg, ac fe'i hystyriai hi'n iaith anghymwys i Norman o'i safle ef ei siarad. Serch hynny, mae'r cerydd a roes i'w nai Giraldus fitzPhilip am fodloni bod yn uniaith Gymraeg yn dangos bodolaeth Normaniaid Cymraeg eu hiaith yn ei ddydd ef.

Gofalodd ei ewythr, David fitzGerald, esgob Tyddewi, am sicrhau iddo ei addysg fore yng Nghaerloyw ac wedyn ym Mhrifysgol Paris. Yr oedd yn ŵr tal a golygus, yn 'rhy hardd i farw' meddai un sylwedydd cyfoes amdano. Fe'i penodwyd yn fuan yn archddïacon Brycheiniog gan ei ewythr, a phan fu hwnnw farw enwebwyd ef yn unfrydol i'r esgobaeth gan ganonwyr Tyddewi. Gwrthododd Henry II gydnabod yr enwebiad. Yn ei siom aeth Gerallt yn ôl i Brifysgol Paris lle y bu'n ddarlithydd poblogaidd am dair blynedd. Ym 1183 cafodd swydd yng ngwasanaeth y brenin, a bu'n gyfryngwr rhyngddo â'i gyfyrder, yr Arglwydd Rhys. Fe'i cawn nesaf yn treulio blwyddyn yn Iwerddon fel cydymaith i'r Tywysog John. Dewiswyd ef i fynd yno yng nghwmni'r tywysog am fod cynifer o'i berthnasau, meibion, ŵyrion a neiaint Nest ei fam-gu, ymhlith arweinwyr concwest Iwerddon. Yn ystod yr ymweliad hwnnw casglodd ddeunydd ei ddau lyfr ar Iwerddon.

Dair blynedd yn ddiweddarach aeth ar daith trwy Gymru gydag Archesgob Caergaint a geisiai godi milwyr ar gyfer y drydedd groesgad. Disgrifiodd y daith yn *Itinerarium Kambriae*— Kambria oedd yr enw Lladin a roddid ar Gymru bryd hynny —llyfr difyr sy'n llawn storïau a glywodd gan y cyfarwyddiaid Cymreig. Dilynwyd hyn gan ei lyfr pwysicaf, *Descriptio Kambriae*, Disgrifiad o Gymru. O'r un llyfr ar ddeg a sgrifennodd, y ddau ar Gymru, sy'n rhoi darlun manwl a lliwgar o'r wlad a'i phobl yn niwedd y ddeuddegfed ganrif, yw ei gampweithiau.

Roedd gwrthdaro mewnol yn Gerallt rhwng y Cymro a'r Norman, ac ar dro dioddefai elyniaeth Cymry a Normaniaid fel ei gilydd o achos ei waed cymysg. Cwynai fod y Cymry'n lladd arno am ei fod yn Ffrancwr (Norman) a'r Ffrancod am ei fod yn Gymro. Oriog oedd ei deyrngarwch. Ffyrnigai at Gymru pan fyddai'r Norman uchaf ynddo. Cynghorodd y Normaniaid ar y

GERALLT GYMRO   *Llyfrgell Genedlaethol*

dull i'w goresgyn hi, a'r strategiaeth a ddyfeisiodd ef a fabwys-
iadwyd gan Edward I wrth ei gorchfygu bron ganrif yn ddiwedd-
arach. Aeth mor bell ag annog y brenin i yrru'r Cymry o'r wlad
a'i throi'n drefedigaeth. Ond yn ystod ei ymgyrch dros Dyddewi,
y Cymro ynddo oedd drechaf. A chyn hynny, wrth fynnu na
ellid gorchfygu Cymru ped ymunai ei phobl wrth gefn un
tywysog, datganai ragoriaeth foesol y Cymry dros y Normaniaid
a'r Saeson. Dirmygai'r Saeson. 'Mae'r Saeson yn ymladd dros
drachwant', meddai, 'y Cymry dros ryddid . . . milwyr cyflog y
naill am arian, y lleill dros eu gwlad . . . Y Saeson yw'r bobl
fwyaf diwerth dan haul.' 'Yng Nghymru', meddai, 'y Saeson a
wnâ'r gwaith mwyaf diraddiol', ac 'yn eu gwlad eu hun y mae'r
Saeson yn gaethion i'r Normaniaid ac o bob caethion y mwyaf
diwerth.'

Daw'n amlwg wrth ddarllen llyfrau Giraldus am Gymru
mai'r un bobl at ei gilydd yw'r Cymry heddiw ag oeddent wyth
gan mlynedd yn ôl. Er mai'r iaith Gymraeg a'i llenyddiaeth
yw'r ddolen fawreddog sy'n cydio ynghyd y cenedlaethau a
gyfaneddodd y penrhyn hwn oddi ar ddyddiau Cunedda, noda
Gerallt draddodiadau ac arferion eraill a nodweddion cymeriad
ac arferion a barhaodd hyd y dwthwn hwn. Yn wir, po fwyaf
ymwybodol y bôm o'r newidiadau enfawr a fu ym mywyd y
genedl hon rhyfeddaf oll yr ymddengys yr elfen o barhad.

Sonia Gerallt am arabedd y Cymry a'u dawn lafar, a welid,
meddai, ym mhob dosbarth fel ei gilydd. Dotia at eu llety-
garwch, eu croesogarwch a'u haelioni a olygai nad oedd 'neb
cardotyn ymhlith y genedl hon'. Tystia i'w deallusrwydd—'yn
fwy deallus a chraffach eu meddwl na'r cenhedloedd eraill sy'n
trigo mewn hinsawdd orllewinol'. Noda'r gofal anghyffredin
am eu hachau a nodweddai'r, 'distadlaf ymhlith y werin yn
ogystal â'r teuluoedd bonheddig', arwydd nodedig o falchder
iach y werin. Traetha am eu canu mewn harmoni a'u cerddi
cynganeddol—y cofnod cyntaf mewn unrhyw wareiddiad at
ganu mewn mwy na dau lais. Sonia hefyd am eu hanwadalwch
a'u hansefydlogrwydd a'u cilio gwaradwyddus pan gaent eu
gwrthsefyll yn wrol. A gesyd ei fys ar brif achos eu gwendid

gwleidyddol, sydd yr un mor amlwg hyd heddiw, sef eu han-
undeb a'r modd y gellid eu prynu trwy addo a danfon rhoddion
—a gyfetyb i swyddi ac anrhydeddau yn ein hoes ni.

Ni ddiflannodd y nodweddion hyn, nac eraill a noda. Ond y
mae un nodwedd ardderchog nad yw'n bod mwyach ymhlith
mwyafrif mawr y Cymry. 'Ar amddiffyn eu gwlad a'u rhyddid
yn unig y mae eu bryd,' medd Gerallt, 'tros eu gwlad y brwyd-
rant, tros ryddid y llafuriant; tros y rhain melys yr ymddengys
iddynt nid yn unig ymladd â'r cledd, ond hefyd roi eu bywyd i
lawr.' A dywed fod hyn hefyd yn nodweddu'r holl genedl, y
werin bobl yn ogystal â'r uchelwyr: rhywbeth a barhaodd hyd
at ddyddiau Glyndŵr, ond nid ymhellach. 'Oherwydd yma y
mae nid yn unig yr uchelwyr,' meddai, 'ond yr holl bobl, yn
barod at arfau: pan gano'r corn rhyfel, rhuthra at arfau y
gwladwr oddi wrth ei aradr gyda'r un parodrwydd â'r gŵr llys
o'i lys.'

Uchelgais Giraldus oedd bod yn esgob Tyddewi ac yn arch-
esgob Cymru, ac ni ollyngodd yr uchelgais er cael cynnig pedair
esgobaeth arall gan gynnwys Bangor a Llandaf. Gwrthodiad y
brenin i dderbyn ei enwebiad gan ganonwyr Tyddewi a sym-
bylodd frwydr fwyaf ac ardderchocaf ei fywyd, brwydr a brofodd
o bwys mawr i Gymru ei gyfnod. Gwir mai dylanwad Sieffre o
Fynwy a fu drymaf yn ystod gweddill yr Oesoedd Canol—bu'r
gorffennol Cymreig gwych a luniodd ef yn cynnal y Cymry am
ganrifoedd, ond hefyd yn eu camarwain yn ddybryd—ond
Gerallt oedd arwr ei ddydd; efe a ddylanwadodd drymaf ar
Gymru ei oes. Am bum mlynedd ymladdodd gyda gallu a
phenderfyniad i ddod yn esgob Tyddewi ac i sefydlu arch-
esgobaeth Cymru yno, y pwysicaf o'r esgobaethau Cymreig,
gyda statws cydradd ag archesgobaethau Lloegr ac Iwerddon.
Buasai hyn wedi uno'r esgobaethau Cymreig a chreu eglwys
genedlaethol annibynnol gydradd ei safle â'r eglwysi Seisnig a
Gwyddelig.

Yr oedd y Goncwest Normanaidd wedi creu gwladwriaeth
ganoliaethol gref yn Lloegr, a bu'r cyfuniad yno o alluoedd
eglwys a gwladwriaeth y mwyaf effeithiol yn Ewrop oll. Defn-
yddid yr Eglwys fel arf politicaidd yn erbyn Cymru. Er enghraifft

byddai Caer-gaint yn esgymuno'r Cymry a ymladdai dros ryddid. Bu farw'r Arglwydd Rhys ei hun yn ŵr esgymun. Gan hynny roedd dolen gref rhwng yr ymdrech dros annibyniaeth yr Eglwys â'r frwydr dros annibyniaeth boliticaidd. Ped enillasai Gerallt y dydd buasai'r ymdrech wleidyddol i uno Cymru'n llawer haws.

Am bum mlynedd uniaethodd Gerallt ei hun yn llwyr â'r achos Cymreig. Datblygodd brwydr rhwng Cymru a Lloegr na welwyd ei bath rhyngddynt erioed. Pan wnaeth y siwrnai beryglus i Rufain deirgwaith i ddadlau'r mater gyda'r Pab Innocent III, un o'r cymeriadau cryfaf yn hanes Ewrop, achos Cymru a osododd o'i flaen; fel Cymro y llefarai. Hyn a gynhyrfodd wrthwynebiad digyfaddawd y brenin John. Barn boliticaidd y brenin oedd, 'Nid yw'r Archddïacon yn ddyn diogel i'w osod ar Esgobaeth Mynyw, canys y mae'n perthyn trwy waed i Rhys Tywysog Deheudir Cymru, a gwŷr mawr Cymru oll bron; ac nid yw'n ddoeth dyrchafu gŵr mor onest ac uchel ei dras, gan y rhoddai hynny nerth newydd i'r Cymry a hwb i'w balchder.' Poethodd y frwydr gymaint nes i'r brenin gyhoeddi Giraldus yn fradwr a phawb a'i cefnogai yn elynion i goron Lloegr. Ond safai'r Cymry'n unfryd wrth ei gefn. Proffwydodd Llywelyn Fawr y byddai haneswyr a beirdd yn clodfori ei ddewrder tra byddai Cymru'n bod, a dywedodd Gwenwynwyn, Tywysog Powys,

'Llawer a mawrion yw'r rhyfeloedd a frwydrasom ni, Gymry, yn erbyn Lloegr, ond nid oedd un mor fawr a ffyrnig â'r eiddo ef yn erbyn y Brenin a'r Archesgob, pryd y gwrthsafodd holl nerth Lloegr er anrhydedd Cymru.'

Yn y diwedd profodd nerth brenin Lloegr ac Archesgob Caer-gaint, a'u dylanwad yn Rhufain, yn ormod. Collodd Gerallt y dydd. Eithr yr oedd ei ymdrech ymhell o fod yn ddi-fudd. Er na chafodd Cymru Eglwys annibynnol, cyfrannodd y frwydr drosti tuag at uno'r wlad a dyfnhau ei hymdeimlad o genedligrwydd.

Am dair canrif, o ddyfodiad y Normaniaid hyd ar ryfel Owain Glyndŵr, ymladdodd y genedl fach hon yn erbyn ei gorchfygu a'i meddiannu gan Loegr. Fe'i harweiniwyd gan olyniaeth o dywysogion glew. O achos ei frwydr dros annibyniaeth yr Eglwys Gymreig y mae'n rhaid rhestru Giraldus Cambrensis gyda hwy.

LLYWELYN FAWR 1173 - 1240

Barn J. E. Lloyd oedd mai Llywelyn ab Iorwerth, ŵyr i Owain Gwynedd, oedd y tywysog galluocaf a welwyd yng Nghymru ar ôl dyfodiad y Normaniaid; a chredai O. M. Edwards mai ef oedd ffigur Cymreig pwysicaf yr Oesoedd Canol oll. Llywelyn a arweiniodd yr ymgyrch fawr benderfynol, a barhaodd ar hyd y drydedd ganrif ar ddeg, i greu un dywysogaeth Gymreig annibynnol. Cyrhaeddodd honno ei hanterth o dan ei ŵyr, Llywelyn ap Gruffudd. Mae'n debyg mai yng nghastell Dolwyddelan y ganed Llywelyn ab Iorwerth, ac mai ym Mhowys y cafodd ei fagu gyda thylwyth Marged ei fam, merch Madog ap Maredudd a chwaer i wraig yr Arglwydd Rhys, ar ôl marw cynnar ei dad. Rheolodd Wynedd am chwe blynedd a deugain.

Yr oedd yn un ar hugain oed pan ddechreuodd ymladd i ennill rheolaeth ar Wynedd, a bu wrthi'n alluog iawn am wyth mlynedd yn ychwanegu darn at ddarn nes bod yr holl wlad rhwng Dyfi a Dyfrdwy o dan ei lywodraeth. Yn niwedd y cyfnod hwn daw John brenin Lloegr i mewn i'r hanes ac am bymtheng mlynedd chwaraeodd ran amlwg ynddo; gornest rhwng Llywelyn a brenin Lloegr oedd nodwedd ganolog hanes Cymru trwy gydol y blynyddoedd hynny. Ceisio rhannu'r tywysogion Cymreig a chwarae'r naill yn erbyn y llall a wnâi John, hen dacteg yr imperialwyr crioed. Gwnâi hyn â pheth llwyddiant gyda meibion yr Arglwydd Rhys, ond Gwenwynwyn, tywysog galluog Powys, a ddefnyddiai amlaf, hwnnw'n gobeithio dod yn ben dywysog Cymru ei hunan. Rhoddai John gefnogaeth iddo ef a rhoi ei gyfeillgarwch i Lywelyn am yn ail. Gorfodwyd y brenin i ymdangnefeddu oherwydd llwyddiant Llywelyn yng Ngwynedd, a gwellhaodd eu perthynas pan ofynnodd Llywelyn am law ei ferch Joan—Siwan drama Saunders Lewis—mewn priodas. Fe'u priodwyd ym 1205. Profodd Joan fwy nag unwaith yn bont werthfawr rhwng ei thad â'i gŵr.

Digiodd John wrth Wenwynwyn pan ymosododd hwnnw ar diroedd un o'i ffefrynnau ymhlith arglwyddi'r goror. Cafodd ei gaethiwo yng Nghaer. Gyda beiddgarwch eithriadol, gafaelodd Llywelyn yn y cyfle mewn cyrch ar dde Powys a meddiannu'r wlad. Yna croesodd i Geredigion a dwyn y dalaith honno oddi ar Faelgwn, a gefnogai'r brenin, a'i rhannu rhwng meibion eraill Rhys ap Gruffydd. Er hyn, parhaodd ei berthynas â John yn felys, ac aeth mor bell ag arwain mintai o'i wŷr i'r Alban i gefnogi'r brenin mewn rhyfel yno. Eithr yn sydyn ym 1210 bu rhwyg eto rhwng y ddau a arweiniodd at ryfela parhaus rhyng-ddynt am dair blynedd. Mae'n debyg mai camsyniad gan Lywelyn fu'r achos cychwynnol. Y flwyddyn honno bu John yn Iwerddon ar daith filwrol hynod o lwyddiannus a osododd drefn ar ei harglwyddi Normanaid a Gwyddelig. Ymhlith yr arglwyddi hyn oedd William de Breos, un o farwniaid cryfaf y gororau Cymreig. Tra oedd y brenin yn dal yn Iwerddon dychwelodd de Breos i Gymru a pherswadio Llywelyn i ymuno ag ef mewn symudiad yn erbyn buddiannau brenhinol. Pan ddaeth John a'i fyddin yn ôl i Gymru, ysgubodd bob gwrthwynebiad heibio yn y deheudir, ac ar ôl ennill cefnogaeth meibion yr Arglwydd Rhys a thywysogion eraill, ynysodd Lywelyn a dygodd y Berfeddwlad oddi arno, sef y pedwar cantref yng Nghlwyd rhwng Conwy a Dyfrdwy; ac adferodd ei diroedd i Gwenwyn-wyn. Bu'n rhaid i de Breos ffoi i Ffrainc.

Ond aeth John yn rhy bell. Fe gychwynnodd ar gynllun o goncwest, gan godi cestyll lawer yn y gorllewin, y canolbarth a'r gogledd-ddwyrain. Digiodd hyn y tywysogion a fu'n gefn-ogol iddo a throesant yn ei erbyn. Cynhyrfodd ei drahauster farwniaid mawr Lloegr hefyd—hyn a arweiniodd at *Magna Carta*—a chydweithredodd rhai o arglwyddi'r gororau gyda Gwenwynwyn a thywysogion eraill i ddinistrio cestyll newydd y brenin. Rhoes hyn gyfle i Lywelyn ennill y Berfeddwlad yn ôl, oddi eithr cestyll Rhuddlan a Degannwy, ac i adfer ei safle fel arweinydd naturiol Cymru.

LLYWELYN FAWR   *Llyfrgell Genedlaethol*

Penderfynodd John fod yn rhaid dinistrio ei nerth. Yn ei ddicter, llofruddiodd y gwystlon Cymreig a oedd ganddo, ac unwaith yn rhagor gwelwyd brenin Lloegr yn cynnull ei luoedd a'i lynges ynghyd yng Nghaer. Cyn iddo allu symud, fodd bynnag, ymyrrodd Joan ei ferch. Ysgrifennodd hi ato i ddatguddio cynllwyn yn erbyn ei fywyd. Mewn canlyniad nid ymosododd ei fyddin ar Gymru; y cyfan a wnaeth oedd danfon ei lynges i anrheithio glannau Gwynedd. Adenillodd Llywelyn Ruddlan a Degannwy, a phan drefnwyd cadoediad rhyngddo â'r brenin trwy ymyrraeth y Pab, yr oedd wedi ennill popeth a ddymunai i Wynedd yn ogystal â diogelu ei gynghreiriaid ym Mhowys a Cheredigion.

Gwnaeth John ymgais yn awr i adennill ei gyfeillgarwch ond gwrthododd Llywelyn hyn. Yn hytrach, ffurfiodd gynghrair â de Breos a barwniaid y gororau. Ymdeithiodd yn erbyn Amwythig a chymerodd feddiant o'r dref. Symudodd y Cymry wedyn tua'r de ac adennill pob un o gestyll de Breos oddi ar y brenin, gan gynnwys y Fenni a Skenfrith yng Ngwent, ac Aberhonddu, y Gelli a thri arall ym Mrycheiniog. Seliodd Reginald de Breos y cynghrair trwy briodi Gwladys Ddu, merch Llywelyn. Yn Rhagfyr y flwyddyn honno arweiniodd Llywelyn fyddin fawr i'r de wedi ei chynnull o bob rhan o'r wlad dan nifer o dywysogion—roedd Cymru gyfan wrth ei gefn yn awr—ac ymosododd ar Gaerfyrddin, y dref a fu'n brif ganolfan Gymreig nerth y brenin Seisnig ers trigain mlynedd. Ar ôl pum niwrnod o warchae ildiodd Caerfyrddin iddo. Fe'n hatgoffir o hyn gan boster papur dyddiol Llundeinig ar 15 Gorffennaf, 1966, *Welsh Win Carmarthen.* Gorchfygodd gestyll Cydweli, Llansteffan, Sanclêr, Lacharn, Arberth a Threfdraeth, a thrannoeth y Nadolig syrthiodd Cilgerran ac Aberteifi iddo. Penfro, na syrthiodd erioed i'r Cymry, a Hwlffordd yn unig a safai ym meddiant brenin Lloegr. Roedd y deheudir wedi ei oresgyn ganddo.

Ei gam nesaf oedd cynnal senedd yn gynnar ym 1216 yn Aberdyfi i benderfynu ar y ffordd y rhennid y wlad rhwng y Cymry, gweithred genedlaethol a hanesyddol a oedd yn ffrwyth dros ugain mlynedd o ymladd, gwleidydda a diplomydda dygn

ac egnïol. Safodd y trefniant a wnaed yn y senedd honno yn ei
hanfod am y chwarter canrif a oedd yn weddill o'i fywyd.

Pan fu farw John ddwy flynedd yn ddiweddarach, gwnaeth
Llywelyn gytundeb yng Nghacrwrangon â'r brenin newydd,
Henry III, a gadarnhaodd ei afael ar bopeth a goncrodd. Collodd
gefnogaeth nifer o farwniaid, fodd bynnag, oherwydd ei safiad
yn erbyn coron Lloegr. Reginald de Breos, ei fab-yng-nghyfraith,
oedd y pwysicaf o'r rhain. Pan ildiodd de Breos i'r goron
ymosododd Llywelyn ar Frycheiniog a bygwth dinistrio tref
Aberhonddu. Croesodd Fynydd Du Sir Gaerfyrddin ac ymdeith-
iodd trwy Gwm Tawe. Buasai wedi anrheithio'r holl wlad yno
oni bai i de Breos a chwe marchog arall ildio tref Abertawe iddo.
Oddi yno croesodd i waelod Dyfed gyda'r bwriad o oresgyn y
Ffleminiaid yno er mwyn amddiffyn ei gynghreiriaid Cymreig,
ond cyn iddo ymosod ar Hwlffordd perswadiodd Esgob Tyddewi
ef i dderbyn dau ddwsin o wystlon Ffleminaidd fel ernes o'u
hymostyngiad iddo. Yr oedd wedi dangos bod ei benarglwydd-
iaeth ar dde Cymru'n gadarn.

Daeth eto i wrthdrawiad â phennaeth teulu de Breos, William
y tro hwn a oedd wedi dilyn ei dad Reginald. Digwyddodd hyn
ym 1229 pan gyflwynodd y brenin gastell ac arglwyddiaeth
Trefaldwyn i de Burgh a gorchymyn ar yr un pryd fod rhaid
clirio'r fforest a amddiffynnai diroedd Llywelyn yng Ngheri.
Pan ddaeth lluoedd y brenin ynghyd yno ymdaflodd unwaith
yn rhagor i ryfel yn eu herbyn. Fe'u trechodd a'u gorfodi i
ymgilio, a chymerodd William de Breos yn garcharor.

Arweiniodd hyn at ddrama bersonol ym mywyd Llywelyn a'i
wraig Joan. Yn ystod ei flwyddyn fel carcharor daeth Joan a de
Breos yn gariadon, ac ar ôl ei ollwng yn rhydd ar yr amod na
ddygai arfau yn erbyn y tywysog dychwelodd de Breos i'r llys.
Llywelyn ei hun a ddaeth ar ei draws un noson yng ngwely
Siwan. Carcharwyd hwy ill dau, a maes o law syfrdanwyd
mawrion Lloegr yn ogystal â Chymru o glywed bod William
de Breos wedi ei grogi'n gyhoeddus gerbron wyth gant o ddynion.
Cafodd Joan faddeuant ac fe'i rhyddhawyd mewn byr amser.
Pan fu farw fe'i claddwyd yn frenhinol yn Llan-faes ym Môn lle
y codwyd cwfaint Ffransisaidd er cof amdani.

Ar wahân i lwyddiant William Marshall, Iarll Penfro, a ddygodd fyddin draw o Iwerddon ym 1223 a dwyn cestyll Caerfyrddin ac Aberteifi, bu ugain mlynedd olaf teyrnasiad Llywelyn yn ddi-golled; ac adenillodd Aberteifi ym 1231. Gwelodd y cyfnod ffyniant economaidd a datblygiadau cyfreithiol a chyfansoddiadol pwysig. Cymreigiwyd yr Eglwys trwy sicrhau penodi Cymry yn esgobion Bangor a Thyddewi, a rhoddwyd nawdd i Urdd Brodyr Sant Ffransis a mwy byth i'r Sistersiaid. Yn eu mynachlog hwy yn Aberconwy y cymerodd Llywelyn abid mynach yn ei ddyddiau olaf.

Problem wleidyddol a'i wynebai tua diwedd ei fywyd oedd osgoi rhaniad ei deyrnas ar ôl ei ddydd. Er mor gyfiawn y gyfraith Gymreig a rannai eiddo'r tad ymhlith y meibion, bu ei heffeithiau politicaidd yn alaethus. Ceisiodd Llywelyn oresgyn hyn trwy gael cytundeb fod y deyrnas a'i benarglwyddiaeth ef i ddisgyn yn gyflawn i'w aer Dafydd, unig fab Joan. Cydnabyddwyd hyn gan lywodraeth Loegr ac wedyn gan y Pab, ac yn olaf gan dywysogion Cymru a gyfarfu yn Ystrad-fflur ddeunaw mis cyn marw Llywelyn, i dalu gwrogaeth i Dafydd. Anffawd i Gymru oedd mai am chwe blynedd yn unig ar ôl ei dad y cafodd Dafydd fyw. Adlewyrchai'r cytundeb i'w olyniaeth agwedd fwy cenedlaethol a llai taleithiol ymhlith arweinwyr y wlad. Yn ogystal â'r arweinwyr politicaidd, gwelai'r beirdd hwythau, a ganai'n ddisglair yn nhermau Cymru yn hytrach na thalaith, batrwm arweinydd gwiw yn y gŵr a gymerodd y teitl Tywysog Aberffraw ac Arglwydd Eryri, ond a elwid yn Llywelyn Fawr gan yr oesoedd a'i dilynodd.

LLYWELYN AP GRUFFUDD c. 1222 - 1282

O dan Llywelyn ap Gruffudd, ŵyr Owain Gwynedd, y cyrhaeddodd yr ymdrech i lunio gwladwriaeth annibynnol Gymreig ei huchafbwynt. Aethai'r ymdrech honno ymlaen yn ysbeidiol byth oddi ar ddyddiau Rhodri Mawr bedair canrif ynghynt. Ond yr oedd yr anawsterau'n enfawr; ni wynebai Lloegr eu tebyg. Unwyd Lloegr yn un wladwriaeth rymus gan orchfygwyr oddi

LLYWELYN AP GRUFFUDD   *Llyfrgell Genedlaethol*

allan, o Ddenmarc a Normandi, ond gan na chafodd Cymru ei choncro yr oedd yn rhaid ei huno hi oddi mewn ar draws holl duedd cyfraith ac arfer gwlad a oedd yn wlad o wledydd bychain. Trwy ei allu milwrol a'i fedr gwleidyddol bu ond y dim i Lywelyn ap Gruffudd lwyddo. Ei lwyddiannau milwrol a ddygodd rannau helaeth o Gymru i'w ddwylo oddi ar Norman-iaid a Chymry fel ei gilydd, a'i ddawn a'i amynedd politicaidd a gadwai'r tywysogion Cymreig ynghyd oddi mewn i'w dywys-ogaeth yn nannedd ymdrech ddyfal brenin Lloegr i'w rhannu.

Tasg gyntaf Llywelyn oedd uno Gwynedd Uwch Conwy, canys cafodd y dywysogaeth a drosglwyddodd Llywelyn Fawr i Dafydd ei chwalu pan fu farw hwnnw'n gynamserol. Yr oedd y brenin Henry wedi gafael yn y Berfeddwlad rhwng Conwy a Dyfrdwy, a'i ddymuniad oedd gweld rhannu Gwynedd Uwch Conwy yn unol â chyfraith Hywel rhwng pedwar mab Gruffudd ap Llywelyn, brawd Dafydd, a fu farw'n ddi-etifedd. Pe dig-wyddai hynny, chwelid nerth Gwynedd am byth. Buddugoliaeth Llywelyn ym Mryn Derwin ym 1255 a rwystrodd hyn. Adferodd y deyrnas ond ar draul gelyniaeth Dafydd ei frawd a fu'n elyn iddo weddill ei fywyd. Gyda'i bwyll nodweddiadol cymerodd Llywelyn flwyddyn a mwy i'w sefydlu ei hun yn gadarn yn ei deyrnas, ond pan wrthryfelodd pobl y Berfeddwlad yn erbyn gormes swyddogion y brenin, meddiannodd y cyfan o'r wlad hyd at afon Dyfrdwy, ac eithrio dau gastell, mewn un wythnos. Fe'i nodweddid gan egni ac ewyllys benderfynol yn ogystal â phwyll ac amynedd.

'Wedi adfer Gwynedd yn ei therfynau', medd Beverley Smith, 'safai Llywelyn ap Gruffudd ar drothwy'r flwyddyn a brofodd, yn anad un arall, yn flwyddyn gymeradwy ei yrfa.' Goresgynnodd Feirionnydd, gan estyn ffiniau Gwynedd o Ddyfi i Ddyfrdwy, ac yna symud ymlaen i orchfygu Ceredigion ac Ystrad Tywi. Adferodd reolaeth disgynyddion yr Arglwydd Rhys ar eu tiroedd ac ennill eu gwrogaeth iddo. Gafaelodd ym Muellt a Gwerthrynion yn y gororau. Yn ymyl Pontargothi yn Nyffryn Tywi enillodd ei gefnogwyr fuddugoliaeth fwyaf y rhyfeloedd. 'Syrthiodd mwy na thair mil o Saeson y diwrnod hwnnw', meddai croniclydd Talyllychau.

Cymru'n un dywysogaeth annibynnol oedd ei nod, ac am dair blynedd cyrchodd ato trwy gyfres hir a di-dor o fuddugoliaethau. Bellach talai tywysogion y rhan fwyaf o'r wlad wrogaeth iddo ef yn hytrach nag i frenin Lloegr. Pan ddaethant ynghyd i dyngu llw o ffyddlondeb iddo fel tywysog Cymru yng ngwanwyn 1258, yr oedd y dywysogaeth Gymreig yn ffaith gyfansoddiadol, a Chymru ar ei ffordd i fod yn wladwriaeth annibynnol. Wedi cyflawni'r gamp aruthrol hon, ei waith enbyd o anodd oedd ceisio clymu'r dywysogaeth ynghyd yn nannedd ymrafaelion y tywysogion a hybwyd yn ddyfal gan frenin Lloegr, ac ymestyn ei ffiniau ymhellach. I hyn yr ymroes yn ddygn y ddau ddegawd nesaf fel gwleidydd pwyllog a medrus ac fel milwr galluog. Dymchwelodd gestyll cryfion Arberth, Llansteffan a Thalacharn ar yr arfordir deheuol. Anrheithiodd Forgannwg Normanaidd hyd at Afon Tawe a dinistriodd Langynwyd yn Nhir Iarll—gwlad hud Iolo Morganwg bum canrif yn ddiweddarach. Enillodd deyrngarwch gwŷr Maesyfed a Brycheiniog a'r rhan o Went a oresgynnwyd gan ei luoedd. Y pryd hyn y gwnaeth gytundeb â Simon de Montfort, barwn cryfaf Lloegr; hwyrach bod priodi Elinor ei ferch yn rhan ohono.

Coronwyd llwyddiant ei ymdrechion gwleidyddol a milwrol gan Gytundeb Trefaldwyn ym 1267, y flwyddyn ar ôl i'r Alban gael ei huno am y tro cyntaf. Yn hwn cydnabu llywodraeth Loegr ei safle fel tywysog Cymru a'i hawl i wrogaeth y tywysogion Cymreig. Yn ogystal â Gwynedd, Powys a Deheubarth cynhwysai'r dywysogaeth Elfael a Gwerthrynion, Buellt a Brycheiniog. 'Yn y dyddiau hynny', sgrifennodd Mathew Paris, 'ymunodd Cymry'r gogledd mewn cynghrair annatod â Chymry'r deau.' Ond yr oedd yn fwy na chynghrair; roedd yn wladwriaeth. Sefydlu gwladwriaeth Gymreig eang ac effeithiol fu cyfraniad unigryw Llywelyn ap Gruffudd tuag at adeiladu cenedligrwydd Cymru. Pe cawsai'r drefn barhau buasai wedi cynnal bywyd cenedlaethol cyflawn ac urddasol.

Er mwyn creu a chynnal y drefn newydd hon bu'n rhaid iddo wneud cytundebau â thywysogion Powys a Deheubarth a hefyd nifer o arglwyddi'r Mers, canys yr oedd y syniad o wladwriaeth annibynnol Gymreig yn torri ar draws eu hawliau hanesyddol.

Dangosodd Llywelyn ystwythder a medrusrwydd politicaidd mawr yn hyn, a dygodd i'r dasg ymwybod â daear a chenedligrwydd Cymru. Gweledigaeth wâr a gyflwynodd i Edward I yng Nghroesoswallt: trefn gonffederal o dan uwch-arglwyddiaeth brenin Lloegr, lle y byddai'r Cymry, fel y 'nationes' eraill—yr Alban ac Iwerddon, Gasgwyn a Lloegr—yn gweinyddu eu cyfraith eu hunain ac yn cynnal eu harferion eu hunain yn eu hiaith eu hunain. Rhaid rhestru Llywelyn gyda gwladweinwyr mawr ein hanes.

Hyd yn oed yn fwy peryglus nag anfodlonrwydd rhai o'r tywysogion Cymreig oedd gelyniaeth arglwyddi Normanaidd nerthol y gororau, yn arbennig Roger Mortimer. Hyn a greodd yr anawsterau mwyaf i Lywelyn ar ôl 1267. Dechreuodd yr ymrafael gyda'r gwrthdaro ym Mlaenau Morgannwg yn erbyn Clare, arglwydd grymus Morgannwg Normanaidd. Achosodd hyn i Clare godi castell enfawr Caerffili; dinistriodd Llywelyn y cyntaf a gododd. Ymledodd y drwg i Frycheiniog a oedd yn rhan o dywysogaeth Cymru. Peryclach fyth i fywyd Llywelyn fu'r cynllwyn i'w ladd y bu Dafydd ei frawd a thywysog Powys yn euog ohono. Manteisiodd y ddau ar yr anfodlonrwydd a grewyd ymhlith deiliaid Gwynedd gan bwysau eu beichiau ariannol.

Y perygl mwyaf i'r dywysogaeth, fodd bynnag, oedd bod annibyniaeth Cymru yn gwbl annerbyniol gan lywodraeth Loegr, lle'r oedd y brenin Henry bellach wedi ei ddilyn gan Edward, gŵr galluog a feddai ar nerth a chyfoeth anghymarol fwy na thywysogaeth fregus Llywelyn. Cynhwysai ei ymerodraeth Iwerddon a hanner Ffrainc yn ogystal â Lloegr fawr. Chwiliai am bob cyfle i chwalu tywysogaeth Cymru, ac yng nghanol y saithdegau creodd amryw. Cipiwyd Elinor de Montfort, nith y brenin, a oedd eisoes yn wraig i Lywelyn 'drwy eiriau cynrychiol', pan hwyliai o Ffrainc gyda'i brawd i ymuno â'r tywysog, a'i chadw'n gaeth am dair blynedd yng nghastell Windsor. Bu'r briodas hon, a ofnwyd gan Edward o achos ei chanlyniadau posibl yn Lloegr, ymhlith yr elfennau a arweiniodd at ddryllio tywysogaeth Cymru. Aeth yr anghydfod rhwng y brenin a'r tywysog o ddrwg i waeth nes esgor ar ryfel. Ym 1276 dechreuodd Edward ar flwyddyn o baratoadau llwyr a chostus iawn i ymosod ar Lywelyn, ac yn y flwyddyn ganlynol cychwynnodd tair byddin o Gaer, Trefaldwyn a Chaerfyrddin, tra yr ymosododd llynges ar Fôn. Cydweithredodd arglwyddi'r Meis, ac yn wyneb nerth brawychus y byddinoedd ildiodd y tywysogion Cymreig heb fawr o ymladd. Chwalfa fewnol, nid buddugoliaeth filwrol, a ddymchwelodd y dywysogaeth. Gyrrwyd Llywelyn yn ôl i fynyddoedd Eryri ac yn Nhachwedd 1277 bu'n rhaid iddo dderbyn telerau garw'r brenin yng Nghytundeb Conwy a'i cyfyngodd i Wynedd Uwch Conwy. Ond parhaodd y teitl Tywysog, ac ni ddarfu'n llwyr am obaith adfer ei reolaeth dros dywysogaeth lawer ehangach.

Yn ystod y pum mlynedd nesaf, er mor ddiflas a phryfoclyd yn fynych fu ymddygiad y brenin a'i swyddogion, bu Llywelyn yn dra amyneddgar a medrus ei ddiplomyddiaeth. Oni bai am drychineb ei farwolaeth, y mae'n bosibl y byddai Cymru wedi llwyddo i ddatblygu ar yr un llinellau â'r Alban. Y digwyddiad pwysig yn ei fywyd personol bryd hyn oedd ei briodas eglwysig yng Nghaerwrangon ag Elinor de Montfort yng ngŵydd brenhinoedd Lloegr a'r Alban a'u breninesau. Trychineb i Lywelyn ac i Gymru oedd marw'r dywysoges ar enedigaeth ei merch Gwenllian. Ar ôl marwolaeth ei thad dygwyd Gwenllian i leiandy yn nwyrain Lloegr er mwyn sicrhau na châi unig blentyn tywysog Cymru ei phlant ei hun. Yno ym 1337 y bu farw, unig ddisgynnydd Llywelyn ap Gruffudd.

Gwrthryfel eang yn erbyn gorthrwm Lloegr gan yr arglwyddi Cymreig y tu allan i Wynedd, o dan arweiniad Dafydd brawd Llywelyn, a arweiniodd at y trasiedi olaf. Senedd yn Ninbych a gyhoeddodd y rhyfel ac, yn wahanol i 1277, ymunodd pob arglwydd Cymreig o bwys ynddo, ac eithrio dau yn unig. Ar Sul y Blodau, 1282, ymosodwyd ar gastell Penarlâg a chipio'r capten. Dyna'r arwydd. Lledodd y rhyfel yn gyflym trwy'r Berfeddwlad, Powys a Deheubarth a dymchwelwyd nifer o gestyll. Buddugoliaeth bwysig oedd honno ym Mehefin pan drechwyd Iarll Caerloyw yn ymyl Llandeilo. Nid oedd gan Lywelyn ddewis ond ymuno yn y rhyfel cenedlaethol hwn a'i arwain, er mwyn ei reoli. Parhaodd yr ymladd yn llwyddiannus trwy'r haf a'r hydref gan orfodi Edward i wneud paratoadau trylwyrach a mwy costfawr na hyd yn oed rhai pum mlynedd ynghynt. Serch hynny, ym mis Tachwedd ym mrwydr Moel-y-Don, unig frwydr fawr y rhyfel, trechwyd un o'i fyddinoedd yn llethol. Wrth geisio croesi o Ynys Môn i'r tir mawr yn ymyl y Felinheli, lladdwyd a boddwyd cannoedd, gan gynnwys Saeson o dras uchel, ac ŵyr i Ednyfed Fychan gyda hwy, un o hynafiaid teulu'r Tuduriaid, a ochrai gyda'r brenin. Gwnaed cadoediad er mwyn i Peckham, Archesgob Caergaint, gael cyfle i drefnu telerau heddwch.

Cynigiodd y brenin iarllaeth i Lywelyn ped ildiai, a chydnabyddiaeth hael yn Lloegr. Roedd ateb y tywysog yn gadarn ac urddasol. Parhaodd i ddatgan hawl tywysogaeth Cymru i'r un breintiau ag oedd gan yr Alban a chenhedloedd rhyddion eraill. Mynegodd hawliau diymwad y genedl Gymreig, cenedl, meddai, a oedd yn wahanol i Loegr mewn iaith, cyfraith ac arferion. Datganodd hawl y Cymry i amddiffyn yr hanfodion hyn, a mynnodd eu bod wrth wneud hynny yn amddiffyn eu rhyddid. Ynglŷn â chynnig yr iarllaeth ei ateb oedd 'nad iawn fyddai ildio etifeddiaeth a fu ym meddiant ei gyndeidiau er amser Brutus a chymryd tiroedd mewn gwlad lle y mae'r iaith a'r gyfraith a'r defodau'n ddieithr iddo ... Ac ni fynnai'r gymdeithas yn ei diriogaeth fyth wrhau i estron.' Saif ei ateb fel un o ddatganiadau mawr cenedl y Cymry yn yr oesoedd canol.

Ond er maint buddugoliaeth Moel-y-Don yr oedd yn amlwg i Lywelyn fod gan Edward hen ddigon o adnoddau i oresgyn Gwynedd. Gan hynny yr oedd yn rhaid ceisio ehangu maes y brwydro a chodi milwyr ac adnoddau yn y gororau. Yn nhrymder y gaeaf mentrodd i Bowys a'r Canolbarth, efallai trwy Geredigion ac Ystrad Tywi, gan adael Dafydd, a oedd yn filwr dewr a da, i warchod Gwynedd. Hwyrach iddo gael ei ddenu i Fuellt gan neges fradwrus oddi wrth fab ei hen elyn, a cheraint iddo, Roger Mortimer. Yn sicr, disgwyliai lluoedd cryfion y gororau amdano o dan arweiniad eu prif arglwyddi, a Roger Lestrange yn ben arnynt. Ymladdwyd brwydr fawr, meddai'r *Brut*, yn Llanganten; a rhywle yno, uwchlaw Afon Irfon, y lladdwyd Llywelyn gan gleddyf marchog, Stephen de Frankton yn ôl un croniclydd, Syr Robert Body medd un arall, y ddau o sir Amwythig a'r ddau'n agos at Roger Lestrange. Bedair canrif yn gynt bu ei gyndad, Rhodri Mawr, farw wrth ymladd yn erbyn y Saeson; felly Llywelyn yn awr. Dygwyd ei ben i Lundain a'i ddwyn dan goron lorwg drwy strydoedd y brifddinas i gyfeiliant sain cyrn ac utgyrn.

Gwyddai'r beirdd faint y gyflafan. Cafodd angerdd eu galar fynegiant gan Gruffudd ab yr Ynad Coch:

<blockquote>
Poni welwch chwi hynt y gwynt a'r glaw?
Poni welwch chwi'r deri'n ymdaraw?
Poni welwch chwi'r môr yn merwinaw'r tir?
Poni welwch chwi'r gwir yn ymgyweiriaw?
Poni welwch chwi'r haul yn hwyliaw'r awyr?
Poni welwch chwi'r sŷr wedi syrthiaw?
Poni chredwch i Dduw, ddyniadon ynfyd?
Poni welwch chwi'r byd wedi'r bydiaw?
Och hyd atad Dduw, na ddaw môr dros dir!
Pa beth y'n gedir i ohiriaw?
</blockquote>

Gan lynu wrth y teitl Tywysog cydiodd Dafydd yn yr arwein-yddiaeth am y chwe mis canlynol, a pharhaodd tywysogion Deheubarth hefyd i ymladd. Tramwyodd byddinoedd y brenin trwy'r de, ond yng Ngwynedd y bu'r symudiadau pwysicaf. Treiddiodd un fyddin ar hyd Dyffryn Conwy ac yn niwedd Ionawr, ar ôl ymgyrch tair wythnos, dygodd gastell Dol-wyddelan. Croesodd byddin arall o Fôn a meddiannu Caernarfon a Harlech. Symudodd Dafydd ei lys i Ddyffryn Dysynni ar ochr ddeheuol Cadair Idris, lle y bu Castell y Bere yn ganolbwynt gwrthwynebiad effeithiol olaf y Cymry. Daeth byddin o bedair mil i warchae'r castell a bu'n rhaid i Ddafydd ffoi yn ôl i Ddol-badarn. Ymhlith y fintai olaf a safodd gydag ef yr oedd Hywel ap Rhys Gryg, disgynnydd i'r Arglwydd Rhys o Ddinefwr, a Goronwy ap Heilin, distain y Tywysog Llywelyn. Da yw cadw eu ffyddlondeb ar gof. Ond ym Mehefin traddodwyd Dafydd i ddwylo'r Normaniaid 'gan wŷr o'i iaith ei hun'.

Llusgwyd wŷr Llywelyn Fawr trwy strydoedd tref Amwythig ar grocbren gerfydd cynffonnau ceffylau. Crogwyd ef a diberf-eddwyd ef, chwarterwyd ei gorff a rhoddwyd chwarter yr un ohono i bedair tref yn Lloegr. Danfonwyd ei ben i Lundain i gymryd ei le ar y Tŵr wrth ochr pen Llywelyn ei frawd. Bu farw ei feibion Owain a Llywelyn mewn carchar Seisnig, ac mewn lleiandy yn nwyrain Lloegr, fel Gwenllian eu cyfnither, y treuliodd ei ferched eu holl ddyddiau.

Dywedodd hanesydd Seisnig, 'The history of Wales now comes to an end.' Ond nid felly y bu.

LLYWELYN BREN c. 1270-1317

Ni laddodd y goncwest Edwardaidd ysbryd y Cymry: dyna dystiolaeth gwrthryfel Rhys ap Maredudd ym 1287 a'r gwrthryfel cenedlaethol mawr ym 1294 a drefnwyd mor dda o dan arweiniad Madog ap Llywelyn, pan gododd Cymry Gwynedd a Cheredigion, Brycheiniog a Morgannwg yr un pryd. Mewn un diwrnod, ymosodwyd ar gestyll mor bell oddi wrth ei gilydd â Chaernarfon a Dinbych, Castell y Bere, Aberteifi a Llanfair-ym-Muallt. Trechwyd byddin Seisnig yn Nyffryn Clwyd; ymosodwyd ar gestyll ym Morgannwg; cipiwyd Aberteifi a Chaernarfon. Cyhoeddodd Madog ei fod yn dywysog. Pan drefnwyd hyn oll disgwylid y byddai Edward a'i fyddin yn Ffrainc. Yn anffodus i'r Cymry methodd ei lynges â hwylio o Southampton am nad oedd gwynt yn chwythu, a brysiodd y brenin a'i luoedd i Gymru. Cyn ei hail-orchfygu bu'n rhaid i Edward lochesu rhag y Cymry am wythnosau yng Nghastell Conwy.

Er i wrthryfel Llywelyn Bren yn nechrau'r flwyddyn 1316 gael ei gyfyngu i Forgannwg dangosodd yr un gwroldeb yn y Cymry a'r un parodrwydd i ymladd dros eu hawliau a'u cymunedau. Gŵr o dras frenhinol oedd Llywelyn ap Gruffydd a gyfenwid yn Llywelyn Bren. Roedd yn ddisgynnydd i Nest, merch y brenin Rhys ap Tewdwr, ac i Ifor Bach, arglwydd y cymydau rhwng Taf a Rhymni, a enwogwyd gan ei gyrch beiddgar ar gastell Caerdydd. Fe'i disgrifiwyd gan groniclydd cyfoes o Sais fel, 'A great man and powerful in his country'. Roedd yn ŵr diwylliedig. Ymysg ei eiddo yr oedd llyfrau cyfraith Cymru a rhamantau Ffrengig, gan gynnwys copi o'r gerdd *Roman de la Rose* y credir iddi ddylanwadu ar Ddafydd ap Gwilym.

Arweiniodd arglwyddi Senghennydd y gwrthwynebiad i'r Normaniaid ers cenedlaethau fel y dengys hanes Ifor Bach. Bu Gruffydd ap Rhys, tad Llywelyn Bren, yn gefnogwr cadarn i Lywelyn yr Ail, Tywysog Cymru. Parhaodd gelyniaeth i'r Saeson ymhlith hen gefnogwyr y Tywysog ym Morgannwg, a phan aeth yr ormes a'r ymelwa Seisnig yn gwbl annioddefol codasant mewn gwrthryfel ym 1314 gan ymosod ar nifer o drefi Seisnig, Castell-nedd a Chynffig yn eu plith. Yn Llantrisant lladdwyd hanner cant o'r bwrdeiswyr. Yna, ddeunaw mis yn ddiweddarach troesant at eu harweinydd naturiol, Llywelyn Bren.

LLYWELYN BREN   Rhiannon Prys

Yn erbyn cyngor ei wraig Lleucu, aeth Llywelyn i weld y brenin Edward II i geisio cyfiawnder i'r bobl. Derbyniad brwnt a gafodd gan hwnnw; bygythiodd Edward ei ddienyddio. Yn friw a dig, dychwelodd Llywelyn ar hyd ffyrdd dirgel i ddiogelwch mynyddoedd a choedydd Morgannwg. Cyn pen mis yr oedd ef a phump o'i feibion yn arwain Cymry'r Blaenau a rhai o Fro Morgannwg mewn gwrthryfel. Ymosodwyd ar gastell newydd Caerffili a godwyd i amddiffyn arglwyddiaeth Morgannwg yn erbyn y Tywysog Llywelyn. Cymerwyd y prif swyddogion yn garcharorion a dinistriwyd tref Caerffili.

Penododd y brenin Edward Humphrey de Bohun, Iarll Henffordd, yn gadlywydd y byddinoedd a gasglwyd ynghyd yn ne a gogledd Cymru a'r siroedd Seisnig cyfagos er mwyn ei ddarostwng. Ofnai'r brenin weld ailadrodd gwrthryfel cenedlaethol Madog ap Llywelyn. Yn wir, fe gododd gwŷr Ystrad Tywi mewn cydymdeimlad â Llywelyn gan losgi tref Dinefwr, tra ymosododd Llywelyn ei hun ar Gaerdydd a Chaerleon. Eithr unwaith eto bu'r grym Seisnig yn drech na'r Cymry. Trefnwyd ymosodiad deublyg ar Lywelyn mewn dwy fyddin. O gastell Aberhonddu y cychwynnodd y fyddin ogleddol a arweiniwyd gan Iarll Henffordd, ac ymdeithiodd trwy Ferthyr Tudful, tra symudodd John Giffard o gastell Caerdydd yn y de, gyda dwy fil a hanner o wŷr traed a marchogion, dros fynydd Caerffili. Rhoesant ben ar y gwarchae ar gastell Caerffili a gyrrwyd Llywelyn a'i wŷr i'r gorllewin y tu hwnt i'r Rhondda. Bwriadent wneud eu safiad olaf yn Ystradfellte. Y dyddiad oedd 18 Mawrth 1316, ddeufis ar ôl dechrau'r rhyfel.

Ond ni fynnai Llywelyn aberthu ei ddynion yn ofer mewn brwydr yn erbyn byddin llawer iawn mwy a chryfach. Mewn anerchiad arwrol dywedodd wrth ei ganlynwyr, 'Myfi a ddechreuodd yr helynt. Rhoddaf fy hun yn eu dwylo er mwyn arbed y bobl. Mae'n well i un gŵr farw na bod poblogaeth gyfan yn cael ei lladd â'r cleddyf.' Aeth i wersyll Iarll Henffordd a'i ildio ei hun gyda dau o'i feibion, Gruffydd ac Ieuan. Fe'i traddodwyd am flwyddyn i Dŵr Llundain. Cymerodd y Llywodraeth feddiant o'i diroedd a'r trysorau a roesai yng ngofal ei gyfaill, Esgob Llandaf, yn cynnwys ei lyfrau Cymraeg a Ffrangeg.

Dygwyd ef yn ôl o Lundain i Gaerdydd, ac yno fe'i dienyddiwyd fel bradwr, ei grogi, ei ddiberfeddu a'i chwarteru. Llosgwyd ei berfedd a dosbarthwyd darnau o'i gorff trwy Forgannwg fel rhybudd i rai a demtid i geisio ymladd yn erbyn gormes. Nid yn ofer y bu farw. Cadwodd ysbryd gwrthwynebiad i orthrwm yn fyw mewn rhan o Gymru lle cerddai'r gormeswr yn drwm ei draed.

DAFYDD AP GWILYM fl. 1340 - 1370

Am fil o flynyddoedd, rhwng y chweched ganrif a'r unfed ganrif ar bymtheg, bu llenyddiaeth Cymru yn un o brif lenyddiaethau Ewrop. O blith llenorion Cymreig yr holl ganrifoedd ystyrir Dafydd ap Gwilym gan lawer fel yr athrylith farddonol fwyaf, a'r mwyaf a welwyd ymhlith y cenhedloedd Celtaidd oll. Yn sicr nid oes ffigur mor llachar ag ef rhwng y chweched ganrif a Phantycelyn yn y ddeunawfed ganrif. Ym marn Thomas Parry, 'o holl feirdd eraill Cymru o'i flaen ac ar ei ôl . . . Nid oes i neb arall yr un grymuster, yr un nerth di-feth, yr un afael ar ei ddawn; nid oes i neb arall yr un craffter, yr un syndod wrth edrych ar y byd o'i gwmpas, yr un cynheddfau i synhwyro'r pethau coeth mewn bywyd.' Cydnabuwyd ei ragoriaeth gan gyfoedion ac olynwyr; copïwyd mwy o'i waith ef na neb arall gan gopïwyr y llawysgrifau.

Dywed Chotzen yn ei *Recherches sur la poésie de Dafydd ap Gwilym* fod 'barddoniaeth delynegol Cymru yn fwy amrywiol nag eiddo Provence, yn fwy artistig nag eiddo'r Eidal a'r Almaen, yn fwy gwreiddiol nag eiddo Portiwgal'; a dywed Joseph Loth, *'La poésie lyrique galloise est très supérieure à la poesie Francaise.'* Yn erbyn y cefndir hwn saif Dafydd ap Gwilym ym marn llawer fel y bardd telynegol mwyaf yn Ewrop yr Oesoedd Canol.

Ganed ef o fewn cenhedlaeth i'r Goresgyniad Seisnig ym Mro Gynin ym mhlwyf Llanbadarn Fawr, yn fab i Gwilym Gam, uchelwr a berthynai i un o'r teuluoedd mwyaf dylanwadol yn

hen deyrnas Deheubarth. Roedd yn etifedd i uchelwyr o feirdd;
olrheiniai ei ach yn ôl i Gwynfardd Dyfed a'i fab Cuhelyn Fardd
yn y ddeuddegfed ganrif. Treuliodd lawer o'i amser gyda'i
ewythr Llywelyn ap Gwilym, cwnstabl Castellnewydd Emlyn,
prydydd o ddysg a diwylliant. Efallai mai ef oedd athro barddol
Dafydd. Gan hynny, nid bardd proffesiynol oedd Dafydd ond
uchelwr a ganai ar ei fwyd ei hun, un a rannai hyder ardderchog
y Cymry yn eu hunaniaeth genedlaethol. Yr oedd yn gartrefol
yn y gymdeithas Gymreig-Normanaidd a grewyd gan y gyfath-
rach a'r priodi rhwng barwniaid Normanaidd a theuluoedd
tywysogion ac uchelwyr Cymreig yn nheyrnas Deheubarth. O
achos ei fagu mewn cymdeithas a drwythwyd gan ddiwylliant
Normanaidd y gallai ganu mewn dull mor newydd a gwahanol
i feirdd ceidwadol Gwynedd—enghraifft o wirionedd epigram
W. J. Gruffydd mai'r De sy'n cychwyn a'r Gogledd sy'n cadw.

Fel y beirdd mawr proffesiynol crwydrai trwy Gymru ben-
baladr, gan aros yn nhai'r uchelwyr megis Ifor Hael Maesaleg
yn ymyl Casnewydd yn hen deyrnas Morgannwg, ei gyfaill
pennaf, ac mewn ambell fynachlog. Bardd gwledig oedd ef at ei
gilydd, ond weithiau arhosai yn y trefi, sefydliadau milwrol
cwbl Seisnig y pryd hynny, ar adeg pan oedd teimladau rhwng
Cymro a Sais yn chwyrn o elyniaethus. Adlewyrchir y gwrth-
daro hwn a dirmyg Dafydd at y Saeson trefol yn ei gywydd
doniol, 'Trafferth mewn Tafarn' lle y'i disgrifia ei hun yn
cyrchu un noson am wely ei gariad mewn tafarn ar ôl i bawb
fynd i gysgu ac yn bwrw yn erbyn stôl a throi padell bres
enfawr, a'r stŵr yn deffro tri hurtyn Seisnig, Hicin a Siencin a
Siac, a waeddodd mewn braw fod lleidr o Gymro'n ymosod
arnyn nhw. Dihangodd gyda gweddi gellweirus ar ei fin.

Mae'r gân hon, sy'n llawn o hiwmor a llawenydd Dafydd, yn
dangos ei allu i adrodd stori fywiog gyda chyffyrddiad ysgafn ac
i gellwair am grefydd. Dengys hefyd y tor ar draddodiad a
geir yn ei ganu, yn ei arddull a'i gynnwys. Ni fedrwch chi
ddychmygu am benceirddiaid y Gogynfeirdd yn canu am dro
trwstan wrth fynd i garu mewn tafarn, y pegwn eithaf i'w
hawdlau moliant mawreddog hwy. Nid barddoniaeth moliant
y pencerdd oedd yn nodweddiadol ohono ef; canai fel y gwnâi'r

DAFYDD AP GWILYM

Alcwyn Deiniol gyda diolch i Neuadd y Ddinas Caerdydd

glêr crwydrol yr aeth eu caneuon poblogaidd ar goll fel y mae gwaetha'r modd. Gogyfer â'r glust y cyfansoddai ef a'r beirdd oll; arddull a ddiddanai clust a chalon oedd syniad yr oesoedd canol am bleser llenyddol. Collir y miwsig yn llwyr mewn cyfieithiad. Ar fesur cywydd, a berffeithiwyd ganddo, y canai gan fwyaf, er ei fod wedi meistroli crefft astrus y Gogynfeirdd yn drwyadl; canodd awdlau cymhleth eu gwead, yn gerddi mawl a cherddi crefyddol a dychanol. Derbyniodd y traddodiad barddol a ymestynnai yn ôl i'r Cynfeirdd, ond dygodd iddo ei gelfyddyd unigryw ei hun gan ei ddatblygu mewn ffordd newydd. Yr oedd yn ymwybodol o hyn; fe'i galwai ei hun yn ail Daliesin. Mae'n siŵr iddo ddysgu oddi wrth beth canu Saesneg, Ffrangeg a Phrofensaleg.

Am gariad at ferch ac am natur y canai'n bennaf. Bu gan 'hebog merched Deheubarth', fel y galwyd ef gan Iolo Goch, lu o gariadon. Y ddwy y canodd fwyaf iddynt oedd Morfudd a Dyddgu. Gwraig briod hudolus a chroesawgar ond anwadal oedd Morfudd, yn byw'n bur agos at Fro Gynin. Canodd ddeg cywydd ar hugain iddi. Y mae Dyddgu, merch fonheddig urddasol y mae Dafydd yn ei charu o bell, yn destun naw o gywyddau. Arferwyd credu mai creadigaethau dychmygol y bardd oedd Morfudd a Dyddgu ond profodd Thomas Parry eu bod yn ferched o gig a gwaed. Trwy ei holl gywyddau serch rhed cariad llawen Dafydd at fywyd ac at natur. Ni ddaw euogrwydd yn agos ato, canys,

> Nid ydyw Duw mor greulon
> Ag y dywaid hen ddynion.
> Ni chyll Duw enaid gŵr mwyn
> Er caru gwraig na morwyn.

Yn y byd synhwyrus, diniwed a greodd, y mae llawenydd serch a chyfaredd natur yn ymblethu â'i gilydd. Wrth garu yn y coed neu wrth ddanfon llatai at ei gariad rhydd inni ddarluniau gogoneddus o natur, ei hadar a'i hanifeiliaid, ei physgod a'i blodau, ei chymylau a'i choed. Ei ganu gwych i natur sy'n rhoi iddo ei arbenigrwydd ym marddoniaeth yr oesoedd canol yn Ewrop. Trwy'r cyfan, er ei fod yn cyfansoddi oddi mewn i

gyfundrefn fydryddol na bu ei chaethed, y mae ei grefft yn un â'i
awen.

> Minnau, fardd rhiain feinir
> Yn llawen iawn mewn llwyn ir,
> A'r galon fradw yn cadw cof
> A'r enaid yn ir ynof.
> Addwyned gweled y gwŷdd,
> Gwaisg nwyf, yn dwyn gwisg newydd,
> Ac egin gwin a gwenith
> Ar ôl glaw araul a gwlith,
> A dail glas ar dâl y glyn,
> A'r draenwydd yn ir drwynwyn.

Dywed Thomas Parry, 'Y rhyfeddod diddarfod yng ngwaith
Dafydd ap Gwilym yw hyn: pa mor llifeiriol bynnag ei egni
barddol—y syniadau'n byrlymu yn ei ben, y delweddau'n
ymgodymu am fynegiant, pob giewyn yn ei lawn hyd i draethu
mawr wychder ei gariadferch—nid yw byth yn gollwng gafael
ar ei grefft nac yn anghofio llun a phatrwm ei gerdd. Difeth bob
tro ei reolaeth ar ei gyfrwng; cwbl gyson ei ymatal a'i ddisg-
yblaeth.'

Wedi marw'r bardd tragwyddol ifanc a garai fywyd mor
angerddol y mae'n debyg mai yng nghanol tywysogion ac
arglwyddi Ystrad-fflur y claddwyd ef, er bod rhai yn credu gyda
Iolo Morganwg mai yn Nhalyllychau y rhoddwyd ei gorff i'r
llwch.

OWAIN LAWGOCH c. 1340 - 1378

Cyfnod caled iawn i'r Cymry oedd y ganrif a ddilynodd y
goncwest Edwardaidd. Y tystion huotlaf i'r ormes a bwysai ar
eu gwar oedd y cestyll, newydd a hen, y cyfan yn nwylo'r
Saeson bellach, a'r trefi Seisnig a blannwyd o'u cwmpas trwy'r
wlad na châi Cymro fyw ynddynt na dwyn arfau iddynt. Roedd
Cymru gyfan, y siroedd newydd yn ogystal â'r Mers, yn iwrwd
o Saeson, yn filwyr a bwrdeiswyr trefol. Oddieithr y mwyaf
dibwys, Saeson a lanwai swyddi'r wlad. Meddai'r bardd,

OWAIN LAWGOCH   *Rhiannon Prys*

Lle bu'r Brython Saeson sydd
A'r boen ar Gymru beunydd

Polisi'r brenin Edward, yn ôl yr hanesydd Tout, oedd 'to make Welshmen Englishmen as soon as possible.'

Ymatebodd y Cymry gyda gwrthryfeloedd cyn diwedd y drydydd ganrif ar ddeg: Madog yng Ngwynedd, Maelgwn yng Ngheredigion, Morgan ym Morgannwg. Buont yn arbennig o effeithiol a chawsant ganlyniad cyfansoddiadol pwysig iawn. Ym 1301 diddymwyd y cymal yn Ystatud Rhuddlan a ddywedai fod 'Cymru o hyn allan i fod yn rhan unrhyw o Deyrnas Lloegr.' Daeth Cymru eto yn wlad ar ei phen ei hun; a cheisiodd Edward fodloni ei balchder trwy roi'r teitl Tywysog Cymru i'w fab.

Parhaodd ysbryd gwrthryfel i fud losgi ar hyd y ganrif o gyfnod Llywelyn Bren ymlaen. Y beirdd a'i porthodd. Hwy a'r myneich a warchodai hanes a diwylliant y genedl. At hynny gweithredai'r beirdd fel athrawon, dysgawdwyr a phropagandwyr. Yn ystod eu teithiau ar hyd ac ar led y wlad cynhyrfent ysbryd yr arweinwyr â'u caneuon brud a broffwydai ddyfodiad rhyw Owain a waredai ei genedl. Cododd y disgwyliadau i'w hanterth tua diwedd y chwedegau. Er enghraifft, mewn cân gynhyrfus y pryd hynny dygai Gruffudd ap Maredudd ar gof arwyr y Cymry o ddyddiau Owain ab Urien ac Arthur ymlaen, a disgrifia'r bardd y difrod a wnâi'r Cymry ar y gelyn wrth adfer rheolaeth y Tywysogion cyfreithlon ar Gymru annibynnol.

Yr Owain cyntaf a gododd oedd Owain Lawgoch, Owain ap Thomas ap Rhodri, ŵyr i frawd Llywelyn ap Gruffudd, yr olaf un o'i dras. Pan arwisgwyd y Tywysog Du yn Dywysog Cymru credai tad Owain mai efe oedd biau'r teitl, a daliodd Owain i'w hawlio, gan fabwysiadu arfbais Gwynedd. Byw yn Lloegr yr oedd Thomas ap Rhodri ond yn llys Philip VI, brenin Ffrainc, y cafodd Owain ei fagwraeth, gan dderbyn ei addysg gyda neiaint y brenin. Dros frenin Ffrainc y bu'n ymladd, yn un o nifer o Gymry a groesodd y môr, fel y gwnaeth Gwyddau Gwylltion Iwerddon, i ymladd yn erbyn y Saeson. Gwnaeth enw iddo'i hun fel un o brif gapteiniaid Ffrainc pan oedd y Rhyfel Canmlynedd yn ei anterth. Ceir cryn dipyn amdano gan Froissart, yr hanesydd Ffrengig cyfoes. Disgrifir *Yvain de Galles* gan Froissart fel blodyn sifalri, yn dalog ac ymladdgar ond yn rhadlon a hael ei ysbryd. Ar dro byddai ganddo ei gwmni mawr annibynnol ei hun o filwyr, gydag is-gapteiniaid Cymreig megis Owain ap Rhys ac Ieuan Wyn, disgynnydd i Ednyfed Fychan, a adnabuwyd fel *Poursuivant D'Amour*. Ddwywaith o leiaf arweiniodd lynges. Bu'n ymladd llawer oddi mewn i Ffrainc, megis ym mrwydr Poitiers, ac weithiau y tu allan iddi, yn Sbaen a'r Eidal a'r Swistir. Yn y Swistir bu ganddo fyddin o dair mil o dan ei reolaeth; canent yno am *Duc Yvain de Galles* 'a'i het a wnaed o aur'. Efe oedd y cyntaf i ddefnyddio magnelau mawr gydag effaith nodedig. Enillodd 'the prodigious Owain', fel y gelwir ef gan Barbara Tuchman, fuddugoliaethau a roes frenin Ffrainc yn ei ddyled. Ychwanegai hyn at barodrwydd y brenin i'w helpu i geisio ennill ei dreftad yn ôl.

Paratowyd byddin a llynges yn Harfleur ym 1369, ac Owain yn un o'r capteiniaid, er mwyn bwrw cyrch ar Gymru a Lloegr. Rhoddwyd Dug Lancaster yng ngofal y paratoadau ar eu cyfer yng Nghymru ynghyd â dau ar bymtheg o'r prif arglwyddi, ceidwaid y cestyll a swyddogion eraill. Syr Gregory Sais a orchmynnwyd i gryfhau ac amddiffyn cestyll Penfro, Dinbych y Pysgod, Cilgerran, Maenorbŷr, Picton a Threfdraeth. Yn ddiweddarach cafodd ef ei benodi'n gapten tref Berwick, un o swyddi milwrol pwysicaf Lloegr gan ei fod mewn man mor strategol bwysig rhwng Lloegr a'r Alban. Bu Owain Glyndŵr yn ei fyddin yno.

Roedd sôn am Owain Lawgoch yn cyniwair trwy'r wlad erbyn hyn a dechreuwyd cynllunio gwrthryfel i'w gefnogi pan laniai gyda byddin Ffrengig. A. D. Carr a adroddodd yr hanes. Gwerthodd y bardd Meredydd ap Rhys o Fôn ei wartheg ac, fel yr addefai ar gân, esgeulusai ei ffarm er mwyn prynu ceffylau ac arfau 'fel milwr' i gefnogi'r gwaredydd a ddisgwyliai. Hefyd ym Môn, cafodd Gruffudd Sais ddirwy o gan marc gan gyngor y tywysog am ei ran yn y paratoadau. Draw yn sir Fflint yr oedd un o wŷr pwysicaf Gwynedd oll, ynghyd â'i deulu, yn gefnogwyr cadarn i Owain. Daliai Rhys ap Roppert swyddi uchel yn siroedd Caernarfon, Meirionnydd a Dinbych, a bu'n siryf sir Fflint. Fel disgynnydd Ednyfed Fychan perthynai i deulu mwyaf nerthol Cymru. Yn Rhagfyr 1372 cyhoeddodd rheithgor, o Saeson wrth reswm, yn Fflint ei fod yn ystod y chwe blynedd blaenorol wedi danfon at ei fab Ieuan—y *Poursuivant D'Amour* efallai—500 marc a mwy i'w gynorthwyo ef ac Owain Lawgoch. Cyhoeddwyd bod Ieuan ap Rhys ap Roppert, aelod o gwmni Owain, yn fradwr i'w frenin. Ddwy flynedd yn ddiweddarach enwyd deunaw ar hugain o Gymry a berthynai i gwmni Owain ac Ieuan dros y dŵr a chyhoeddwyd Rhys ap Roppert ei hun a'i fab Madog, yntau wedi ymuno ag Owain, yn fradwyr i frenin Lloegr. Adroddwyd am lythyrau bradwrus a dderbyniodd Rhys oddi wrth Owain ac Ieuan ym 1371 ac eto ym 1374; fe'u dygwyd at Rhys gan fynach o Aberconwy. Mae lle i gredu mai dim ond

ymyl y gefnogaeth i Owain a ddarganfuwyd hyd yn hyn, a bod
mwy eto o deulu Ednyfed Fychan, yr hanai Henry Tudor
ohono, wrth ei gefn. Yn sicr, yr oedd Iolo Goch, a ganai fawl
Owain Glyndŵr, yn gefnogwr cryf.

Daeth cyfle mawr Owain ym Mai, 1372. Comisiynodd brenin
Ffrainc, ar gost o 300,000 ffranc aur, lynges a byddin o dan ei
arweiniad. Ar y 10fed o Fai cyhoeddodd Owain ddatganiad ym
Mharis a ddangosodd fod ganddo afael ar hanes Cymru. Ynddo
dywedodd fod brenhinoedd Lloegr yn y gorffennol wedi lladd,
neu beri lladd, ei hynafiaid, a bod eraill wedi eu halltudio o'r
wlad. Datganodd fod ganddo hawl i'r wlad honno am ei fod yn
disgyn oddi wrth ei brenhinoedd. Deuai at Charles, brenin
nerthol Ffrainc, meddai, i geisio cymorth i adfer y wlad honno,
'a rhoes (Charles) imi gymorth a chynhaliaeth ei filwyr a'i
lynges er mwyn adfer y wlad sy'n etifeddiaeth gyfreithlon imi.'

Hwyliodd o Harfleur gyda llynges a 4,000 o filwyr, dwywaith
cynifer ag a oedd gan Henry Tudor ganrif yn ddiweddarach.
Cyraeddasant Guernsey. Yno mewn brwydr yn erbyn y Saeson,
yn ôl yr awduron Ffrengig, lladdwyd pedwar cant o'r gelyn.
Meddiannwyd yr ynys ac am ganrifoedd parhaodd enw Owain
yno mewn chwedl a chân. Eithr cododd argyfwng i Ffrainc yn
La Rochelle. Gorchmynnwyd Owain a'i lynges i gyrchu yno, a
dangosodd ei allu milwrol mawr yn y ffordd lwyddiannus y
cyflawnodd y dasg anodd a roddwyd iddo. Cipiodd dref a
chastell Souluse gan ladd neu ddwyn yn garcharorion yr holl
fyddin Seisnig. Hywel Fflint, caplan Owain, a ddygodd synysgal
y dref, Syr Thomas Percy, yn garcharor. Ond ni ddeuai cyfle
mwy i oresgyn Cymru canys trefnodd Llywodraeth Loegr ei
lofruddio.

Erbyn hyn yr oedd y Llywodraeth Seisnig, a feddiannodd ei
diroedd yng Nghymru a Lloegr ers blynyddocdd, wedi pender
fynu ei fod yn rhaid rywsut gael gwared arno—'am fod yr
Owain hwn o Gymru yn cael ei gasáu yn fawr yn Lloegr', medd
Froissart. Gofynnodd Cyngor Brenhinol Lloegr am ei lofruddio
a threfnwyd cynllwyn gyda swyddogion Seisnig yn Bordeaux.
Gŵr o'r enw Lamb, Sais Cymreig o bosibl, oedd y cyfrwng a
gyflogwyd fel llofrudd. Enillodd ymddiriedaeth Owain trwy

gymryd arno ddangos cydymdeimlad ag ef a dwyn newyddion da o Gymru. Gwnaed Lamb yn siambrlaen personol iddo. Pan oedd yn gwarchae castell Montagne sur Mer yn Hydref 1378, bum can mlynedd union ar ôl lladd Rhodri Mawr gan y Saeson, eisteddai o flaen y castell un bore tra safai'r llofrudd wrth ei gefn yn cribo'i wallt. Yn sydyn fe'i trywanwyd gan Lamb trwy ei galon a bu farw yn y fan a'r lle. Rhedodd y llofrudd am y castell a'i ollwng i mewn. Talwyd iddo'r swm mawr o £20 fel gwobr am ei weithred ar archiad brenin Lloegr. Claddwyd Owain filltir a hanner i ffwrdd yn eglwys Saint-Leger, 'yr athrylith filwrol fwyaf a gynhyrchodd Cymru yn ôl pob tebyg,' meddai Edward Owen.

Mawr oedd galar a dicter ei gyfeillion yn Ffrainc a Chymru. Canwyd iddo gan y prif feirdd, gan gynnwys Iolo Goch, ac yn ddiweddarach Tudur Aled a Lewys Glyn Cothi. Fel hyn y canodd Llywelyn ap Cynfrig Ddu o Fôn am ei siom ar ôl y paratoadau:

> Byrgwd ffals y bergain
> A ddysgodd inni ddisgwyl
> Beunydd bwy gilydd bob gŵyl
> Gwyliaw traethau yn ieufanc
> Gorllanw ffrwyth gorllwyn (gorllewin) Ffrainc
> Prynu meirch glud hybarch glod
> Ac arfau ar fedr gorfod . . .
> Llyna och yn lle ni chawdd
> LLEDDID Y DIAWL A'I LLADDAWDD

Ymhen chwarter canrif ar ôl y llofruddiaeth byddai Owain arall yn gwneud cytundeb â brenin Ffrainc a chael ei gymorth eto wrth geisio sefydlu Cymru rydd.

Adroddwyd chwedlau am Owain Lawgoch am ganrifoedd yn neheudir Cymru, yng ngwlad Llywelyn Bren ym mlaenau Morgannwg ac yn arbennig yng nghymdogaeth Dinefwr yn Sir Gaerfyrddin, a chenid baledi ffair amdano mor ddiweddar â chanol y ganrif ddiwethaf.

OWAIN GLYNDŴR
Alcwyn Deiniol drwy garedigrwydd
Neuadd y Ddinas Caerdydd

OWAIN GLYNDŴR
c. 1354 - 1416

Cododd Glyndŵr, arweinydd mwyaf carismatig ein hanes, faner rhyddid Cymru ar drothwy'r cyfnod modern pan oedd rhagolygon y genedl yn dywyll. Fel comed mewn ffurfafen ddu yr ymddangosodd y gŵr a ysbrydolodd ei bobl i ymladd unwaith yn rhagor dros eu gwlad. I addasu geiriau Gerallt Gymro, dros ei wlad y brwydrodd, dros ryddid y llafuriodd. A brwydrodd ef a'r Cymry nid am ddyddiau nac wythnosau nac am fisoedd ond am ddeng mlynedd o amser; ni ddaeth y rhyfela i ben yn derfynol am bymtheng mlynedd. Ni welwyd dim tebyg i hyn yn yr Ewrop gyfoes lle y parhâi gwrthryfeloedd am fisoedd ar y mwyaf. Rhyfeddol o ymdrech yn wir.

Aeth mwy na mil o flynyddoedd heibio er pan ymadawodd Macsen Wledig â'n glannau, a bron naw cant er pan aned Dewi Sant. Trwy gydol y canrifoedd hynny bu'r Cymry'n ymgodymu â'r naill argyfwng ar ôl y llall; ac ar ôl cwymp Llywelyn bu'r ormes arnynt yn enbyd. Er hynny, ni ddifethwyd eu traddodiad ac ni laddwyd eu hysbryd. Yn nechrau'r bymthegfed ganrif, yr oedd bywyd yn y bobl o hyd. Mae parhad gwyrthiol bron y genedl trwy'r chwe chanrif anhydrin oddi ar hynny i'w briodoli i gyfres ryfeddol o ddigwyddiadau. Ymdrech ddisglair Glyndŵr i sefydlu gwladwriaeth annibynnol Gymreig yw'r cyntaf ohonynt.

Canrif Glyndŵr yw'r bymthegfed ganrif. Hi hefyd oedd Y Ganrif Fawr, chwedl Saunders Lewis, mewn llenyddiaeth Gymraeg. Rhyfeddol fu hanes y llenyddiaeth honno. Dywed Bobi Jones amdani yn y 6ed a'r 9fed ganrif, a'r pum canrif o'r 11fed i'r 15fed, nad oes dim llenyddiaeth yn Ewrop yn rhagori arni, mewn rhyddiaith na barddoniaeth, o ran ansawdd na maint, ac eithrio'n unig lenyddiaeth yr Eidal yng nghanrif Dante, Petrarch a Boccaccio.

Disgynnai Glyndŵr ar ochr ei dad o linach tywysogion Powys, a thrwy ei fam hanai o linach yr Arglwydd Rhys a thywysogion Deheubarth, ac felly o gyff Rhodri Mawr a thywysogion Gwynedd. Fe'i gwreiddiwyd gan ei athrawon o feirdd yn hanes a llên Cymru, ac yr oedd wedi ymdrwytho yn niwylliant Lloegr hefyd. Cafodd addysg Seisnig orau'r dydd. Ar ôl bod yn brentis yn y gyfraith yn Westminster treuliodd flynyddoedd yn yr *Inns of Court* yr un pryd â Chaucer a meibion yr aristocratiaeth Seisnig. Yn arglwydd Glyndyfrdwy a Sycharth erbyn hyn, troes oddi wrth y gyfraith i orffen ei addysg fel sgweier a milwr. Bu yng ngwasanaeth neb llai na Henry o Lancaster, mab John o Gaunt, a fyddai'n gwisgo coron Lloegr fel Henry IV, yr union frenin y byddai'n ymladd yn ei erbyn yn ddiweddarach. Bu hefyd yn sgweier i'r Iarll Arundel, admiral y llynges, a chymerodd ran mewn buddugoliaeth a enillodd y llynges ger arfordir Fflandrys ym 1387. Ymladdodd yng ngosgordd Arundel ar dir Fflandrys, a bu hefyd yn ymladd yn yr Alban ac efallai yn Iwerddon a Ffrainc.

Os oedd yn feistr ar yr iaith Saesneg, fel y tystia Shakespeare, Cymraeg oedd ei iaith gyntaf. Cafodd fagwraeth Gymraeg a'i trwythodd yn niwylliant Cymru. Er ei fod yn un o arglwyddi'r Mers, yn byw ar y goror Seisnig, Cymraeg oedd iaith ei gartref:

Llys barwn, lle syberwyd,
Lle daw beirdd aml, lle da byd.

A oes darlun hyfrytach o gartref Cymraeg yn ein llenyddiaeth na disgrifiad Iolo Goch o Sycharth? Cawn weld harddwch y tŷ a saif ar fryncyn o dan ei do teils a'i glochdy mewn amgylchedd gwâr a phrydfcrth, a'i bcrllan a'i winllan, ei stablau, culumendy, pysgodlyn, melin, parc ceirw, dolydd a chaeau ŷd. Oddi mewn i'r cartref ffynnai gras lletygarwch:

> Anfynych iawn fu yno
> Weled na chlicied na chlo,

Gydag ef yno trigai teulu braf, Marged ei wraig, merch Syr David Hanmer, un o farnwyr mwyaf adnabyddus Edward III, a chwe mab a thair merch.

> A gwraig orau o'r gwragedd . . .
> A'i blant a ddeuant bob ddau
> Nythaid teg o benaethau.

Dyna lys y gŵr a alwyd gan George Macaulay Trevelyan, yr hanesydd Seisnig, yn 'This wonderful man, an attractive and unique figure in a period of debased and selfish politics.' Ond yr oedd gan Owain weledigaeth a'i gorfododd i adael y cartref gwâr a syber hwn a mentro popeth er mwyn Cymru. Ei uchelgais oedd bwrw iau'r Sais oddi ar ei gwar. Cyn pen tair blynedd ar ôl cychwyn ei ymgyrch byddai'r gelyn wedi llosgi Sycharth yn llwch i'r llawr, gan adael dim ond y bryncyn bach a welwn yno heddiw.

Tonnai anfodlonrwydd â'r drefn Seisnig ormesol dros Gymru ers tro, yn arbennig yng Ngwynedd, gan godi cryn ofn ar arglwyddi'r Mers a'r awdurdodau yn Llundain. Yn haf 1400 adroddai prif swyddog y brenin yng Ngwynedd fod llythyrau yn mynd yn ôl ac ymlaen rhwng Meredydd ab Owain, arweinydd Cymreig yn Meirionnydd, â Sgotiaid yr Ynysoedd Gorllewinol, yn cynllunio i'r Sgotiaid lanio yn y Bermo er mwyn cefnogi gwrthryfel Cymreig. Deuai adroddiadau pryderus eraill o Fôn a draw hyd at Glwyd. Ac yn Rhydychen, yn ôl adroddiad i senedd Westminster, cwrddai myfyrwyr Cymreig y Brifysgol yng nghartref rhyw Alice Walsh (Welsh), ac yno, 'with many wicked meetings and counsels . . . plotted against our Lord the King and the Realm for the destruction of the kingdom and the English language.' Porthwyd y cas a fudlosgai gan y beirdd, a chwilient am waredwr, am Fab Darogan. Gobeithiasai rhai mai Owain Lawgoch fyddai hwnnw, ond mor gynnar â 1385 cysylltai Gruffudd Llwyd y gobeithion hyn ag Owain Glyndŵr.

Dyma'r cefndir aflonydd pan wnaeth yr Arglwydd Grey o Ruthun anghyfiawnder dybryd â Glyndŵr. Apeliodd Owain i'r senedd am gyfiawnder ond gwrthododd y senedd â gwrando. Pan rybuddiwyd hi gan John Trefor, esgob Llanelwy, y gallai'r anghyfiawnder gythruddo'r Cymry yr ateb gwawdlyd a gafodd oedd, 'What care we for the barefooted rascals?' Y methiant hwn i gael cyfiawnder yn Llundain trwy ddulliau cyfansodd-iadol oedd rheswm uniongyrchol Glyndŵr dros daro; hyn oedd achlysur dechrau'r Rhyfel Annibyniaeth.

Yn y flwyddyn 1400, ar 16 Medi—dyddiad dathlu Gŵyl Glyndŵr bellach—daeth cwmni o arweinwyr uchelwrol ynghyd yng Nglyndyfrdwy, ac mewn gweithred a ddisgrifiwyd gan yr Athro Rees Davies fel un syfrdanol o chwyldroadol, cyhoedd-wyd Owain Glyndŵr yn Dywysog Cymru. Yn y cwmni hwn yr oedd Gruffudd, mab hynaf Glyndŵr, a Thudur ei frawd; Gruffudd a Philip Hanmer ei frodyr-yng-nghyfraith, meibion Syr David Hanmer, prif ustus Mainc y Brenin; Robert Puleston, gŵr ei chwaer; John Astwick; Hywel Cyffin, deon Llanelwy— byddai cefnogaeth eglwyswyr amlwg yn allweddol bwysig—a'i ddau nai, Ieuan Fychan a Gruffudd ap Ieuan; Madog ap Ieuan ap Madog, ac, yn arwyddocaol iawn, yr oedd Crach Ffinant yno, bardd a phroffwyd personol Owain, a bwysai ar waith y brudwyr megis Hopcyn ap Tomos o Gwm Tawe ac a gredai'n gryf yn yr hen fythau a wnaethai gymaint i gynnal balchder cenedlaethol. Hyn oedd yr elfen yn ei gymeriad a barodd i Shakespeare roi yng ngenau Glyndŵr y dewin, y geiriau, 'I can call spirits from the vasty deep.' Arhosodd y gwŷr hyn yn ffyddlon iddo drwy gydol y Rhyfel Annibyniaeth, hyd at angau ar faes y gad yn achos rhai. Cymhellai magneteg personoliaeth Glyndŵr deyrngarwch di-ŵyro ei ganlynwyr.

Cyhoeddwyd Owain yn Dywysog Cymru am fod Cymry o Fôn i Fynwy yn ei weld fel y Mab Darogan, y gwaredwr a achubai ei wlad. A dyna sut y gwelai Glyndŵr ei hunan. Credai mai ef oedd y gwaredwr y bu'r beirdd yn proffwydo am ei ddod, yr un y bu hir ddisgwyl amdano. Genhedlaeth ynghynt credid mai Owain Lawgoch oedd y Mab Darogan. O Ffrainc y deuai'r Owain hwnnw, ond dyma Owain ar ddaear Cymru. Dim ond un o dras y tywysogion a allai fod yn Fab Darogan; disgynnai Owain Lawgoch o linach tywysogion Gwynedd. Bellach yng ngwythiennau Owain Glyndŵr yn unig y rhedai gwaed y tywysogion; dim ond efe a oedd yn berchen ar y dras angenrheidiol. Ef yn unig a allai fod yn dywysog Cymru, yn waredwr ei wlad. Ef yn unig a allai fod yn arweinydd mewn Rhyfel Annibyniaeth. Ni allasai neb arall ddenu 30,000 o filwyr i ymladd dros Gymru fel y gwnaeth ef erbyn canol y rhyfel. Fe oedd y Mab Darogan. Gan hynny, nid symudiad disymwth, difeddwl oedd cyhoeddi Glyndŵr yn dywysog, ond canlyniad cynllunio gofalus ymlaen llaw, a hwnnw wedi ei seilio ar wybodaeth o draddodiadau gwleidyddol yn deillio'n ôl i ganrif y ddau Lywelyn.

I ddeall y rhesymau dros ergydion cyntaf y rhyfel rhaid cofio bod y Saeson ar ôl buddugoliaeth Edward I wedi codi'r llu cestyll sy'n aros yn brif nodwedd bensaernïol y wlad—mae mwy o gestyll y filltir sgwâr yng Nghymru nag mewn unrhyw wlad yn y byd—a chodi o gwmpas y cestyll drefi o filwyr a masnachwyr Seisnig.

Agorodd Glyndŵr ei ymgyrch trwy daro Rhuthun, prif dref arglwyddiaeth yr Arglwydd Grey. Dilynodd hyn trwy ymosod ar nifer o drefi Clwyd a Phowys, gan gynnwys Rhuddlan, Fflint, Penarlâg, Holt, Dinbych, Croesoswallt a'r Trallwng, cyn i'w fyddin ddiflannu yn null milwyr gerila o dan bwysau byddin Seisnig. Y cyrchoedd cyntaf hyn oedd cychwyn y Rhyfel Annibyniaeth Cymreig a amlygodd ddyfnder yr ymwybyddiaeth genedlaethol ym mhob rhan o'r boblogaeth, yn fonedd a gwreng. Ar ôl y Ddeddf Ymgorffori cefnodd yr uchelwyr ar bob teyrngarwch i Gymru, ond yn awr safai uchelwyr a gwerinwyr, milwyr ac eglwyswyr wrth gefn Glyndŵr. Erbyn hyn wynebai cenedlaetholdeb Gymreig ymdeimlad newydd yn Lloegr â chenedligrwydd Seisnig a ddeffrowyd gan y rhyfeloedd Ffrengig.

Canlyniad i hyn fu disodli Ffrangeg a Lladin gan Saesneg fel iaith cyfraith a llywodraeth, a thyfodd Saesneg yn iaith y bonedd ac yn iaith lenyddol.

Ymhen ychydig cododd gwŷr Môn o dan Rhys a Gwilym Tudur, cefndyr i Glyndŵr, a bu'n rhaid i'r brenin Henry IV alw lluoedd deg sir Seisnig ynghyd i gwrdd a'r perygl Cymreig. Ni wnaeth goresgyniad ei fyddin fawr ddim i ddofi ysbryd y Cymry, a gwelid sawl byddin frenhinol yn ymosod ar Gymru cyn diwedd y rhyfel. Cynhyrfwyd y Senedd Seisnig gan adroddiadau am fyfyrwyr yn ymadael â'r prifysgolion er mwyn ymladd dros Owain, a llafurwyr yn dychwelyd o Loegr i ymuno ag ef, blaenffrwyth y gefnogaeth boblogaidd a nodweddai ei ymgyrchoedd. Roedd y gefnogaeth a gafodd gan y werin yn ogystal â'r uchelwyr yn debyg i'r sefyllfa a ddisgrifiwyd gan Gerallt Gymro ddwy ganrif a hanner ynghynt. 'Yma y mae nid yn unig yr uchelwyr,' meddai Gerallt am Gymru'r Arglwydd Rhys, 'ond yr *holl bobl* yn barod at arfau,' y gwladwyr yn ogystal a'r gwŷr llys.

Yn nechrau'r flwyddyn cipiodd y Tuduriaid gastell Conwy tra symudodd Owain ei hun i'r de. Enillodd fuddugoliaeth nodedig ar Fynydd Hyddgen, un o fryniau Pumlumon, a chyrchodd yn union wedyn i Sir Gaerfyrddin, gwlad Rhys ap Tewdwr, un o'i gyndadau. Yr oedd wedi paratoi'r ffordd ymlaen llaw. Dyma lythyr a ddanfonodd at Henri Dwn, Cydweli, un o'i gefnogwyr selocaf:

'Rhoddwn wybod ichwi ein bod yn gobeithio, trwy gymorth Duw a chwithau (dyna gyffyrddiad da) i ryddhau pobl Cymru o gaethiwed ein gelynion Seisnig sydd, ers amser bellach, wedi ein gormesu ni a'n hynafiaid.'

Dyna grynodeb bachog o'i amcan ar ddechrau'r rhyfel—rhyddhau pobl Cymru o gaethiwed eu gelynion Seisnig. A bu ymateb pobl Sir Gaerfyrddin yn ddibetrus. Meddai adroddiad i Senedd Lloegr:

'Owain Glyndŵr and others have newly made insurrection and have gathered together in the marches of Carmarthenshire. They conspire to invade the realm and destroy the English.'

Roedd y bygythiad mwyaf a welwyd i orsedd Henry IV yn cynyddu. Unwaith yn rhagor cynullodd y brenin fyddin ynghyd, er ei bod yn hydref cyn iddo wneud ei ymosodiad. Dienyddiwyd nifer o gefnogwyr Owain yn ei ŵydd, yn eu plith ddyn gyda'r enw anghymreig Sperhauke yng Nghaerdydd. O flaen castell Llanymddyfri dienyddiwyd Llywelyn ap Gruffydd Fychan o Gaeo a ddisgrifir gan Adam o Frynbuga fel gŵr 'of gentle birth and bountiful'. Anrheithiodd y brenin y wlad a dygodd lawer o wartheg yn ôl i Loegr, ond methodd ag atal cynnydd nerth Glyndŵr. Yn ddiweddarach yn y flwyddyn roedd Owain yn ddigon cryf i ymosod ar gastell Caernarfon, prif gaer frenhinol gogledd Cymru.

Dechreuodd chwilio am gynghreiriaid mewn gwledydd eraill, yn gyntaf ymhlith y gwledydd Celtaidd. Ysgrifennodd at Robert III brenin yr Alban gan ddwyn ar gof iddo, mewn Ffrangeg, eu bod ill dau yn disgyn o'r un brenhinoedd Brythonig. 'Dygwyd pobl Cymru,' meddai, 'dan ormes a chaethiwed eich gelynion marwol chwi a finnau, y Saeson.' Danfonodd neges debyg, mewn Lladin, at arglwyddi Iwerddon, ond daliwyd ei gynrychiolydd gan y Saeson. Er iddo barhau i bwyso ar y ddwy wlad ni allai'r naill na'r llall ei helpu. Bu Ffrainc, fodd bynnag, yn wir gynorthwyol. Ym 1401 danfonwyd Dafydd ab Ieuan Goch o Geredigion gan Charles VI brenin Ffrainc fel llysgennad ar ran Glyndŵr i lys Robert brenin yr Alban. Bu Dafydd yng ngwasanaeth brenin Cyprus a Christnogion eraill Môr y Canoldir am ugain mlynedd. Yn anffodus daliwyd yntau hefyd gan y Saeson a'i garcharu yn Nhŵr Llundain.

Parhaodd Glyndŵr i lwyddo heb gymorth allanol. Yn Ebrill 1402 cymerodd yr Arglwydd Grey ei hun yn garcharor, ac o dan bwysau'r senedd bu'n rhaid i'r brenin dalu pridwerth mawr er mwyn ei ryddhau. Danfonwyd Hotspur i Gymru i gryfhau'r Saeson, ond ymosod eto a wnaeth Glyndŵr, ar arglwyddiaeth Maeliennydd y tro hwn. Yno, ar faes Bryn Glas, mewn budd-ugoliaeth ddisglair trechodd fyddin fawr o Saeson wedi i saethyddion Cymreig y fyddin Seisnig ymuno â'u cydwladwyr. Lladdwyd nifer o arweinwyr Seisnig yn y frwydr honno, a dygwyd yn garcharor hyn oedd y rhyfeddod mwyaf—Edmund

Mortimer, arglwydd pwysicaf canol y Mers. Bu'r brenin yn anfodlon talu am ei ryddhau. Gafaelodd Glyndŵr yn y cyfle. Priododd Mortimer Catrin, merch Owain, a gorchmynnodd ei bobl i'w gefnogi. Bellach, gyda miloedd o filwyr wrth ei gefn, roedd Glyndŵr yn feistr ar Wynedd a Phowys a chanddo gefnogaeth gref yn Neheubarth.

Cynyddu a wnaeth ei gefnogaeth ac ymestyn hyd yn oed i siroedd Seisnig y gororau. Yn goron ar y cwbl croesodd y nerthol Henry Hotspur, brawd-yng-nghyfraith Mortimer, at ei ochr. Casglodd y brenin gan mil o ddynion ynghyd mewn tair byddin enfawr i roi pen yn derfynol ar yr ymgyrch Gymreig, ond, yn ôl y Saeson, cododd Glyndŵr y dewin stormydd gerwin a gynorthwyodd ei filwyr gerila i'w gyrru yn ôl mewn cywilydd. Eithr cafodd y Saeson eu calonogi pan laddwyd Hotspur mewn brwydr yn ymyl Amwythig. Er gwaetha'r golled hon, mynd o nerth a nerth wnaeth achos Glyndŵr, ac am y bedwaredd waith bu'n rhaid i frenin Lloegr ddwyn ei luoedd i Gymru, mor bell â Chaerfyrddin. Troesant yn ôl heb frwydr a heb wanhau dim ar afael Glyndŵr ar y wlad. Gydag wyth mil o filwyr wrth ei gefn cipiodd gestyll Llansteffan, Castellnewydd Emlyn, Dryslwyn a Charreg Cennen. Cafodd gymorth llongau rhyfel o Ffrainc a Llydaw i ymosod ar gestyll Harlech, Caernarfon a Biwmaris yn y gogledd ac ar borthladdoedd y de. Llosgwyd Caerdydd yn ulw a chipiwyd ei chastell. Cododd Cymry blaenau Gwent a Morgannwg o'i blaid gan ymuno ag ef wrth ymosod ar nifer o'r trefi gelyniaethus. Ymosododd gwŷr Brycheiniog ar gastell Aberhonddu. Cydnabuwyd Glyndŵr yn Dywysog Cymru gan wŷr Ystrad Tywi. Roedd y cyfan o'r wlad ac eithrio ychydig gestyll dan ei law. Fflamiai'r penderfyniad ymhob man fod Cymru i fyw fel gwlad annibynnol.

Y flwyddyn 1404, pedwaredd flwyddyn y rhyfel, a welodd fuddugoliaethau pwysicaf Owain. Wrth orchfygu cestyll Aberystwyth a Harlech enillodd gaerau allweddol eu gwerth. Sefydlodd ei deulu a'i lys yn Harlech, ac yno y buont am bedair blynedd. Fe'i gwasanaethwyd gan gorff galluog o weision sifil a diplomyddion proffesiynol a gynhwysai Gruffudd Young ei ganghellor, John Trefor esgob Llanelwy a Lewis Byford esgob

Bangor, ac fe'i cefnogwyd yn frwd gan lu o offeiriaid yr Eglwys a oedd wedi chwarae rhan mor bwysig ym mholisiau gwrth Gymreig llywodraeth Loegr ers canrifoedd. Gyda hwy, o blaid Glyndŵr, safai'r urddau, y Ffransisiaid, yr Awstiniaid ac yn arbennig y Sistersiaid a fuasai ers dyddiau'r tywysogion yn gefn i achos Cymru a'i hiaith a'i diwylliant. Abad mynachlog Sistersaidd Llantarnam yng Ngwent oedd John ap Hywel, gŵr dewr a duwiol yr oedd ei fywyd asgetig yn enghraifft dda o'r ddelfrydiaeth a gynhaliai achos Owain. Byddai John yn cynhyrfu sêl y milwyr o flaen brwydr trwy symud yn eu plith a'u hannog i amddiffyn eu cartrefi a'u gwragedd a'u plant. Collodd ei fywyd pan gafodd byddin Gymreig ei threchu ym Mrynbuga, Gwent. Cymry oedd y bobl hyn, Cymry teyrngar. Ymhen amser byddai hyd yn oed goreuon y genedl yn Gymry Prydeinig a roddai eu teyrngarwch i Brydain, ond Cymry Cymreig oedd Plant Owain. Cymru oedd biau eu teyrngarwch hwy.

A'i feistrolaeth ar Gymru bellach yn gyflawn—yr oedd hyd yn oed wedi meddiannu Caerdydd—galwodd Glyndŵr bedwar o bob cwmwd i senedd ym Machynlleth. Seneddau Glyndŵr yw'r rhai olaf a gynhaliwyd yng Nghymru, y cyfle olaf a gafodd y genedl i benderfynu dim ac i weithredu mewn dim drosti ei hun. Ond o dan Glyndŵr gallai hi godi arian i'w thrysorlys; a rhyfeddod mawr yw'r ffordd y llwyddodd i ddod o hyd i'r cyllid i gynnal trefniadaeth y wlad a'i byddinoedd cryfion. A chan fod Cyfraith Hywel eto mewn bri atgyfnerthwyd y gyfundrefn gyfreithiol.

Yn Senedd Machynlleth, ym mhresenoldeb cynrychiolwyr o Ffrainc, Sbaen a'r Alban, ac o dan fendith Pab Avignon, coronwyd Owain Glyndŵr yn Dywysog Cymru trwy ras Duw—y disgrifiad a geir mewn dogfen a gedwir ym Mharis ac a arwyddwyd yno gan John Hanmer a Gruffudd Young. Fe'i lluniwyd yn Nolgellau ym Mai 1404. Arwyddwyd Cytundeb Paris ar 14 Gorffennaf, dydd cwymp y Bastille ym 1789 a dydd o arwyddocâd gwleidyddol yng Nghymru ym 1886 a 1966 hefyd.

Bellach yr oedd gan Gymru ei gwladwriaeth annibynnol ei hun gyda'i gwasanaeth sifil a'i diplomyddion, ei thrysorlys a'i chyfundrefn gyfreithiol, ei lluoedd arfog, Eglwys a ddeuai'n fwyfwy annibynnol, senedd a Thywysog. Yr oedd Cymru'n rhydd, a Chymraeg oedd ei hiaith. Ac yng Nglyndŵr yr oedd ganddi Dywysog carismatig, gwladweinydd â chanddo weledigaeth gynhyrfus o Gymru'n byw bywyd cenedlaethol cyflawn. Yn Senedd Pennal ym 1406, chwe blynedd ar ôl cychwyn y Rhyfel Annibyniaeth, datganwyd yn groyw y byddai'r Eglwys yng Nghymru'n annibynnol ar Gaer-gaint. A'r Eglwys mor bwysig, roedd ei hannibyniaeth yn hanfodol i wladwriaeth annibynnol. Yn Nhyddewi y byddai ei harchesgob a Chymraeg fyddai iaith ei hesgobion a'i hoffeiriaid. Tra arwyddocaol ym mholisi Pennal hefyd oedd ei ddatganiad y câi dwy Brifysgol eu sefydlu yn y Gymru rydd, y naill yn y gogledd a'r llall yn y de.

Blwyddyn gymysg oedd 1405. Trechwyd byddinoedd Glyndŵr ddwywaith yng Ngwent gyda cholledion trwm, yn gyntaf ger Grosmont ac wedyn ym Mhwll Melyn ger Brynbuga ar ffin Lloegr lle y cafodd ei fab Tudur ei ladd a mab arall, Gruffudd, ei ddwyn yn garcharor. Yn y rhan hon o Gymru rhoddai ymlyniad Dafydd Gam wrth y brenin nerth mawr i'r achos Seisnig. Ond gwelodd y flwyddyn hefyd ddau ddatblygiad a ddangosodd gryfed oedd safle Owain erbyn hyn. Un oedd y Cytundeb Triphlyg rhyfeddol a wnaeth gyda'i ddau brif gynghreiriad Seisnig. Rhoddai hwn ogledd Lloegr ym meddiant teulu Percy, Iarll Northumberland, a'r de a choron Lloegr i Mortimer. Rhan Glyndŵr fyddai Cymru, ond Cymru fyddai honno a gynhwysai'r cyfan o hen Bowys y seithfed ganrif yr oedd afon Hafren yn ffin iddi: gwyddai Glyndŵr ei hanes.

Y digwyddiad mawr arall oedd glanio bron dair mil o filwyr Ffrengig yn Aberdaugleddyf, lle y cyfarfu Glyndŵr â nhw gyda byddin o ddeng mil wrth ei gefn, camp o drefnu effeithiol mewn gwlad fach nad oedd ei phoblogaeth yn fwy na dau can mil; yn wir, dywedodd Adam o Frynbuga y gallai alw ar 30,000 i ymladd drosto. Cipiwyd tref Hwlffordd a thref a chastell Caerfyrddin, a symudodd y byddinoedd Ffrengig a Chymreig draw tua'r dwyrain draw heibio i Gaerleon, lle y tynnwyd eu sylw at 'Ford Gron ag Abaty Mawreddog Arthur', dros y ffin Seisnig ac i ganol Lloegr mor bell â Chaerwrangon, ymhellach i berfedd tiriogaeth Seisnig nag y treiddiodd unrhyw fyddin estron oddi ar

1066. Wedi i Glyndŵr ymgilio i'w wlad ei hun cynullodd brenin Lloegr fyddin fawr ynghyd i ymosod ar Gymru am y bumed waith, ac unwaith eto helpodd y tywydd y Cymry i'w fwrw 'nôl adref, gan adael Glyndŵr ym meddiant ysbail gwerthfawr.

Polisi Pennal ym 1406 oedd anterth llwyddiant Glyndŵr. O'r flwyddyn honno ymlaen dirywiodd ei sefyllfa. Collodd gynghreiriad pwysig pan drechwyd a lladdwyd Iarll Northumberland. Dychwelodd y Ffrancwyr i'w gwlad, ac eithrio ychydig ohonynt. Er bod Gruffudd Young a'r esgob Griffin o Fangor wedi bod yn yr Alban ar ran Owain y flwyddyn honno, aeth eu gwaith yno yn ofer pan gymerwyd brenin yr Alban yn garcharor gan y Saeson. Y flwyddyn ganlynol llofruddiwyd Louis o Orleans, cyfaill pennaf Glyndŵr yn Ffrainc, a phan lithrodd y wlad honno i anhrefn daeth ei chynghrair â Chymru i ben. Collodd Owain ei afael ar rannau mawr o Ystrad Tywi a Cheredigion. Ym 1408 credai'r Saeson fod y diwedd yn dod ar yrfa Glyndŵr a rhuthrasant i Gymru o bob rhan o Loegr i fod yno tua'r terfyn. Y tywysog Seisnig, a ddeuai'n Henry V, a'u harweiniai'r tro hwn yn y chweched cyrch brenhinol a welodd Cymru Glyndŵr, gyda'r llynges i'w gynorthwyo. Roedd rhagoriaeth nerth morwrol Lloegr a'r adnoddau milwrol Seisnig yn amlycach nag erioed. Eu prif nod milwrol oedd cipio cestyll Aberystwyth a Harlech. Dygwyd magnelau a pheiriannau o bellafoedd Lloegr yn erbyn y ddau gastell. Er hynny trechwyd un ymosodiad nerthol ar Aberystwyth gan Rhys Ddu cyn i'r castell gael ei orchfygu. Concrwyd castell Harlech yn gynnar ym 1409 a chymerwyd Marged, gwraig Owain, a dwy ferch a thair wyres iddo yn garcharorion i Lundain.

Er mai rhyfel gerila'n unig oedd yn bosibl i Glyndŵr bellach peryglwyd awdurdod Lloegr trwy gydol 1409 gan ei weithrediadau. Gwnaeth ei ymdrech fawr olaf ym 1410 o ogledd Powys lle'r oedd ganddo nerth o hyd, pan ymosododd ar ffin Lloegr yn Salop. Collodd y dydd. Cymerwyd Rhys Ddu, Philip Scudamore a Rhys ap Tudur yn garcharorion ac fe'u dienyddiwyd fel bradwyr. Ond ni threchwyd Glyndŵr yn derfynol ar faes y gad. Parhaodd i gadw minteioedd mawr o filwyr o dan ei orchymyn, ac ym 1412 llwyddodd i ddwyn yn garcharor y brenhinwr Dafydd Gam, uchelwr o Frycheiniog a fu'n elyniaethus iddo ar hyd y blynyddoedd. Fe'i rhyddhawyd wedi talu pridwerth, a bu farw o'i glwyfau ar faes Agincourt ar ôl cael ei urddo'n farchog ar faes y gad gan Henry V.

Gŵr ar herw fu Glyndŵr weddill ei fywyd, a bu 'Gwerin Owain', ei ganlynwyr, hefyd yn byw ar herw yn y mynyddoedd, rhai ohonynt am flynyddoedd ar ôl ei ddiflaniad. Methai swyddogion y brenin â mynd i Feirionnydd i gasglu cyllid ym 1416 'rhag ofn y Cymry', a gwnaeth Maredudd ab Owain, mab Glyndŵr ymgais i godi gwrthryfel yno gyda chymorth o'r Alban. Parhaodd ef yn ei wrthwynebiad hyd 1421 gyda chefnogaeth o Arfon yn ogystal â Meirion.

A bu gweithredu ar ran Cymru ar gyfandir Ewrop, lle'r oedd Glyndŵr wedi ennill cydnabyddiaeth i Gymru, mor ddiweddar â 1415. Bu Gruffudd Young ei ganghellor yn bresennol yng Nghynhadledd Constance y flwyddyn honno. Efe a sicrhaodd fod Ffrainc yn datgan bod Cymru'n genedl pan ddadleuai'r Saeson ei bod yn rhan o'r genedl Seisnig. Mewn canlyniad i'r Rhyfel Annibyniaeth gwyddai Cymru ac Ewrop ein bod yn genedl. Mwy na hynny, er colli'r dydd, adferodd ymgyrch fawr Glyndŵr hyder y Cymry; ac er cael ei drechu gan wlad gyfagos bymtheg gwaith fwy ei phoblogaeth ag ugeiniau o weithiau'n gyfoethocach, rhoes urddas ar fywyd y genedl. Ac y mae'r cof am fodolaeth gwladwriaeth annibynnol ddwy genhedlaeth cyn i Henry Tudor esgyn i orsedd Lloegr, ar drothwy'r cyfnod modern, yn dal i ysbrydoli cenedlaetholwyr Cymru.

Ar ôl 1415 nid oes sôn o gwbl am Owain Glyndŵr. Diflannodd y dewin o ŵydd ei bobl. Lle bynnag y bu yn ystod ei flynyddoedd olaf fe'i cadwyd yn gyfrinach glòs. Efallai iddo orffen ei ddyddiau fel y dechreusant, yn y gororau, yng nghartref teulu Scudamore o bosibl, y priododd un o'i ferched iddo, ar ffin Henffordd. Er cymaint y demtasiwn ni fradychwyd ef gan neb. Cadwodd deyrngarwch ei bobl hyd y diwedd. Ni bu sicrwydd ei fod yn farw, a hyd heddiw ni ŵyr neb fan ei fedd. Er i gynifer o feirdd ganu ei fawl ni chanodd neb ei farwnad. A oedd yn dal yn fyw? 'Rhan vawr,' meddai croniclydd Cymreig, 'a ddywaid i varw, y brudwyr a ddywedant na bu.' Yr hyn sy'n sicr yw bod ei ysbryd yn fyw. Saif o hyd rhwng y Cymry â'r demtasiwn i fod yn Saeson neu'n Brydeinwyr Cymreig.

SYR RHYS AP GRUFFYDD *c.* 1504 - 1531

Er mwyn deall arwyddocâd bywyd a marwolaeth Syr Rhys ap Gruffydd y mae'n rhaid cofio ei gefndir teuluol. Roedd yn ŵyr ac yn aer Syr Rhys ap Thomas, Abermarlais yn ymyl Llangadog, a gyfrannodd gymaint tuag at y fuddugoliaeth ar Faes Bosworth, sy'n ein hatgoffa bod y bymthegfed ganrif nid yn unig yn ganrif Owain Glyndŵr ond hefyd, yn ddyfnach ei ddylanwad ar Gymru, yn ganrif Henry Tudor. Yn oes Henry VII Rhys ap Thomas oedd y gŵr mwyaf nerthol yng Nghymru. Perthynai i deulu tiriog a fu'n gefn cryf i iaith a llên ein gwlad, teulu a hawliai ei fod yn disgyn oddi wrth Urien Wledig. Gruffydd ap Nicolas, Dinefwr, tad-cu Syr Rhys ap Thomas, oedd gŵr grymusaf Tywysogaeth y De yn ei ddydd. Efe oedd noddwr eisteddfod enwog Caerfyrddin ym 1450 a roes drefn ar fesurau cerdd dafod. Cred rhai iddi barhau am dri mis ar ei gost ef yng Nghastell Dinefwr. Gruffydd ap Nicolas yn sicr oedd y brawdwr ar y beirdd pan enillodd Dafydd ab Edmwnd y gadair. Bu ei fab Owain, etifedd Cwrt Bryn-y-beirdd yn ymyl castell Carreg Cennen, ar herw gyda Lewys Glyn Cothi yn ystod Rhyfeloedd y Rhosynnau. Fel hyn yr agorodd Moliant y bardd i'w gyfaill:

> Iarll hir fo'r llew o Urien
> A'r llew o hil yr ieirll hen,
> Owain dymyr maen diemwnt,
> Ifor Hael Dinefwr hwnt.

Yr oedd teulu Syr Rhys ap Gruffydd, teulu Dinefwr, gan hynny wedi ei wreiddio'n eithriadol o ddwfn ym mywyd Cymru. Hyn a esbonia'r gefnogaeth Gymreig iddo a'r ofn Seisnig ohono.

SYR RHYS AP GRUFFYDD   *Rhiannon Prys*

Am genhedlaeth gyfan llywodraethai Syr Rhys ap Thomas ei dad-cu y deheudir. Daliai'r ddwy brif swydd a roddai awdurdod dros y weinyddiaeth gyfreithiol ac ariannol. Efe oedd y Siambr-laen, ac ar ôl marw'r Tywysog Arthur ef oedd y Prif Ustus hefyd, y swydd a ddelid yn Ninefwr, gyda mwy o rym an-nibynnol, gan yr Arglwydd Rhys dair canrif a hanner yn gynt. Ymestynnai ei ystadau eang dros ran fawr o'r wlad gan ddwyn iddo incwm o £10,000 y flwyddyn. Roedd ei fab, Syr Gruffydd ap Rhys, yn filwr o fri a gyferchir yng nghywydd Tudur Aled fel ffigur cenedlaethol,

> Milwr Ir, mal Eryri,
> Mor Tawch holl Gymru wyt ti.

ac fel preswylydd Castell Caeryw yn Sir Benfro.

Brins Caeryw, braens y cwrel

Yng Nghaeryw y treuliodd Rhys ap Thomas ei flynyddoedd olaf. Pan fu farw Gruffydd yn gynamserol daeth ei ŵyr, Rhys ap Gruffydd, yn etifedd iddo. Gŵr diwylliedig, myfyrgar a phoblogaidd oedd ef. Petai Syr Rhys ap Thomas wedi cael byw'n ddigon hir, hwyrach y byddai wedi llwyddo i sefydlu ei ŵyr yn y swyddi a ddaliai ef. Ond nid fel yna y bu. Pan fu farw ym 1525 diraddolodd y brenin y swyddi hyn a chynyddu gallu Cyngor Cymru a'r Gororau, gan osod ei ferch Mary yn ben arno yn Ludlow. Walter Devereux, yr Arglwydd Ferrers, oedd aelod cryfaf y Cyngor, ac ef, nid Rhys, a benodwyd yn Siambrlaen a Phrif Ustus, er siom i'r Cymry a ddisgwyliai weld y wlad yn parhau o dan reolaeth Cymry.

Aeth yn ddrwg rhwng Rhys a Ferrers, a digiwyd tenantiaid yr uchelwr Cymreig gan drahauster swyddogion yr arglwydd Seisnig. Bu gwrthdaro go ddifrifol yng Nghaerfyrddin rhwng canlynwyr y ddau. Adroddodd Ferrers wrth Wolsey na bu gwrthryfel tebyg yng Nghymru ers cyn cof. Cenfigennai Ferrers wrth boblogrwydd mawr Rhys ymhlith ei bobl. Dwedodd Elis Gruffydd, milwr Calais, a fu yn nhreial Rhys yn Llundain, 'Pan âi Rhys i Gymru byddai'r holl wlad yn troi allan i'w groesawu, a gwnâi hyn Arglwydd Ferrers yn genfigennus ac eiddigeddus.' Restiwyd Rhys ar ôl y terfysg. Danfonodd ei wraig fywiog, Katherine Howard, merch Duc Norfolk, genhadau drwy dair sir Dyfed i gynnull dynion i Gaerfyrddin i'w ryddhau. Daeth cannoedd yno. Mewn canlyniad dygwyd 'chwe ugain o'r capteiniaid ac arweinwyr', ynghyd â Rhys ei hun, gerbron y llys yng Nghaerfyrddin. Rhyddhawyd ef ac aeth i Lundain, ond ar 21 Medi, 1531, restiwyd ef eto.

Ni allai'r cyhuddiadau yn ei erbyn fod yn fwy difrifol. Honnwyd ei fod ef, Syr Rhys ap Gruffydd, yn cynllwyn diorseddu a lladd y brenin Henry VIII; ei fod am werthu neu forgeisio ei diroedd eang a mynd i Iwerddon trwy Ynys Manaw i ennill cefnogaeth, ac oddi yno i'r Alban i'r un pwrpas. Yn yr Alban ymunai ef a'r Gwyddelod â byddin Sgotaidd ac ymdeithio tua Llundain er mwyn gosod James V, brenin yr Alban, ar orsedd Lloegr; câi Rhys ei hun dywysogaeth Cymru. Honnwyd ymhellach fod Rhys, a hoffai ei alw ei hun yn fitz Urien, wedi ei danio gan hen broffwydoliaeth y byddai Iago Lawgoch a'r Gigfran yn concro Lloegr—cigfrain Owain ab Urien Rheged oedd ar arfbais Dinefwr. Adleisiai'r cyhuddiadau hyn yr hen berthynas a fu rhwng Cymru a Manaw ac Iwerddon ac â'r Alban lle bu Urien Wledig ac Owain ei fab yn brwydro'n arwrol a llwyddiannus yn erbyn y Saeson fil o flynyddoedd yn gynt. A dygant ar gof gân fawr 'Armes Prydain' yn oes Hywel Dda a alwai ar bobl y gwledydd hyn i ymuno i daflu'r Saeson i'r môr. Yr Iago Lawgoch y cyfeirir ato yw Owain Lawgoch y bu'r storïau amdano mor lluosog yng nghymdogaeth Dinefwr hyd yn ddiweddar. A ysbrydolwyd Rhys ap Gruffydd o Ddinefwr gan yr atgofion hyn ar adeg pan oedd anfodlonrwydd ar reolaeth Llundain ar gynnydd ymhlith y Cymry? Mae'n arwyddocaol mai i'r Alban y ffoes ei gâr, James ap Gruffydd, a fu'n crwydro'r cyfandir am flynyddoedd yn chwilio am gymorth i Rhys.

Ofnai Llundain barhad yr elyniaeth at reolaeth Lloegr a fu mor amlwg yng Nghymru'r ganrif gynt. Yn y rhan hon o deyrnasiad Henry VIII credai Llundain mai'r unig ŵr a allai obeithio crynhoi'r gwrthwynebiad Cymreig wrth ei gefn gydag unrhyw lwyddiant oedd Rhys ap Gruffydd. Er bod gan Henry resymau ategol dros gael ei wared—ei babyddiaeth yn eu plith a'i gefnogaeth i Catherine o Aragon yn erbyn Ann Boleyn—y rheswm pennaf oedd ei ofn y byddai Rhys yn ganolbwynt gwrthryfel a heriai'r gallu brenhinol. Roedd y cof am Glyndŵr eto'n fyw, ac onid byddinoedd Cymreig a roes Henry Tudor ar yr orsedd yn yr un ganrif â Glyndŵr? Rhaid dymchwel llinach Dinefwr. Ni allai neb yng Nghymru ei herio wedyn. Darfyddai pob gobaith am arweiniad annibynnol Cymreig. Am yr un rheswm dioddefodd teulu Fitzgerald yn Iwerddon.

Cafodd Rhys ap Gruffydd ei grogi a'i chwarteru fel bradwr yn Rhagfyr 1531, a chrogwyd gydag ef hefyd ei gydymaith William Hughes o Gastell Caeryw. Ond os ŷm i gredu croniclwyr cyfandirol cyfoes, ni ddiffoddwyd fflam rhyddid yn llwyr. Ym 1534 ysgrifennodd Martin de Cornoca o Fenis at Charles V, 'O achos marwolaeth don Ris, a ddienyddiwyd dair blynedd yn ôl, y mae'r dalaith oll wedi ei dieithrio oddi wrth y brenin.' Yr oedd argraff gyffredin fod Cymru'n barod i wrthryfela. 'Dim ond disgwyl am arweinydd y mae'r bobl cyn mentro i'r maes', meddai Chapuys yr un flwyddyn.

Daeth yr ergyd derfynol ddwy flynedd yn ddiweddarach yn y Senedd Seisnig gydag Ystatud a luniwyd gan Thomas Cromwell er mwyn ymgorffori Cymru'n derfynol yn Lloegr. Dadlennir natur Ystatud Cymru gan eiriau'r Rhagymadrodd:

> Albeit the Dominion, Principality and Country of Wales . . . is . . . incorporated, annexed, united and subject to and under the Imperial Crown of this Realm . . . because that in the same Country, Principality and Dominion divers rights, usage, laws and customs be far discrepant from the Laws and Customs of this Realm, and also because that the people of the same Dominion have and do daily use a speech nothing like nor consonant to the natural mother tongue used within this Realm, some rude and ignorant people have made distinction and diversity between the Kings Subjects of this Realm and his Subjects of the said Dominion and Principality of Wales . . .
> His Highness therefore . . . intending to reduce them to the perfect order notice and knowledge of the laws of this his Realm, and utterly to extirp all and singular the sinister usages and customs differing from the same (yr iaith Gymraeg oedd y pwysicaf o'r rhain) . . . Hath . . . ordained, enacted and established that his said Country and Dominion of Wales shall stand and continue for ever from henceforth incorporated united and annexed to and with this his Realm of England.

Pum mlynedd ar ôl dienyddio Rhys ap Gruffydd, a mil o flynyddoedd ar ôl dydd Maelgwn Gwynedd, gwnaed Cymru'n rhanbarth ymylol yn Lloegr, ac iaith Taliesin a Dafydd ap Gwilym yn esgymun yn ei gwlad ei hun. Wrth geisio dileu hen iaith genedlaethol y Cymry trwy ddeddf gwnaethpwyd y Gymraeg yn fater politicaidd gan Lywodraeth Loegr.

WILLIAM SALESBURY 1520 - 1584

Polisi'r Tuduriaid yn Neddf Ymgorffori 1536 oedd cymathu Cymru â Lloegr mewn iaith a diwylliant a dileu'r hunaniaeth Gymreig. Er mwyn gwneud Lloegr a Chymru yn un genedl, yr oedd yn rhaid gwneud mwy nag ymgorffori Cymru'n wleidyddol yn Lloegr; roedd yn rhaid i'r Cymry a'r Saeson wrth un iaith, y Saesneg, un grefydd, crefydd Eglwys Loegr, ac un diwylliant, diwylliant Lloegr. Cyhyd ag y parhâi'r iaith Gymraeg byddai cenedligrwydd Cymru'n parhau; hynny a barodd i'r Llywodraeth Seisnig geisio ei dileu hi. Arweinydd y gwrthwynebiad i'r polisi Seisnig o gymathiad oedd William Salesbury, disgynnydd teulu Normanaidd.

Salesbury oedd y dysgedicaf o'r cwmni disglair o ddyneiddwyr a bontiodd rhwng dysg yr hen benceirddiaid ac ysgolheictod y ddeunawfed ganrif, polimath nodweddiadol o'r dadeni. Mae'n arwyddocaol fod cyfeillgarwch clòs rhyngddo â Gruffudd Hiraethog, disgybl Tudur Aled a'r olaf o'r penceirddiaid mawr. Hwy, y beirdd, oedd prif ysgolheigion ac athrawon y genedl Gymreig yn ystod ieuenctid William Salesbury, fel y buasent trwy'r canrifoedd; ond am ddwy genhedlaeth, pan oedd y gyfundrefn farddol yn dirywio a'u hurdd yn ymddadfeilio, astudiodd y dyneiddwyr iaith, llên a hanes Cymru gyda disgleirdeb, gan achub dysg Gymreig rhag difodiant. Angorwyd dysg dwfn Salesbury, y pennaf ohonynt, mewn cariad at ei genedl ac mewn gwybodaeth eang o'i llenyddiaeth a'i diwylliant traddodiadol.

Roedd y dyneiddwyr Cymreig yn ffrwyth y Dadeni Dysg a weddnewidiodd fywyd diwylliadol gorllewin Ewrop. Ac eithrio Edmwnd Prys a William Morgan, a fu yng Nghaergrawnt, bu'r amlycaf ohonynt oll yn Rhydychen, yn brotestaniaid a phabyddion. Fe'u symbylwyd gan eu cred fod y Gymraeg yn iaith glasurol, yn un o brif ieithoedd y byd, yn yr un dosbarth â Groeg a Lladin, a'i bod hi wedi bod erioed yn iaith dysg ac yn iaith llys. Yn hyn o beth gwahaniaethai eu hagwedd at eu hiaith oddi wrth agwedd dyneiddwyr Lloegr a Ffrainc; mawrygu'r hen ieithoedd clasurol a wnaent hwy. Mwy na hynny, credai'r dyneiddwyr Cymreig fod hanes Cymru'n mynd yn ôl i gyfnod llawer cynt na hanes gwledydd eraill gorllewin Ewrop. Y mae'r gwladgarwch cadarn hwn i'w weld yn amlwg ym mywyd a gwaith William Salesbury.

Yn Llansannan y ganed ef, bro Gruffudd Hiraethog a Thudur Aled. Am ddwy ganrif magodd sir Ddinbych, ac yn arbennig Dyffryn Clwyd a Bro Hiraethog, gnwd rhyfeddol o feirdd,

WILLIAM SALESBURY   *Llyfrgell Genedlaethol*

llenorion ac ysgolheigion. Daw wyth o'r dyneiddwyr amlycaf oddi yno. O'r traddodiad hwn y cododd Emrys ap Iwan ganrifoedd yn ddiweddarach. Dyma oedd cynefin William Salesbury. Fel cynifer o'r cymwynaswyr hyn, hanai o hil y Norman balch. Perthynai i deulu o uchelwyr a'i magodd yn babydd uniaith Gymraeg. Ffwg ap Robert ap Tomas Salbri Hen oedd enw ei dad, ac yr oedd ei fam Annes yn ferch i William ap Gruffudd ap Robin. Aeth yn gynnar i Rydychen i astudio'r celfyddydau, gan feistroli pump o ieithoedd ac efallai mwy. Yno y daeth y pabydd defosiynol hwn o dan ddylanwad Protestaniaeth, crefydd y deallusion pendefigaidd ifainc, a chefnodd ar Gatholigiaeth ei deulu. O Rydychen aeth i Lincoln's Inn i astudio'r gyfraith. Priododd Catrin Llwyd, chwaer Dr. Elis Prys, Plas Iolyn, 'y Doctor Coch'.

Gafaelodd Cymru a'i hiaith yn gynnar yn ei serchiadau ac fe'i meithrinwyd gan ei gyfeillgarwch ffrwythlon â Gruffudd Hiraethog, pencerdd dysgedig, yr unig un o'r beirdd mawr a ddadleuai dros yr iaith yn null y dyneiddwyr. Y cyfeillgarwch hwn fu achos ei gyfuniad o hen ddysg draddodiadol y penceirddiaid a dysg prifysgolion yr oes newydd. Yr hen ddysg a welir yn y diarhebion a gasglwyd ynghyd gan Gruffudd Hiraethog a'u cyhoeddi gan Salesbury o dan y teitl *Oll Synnwyr Pen Kembero*. Hwn oedd yr ail lyfr Cymraeg i'w argraffu. Syr John Price, dyneiddiwr o Frycheiniog, biau'r clod am y cyntaf, *Yn y Lhyvyr hwnn*. Price a ddechreuodd ddefnyddio'r wasg y bu'r beirdd mor annoeth geidwadol ag ymwrthod â hi.

Roedd Protestaniaeth Salesbury mor angerddol â'i Gymreictod. Ymdoddodd y ddau i'w gilydd i esgor ar waith mawr ei fywyd. Iddo ef a'i gyd-ddyneiddwyr, crefydd dysg bendefigaidd y Cymry oedd Protestaniaeth, 'crefydd y Beibl Protestannaidd heb arlliw ofergoelion yr oesoedd tywyll, gwerinol, Catholig', medd Saunders Lewis. Ychwanega eu bod yn mynnu ennill ymlyniad y pendefigion Cymreig wrth yr iaith Gymraeg, a'i gwneud yn iaith gwreiddiol Dysg a Phrotestaniaeth. Dyma, meddai, ateb y dyneiddwyr Cymreig i Ddeddf Ymgorffori 1536.

Gwelai Salesbury fod yn rhaid i'r Gymraeg ddatblygu i fod yn gyfrwng dysg y Dadeni os oedd i feddu ar urddas, adnoddau ac ystwythder, a bod rhaid cyrraedd cynulleidfa soffistigedig trwy'r wasg argraffu. Gwelodd hefyd fod iechyd ysbrydol y Cymry yn ogystal ag iechyd yr iaith yn galw am gyfieithu'r Bcibl. Efe a roes yr hwb creadigol i'r gwaith hwnnw. Beibl Lladin a ddefnyddiwyd cyn y Diwygiad, yn awr Beibl Saesneg; ond i'r Cymry uniaith nid oedd rhagor rhwng Bcibl Lladin a Beibl Saesneg. Aeth Salesbury ati yn ddiymdroi i gyfieithu. Ym 1551 cyhoeddodd *Kynniver Llith a Ban or yscrythur Lân* a gynhwysai'r holl Epistolau ac Efengylau 'a ddarllenir yn yr Eglwys bryd Cymun, y Suliau a'r Gwyliau trwy'r flwyddyn.'

Dryswyd ei gynlluniau dros dro pan ddaeth Mari Waedlyd i'r orsedd. Bu'n rhaid iddo ymgilio i Gae Du, tŷ diarffordd yn ymyl Llansannan, gan ddilyn ei waith ysgolheigaidd mewn ystafell ddirgel na ellid mynd iddi ond wrth ddringo'r simnai. Ond yn gynnar yn nheyrnasiad Elizabeth (1563) pasiwyd deddf yn gorchymyn cyfieithu'r Beibl a'r Llyfr Gweddi Cyffredin i'r Gymraeg. Er bod y cymhellion yn gymysg—'the sooner to attain to the knowledge of the English tongue' oedd un—bu hwn yn orchymyn cwbl dyngedfennol.

Ymunodd Salesbury ag un o Gymry mwyaf y Dadeni Dysg, sef Dr. Richard Davies o'r Gyffin, esgob Tyddewi. Buasai ar ffo yn yr Almaen yn ystod teyrnasiad Mary. Ym Mhlas yr Esgob yn Abergwili bu Salesbury a Davies yn cydweithio ag amryw eraill 'o ysgolheigion dyfnddysg ac ieithwyr medrus', Thomas Huet yn eu plith, am ddwy flynedd hyd at gyhoeddi Llyfr y Salmau, y Llyfr Gweddi Cyffredin a'r Testament Newydd ym 1567. Meddai Ambrose Bebb, 'Am ddwy flynedd dyma Abergwili i bob pwrpas yn brifddinas bywyd uchaf Cymru, lle yr ymgasglodd ei hysgolheigion gorau a'i charedigion mwyaf.' Salesbury ei hun a ddygodd ben baich y llafur. Oherwydd y ffurfiau Lladinaidd a frithai ei gyfieithiad a'i odrwydd orgraffyddol, ni chafodd ei waith fawr o groeso. Serch hynny roedd yn orchest o ran iaith ac arddull, a bu'n sail i gyfieithiad mawreddog William Morgan. Cyfieithiadau Salesbury, gan hynny, a osododd sylfeini rhyddiaith Gymraeg ddiweddar. Heb ei waith, prin y buasai'r Gymraeg wedi parhau fel cyfrwng llenyddol.

Roedd ei ddiddordebau ysgolheigaidd yn eithriadol o amryw-iol. Cyhoeddodd lyfrau ar amryw bynciau gan gynnwys hanes, diwinyddiaeth a gwyddoniaeth. Cymerodd chwe blynedd i gyfansoddi ei waith olaf, *Llysieulyfr.* Ond ieithoedd fu ei hoff faes. Cyfeiriodd Gruffudd Hiraethog at hyn yn ei gywydd moliant iddo, a dywed Syr Thomas Wiliems, un o'r dyneiddwyr mawr, meddyg ac offeiriad, 'William Salesbury yw'r Brutaniad dysgedicaf nid yn unig yn y Frytaneg, eithr yn Hebraeg, Groeg, Lladin, Saesneg, Ffrangeg, Ellmyneg ac eraill ieithoedd, fel y bai ryfedd gallu o un gŵr gyrraedd cyfryw perffeithrwydd yn y tafodau, oni bai nad astudiai ddim arall tra fo byw.' Yn Gristion o ysgolhaig ac yn broffwyd o wladgarwr defnyddiodd ei dalent a'i wybodaeth mewn ymroddiad i Gymru ac i Grist. Ei weled-igaeth ef o angen Cymru a'r camau a gymerodd i gwrdd ag ef, medd Glanmor Williams, yw'r prif reswm pam y cadwodd Cymru ei llenyddiaeth gynhenid a'i diwylliant ei hun ar ôl yr unfed ganrif ar bymtheg.

WILLIAM MORGAN 1541 - 1604

Cyfieithu'r Beibl i'r Gymraeg a achubodd iaith y llenyddiaeth fyw hynaf yng ngorllewin Ewrop. Am fil o flynyddoedd hyd at ddydd William Morgan bu llenyddiaeth Cymru'n un o'r llen-yddiaethau Ewropeaidd mwyaf. Achub yr iaith a achubodd y genedl, hithau bellach yn rhan anwahanadwy o Loegr heb gysgod rhyddid cenedlaethol. Ei hiaith, ei Christnogaeth a'i chyfraith a luniodd y genedl Gymreig. Oni mai am y Gymraeg ni byddai cenedl yn bod yma heddiw; hebddi ni byddai yma fwy na chasgliad o siroedd Seisnig, heb fwy o wahaniaeth rhyng-ddynt a gweddill yr ynys nag sydd rhwng siroedd gogledd Lloegr a'r de. Y gŵr a fu'n gyfrifol am orchest y cyfieithiad tynged-fennol oedd William Morgan.

Yn Wybrnant, Penmachno, y ganed ef, ei dad, a oedd o dras uchelwrol, yn denant ar ystad teulu mawr Wynniaid Gwydir. Yng Ngwydir, gyda mab Morris Wynn, y cafodd ei addysg fore cyn mynd i Gaergrawnt, lle y cymerodd bedair gradd. Yno yng

YR ESGOB WILLIAM MORGAN
Llyfrgell Genedlaethol

Ngholeg Sant Ioan cafodd gwmni Edmwnd Prys, a fedyddiodd Morgan Llwyd, un o feirdd ac ysgolheigion mwyaf ei ddydd a oedd wedi ei drwytho yn nhraddodiad y beirdd. Bu cyfeillgarwch Edmwnd Prys yn bwysig yn hanes William Morgan. Er iddo feistroli nifer o ieithoedd, gan gynnwys Hebraeg, Lladin, Groeg, Ffrangeg a Saesneg, Cymraeg oedd ei gariad angerddol. Ar ôl cymryd ei drydedd radd fe'i penodwyd yn Bregethwr y Brifysgol, ac wedyn yn bregethwr o Groes Sant Paul yn Llundain, y ganolfan bregethu bwysicaf yn Lloegr yn oes y Tuduriaid. Cadarnle Piwritaniaeth oedd Coleg Sant Ioan ac aeth yn ymgiprys rhwng y Piwritaniaid a'r blaid 'swyddogol' a arweinid gan John Whitgift. Ochrodd Morgan gyda Whitgift, a phan ddaeth hwnnw'n Archesgob Caer-gaint efe oedd ei noddwr pwysicaf adeg cyfieithu'r Beibl.

Llanbadarn Fawr oedd ei ofalaeth gyntaf, wedyn y Trallwng ac yna Llanrhaeadr-ym-Mochnant lle yr arhosodd am ddeunaw mlynedd. Yn Llanrhaeadr y cyflawnodd waith enfawr ei fywyd, a hynny yn wyneb gelyniaeth ac erledigaeth uchelwr nerthol o blwyf cyfagos Llansilin a ysai am ei waed. Cymerwyd ef i lys Cyngor Cymru a'r Gororau yn Llwydlo. Digwyddai mai Whitgift oedd llywydd y Cyngor ar y pryd a siawns i'r ddau gwrdd yno i drafod cyfieithu'r Beibl. Sut bynnag am hynny, dangosodd Morgan nerth ewyllys anghyffredin. Er gwaethaf nifer o achosion cyfreithiol poenus a chostus, ymlafniodd i gwblhau ei lafur ymhell o'r llyfrgelloedd mawr a phob canolfan dysg. Gorffennodd ei waith ym 1587, o fewn misoedd i ble angerddol John Penry am gyfieithiad buan o'r Beibl. Gwahoddwyd ef i Blas Lambeth gan Whitgift er mwyn cael y cyfieithiad trwy'r wasg heb golli dim amser. Awgryma Glanmor Williams y gall mai ymosodiad chwyrn John Penry a brociodd Whitgift i sicrhau cyhoeddi mor gyflym. Daeth o'r wasg ym Medi 1588, blwyddyn yr Armada, a gorchmynnwyd yr esgobion Cymreig i sicrhau copi ymhob eglwys erbyn y Nadolig.

Saith mlynedd yn ddiweddarach penodwyd William Morgan i esgobaeth Llandaf. Ym Matharn ger Cas-gwent, ar ffin Lloegr, yr oedd ei blas esgobol, a bu mor hael ei groeso yno i feirdd ac awduron ag y buasai yn Llanrhaeadr-ym-Mochnant. Yr un croeso a gaent eto yn Llanelwy pan benodwyd ef i'r esgobaeth honno ym 1601. Pan wnaed y penodiad hwnnw fe'i disgrifiwyd gan Whitgift fel 'a man of integrity, gravity and great learning.' Cymwynas a wnaeth yn Llanelwy a Llandaf oedd atgyweirio'r eglwysi cadeiriol a oedd eu dwy mewn cyflwr adfydus.

O gymharu cyfieithiad William Morgan â Thestament Newydd Salesbury, gwelir bod yr orgraff wedi ei symleiddio a'r iaith wedi ei safoni a'i diweddaru. Gydag Edmwnd Prys wrth ei benelin efallai, iaith Dafydd ap Gwilym a'r cywyddwyr a ddewisodd, iaith urddasol a feithrinwyd gyda balchder gan y beirdd trwy'r cenedlaethau. Wrth gyflwyno 69 llyfr ac epistol y Beibl mewn iaith goeth y gallai'r werin ei deall, sefydlodd William Morgan iaith Gymraeg safonol a thraddodiad rhydd-iaith newydd. O hyn ymlaen iaith y Beibl fyddai iaith lenyddol Cymru, a'i statws wedi ei dyrchafu'n uchel ymhlith y dysg-edigion. Bellach yr oedd corff o'r llenyddiaeth bwysicaf oll, yn cynnwys cyfieithiad Morgan o'r Llyfr Gweddi Cyffredin, mewn Cymraeg godidog. Hyn a glywid o Sul i Sul; hyn a ddysgid i ddisgyblion Griffith Jones.

Roedd yn ddigwyddiad rhagluniaethol. Hanner canrif ynghynt roedd Llywodraeth Loegr wedi ceisio dileu'r iaith Gymraeg trwy Ddeddf Ymgorffori 1536. Datganwyd yr amcan yn y cymal, 'utterly to extirpe alle and singular the sinister customes' a wahaniaethai Gymru oddi wrth Loegr. Dywed y Barnwr Dewi Powell mai at Gyfraith Hywel a'r iaith Gymraeg yr anelwyd hyn. Fel rhan o'r polisi, gwaharddwyd defnyddio'r Gymraeg gan swyddogion y llysoedd barn. Golygai hyn na ellid bod yn ynad heddwch heb fedru'r Saesneg, ac yn nwylo'r ynadon mewn gwirionedd yr oedd rheolaeth fewnol Cymru. Y canlyniad oedd alltudio'r Gymraeg o fywyd cyhoeddus Cymru yn ogystal ag o'r bywyd swyddogol. Hyn yn fwy na dim a barodd i'r bonedd a safodd yng Nghymru gefnu ar yr iaith. Dylifodd llu allan o Gymru i swyddi yn Llundain. Dywedodd Humphrey Llwyd yn y flwyddyn 1568 mai Cymry oedd y rhan fwyaf o gyfreithwyr y Ddwy Gyfraith yn y Deyrnas. Peidiwyd â noddi'r beirdd, a chyda malurio cyfundrefn y beirdd diflannai safonau cenedlaethol ac ymrannai'r iaith yn dafodieithoedd dirywiedig. Dechreuodd rhai Cymry alw am gael gwared yn llwyr ar y Gymraeg ac ymdoddi yn fwriadus i'r bywyd Seisnig.

Roedd yr argyfwng yn enbyd, llawn mor ddifrifol â hwnnw bum canrif ynghynt pan oresgynnodd y Normaniaid y wlad. A safle daearyddol Cymru mor anfanteisiol iddi, gallasai'r iaith drengi fel y gwnaeth y Gernyweg a Chymraeg Ystrad Clud. Ar yr adeg dyngedfennol hon yr ymddangosodd y Beibl Cymraeg, gan adnewyddu urddas yr iaith ac anadlu bywyd newydd iddi. Pan ddysgwyd ei darllen yn ysgolion Griffith Jones daeth iaith y beirdd yn iaith y werin, a thrwyddi chwythai gwynt yr Ysbryd a adnewyddai'r genedl yn y Deffroad Mawr.

JOHN PENRY 1563 - 1593

Roedd Meredydd Penry, tad John Penry, yn un o'r hen do o foneddigion a warchodai iaith a diwylliant Cymru. Ers canrif-oedd bu rhai tebyg iddo, na feddent ar gyfoeth, yn noddi beirdd a barddoniaeth Gymraeg. Hwy a'u bath a wnaeth y bedwaredd ganrif ar ddeg a'r bymthegfed mor ddisglair; ac yr oeddent yr un mor raenus eu diwylliant a'r un mor Gymraeg eu hiaith ym Mrycheiniog, Maesyfed a'r Gororau ag mewn unrhyw ran o'r wlad, fel y tystiai Lewys Glyn Cothi a oedd mor hoff o'r ardaloedd hynny. O'r wlad honno ac o'r cefndir hwnnw y cododd John Penry. Yn Sir Frycheiniog y mae Cefn Brith lle y maged ef, ar lethrau Mynydd Epynt, y chwalwyd ei gymdeithas Gymraeg a diwylliedig gan y Swyddfa Ryfel ym 1940.

Mynnodd ei rieni yr addysg orau bosibl i'w mab disglair. Ar ôl bod yn ysgol ramadeg Aberhonddu graddiodd ym mhrif-ysgolion Caergrawnt a Rhydychen. Roedd Caergrawnt ar y pryd yn nythle Piwritaniaid—'Bolsiefiaid crefyddol yr oes', ys dywedodd Glanmor Williams, eithafwyr a oedd am ddymchwel y drefn eglwysig esgobyddol. Gan fod honno yn un â'r wlad-wriaeth yr oedd y Piwritaniaid o angenrheidrwydd yn chwyldro-adwyr politicaidd hefyd. Ymuno â hwy, a llafurio drostynt weddill ei oes fer, a wnaeth John Penry, er y gallasai fod wedi dilyn gyrfa dawel ysgolhaig.

Roedd yn bregethwr ac yn llenor. Efe oedd y Cymro cyntaf yn y cyfnod modern i efengylu'n gyhoeddus, gan ddechrau traddodiad a fu'n aruthrol ei werth ym mywyd ein gwlad. Ei gred ef oedd mai pregethu yw prif gyfrwng iachawdwriaeth. Du oedd y darlun a dynnai o gyflwr ysbrydol y bobl, a disgynnai ei lach yn drwm ar gefnau'r offeiriaid; eu mudandod hwy, yn ei farn ef, oedd yn gyfrifol am anwybodaeth affwysol y bobl o'r Beibl. Ni phregethai'r mwyafrif ohonynt o un pen o'r flwyddyn i'r llall. Pan oedd William Morgan, cyfieithydd y Beibl, yn ficer Llanrhaeadr-ym-Mochnant, tri yn unig o holl offeiriaid esgobaeth Llanelwy a fedrai bregethu o gwbl. Ysid Penry gan ei

JOHN PENRY   *Rhiannon Prys*

awydd i weld pregethu'r Gair yng Nghymru. Dyna ble canolog ei lyfryn cyntaf, yr *Aequity*, a gyhoeddodd yn bedair ar hugain oed.

Yn Saesneg y sgrifennai'r llenor galluog hwn. Ni byddai'n fawr gwell o sgrifennu'n Gymraeg a neb i brynu ei waith. Hyd yn hyn nid oedd neb yng Nghymru a gydymdeimlai â'r Piwritaniaid; byddai'n rhaid aros dwy genhedlaeth cyn cyhoeddi llyfrau Morgan Llwyd o Wynedd. Anelwyd llyfrau Saesneg Penry at yr awdurdodau gwladol ac eglwysig, a'r rheiny ynghlwm wrth ei gilydd. Ple angerddol i'r Senedd ar ffurf deiseb oedd yr *Aequity*, 'in the behalf of the country of Wales', yn galw am efengylu yng Nghymru. Yn ddiweddarach, mabwysiadwyd ei gynllun o bregethu teithiol gan lywodraeth Cromwell. Pwysai hefyd am gyfiethiad buan o'r Beibl i'r Gymraeg.

Aelod seneddol Caerfyrddin a gyflwynodd yr apêl i'r Senedd. Pan gyhoeddwyd y llyfryn, digiodd yr Archesgob Whitgift a ystyriai'r pwyslais ar bregethu er iachawdwriaeth yn heresi. Carcharwyd Penry a'i ddwyn gerbron Llys yr Uchel Gomisiwn am ymosod mor chwyrn ar awdurdodau'r wladwriaeth a'r Eglwys. Mis o garchar a gafodd bryd hyn, ond nid yn ofer y dioddefodd. Symbylwyd Whitgift i weithredu'n gynt ynghylch cyfieithu'r Beibl i'r Gymraeg. Rhoddodd gymorth personol i William Morgan i orffen ei waith ac i ddwyn ei gyfieithiad trwy'r wasg y flwyddyn honno.

Llyfr gogyfer â Chyngor Cymru oedd y nesaf, Anogaeth '*unto the Governors and People of Her Majesty'r Country of Wales.*' Deliai ei drydydd llyfr hefyd, *A Defence*, â chyflwr ac anghenion 'Her Majesty's Country of Wales'. Cyflwyno meddyginiaeth y Piwritaniaid a wnâi'r ddau hyn. Credai Penry fod disodli'r drefn esgobol yn amod efengylu effeithiol yng Nghymru; ac yn Lloegr yn unig yr oedd gobaith creu mudiad diwygiadol digon cryf i sicrhau hynny.

Gwasg gudd anghyfreithlon Robert Waldegrave a argraffodd yr ail a'r trydydd llyfr. Chwiliai ysbïwyr y Llywodraeth am y wasg a'i hela o fan i fan. Dwyshawyd y chwilio pan argraffodd Waldegrave lyfrynnau Martin Marprelate a chwipiai'r awdurdodau â dychan deifiol. Amheuwyd mai John Penry oedd eu hawdur; cred Pennar Davies mai ef yn wir oedd yr awdur. Sut bynnag, bu'n rhaid iddo ffoi i'r Alban annibynnol a Phres-byteraidd, yn ŵr priod saith ar hugain oed. Er i'r Frenhines Elizabeth ddanfon llythyr at James, brenin yr Alban, yn gofyn iddo ddanfon Penry yn ôl, cafodd aros yno'n gwbl ddiogel am dair blynedd. Ni allai'r Frenhines nac Eglwys Loegr roi llaw arno. Yna dychwelodd o'i wirfodd i Lundain ac ymuno yno â chynulleidfa o Annibynwyr, yr Annibynnwr Cymreig cyntaf. Chwe mis yn ddiweddarach bradychwyd ei bresenoldeb gan ficer Stepney a chymerwyd ef eto i'r ddalfa.

Pam y gadawodd ddiogelwch yr Alban? Mewn llythyr a ddan-fonodd o'r carchar at William Cecil, prif weinidog Elizabeth, gŵr o dras Gymreig, apelia fel 'gŵr ieuanc tlawd . . . wedi fy ngeni a'm magu ym mynyddoedd Cymru', a dywed mai'r hyn a barodd iddo anghofio ei berygl ei hun oedd taerineb ei awydd i

'ddefnyddio'r ychydig dalent sydd gennyf dros fy annwyl wlad, lle y gwn fod fy nghydwladwyr yn marw o eisiau gwybodaeth. Dyma fy unig reswm dros adael; gallwn fod wedi aros yn y wlad honno (Yr Alban) trwy gydol fy mywyd.'

A soniai am ei 'ddymuniad cryf i weld yr Efengyl yng ngwlad fy nhadau.'

Ar ôl ei garcharu ar Ebrill 10fed dygwyd ef i ymchwiliad cyhoeddus yn yr Old Bailey, ac wedyn ar 25 Mai gerbron y *Kings Bench* ar gyhuddiad o frad a therfysg a gwrthryfel. Mewn achos a fu'n wawd ar gyfiawnder, seiliwyd y cyhuddiad, er syndod i Penry, ar bapurau preifat digon diniwed a ddygwyd trwy ladrad o'i stafelloedd yn yr Alban. Ni chaniatawyd iddo gymorth cyfreithiwr, a heb roi cyfle iddo ei amddiffyn ei hun, gorchmynnwyd y rheithgor gan yr Arlgwydd Brif Ustus i ystyried eu dedfryd. Wrth gwrs fe'i cafwyd yn euog a'i ddyfarnu i farwolaeth. Roedd Whitgift a'r sefydliad wedi cael eu ffordd. 'Penry must die, right or wrong', meddai Neale am eu hagwedd yn ei lyfr safonol ar hanes y Piwritaniaid. 'O Dduw, dyma gamwedd', fel y dywedodd Dic Penderyn ar y grocbren yng Nghaerdydd bron ddwy ganrif a hanner yn ddiweddarach.

Ni chafodd John Penry weld ei wraig na'i bedair merch fach, oll dan bum mlwydd oed, yn ystod saith wythnos ei garchariad, na chael ffarwelio â hwy cyn mynd i'r grocbren. Er iddo ysgrifennu llythyr apêl at yr Arglwydd Burghley, daeth y diwedd yn gyflym, cyn i hwnnw fedru symud yn effeithiol. Ganol dydd Dydd Mawrth 29 Mai, pan oedd ar ginio yn ei gell, galwodd swyddogion arno i ddweud ei fod i farw am bump y prynhawn. Fe'i llusgwyd ar glwyd trwy strydoedd Llundain i St. Thomas a Watering, ac yno, heb neb o'i deulu na'i gydnabod yn agos, fe'i crogwyd, yn ddeg ar hugain oed. Ni ŵyr neb fan ei fedd. Lle bynnag y mae, ynddo syrthiodd y fesen y tyfodd ohoni dderwen fawr, Ymneilltuaeth Gymreig, a fyddai'n gwneud cymaint i gryfhau iaith a hunaniaeth genedlaethol Cymru.

MORGAN LLWYD 1619 - 1659

Ardudwy, lloches yr hen ddiwylliant Cymreig, a fagodd Edmwnd Prys a beirdd mwyaf yr ail ganrif ar bymtheg, ac Ardudwy oedd cynefin Elis Wynne o Lasynys, ysgrifennwr ein rhyddiaith odidocaf. Yn Ardudwy'r ganrif honno ffynnai'r traddodiad llenyddol cryfaf yng Nghymru. I'r traddodiad hwnnw y ganed Morgan Llwyd. Onid Edmwnd Prys ei hun a'i bedyddiodd? Ac onid oedd yn ŵyr i Huw Llwyd o Gynfal, y milwr o fardd enwog a ymladdodd yn erbyn arglwyddi Sbaenaidd yr Iseldiroedd ac a ddychwelodd i Ardudwy gan gadw tŷ agored i feirdd yn null uchelwyr Cymru ers canrifoedd?

Yn bymtheg oed aeth Llwyd i ysgol yn Wrecsam, y dref fwyaf yng Nghymru, tref a ddylanwadwyd gan yr egni ysbrydol mawr a ffrydiai drwy ddwyrain y wlad bryd hynny. Walter Cradog o Went oedd ei ladmerydd yno; byddai eglwys fawr Wrecsam dan ei sang am chwech y bore i wrando ar ei bregethu gwefreiddiol. Daeth y llanc o Ardudwy o dan ei gyfaredd ac fel disgybl iddo fe'i dilynodd i Lanfaches yng Ngwent, lle'r oedd cwmni o benaethiaid nodedig y Piwritaniaid Cymreig yn ymgynnull dan arweiniad William Wroth. Yn eu plith roedd William Erbury o Gaerdydd, cyfrinydd a ddylanwadodd yn drwm ar y Llwyd ifanc. Cymry

MORGAN LLWYD   *Rhiannon Prys*

Cymraeg oedd y rhain; yn Gymraeg y pregethent, ond yn Saesneg y sgrifennent. Golygai Cymru a'r Gymraeg fwy i Morgan Llwyd, a Chymraeg oedd iaith ei weithiau mwyaf. Ei ymgais fyddai piwritaneiddio Cymru trwy Gymreigio Piwritaniaeth.

Camsyniad yw gweld Piwritaniaeth fel un corff anhyblyg o feddwl. Cynhwysai lawn cymaint o amrywiaeth ag a wna sosialaeth heddiw. Ond mynnai'r Piwritaniaid oll ddisodli Esgobyddiaeth gan ffurf o lywodraeth eglwysig a fyddai'n amgenach yn eu barn hwy. Credai'r aden dde, y Presbyteriaid, mewn cyfundrefn gymanfaol, ganoliaethol, hierarchaidd. Piwritan aden chwith oedd Llwyd, Annibynnwr a fynnai weld awdurdod yn aros gyda'r gynulleidfa leol mewn eglwys gynnull debyg i Lanfaches a'r eglwys a gynullodd ef ei hun o'i gwmpas yn Wrecsam.

Yn ei fywyd gwleidyddol cefnogai Blaid y Bumed Frenhiniaeth a chwaraeodd ran mor bwysig yng ngwleidyddiaeth y cyfnod. Plaid chwyldroadol oedd hon a ddisgwyliai ail-ddyfodiad Crist i deyrnasu ar y ddaear. Morgan Llwyd a'i gyfaill Vavasor Powell oedd ei dau brif arweinydd Cymreig. Am ysbaid fer bu awenau'r llywodraeth yng Nghymru yn ei dwylo hi. Ond gydag amser, er iddo ddal i ymdeimlo i'r byw ag argyfwng yr amseroedd, deallodd Llwyd yr ail-ddyfodiad mewn modd ysbrydol yn hytrach na chorfforol. Ymdaflodd i waith dros y Senedd ac yn erbyn y brenin Charles, a thrwy gydol y Rhyfel Cartref cyntaf bu'n gaplan yn y fyddin; a bu eilwaith yn y fyddin wedi'r Rhyfel Cartref, yn erbyn y Tywysog Charles yn yr Alban y tro hwn. O dan lywodraeth weriniaethol Cromwell, am fod Cymru'n wlad mor frenhiniaethol, fe gafodd hi sylw arbennig a deddfwriaeth ar wahân. O dan Ddeddf 1650 er taenu'r Efengyl yng Nghymru, penodwyd Llwyd yn un o'r Cymeradwywyr a geisiai sicrhau dynion cymwys yn offeiriaid.

Roedd Llwyd yn feddyliwr gwreiddiol a threiddgar. Barn E. Lewis Evans oedd na chododd yng Nghymru ddysgawdwr a dehonglwr gwreiddiolach nag ef. Ynghyd â'i allu meddyliol cyfunai athrylith grefyddol a llenyddol a enillodd le unigryw iddo yn nhraddodiad Cristnogol a llenyddol Cymru. Cymerai ei brofiad personol le canolog yn ei feddwl. Ei brofiad, nid unrhyw awdurdod allanol, a warantai wirionedd iddo, nid y Beibl hyd yn oed, awdurdod sofran y Protestaniaid; ymosodai Llwyd ar wneud eilun o'r Beibl; chwilier am y Crist a guddir ynddo, meddai. Ond gan mai hunanoldeb, yn ei farn, yw gwraidd pob pechod, rhaid cael gwared ar yr hunan. Mai wolaeth yr Hunan ac ail-eni ysbrydol yw ei thema fawr. 'Rhaid yw dy ddiddymu di, cyn dy ddiddyfnu; a rhaid yw dy ddiddyfnu di, cyn dy ddiddanu di.'

Dysgodd lawer gan Jacob Boehme, Almaenwr o gyfrinydd a gredai yntau fod ysbryd Duw yn trigo ymhob dyn. Cyfieithodd ddau o lyfrau Boehme i'r Gymraeg. Porthent gred angerddol Llwyd ym mhresenoldeb Crist ym mhob credadun, ac athrawiaeth y goleuni mewnol a'i arweiniodd i ymwrthod ag athrawiaeth etholedigaeth y Calfiniaid. Yn llyn oll, meddyliai yn debyg i'r Crynwyr a oedd yn drwm yn ei ddyled.

Gyda Morgan Llwyd y dechreua llenyddiaeth Gymraeg ddiweddar. Ef oedd y cyntaf i gyhoeddi llyfrau Cymraeg gwreiddiol. Bu'n lladmerydd i fywyd newydd ei gyfnod fel y bu Pantycelyn i'r Deffroad Mawr yn y ganrif nesaf. Ac, fel Pantycelyn, sgrifennai Saesneg coeth. Âi ar deithiau pregethu lawer fel Pantycelyn hefyd. Byddai weithiau yn teithio can milltir mewn wythnos gan bregethu sawl gwaith y dydd lle bynnag y câi gyfle, gan gynnwys ffeiriau a marchnadoedd. Ond ei lyfrau yw ei ogoniant. Mae *Llyfr y Tri Aderyn*, sy'n crynhoi ei argyhoeddiadau crefyddol, yn un o bennaf clasuron Cymru. Cyfunir ynddynt ddeall miniog a mynegiant telynegol un a oedd wedi'i drwytho yn y traddodiad Cymreig, a'r cyfan wedi ei fywhau gan angerdd y pregethwr. Er bod gwerth mawr yn ei farddoniaeth orau—ac ef oedd y cyntaf i gyhoeddi emynau Cymraeg—ei ryddiaith a sicrhaodd anfarwoldeb iddo. Colled anaele oedd ei farw'n ddeugain oed.

Gofynnai'r math o wirionedd a drafodai am ieithwedd farddonol. Fel y gwnâi Ann Griffiths hithau, y mae Morgan Llwyd yn meddwl, teimlo a rhesymu mewn delweddau. Yn ei holl waith goleuir y gwirionedd gan ffigurau ymadrodd a darluniau syml, yn aml yn erwin a bras, yn ffraeth a lliwgar, ond bob amser yn gweddu i'r dim i'r cyhoedd gwerinol y sgrifennai ar ei gyfer, fel y gwnâi ei iaith seml a chyhyrog. Defnyddia ddeialog yn helaeth nid yn unig am fod hynny'n ffasiwn boblogaidd ond am ei fod yn ffordd o fynegi'r tyndra eneidiol sydd yn ei waith.

Roedd galw cymeriadau wrth enwau adar ac anifeiliaid yn hen arfer yn y traddodiad llenyddol Cymraeg. Ardudwy a'i trwythodd yn y traddodiad hwn. Diwylliant Ardudwy oedd ei ddiwylliant, iaith Ardudwy oedd ei iaith. Y rhyngweithio rhwng ei ffydd a'i etifeddiaeth ddiwylliannol sydd wrth wraidd ei arbenigrwydd. Roedd yn Gymro hyd at fêr ei esgyrn er treulio blynyddoedd ymhlith y Saeson yn Lloegr. Rhêd ei gariad at ei genedl trwy'r cyfan a wnaeth. 'Mae hiraeth ar fy nghalon', meddai, 'am wasanaethu yn well fy Nuw a gwlad y Brutaniaid tirion.' Sêl dros argyhoeddi ei gydwladwyr a'i hysai. Dechreua *Gwaedd yng Nghymru* gyda geiriau sy'n adleisio John Penry:

> O Bobl Cymru! Atoch chi y mae fy llais, O Drigolion Gwynedd a'r Deheubarth, Arnoch yr wyf yn gwaeddu. Mae'r wawr wedi torri, a'r haul yn codi arnoch. Mae'r adar yn canu. Deffro, o Gymro, Deffro.

EDWARD LHUYD 1660 - 1709

Un o'r ysgolheigion Cymreig pennaf, Griffith John Williams, a ddisgrifiodd Edward Lhuyd fel yr ysgolhaig mwyaf amryddawn a galluog a welodd Cymru erioed a'r ysgolhaig mwyaf a gododd o'r gwledydd Celtaidd oll. Trychineb fawr oedd ei farw'n naw a deugain oed. Gelwid ef yn 'dad Palaeontoleg Prydeinig' ac yn 'sylfaenydd ffiloleg fodern'. Disgleiriai ei athrylith mewn botaneg, bioleg, daearyddiaeth, archaeoleg a ieitheg. Lhuyd y gwyddonydd, y naturiaethwr, y mae Rhydychen yn ei gofio, ond yng Nghymru cofir amdano fel sylfaenydd ysgolheictod Cymreig modern. Bu farw ysgolheictod y dyneiddwyr bron yn llwyr erbyn ei ieuenctid ef ac yr oedd rhagolygon dysg Gymraeg a Chymreig yn dywyll, ond fe'i hail-sefydlwyd gan Lhuyd ar

EDWARD LHUYD   *Llyfrgell Genedlaethol*

seiliau gwyddonol, gan ysbrydoli adfywiad ysgolheictod y ddeunawfed ganrif a welwyd ym Morrisiaid Môn ac Ieuan Brydydd Hir, Thomas Pennant, a Chymdeithas y Cymmrodorion a gychwynnwyd ym 1751.

Roedd yn fab anghyfreithlon i Edward Lloyd o Lanforda a berthynai i deulu o uchelwyr ar oror Powys, ardal gwbl Gymraeg ei hiaith bryd hynny. Bridget Pryse oedd ei fam, un o Brysiaid Gogerddan. Am naw mlynedd cafodd ei fagu gan famaeth o'r enw Catherine Bowen. Aeth i ysgol ramadeg Croesoswallt a bu'n athro yno cyn mynd i Goleg Iesu, Rhydychen, yn un ar hugain oed. Dangosodd ddiddordeb mawr mewn achau fel llanc ifanc cyn mynd i Rydychen a bu hefyd yn crwydro mynyddoedd Eryri a Meirionnydd, gan nodi chwech ar hugain o blanhigion a dyfai ar yr Wyddfa, hanner dwsin ohonynt heb fod yn adnabyddus i'r botanegwr mawr John Ray. Erys ei enw hyd heddiw ar un darganfyddiad nodedig, *Lloydia serotina*, planhigyn mynyddig prinnaf gwledydd Prydain. Diau mai ei ddisgleirdeb gwyddonol oedd achos ei benodi, pan oedd eto'n fyfyriwr, yn gynorthwywr i geidwad Amgueddfa Ashmole. Bu'n gysylltiedig â'r amgueddfa honno weddill ei fywyd. Darfu am statws gweinyddol Cymru yn derfynol ym 1689 gyda diddymiad Cyngor Cymru ond yr oedd y genedl yn parhau fel endid diwylliannol. Yno y byddai diddordeb Lhuyd.

Cyfnod cyffrous oedd hwn yn hanes ysgolheictod Lloegr, a Rhydychen oedd ei ganolfan. Daeth Lhuyd, Cymro disgleiriaf ei genhedlaeth, i gyffyrddiad yno â chwmni o ysgolheigion nodedig iawn, yn wyddonwyr a ieithyddion, hynafiaethwyr a golygwyr hen destunau, haneswyr lleol a haneswyr llenyddol. Eu cwestiynau parhaus ac amrywiol iddo am iaith a hanes Cymru a enynnodd ei ddiddordeb mewn pynciau ysgolheigaidd Cymreig. Mynnai wasanaethu Cymru fel y gwasanaethent hwy Loegr. Dechreuodd ddarllen llawysgrifau Cymraeg, maes newydd iddo. Darllenodd lyfrau mewn ieithoedd cyfandirol er mwyn casglu gwybodaeth am y Celtiaid a'r berthynas rhwng ieithoedd Ewrop â'i gilydd. Meistrolodd yr Wyddeleg, Cernyweg a Llydaweg. Ef yn anad neb a sefydlodd ieitheg gymharol ac

ieitheg Geltaidd. Efe hefyd a osododd seiliau safadwy i astud-
iaeth hanes Cymru.

Yn bymtheg ar hugain oed cyhoeddodd gynllun y gyfres fawr
o gyfrolau y bwriadai eu cyhoeddi—yr *Archaeologia Britannica*
—ar feysydd Celtaidd a Chymreig, gan gynnwys y berthynas
rhwng y Gymraeg a'r ieithoedd Celtaidd eraill, hynafiaethau
Cymru a'r gwledydd Celtaidd, llawysgrifau Cymraeg, Gwydd-
elig a Llydewig, a hen arferion ac ofergoelion. Pan fu farw'n
ifanc ac yn annisgwyl, y gyntaf yn unig o'r cyfrolau oedd wedi
ymddangos, a hynny gyda chymorth ariannol cyfeillion o
Forgannwg. Yn honno dangosodd hynafiaeth y Gymraeg, gan ei
holrhain yn ôl trwy'r Frythoneg i'r canrifoedd cyn-Gristnogol.
Roedd profi hynafiaeth y Gymraeg yn bwysig yn ei olwg am fod
hyn yn rhoi statws uchel i'r iaith. A chredai ymhellach y
byddai astudiaeth ohoni hi a'r ieithoedd Celtaidd eraill yn
arwain at ddarganfod hen wareiddiad.

Y gwaith hwn a'i cymerodd ar daith trwy'r holl wledydd
Celtaidd. Tanysgrifiadau a gasglodd gan gefnogwyr a wnaeth y
rhain, ac yn wir ei holl waith, yn bosibl. Ar Gymru y canol-
bwyntiai, a hynny a roes fwyaf o bleser iddo. Wrth sgrifennu o
Ddolgellau at gyfaill yn Rhydychen dywedodd, 'When we can
conveniently serve our native country it seems to lay a just
claim to our endeavours.' Chwiliai am henebau a hen law-
ysgrifau; holai am eiriau a thafodieithoedd. Ym 1697 yr aeth,
gyda thri chynorthwywr ifanc o Gymry, ar ei daith Gymreig
hwyaf, ac wedyn croesodd i Iwerddon, Cernyw a Llydaw lle y
carcharwyd ef am dair wythnos fel ysbïwr. Edmygai gyfrol yr
abbé Llydewig Paul-Yves Pezron ar y gymhariaeth rhwng
Cymraeg â Llydaweg a'u gwreiddiau cyffredin yn y gorff-
ennol pell, a dwedodd am Pezron, 'he hath infinitely outdone
our countrymen in national zeal.' Gwladgarwr glew oedd
Lhuyd pan oedd gwladgarwch Cymreig yn brin. Ar y daith
Gymreig hon y darganfu'r maen hynod yn eglwys Llanddewi-
brefi a gofnododd yn niwedd y chweched ganrif neu ddechrau'r
seithfed fod rhyw Idnerth fab Iago wedi ei ladd wrth amddiffyn
eglwys Dewi rhag ei hysbeilio—tystiolaeth i enwogrwydd
Dewi Sant yn ei ddydd. Cofnododd hefyd, cyn i'r tywydd ddileu

llawer ohonynt, y geiriau ar golofn Eliseg sy'n olrhain achau teulu brenhinol Powys i Facsen Wledig.

Ei ddulliau mwyaf cyffredin o gasglu gwybodaeth oedd trwy holiadur a ddanfonai i bob plwyf a llythyrau at ei gyfeillion ar hyd a lled Cymru, tua hanner cant ohonynt i gyd, llawer wedi dod o dan ei ddylanwad fel myfyrwyr yn Rhydychen. Meddai ar bersonoliaeth fywiog a chynnes a daniai eu brwdfrydedd. Cymry oedd mwyafrif cyfeillion y gŵr hynod gyfeillgar hwn. Dywed un ohonynt yn ei atgofion amdano:

> At evenings, after his hard study in the day-time, he used to refresh himself among men of learning and inquiry, and more particularly Cambro-Britons, in friendly conversations on subjects of British antiquity; communicating his extensive knowledge therein with much good humour, freedom and cheerfulness.

Dyma fath o ragflaenydd i Gymdeithas Dafydd ap Gwilym a sefydlwyd bron ddwy ganrif yn ddiweddarach.

Er na bu erioed yn ddim ond tlawd, yn fuan ar ôl iddo raddio yn Rhydychen cyflogai gynorthwywyr o ysgolheigion ifainc a ddeuai o'r ysgolion gramadeg. Cymry oedd y rhain hefyd, i gyd ond un. Ynghyd â chyflog bach, rhoddai Lhuyd hyfforddiant iddynt hwy, ac aent ymlaen i goleg. Dyma enwau rhai ohonynt: Moses Williams, Alban Thomas, Hugh Thomas, David Evans, Robert Wynne, John Lloyd, Maurice Jones, David Parry, Rhys Morgan, William Jones, Henry Bowen a William Rowland. Gweithiai'r rhain yn aml mewn dygn dlodi, yn brin o fwyd a dillad. Bu rhai ohonynt yn cynorthwyo Lhuyd yn Amgueddfa Ashmole ar ôl iddo ddod yn guradur, gan ei gwneud yn ganolfan ymchwil Geltaidd. Âi rhai gydag ef ar ei deithiau, ond eu gwaith pennaf oedd ei gynorthwyo i gopïo llawysgrifau. Er enghraifft, gwnaeth gatalog o lawysgrifau Hengwrt a chopïo gwaith Taliesin, Aneirin a Myrddin. Pan ddarganfu *Llyfr Coch Hergest* ym Morgannwg yr oedd yn gyffro i gyd. Dyma ganu Llywarch Hen, gweithiau'r Gogynfeirdd, y Mabinogi, y rhamantau, y brutiau a thestunau rhyddiaith yr oesoedd canol. Fe'i syfrdanwyd.

Bu farw pan oedd ar drothwy cyflawni peth o'i waith mwyaf creadigol, y gŵr y sgrifennodd yr ysgolhaig Hearn amdano ei fod heb uchelgais am anrhydedd a dyrchafiad: 'what he does is purely out of Love to ye Good of Learning and his Country.'

Yn fuan ar ôl ei farw cyhoeddodd un o'i gydweithwyr, John Morgan, gadwyn o ddau ar bymthcg o cnglynion marwnad nodedig. Gyda John Morgan y dechreuodd y mudiad clasurol yng Nghymru. Cawn gip ar ffordd Morgan o feddwl gan y sylw a wnaeth i Moses Williams—yr unig un a gyflawnodd rai o fwriadau Edward Lhuyd—fod dysgu trwy'r Saesneg mewn ysgolion Cymreig mor 'preposterous and ridiculous' â dysgu bechgyn o Saeson trwy gyfrwng Lladin a Groeg.

Hwyliaist o'r llwybrau helaeth, gan hoffi
    Anhyffordd Wybodaeth
    Allan o'n Dysg, lle nid aeth
    Un Dyn i Derfyn d'Arfaeth.

Meini nadd a Mynyddoedd, a Gwaliau
    Ac olion Dinasoedd,
    A dail dy Fyfyrdod oedd
    A hanesion Hen Oesoedd.

Chwiliaist, ti gefaist yn gyfan Addysg
    Y Derwyddon allan,
    A bri y Cewri, a'u cân,
    A'u Hiroes gynt, a'u Harian.

Garw yw huno Gŵr hynod, heb orffen
    Ei berffaith Fyfyrdod,
    Rhoddem a feddem dy fod
    O law Angau, Lew yngod.

A thra bo Athro bywiawl, na cherrig
    Na Chaerau Dieithrawl,
    Nag un Llyseuyn llesawl,
    Na hen Iaith, bydd faith dy Fawl.

GRIFFITH JONES   *Rhiannon Prys*

GRIFFITH JONES 1683 - 1761

Anodd gorbwysleisio pwysigrwydd gwaith Griffith Jones, arloeswr mawr cynharaf addysg oedolion yng ngwledydd Prydain. Fel arweinwyr Cymru fodern yn gyffredinol, o blith y werin y cododd ef. Fe'i ganed ym Mhen-boyr yng ngorllewin bryniog Sir Gaerfyrddin, ac ar ôl cyfnod yn ysgol y pentref bu'n bugeilio defaid. Yn ei arddegau aeth i ysgol ramadeg Caerfyrddin gan aros yno hyd at ugain oed â'i fryd ar fynd yn offeiriad. Ni bu mewn academi na phrifysgol. Yn bump ar hugain oed cafodd ei ordeinio'n ddiacon, a bu'n gurad yn sir

Benfro a sir Aberteifi cyn mynd ym 1709 i Lacharn, y cylch y
treuliodd weddill ei fywyd ynddo. Gofalai am ysgol a sefydlwyd
gan Syr John Philipps o dan nawdd yr S.P.C.K., sef Y Gym-
deithas er Taenu Gwybodaeth Gristnogol. Ychydig yn ddiwedd-
arach bu arno chwant mynd yn genhadwr i India. Petasai wedi
mynd, ef a fuasai'r cenhadwr cyntaf o Brydain yno. Ond er
gweithio i ddysgu ieithoedd ar gyfer y gwaith, penderfynodd yn
y diwedd aros yng Nghymru, 'fel un a allai weithio'n well dros
ei braidd ei hun', meddai.

Un nod a fu ganddo ar hyd ei oes, sef achub eneidiau ei gyd-
ddynion. Cyrchodd at y nod hwn gydag ymroddiad angerddol
i'w ryfeddu, yn gyntaf trwy bregethu. Roedd yn un o'r pregeth-
wyr mwyaf a welodd Cymru erioed, yn ail yn unig i Daniel
Rowland meddid. Un o'i ddychweledigion ef oedd Rowland.
Chwarter canrif cyn amser Howel Harris, un arall o'i ddisg-
yblion, dilynai'r tyrfaoedd Griffith Jones. Gydag ef y dechreuodd
deffroad ysbrydol mawr y ganrif. Galwyd ef yn Ioan Fedyddiwr
y diwygiad. Gorlenwai eglwysi, ond hefyd, fel y Piwritaniaid
ddwy genhedlaeth ynghynt, pregethai yn yr awyr agored gan
ddenu torfeydd o dair a phedair mil i wrando arno. Dwedai hyn
lawer am ansawdd y werin Gymreig yn ogystal â mawredd y
pregethwr; nid anwar mo pobl a wrandawai am oriau ar bregeth.
Gwnaeth Llanddowror yn Feca Cristnogion Cymru fel y deuai
Llangeitho genhedlaeth yn ddiweddarach. Ond tarfai hyn ei
esgob o Sais a gwynai'n dost am y pregethu ar ddyddiau'r
wythnos mewn eglwysi, mynwentydd ac ochrau'r mynyddoedd.
Dygwyd Griffith Jones sawl gwaith gerbron llys yr esgob am
ymddygiad gwrthryfelgar. Ond yr oedd ganddo gyfeillion da
ymhlith gwŷr tiriog o ddylanwad. Wrth sgrifennu i'w amddiffyn
ddwedodd sgweier Clog-y-frân, Sir Gaerfyrddin, er enghraifft,
'It is certain that Mr. Jones is one of the greatest masters of the
Welsh tongue that ever Wales was blessed with.'

Ei brif gefnogwr oedd Syr John Philipps o Gastell Pictwn, un
o Gymry gorau ei oes, gŵr a wnaeth waith mawr dros yr achos
Cristnogol mewn amrywiol feysydd. Ei gefnogaeth ariannol
dywysogaidd i'r S.P.C.K., y bu'n llywydd arni, a enillodd i
Gymru sylw'r Gymdeithas nerthol honno cyn i Griffith Jones

gael ei urddo. Yr S.P.C.K. a fu'n gyfrifol am y cyfan bron a gyhoeddwyd yn Gymraeg yn nechrau'r ganrif. Trwy Syr John Philipps, ac wedyn Bridget Bevan, a elwid yn Madam Bevan o achos urddas ei safle cymdeithasol, daeth Griffith Jones yn gyfarwydd â chefnogwyr cefnog o ddylanwad. Ond ei rinweddau ei hun a enillodd eu hymddiriedaeth hwy ac a gadwodd eu cefnogaeth ffyddlon. Hyn a wnaeth gamp ei fywyd yn bosibl. Priododd chwaer John Philipps, a dylanwad Syr John a sicrhaodd ei benodi'n rheithor Llanddowror.

Yn ei ganol oed daeth Griffith Jones i'r casgliad nad oedd pregethu'n ddigon i achub eneidiau. Byddai'n rhaid wrth ddysgu a hyfforddi. Ond nid oedd yn bosibl hyfforddi pobl yn effeithiol oni fedrent ddarllen. Gan hynny, roedd yn rhaid dysgu'r werin i ddarllen. Er mwyn gwneud hyn trawodd ar gynllun syml yr ysgolion cylchynol, ac yn ŵr wyth a deugain oed yn dioddef oddi wrth y pruddglwyf a'r fogfa—gwan fu ei iechyd ar hyd ei oes—ymdaflodd gydag egni dihysbydd i waith mwyaf ei fywyd. Hyn oedd y cynllun: rhwng Medi ac Ebrill, pan oedd leiaf o waith ar y tir, âi athro i gylch am dri mis, weithiau am chwech, ar wahoddiad offeiriad neu rywun mewn awdurdod, i gynnal ysgol mewn adeilad addas. Ar ôl treulio tymor yno symudai'r athro i gylch arall. Câi'r athrawon eu talu, cyflog bychan mae'n wir ond digon i'w cynnal. O'r dosbarth gweithiol y deuent fel arfer. Ymhlith llawer o athrawon ardderchog yr oedd yr emynydd Morgan Rhys o Gil-y-cwm, John Thomas Myddfai, awdur *Rhad Ras*, a fu'n was gyda Griffith Jones, a Howel Harris ei hun. Am flynyddoedd, hyfforddwyd yr athrawon ganddo yn Llanddowror. Chwaraeodd cannoedd lawer o offeiriaid eu rhan; yn ei adroddiadau blynyddol i'w gefnogwyr, *Welch Piety*, dyfynna Griffith Jones o chwe chant o'r miloedd llythyrau a dderbyniodd ganddynt. Amlyga hyn sefyllfa oleuach yn yr offeiriadaeth nag a ddarluniwyd gan ddiwygwyr diweddarach.

Plant ac oedolion, yn gymysg â'i gilydd, oedd y disgyblion. Yn y cyfnod cynnar gallai'r mwyafrif yn y dosbarthiadau dydd fod yn oedolion ond yn nes ymlaen y dosbarthiadau nos a fynychent hwy. Ac onid oedd hyn hefyd yn adlewyrchu ansawdd y werin, fod ugeiniau lawer o filoedd, er eu tlodi a'u hafiechydon creulon, yn sychedu am gael darllen a gwybod, a hynny nid er mwyn dod ymlaen yn y byd? Gydag eithriadau prin yng ngwaelod sir Benfro, Cymraeg oedd iaith yr ysgolion, a dysgwyd darllen y Gymraeg odidocaf oll, Cymraeg y Beibl, a hynny ar adeg pan oedd yr iaith lafar yn suddo i gyflwr peryglus o wael, fawr gwell na chasgliad o dafodieithoedd yr anllythrennog.

Cynyddodd rhif yr ysgolion yn gyflym nes cyrraedd dros ddeucant y flwyddyn. Erbyn marw Griffith Jones yr oedd bron i dair mil a hanner wedi eu cynnal a thua 154,000 o ddisgyblion wedi mynychu'r dosbarthiadau dydd. Rhwng y dosbarthiadau dydd a nos bu cyfanswm o dua thri chan mil o ddisgyblion yn yr ysgolion, sef tua thri chwarter poblogaeth y wlad gyfan. Cymru oedd y wlad fwyaf llythrennog yn Ewrop, ac aeth sôn am ei chyfundrefn addysg ar led, gan dynnu sylw Cathrin Fawr o Rwsia. Dim ond trefnydd athrylithgar a gweithiwr aruthrol o galed a allai gyflawni'r gamp o drefnu ar raddfa mor eang a chymhleth, trefnu adeiladau a thestun-lyfrau, penodi athrawon a'u talu, eu hyfforddi a'u harolygu, a chasglu cyllid nid yn unig i dalu am lyfrau ac athrawon ond hefyd i gynnal llu o dlodion yn ystod tymor eu haddysg. Byddai Griffith Jones yn ymwneud â holl fanylion y trefnu hwn. Roedd yn ŵr busnes da. Er enghraifft, prynai bentyrrau mawr o lyfrau ar y tro er mwyn eu cael yn rhatach a bargeiniai gost y cludiad gyda'r llongau a'u dygai i gei Caerfyrddin. Ar ben hyn oll sgrifennai esboniadau tra dylanwadol ar y catecism i'w defnyddio yn yr ysgolion.

Rhoddwyd cymorth mawr iddo gan Bridget Bevan, Cymraes gyfoethog, gwraig aelod seneddol Caerfyrddin a merch i John Vaughan, Cwrt Derllys, Sir Gaerfyrddin, yntau'n gyfaill i Syr John Philipps. Meddai hi ar blas yn Lloegr yn ogystal â Chymru a chymysgai â bonedd Seisnig yr S.P.C.K. a gyfrannai at gynnal yr ysgolion Cymraeg. Ond hi ei hun oedd yr haelaf ei chefnogaeth. Arni hi y pwysai'r trefnydd pruddglwyfus am gynhaliaeth i'w ysbryd; a hi a gariodd y gwaith ymlaen ar ôl ei ddydd.

Griffith Jones oedd gŵr mwyaf allweddol ei ganrif, yn dad ysbrydol y Deffroad Mawr ac yn athro'r genedl. Ei lafur ef a ddygodd y werin dlawd yn ôl i'r grefydd Gristnogol; ef a rocs y

Beibl yn ei llaw ac a adferodd ystyr i'w bywyd. Disgyblion ei ysgolion ef a fynychai seiadau Howel Harris ac a ganai emynau Pantycelyn. Sicrhaodd ei waith drosglwyddo'r iaith Gymraeg trwy'r cenedlaethau yn ei holl ddisgleirdeb gan esgor ar y diwylliant gwerinol deallusol a fu'n ogoniant y genedl.

IEUAN BRYDYDD HIR 1731 - 1788

Pennaf ysgolhaig deffroad ysgolheictod y ddeunawfed ganrif, ac un o ddau brif fardd clasurol ei gyfnod, oedd Evan Evans, gŵr tal tenau a adwaenid fel Ieuan Brydydd Hir, mab Siencyn Ifan, ffarmwr yn Lledrod, Ceredigion. Cafodd addysg glasurol yn ysgol enwog Ystrad Meurig o dan Edward Richard yr ysgolhaig o fardd, awdur y bugeilgerddi, ac wedyn yng Ngholeg Merton, Rhydychen. Treuliodd chwe mis yn Academi Caerfyrddin yn ychwanegu Arabeg at yr ieithoedd clasurol. Bywyd trist ac unig a gafodd, gofidus ac afradlon, yn ymgodymu ar ei hyd â thlodi a diffyg gwaith, a'r ddiod yn ei lethu'n lân; ond ymroddodd yn arwrol i lafurio dros Gymru a'i hiaith, ei hanes a'i hen lenyddiaeth, ac ynddo ef yn anad neb y gwelir balchder cenedlaethol yn aeddfedu.

Lewis Morris a enynnodd ei ddiddordeb mewn llenyddiaeth Gymraeg glasurol ac a'i hyfforddodd mewn cerdd dafod, a hynny cyn iddo fynd i Rydychen. Lewis Morris a'i frodyr Richard a William—Morysiaid Môn—oedd arweinwyr y deffroad mewn ysgolheictod. Richard a sefydlodd Gymdeithas y Cymmrodorion y gobeithiai ei gweld yn datblygu yn 'academi' Gymreig debyg i'r Academi Ffrengig neu'r *Royal Society.* Ymhen deng mlynedd gallai adrodd fod 'dim llai na 80 o ysgolheigion Coleg yr Iesu yn Rhydychen wedi gyrru eu henwau ataf i gael dyfod yn aelodau gohebol o Gymdeithas y Cymmrodorion'. Y Morysiaid oedd noddwyr cyntaf Ieuan Brydydd Hir; Lewis a'i danfonodd yn brentis fardd at sgweier Nannau, William Vaughan.

Fel Goronwy Owen, curad oedd Ieuan a fethai â chael gofalaeth, ond tra bod Goronwy, a fu'n ysglyfaeth i'r ddiod hefyd, wedi ymfudo i America, mynnai Ieuan aros yng Nghymru, er iddo gael ei orfodi i fynd i Loegr fwy nag unwaith yn ystod ei grwydriadau mynych i chwilio am waith. Bu'n gurad mewn amryw fannau yng Nghymru o Fôn i Fynwy. Pan oedd ym Maesaleg ac mewn cysylltiad agos â Iolo Morganwg ysgrifennodd ei gadwyn o englynion gwych i Lys Ifor Hael:

IEUAN BRYDYDD HIR   *Rhiannon Prys*

Llys Ifor Hael, gwael yw'r gwedd,—yn garnau
Mewn gwerni mae'n gorwedd;
Drain ac ysgall mall a'i medd,
Mieri lle bu mawredd.

Mewn llythyr at Owain Myfyr dywedodd Iolo amdano, 'Y mae'r byd yn isel iawn arno. Yr wyf yn meddwl mai'r un tlotaf o'i alwedigaeth yn yr ynys yw'. Efallai bod gwendid y ddiod yn ei rwystro, ond yr oedd yr un gwendid mewn llu o offeiriaid yr oes honno. Y prif rwystr ar ei ffordd yn sicr oedd anghymreigrwydd a gwrth-Gymreigrwydd yr esgobion yng Nghymru, Saeson bob un heb air o Gymraeg rhyngddynt. Bu Ieuan am gyfnod yn gaplan mewn llong ryfel, yr *Achilles*, ac am ychydig ddyddiau bu'n filwr. Fe'i taflwyd yn gyflym allan o'r fyddin pan ddarganfuwyd ei fod mewn urddau.

Gwlad fach dlawd oedd Cymru, heb fywyd trefol o bwys, ei hymwybyddiaeth genedlaethol, yn dilyn y Rhyfel Cartref, wedi disgyn i'w man isaf. Ar ôl diddymu Cyngor Cymru ym 1689 nid oedd ganddi sefydliad gwleidyddol o gwbl, a chyn bo hir câi Llys y Sesiwn Fawr ei ddileu hefyd. Heb lyfrgell na phrifysgol nid oedd ganddi ganolfan ddiwylliadol; roedd ei thrysorau ar chwâl mewn plastai ar hyd a lled ei daear ac yn Lloegr hefyd. Sylweddolodd Ieuan Brydydd Hir mai gwaith sylfaenol ysgolhaig Cymraeg oedd darganfod a chopïo hen lawysgrifau. Golygai hyn grwydro'r wlad i ymweld â llyfrgelloedd y plastai. Efe yw'r enghraifft glasurol o'r ysgolhaig crwydrol. Gwnaeth ddarganfyddiadau cynhyrfus. Daeth o hyd i *Gododdin* Aneirin a gwaith Taliesin a llawer trysor o Oes y Tywysogion yr anghofiwyd ers canrifoedd am eu bodolaeth. Pan ddarganfu'r *Gododdin* ysgrifennodd Lewis Morris yn gyffrous at Edward Richard, 'This discovery is to him and me as great as that of America by Columbus.' Copïodd awdlau'r Gogynfeirdd ac englynion Llywarch Hen allan o *Lyfr Coch Hergest* yn Rhydychen. Cyfieithodd rai o'r rhain yn ei lyfr *Some Specimens of Poetry of the Antient Welsh Bards* a amlinellodd yn hynod fedrus hanes mil o flynyddoedd o farddoniaeth Gymraeg hyd at yr unfed ganrif ar bymtheg. Fe'i cyhoeddwyd, meddai, 'in honour to my country.' Hwn yw ffrwyth pennaf adfywiad clasurol y ddeunawfed ganrif. Parhaodd yn ysbrydiaeth i ysgolheigion Celtaidd am genedlaethau. Enynnodd ddiddordeb mawr yn Lloegr ymhlith beirdd ac ysgolheigion, Thomas Gray, Samuel Johnson a'r Esgob Percy yn eu plith. Cyfieithodd Ieuan awdlau i'r Lladin er mwyn Thomas Gray, awdur *Elegy in a Country Churchyard*, a sgrifennodd lawer cân ar themâu Cymreig gan gynnwys *The Bard*. Bu'r trigain a deg cyfrol o lawysgrifau Ieuan a ddaeth i feddiant noddwr o Sais, Paul Panton, yn dyst i'w ymroddiad dyfal.

Mawr oedd ei bryder dros Gymru:

> Gwae i wlad Gymru druan,
> Aeth i gyd yn noeth a gwan;
> At fawrion glythion ein gwlad
> O dir Lloegr deuai'r llygriad.

Mawr hefyd oedd ei gariad ati. Dywed R. M. Jones mai efe yw'r llenor cyntaf i gofnodi ei gariad at Gymru yn yr ystyr o lawenhau yn ei phriodoleddau, ei hiaith, ei thiriogaeth, ei phobl. Mewn cerdd Saesneg hir a gyflwynodd i Syr Watkin Williams Wynn anogodd wŷr cefnog Cymru i garu'r wlad yr ymddieithriodd eu teuluoedd oddi wrthi ers canrif neu ddwy. Pan ymosododd Arglwydd Lyttleton ar y gân, amddiffynnodd Ieuan ei hun: 'What I have done is merely out of love to my country.' Gan daro nodyn newydd yn ein llên, geilw ar Garadog, Gwrtheyrn, Emrys Wledig, Arthur, Urien, Maelgwn Gwynedd, Llywarch Hen, Taliesin ac Aneirin o'r oesoedd cynnar i dystio i ddewrder y Cymry; a geilw wedyn ar arwyr yr oesoedd canol hyd at y Tywysog Llywelyn

> Brave Llywelyn for his country died

a thrwy ganrif yr ormes a ddilynodd ei ladd hyd at Owain Glyndŵr fawr.

> When under heavier pressures still they lay
> And bold usurping Henry bore the sway,
> The great Glyndŵr no longer could contain,
> But like a furious lion burst the chain.

Yn y canu hwn na chlywyd ei debyg ers canrifoedd gwelwn
eginyn cyntaf cenedlaetholdeb Cymreig modern.

Cariad at Gymru a'i hiaith a ddygodd y cenedlatholwr
cynnar hwn i wrthdrawiad â'r esgobion. Gwlad o dan ormes
Seisnig oedd Cymru, a rhan o'r gorthrwm a sistemateiddiwyd
gan y Ddeddf Ymgorffori oedd yr 'Esgyb anghyfiaith diffaith
diffydd' fel y galwodd Ieuan hwy. Am 150 o flynyddoedd bu
Cymru heb gymaint ag un esgob a fedrai siarad ei hiaith, a
phenodai'r esgobion Seisnig offeiriaid o Saeson uniaith i blwyfi
uniaith Gymraeg. Brwydrodd Ieuan yn lew yn erbyn y gorth-
rech hwn. Cyfansoddai gywyddau angerddol yn ei erbyn pan
oedd Williams draw ym Mhantycelyn yn canu emynau Seion.

> Esgobion yn Saeson sydd,
> Bugeiliaid heb gywilydd.

Ysgrifennodd lythyrau hir a gofalus at Archesgob Caer-gaint a'r
S.P.C.K. Danfonodd lythyr Cymraeg deg tudalen at y Cym-
mrodorion i ofyn am eu help yn y frwydr. Dywedodd yn hwn
am ei ymgais,

> i amddiffyn ein Gwlad a'n Hiaith yn erbyn yr estroniaid gormesol sydd
> yn ymhyrddu yn Esgobion arnom er mwyn budr elw ac nid er mwyn
> gofal eneidiau . . . (Haerent) mai ein lles yw colli iaith ein hynafiaid a
> dyfod yn Saeson cynhwynol.

Fel John Penry ddwy ganrif ynghynt mynnai,

> mai ein gwir les yw coledd a mawrygu iaith ein Gwlad, ac y byddai
> hefyd er lles tragwyddol eneidiau ein cydlwadwyr uniaith pe bai gennym
> fugeiliaid mwy hyddysg ynddi nag sydd ysywaeth yr awron gennym
> . . . Nid oes yr awron ond offeiriaid anwybodus o'r iaith yn perchnogi'r
> lleoedd gorau ymhob esgobaeth . . . Nid yw'r gwerinos uniaith yn
> derbyn nac adeiladaeth nac addysg, na'r tlawd elusennau na chardod
> oddiwrth y fath ormeswyr.

Galwai'n daer am,

> esgobion o'n cenedl ein hunain . . . a chael gair Duw yn ein Hiaith ein
> hunain . . . Y mae'r lleoedd pennaf ymhob Esgobaeth ym meddiant
> rhyw Sais neu'i gilydd, ac nid oes gan y Cymry ond bod yn gaethweision
> danynt.

Apeliodd at y Cymmrodorion,

> gwnewch eich gorau er gwrthod y cam y mae'r bleiddiau rheibus hyn yng nghrwyn defaid yn amcanu ei wneuthur inni, cyn ei bod hi ry ddiweddar.

Bu'n rhaid aros am bum cenhedlaeth ar ôl marw Ieuan Brydydd Hir cyn ennill y frwydr hon yn derfynol gyda dyfod hunanlywodraeth yr Eglwys yng Nghymru. Bu Ieuan farw fel y bu byw mewn tlodi ac ni bu maen i nodi man ei fedd.

HOWEL HARRIS 1714 — 1773

Un o'r werin oedd Howel Harris, mab i saer o Langadog a'i fam yn chwaer i of pentref Trefeca lle y ganed ef. Mewn pymtheng mlynedd rhyfeddol, rhwng ei ddwy ar hugain a'i ddwy ar bymtheg ar hugain oed, bu'n enau a symbylydd i'r Deffroad Mawr ac yn brif adeiladydd mudiad a newidiodd gwrs hanes cenedl y Cymry, gan ddwyn hyder a phwrpas i'w bywyd. Oni bai am ei athrylith creadigol ef y mae'n annhebyg y gwelsid Methodistiaeth Cymru'n datblygu'n rym mawr.

Fel Williams Pantycelyn, derbyniodd ei addysg yn athrofa Llwyn-llwyd, un o academïau'r Annibynwyr, a roddai well addysg na hen brifysgolion Lloegr. Cafodd fynediad i Rydychen ond dychwelodd oddi yno ar ôl arhosiad byr iawn. Cymeriad balch, nwydus a hunandybus oedd Harris bryd hyn; yn academi Llwyn-llwyd arswydai rhag i bobl sylwi ar dlodi ei dad. Ond pan oedd yn un ar hugain oed, wedi bod yn athro mewn pedair ysgol, cafodd ei gyffwrdd gan ysbryd y deffroad a gerddai wledydd Ewrop ac America. Pregeth gan ficer Talgarth oedd yr achlysur. Mewn canlyniad aeth ati i ddarllen y clasur defosiynol *Holl Ddyletswydd Dyn* a llyfrau defosiynol eraill, a gweddïai ddeg a phymtheg gwaith y dydd. Wrth weddïo yng nghlochdy eglwys Llangasty yn ymyl Llyn Syfaddan ac yntau dan bwysau llethol euogrwydd, fe'i cymhellwyd i'w roi ei hunan i Dduw, er na wyddai beth oedd ystyr hynny. Aeth i wasanaeth cymun ar fore'r Sulgwyn. 'Collais fy maich,' meddai, 'euthum adref gan lamu o lawenydd . . . mi a wn fod fy meiau wedi eu maddau.' Newidiwyd ei fywyd yn llwyr gan y profiad achubol hwn. O hynny allan Duw a gâi dywys ei fywyd.

Dyn bychan o gorffolaeth oedd Harris, dim ond ychydig yn dalach na John Wesley, ond mawr ei bersonoliaeth a mawr hefyd ei wendidau, yn uchelgeisiol a diamynedd, yn erwin ac awdurdodol, yn dymherus a chnawdol angerddol, gŵr anodd cydweithio ag ef. Gŵr cwbl ddihiwmor hefyd: 'Cefais demtasiwn i chwerthin neithiwr,' meddai yn ei ddyddiadur. Gallai ei berthynas â merched fod braidd yn amwys, ac arweiniodd hyn i gryn drafferthion yn achos Mrs. Sydney Griffith, proffwydes ifanc brydferth a yrrwyd o'i chartref gan ei gŵr o feddwyn ac a fu farw'n 32 oed. Ar y llaw arall gallai fod yn dyner ac yn deyrngar iawn i'w gydweithwyr, a syrthiai'n gyflym dan ei fai. Ni wnaeth neb gymaint ag ef i gymodi gwrthwynebwyr diwinyddol â'i gilydd. Efe a gadwodd John a Charles Wesley, a oedd yn Arminiaid, mewn perthynas gyfeillgar â George Whitefield, prif arweinydd Methodistiaid Calfinaidd Lloegr, ac â'r Methodistiaid Calfinaidd Cymreig. Efe hefyd a gadwodd yn felys y berthynas â'r Morafiaid a fu mor fawr eu dylanwad arno ef yn bersonol ac ar y Methodistiaid yn gyffredinol.

Roedd ei bregethu'n aruthrol ei rym; taniwyd a brawychwyd ei wrandawyr gan y tân a losgai ynddo. Gallai ddal deng mil yn ei law gydag awdurdod arswydus. Rhwygwyd ef a dihysbyddwyd ei nerth gan y traethu, ond byddai'r effaith ymhob man yn syfrdanol. Am bŵer a thân ei bregethu y soniai pawb yn ddiwahân. Mawr ddymunai George Whitefield ei hun 'ddal peth o'i dân'. Weithiau cynhyrfai ei bregethu awyr agored elyniaeth fileinig yn rhai o'i wrandawyr; dygodd hyn arno lawer ymosodiad anafus a gosod ei fywyd mewn perygl fwy nag unwaith. Llawer gwaith darllenwyd y Ddeddf Derfysg a'i ddwyn ef i'r ddalfa. Droeon taflwyd tyweirch a cherrig ato a choed a thom, dŵr lleidiog a baw. Yn Gelli Gandryll trawyd William Seward, ei gyd-bregethwr y diwrnod hwnnw, yn ei ben â charreg a bu farw o'i glwyfau, merthyr cyntaf y Methodistiaid. Daliai Harris yr

HOWEL HARRIS   *Llyfrgell Genedlaethol*

holl erlid hyn yn wrol. Yn wir, ymffrostiai fel Paul 'am fy nghyfrif yn deilwng i ddioddef amarch er mwyn fy annwyl Iachawdwr'. Ar ddiwedd teithiau a welsai ei drin yn arw canai emyn Almaenaidd a drosodd i'r Gymraeg:

> A raid imi rhag ofon dyn
> Wrthnebu ysbryd Duw ei hun,
> A digalonni ar air na gwaith
> Rhag bod yn dyst i'm Harglwydd maith?
>
> Os ofni cnawdol ddyn a wnaf
> A chelu gair fy Arglwydd Naf,
> Pa fodd y gallaf fi ryw bryd
> Sefyll mewn barn a derbyn llid?

Os oedd gwroldeb Harris yn wych yr oedd egni ei ymroddiad yn odidog. Teithiai'n ddi-baid gan bregethu ddwywaith neu dair y dydd, weithiau'n amlach. Nodweddiadol oedd y cofnod yn ei ddyddiadur amdano'n cyrraedd adref am bedwar y bore ar ôl taith o dros dair wythnos, un cant ar ddeg o filltiroedd, yn siroedd Aberteifi, Penfro a Chaerfyrddin. Câi ei wlychu i'r croen yn aml, ac yn fynych âi i'r gwely'n rhy flinedig i ddadwisgo. Wrth farchogaeth y câi amser i ddarllen.

At ei ddawn fel pregethwr yr oedd yn athrylith o drefnydd. Hyn a roes barhad i Fethodistiaeth. Howel Harris yn bennaf a greodd ei hadeiladwaith, a'r seiadau oedd y sail. Ynddynt ymgasglai credinwyr ynghyd, llawer ohonynt wedi dysgu darllen yn ysgolion Griffith Jones, er mwyn cael cymdeithas â'i gilydd, cyffesu eu pechodau a derbyn cyngor ysbrydol. Dewisai gynghorwyr da i'w harolygu. Yn ffarm y Wernos yn ymyl Llanfair-ym-Muallt y sefydlodd y cyntaf, tua Nadolig 1736. Ymhen pedair blynedd roedd hanner cant yn neheudir Cymru, ac o leiaf drichant a hanner ymhen deng mlynedd arall. Dim ond chwech ar hugain oed oedd Harris y pryd hynny. O'r seiadau hyn, a'u stiwardiaid ac arolygwyr cyffredinol, y deilliodd trefniadaeth y Methodistiaid Calfinaidd, y cyrddau misol, y sasiynau chwarterol a'r cymanfaoedd blynyddol.

Dyn tlawd a wnâi hyn oll, dyn a ddibynnai ar roddion seiadau a chyfeillion am gynhaliaeth—dibynnu ar yr Arglwydd a ddywedai Howel Harris. Pan oedd yn Llundain yn Awst 1741 heb ddimai ar ei elw, tystia i'r Arglwydd ddanfon chweugain ato. Pan oedd mewn dyled o £50 ym Mawrth 1746 dygodd yr Arglwydd ato arian o bob cyfeiriad, meddai, fel y medrai dalu ei ddyledion a hefyd brynu ceffyl. O dro i dro câi rodd o geffyl gan gyfeillion, a phrynent ddillad iddo ac ambell beriwig. Cyfrannai seiadau weithiau swllt, weithiau hanner coron neu goron pan ymwelai â hwy; ond ni chwrddai hyn â'i gostau bob amser. Cofnoda un tro iddo dderbyn llai na phumpunt at ei gostau ar hyd y chwe mis blaenorol. Gallai deithio cannoedd o filltiroedd heb dderbyn yr un geiniog. Dywed Gomer Roberts ei fod, fel Ffransis o Assisi, yn gweld tlodi yn beth prydferth.

Pregethai'n rhwydd yn Saesneg yn ogystal â Chymraeg ac yr oedd ei ddylanwad yn drwm yn Lloegr. Yn wir, pan fyddai George Whitefield i ffwrdd yn America am ysbeidiau hir, Howel Harris oedd arweinydd Methodistiaeth Galfinaidd Seisnig. Ond credai'n gryf y dylai'r Cymry lynu wrth eu hiaith, a lladdai ar y rheiny a oedd 'â chywilydd o'u hiaith a'u gwlad', a mwy nag unwaith anogodd 'yr hen Frythoniaid', ys dywedai, i wrthsefyll balchder Lloegr a barai i Gymry ddirmygu eu hiaith eu hunain; ac fe'u beirniadai'n llym am roi blaenoriaeth i'r Saesneg wrth addysgu eu plant.

Gwrthdrawiad personol rhyngddo â Daniel Rowland ac eraill, ynghyd â gwahaniaethau diwinyddol, a fu'n achos y rhwyg ym 1750 â chorff mwyaf Methodistiaid Cymru a fu'n gymaint rhwystr i ymdaith y Deffroad Mawr. Nid oedd neb a allai gymryd lle Harris. Enciliodd am ddeuddeng mlynedd o bob ymgyrchu cyhoeddus. Ond yn ystod y cyfnod hwnnw, creodd sefydliad rhyfeddol yn Nhrefeca, y cyntaf o'i fath yng ngwledydd Prydain. Roedd tebygrwydd rhwng Teulu Trefeca a chlasau'r Eglwys Geltaidd. Daeth teuluoedd cyfain i fyw ynghyd yno gan fwrw eu heiddo i'r gronfa gyffredin a byw ar elw ei 800 acer. Roedd gan bawb yno ei waith ei hun, ar y tir, saernïo, gwaith gof neu grydd, argraffu. Daeth bri ar ei argraffwasg ac ar arbrofion y Teulu â pheiriannau newydd a dulliau newydd o amaethu; yn y rheiny gwelwyd dechrau'r newid diwydiannol mawr yng Nghymru. Bu cymaint â thrigain o grefftau yno, gan gynnwys pensaernïaeth. Dyluniwyd yr adeiladau hardd gan Harris ei hun. Cadwai ddisgyblaeth lem ar y sefydliad, ond credai'r aelodau fod yr Efengyl yn cael ei phregethu yn ei phurdeb, a hynny mewn tri gwasanaeth beunyddiol, y cyntaf ar ôl brecwast am bedwar o'r gloch.

Yn ogystal â'r Teulu sefydlodd Harris goleg yn Nhrefeca gyda'r Arglwyddes Huntingdon. Y peth rhyfeddaf a wnaeth oedd ymuno â'r milisia; bu'n gapten ynddo. Pregethai yn holl ogoniant ei wisg filwrol gan wneud cryn argraff ar y milwyr gerwin. Ffurfiodd gwmni o'r ddau ddwsin neu fwy o aelodau'r Teulu a ymunodd hefyd. Aeth pump ohonynt i fyddin Lloegr ac ymladd dan Wolfe yn Quebec gan fod Harris yn edrych ar y rhyfel yn erbyn Ffrainc fel rhyfel rhwng Protestaniaeth a Phabyddiaeth.

Ym 1762 fe'i cymodwyd â Methodistiaid Cymru, ac yn y flwyddyn honno ail-gyneuodd tân y diwygiad. Cyn bo hir ceir Harris yn pregethu gerbron torfeydd o ddeg a deuddeng mil.

Ysgrifennodd nifer o emynau a llyfrynnau, ond i'w drichant neu fwy o ddyddiaduron yr arllwysai bopeth a feddyliai ac a deimlai. Amlygir ynddynt holl gymhlethdod ei gymeriad, ond daw ei unplygrwydd a'i fawredd i'r golwg trwy'r cyfan. Bu farw'r gŵr carismatig hwn yn 59 oed, wedi symbylu a thywys y Deffroad Mawr a luniodd gymaint o fywyd y Gymru fodern, nid yn grefyddol yn unig, ond yn wleidyddol ac economaidd, yn addysgol, diwylliannol a chymdeithasol.

WILLIAM WILLIAMS, PANTYCELYN 1717 - 1791

Adroddir yn *Drych yr Amseroedd* Robert Jones am Howel Harris a Daniel Rowland yn dod ynghyd gyda chwmni o gynghorwyr Methodistaidd i weld a oedd yr Arglwydd wedi donio bardd yn eu plith a ganai eu profiadau a'u hathrawiaeth. Harris a gyhoeddodd yn ôl y chwedl mai 'Williams biau'r gân'. Dwy ar hugain oed oedd Williams Pantycelyn ar y pryd; roedd Rowland un flwyddyn a Harris dair blynedd yn hŷn. Ganed a

PANTYCELYN   *Llyfrgell Genedlaethol*

maged ef yng Nghefncoed, Llanfair-ar-y-bryn, rhwng Llan-
ymddyfri a Mynydd Epynt, ardal ddiarffordd a oedd yn hynod
am ei bywiogrwydd deallusol bryd hynny; corddid y cylch gan
ddadleuon diwinyddol. Cymerai tad Williams ran yn y rhain,
yntau'n henuriad yn eglwys Annibynnol Cefnarthen. Yn
athrofa'r Annibynwyr yn Llwyn-llwyd y cafodd Williams ei
addysg. Addysg glasurol dda a gafodd yno er bod ei fryd ar fynd
yn feddyg; cymerai ddiddordeb mewn meddyginiaeth a materion
gwyddonol ar hyd ei oes. Ef oedd y mwyaf diwylliedig a
gwybodus o'r tadau Methodistaidd, ac yn Llwyn-llwyd y
gosodwyd seiliau ei ddysg a'i ddiwylliant.

Ar ei ffordd o Lwyn-llwyd yr oedd ef pan safodd i wrando ar
Howel Harris yn pregethu wrth borth eglwys Talgarth. Yr
argyhoeddiad a gafodd yr awr honno, yn llencyn ugain oed, a
benderfynodd gwrs ei fywyd o hynny ymlaen. Ymunodd â'r
Methodistiaid, oddi mewn i'r Eglwys wladol wrth gwrs. Howel
Harris, y mae'n debyg, a'i perswadiodd i gynnig am urddau
eglwysig. Am bum mlynedd bu'n gurad yn Llanwrtyd ac
Abergwesyn. Theophilus Evans, awdur *Drych y Prif Oesoedd*,
oedd ei ficer. Gelyniaeth chwyrn Evans i Fethodistiaeth a
rwystrodd ddyrchafiad Williams ac a'i gyrrodd o Lanwrtyd
ymhen pum mlynedd. Er iddo fyw trwy'r cyfnod mwyaf cyn-
hyrfus a welodd crefydd Cymru oddi ar Oes y Saint, a hynny fel
un o'r tri arweinydd amlycaf, ni chododd i safle eglwysig uwch
na churad. Gan na chafodd ei ordeinio ni châi weinyddu'r
cymun.

Pregethai Williams gydag arddeliad, ei arddull yn rhwydd a'i
lais yn beraidd, y mwyaf diwinyddol ei bregethu o'r diwygwyr
oll. Pan oedd yn dair ar hugain oed amlygodd aeddfedrwydd
a chraffer—ni byddai athrylith yn air rhy gryf—wrth holi
profiad mewn seiat, ac yng nghanol ei ugeiniau llywyddai ar
sasiynau. Howel Harris a sefydlodd y seiadau cyntaf ond
Pantycelyn a luniodd eu method a'u trefn, ac efe a ddaeth yn
brif drefnydd iddynt trwy'r wlad. Pantycelyn, gyda'i ddawn
seicolegol unigryw, oedd meistr y seiat, clinig enaid a roddai
iechyd meddwl i bobl. Ac nid cwmni o hen barchusion di-egni
a di-nwyd oedd seiadau ei ddydd ef. Fel arall yn hollol. Pobl

ifainc oeddynt gan mwyaf. Yng ngeiriau Williams ei hun,
'cwmpeini o lanciau hoenus a gwrol, tyrfa o ferched yn eu grym
a'u nwyfiant, dynion y rhan fwyaf ohonynt ag sy gan Satan le
cryf i weithio ar eu serchiadau cnawdol ac i'w denu at bleseran
cig a gwaed.' O gwmpas y celloedd hyn o ieuenctid nwydus y
byddai eglwysi yn ymgrynhoi gydag amser.

Daeth teithio Pantycelyn yn ddiarhebol. Yn ogystal â cheis-
iadau di-baid i bregethu galwai'r seiadau amdano; erbyn 1750
roedd bron i bedwar cant a hanner ohonynt ar hyd a lled y wlad;
y rhain a osododd seiliau cadarn i dwf Methodistiaeth. Ac ar ôl
1750, pan gefnodd Howel Harris ar y mudiad, ef a Daniel
Rowland oedd y ddau arweinydd. Amcangyfrifodd William
Williams ei hunan yn ei henaint ei fod wedi teithio 111,800 o
filltiroedd. Treuliodd bron gymaint o amser ar gefn ei farch ag
yn ei gartref.

Roedd ganddo gartref hapus a sefydlog ym Mhantycelyn.
Mari Francis o Lansawel oedd ei briod, a phrofodd Mali, fel y
galwai hi, yn wraig anghyffredin o wych, gan fynd ar ambell
daith gydag ef pan fyddai arno fwyaf o ofn ellyllon ac ysbrydion
drwg. Roedd yn gantores dda a ddeallai gerddoriaeth, yn Grist-
ion o argyhoeddiad dwfn a fu'n helpu am gyfnod yng nghartref
Griffith Jones, Llanddowror. Cawsant saith o blant. Rhoesant
enwau breninesau Lloegr ar bedair o'u pump merch. Roedd
Pantycelyn yn frenhinwr selog, ond mae'r call yn colli weithiau.
Cynhaliai'r teulu trwy ffarmio a thipyn o fusnes. Ffarmiai
Bantycelyn yn llwyddiannus a bu'n ŵr busnes effeithiol.
Gwerthai de, ac ar hyd ei fywyd bu'n dyfal werthu ei lyfrau.
Achwynai fod yr hen 'sentars' yn gwsmeriaid sâl, ond yn ffodus
yr oedd ysgolion Griffith Jones wedi helaethu ei gynulleidfa.
Un sydyn ei ffordd oedd Williams a ffraeth ei dafod, yn mwyn-
hau bywyd ac yn cael blas ar gwmni gyda'r gorau.

Ar ôl yr ymraniad rhyngddo ef a Howel Harris, Pantycelyn
oedd grym creadigol canolog y mudiad. Ond ei emynau a enill-
odd iddo ei le arbennig yn hanes Cymru. Efe oedd llenor y
Deffroad Mawr. Cyhoeddodd tua 90 o lyfrau a llyfrynnau, yn
rhyddiaith, cerddi hir a marwnadau—30 ohonynt—yn ogystal
ag emynau. Cymraeg oedd eu hiaith bron i gyd er ei fod yn

sgrifennu rhyddiaith a barddoniaeth Saesneg rhagorol. Gweith-garwch cymdeithasol oedd y cyfan, llawn mor gymdeithasol ag y bu canu mawl beirdd y canol oesoedd. Er mai er llesâd tragwyddol eneidiau y canai ei ganeuon ac yr ysgrifennau ei ryddiaith, gallai Saunders Lewis ei alw yn fardd cyntaf gwyddon-iaeth a'r meddwl modern yn Ewrop. Gwerth hanesyddol yn unig sydd i'w farwnadau ond gloywir ei ddwy epig fawr, 'Golwg ar Deyrnas Crist' a 'Theomemphus', gan gyfoeth profiad a dalennau grymus. Am yr olaf dywed yr awdur, 'Fe redodd y llyfr hwn allan o'm hysbryd fel dwfr o ffynnon, neu we'r pry copyn o'i fel ei hun.'

Torrodd ei lyfrau rhyddiaith dir newydd. Sicrhaodd wyth ohonynt le o bwys iddo yn hanes rhyddiaith Gymraeg. Cyn-nyrch blynyddoedd ei aeddfedrwydd yw'r rhain. Materion rhyw a phriodas oedd maes un ohonynt; fe'u trafodir gyda synnwyr cyffredin di-lol. Ceisiai'r rhan fwyaf o'r llyfrau ddosbarthu cyflyrau profiad yn wyddonol, a gwnânt hynny gyda nerth mawr. Ysgrifennai'n fywiog fyrlymus gyda chyfoeth o drosiadau a delweddau sy'n goleuo'r testun ac yn tanio'r darllenydd. Dwy ddelwedd a red trwy ei waith yw tân a golau. Dengys *Tri Wŷr o Sodom* ymwybod â difrifoldeb problemau tlodi ac ymelwa, a thrafoda gyfrifoldeb cymdeithasol y Cristion. Yn *Drws y Society Profiad* ceir ei fynegiant llawnaf o ofal am y gymundod ddynol a'r datganiad mwyaf cyflawn o'i feddwl am waith Duw ymhlith ei bobl.

Emynau Pantycelyn yw ei ogoniant. Ni chododd ei hafal fel emynydd yn Lloegr nac yn yr un wlad arall. Mae llawer iawn o'i emynau'n farddoniaeth odidog, telynegion gwycha'r ganrif. Wrth fynegi ynddynt hwy ei brofiad personol a phrofiad aelodau'r seiadau gyda'r fath angerdd a chelfyddyd, fe gyfeiriodd gwrs y Deffroad Mawr. Yn wir, ym 1762, ar ôl deuddeng mlynedd go sych a diffrwyth, casgliad newydd o emynau Pantycelyn a ail-gyneuodd fflamau'r Diwygiad. Sonia Robert Jones, Rhos-lan, am dyrfa fawr yn Llŷn yn parhau i ganu am dri diwrnod a thair noson, fel y gweir mewn gŵyl bop heddiw. O hyn allan bu ymdaith y deffroad yn orfoleddus. Roedd canu'n gynhenid ymhlith y Methodistiaid, a rhoes Pantycelyn iddynt tua mil o emynau i'w canu ar donau poblogaidd. Gyda help Mali ei wraig yn ddiau, chwiliai am donau ysgafn a bywiog o Loegr a rhoi penillion arnynt, cannoedd ohonynt yn delynegion gwef-rciddiol. Gwêl rhai ynddo fardd mwyaf Cymru.

Gwreiddiwyd ei emynau yn yr ysgrythurau; crefydd seiliedig ar y Beibl oedd Methodistiaeth. O'r Beibl y deuai ei delweddau bron i gyd, megis y rhai a gyfeiria at gaethiwed yr Aifft a'r ecsodus, crwydro yn yr anialwch, dŵr o'r graig, y Cyfamod, gwlad yr addewid, yr Iorddonen, Canaan ac ati. Ond weithiau, megis gyda'r bryniau tywyll niwlog, mae'n amlwg mai yng Nghymru y crwydrai'r pererin unig.

Apelio at y galon a'r ewyllys a wnâi Pantycelyn yn hytrach na'r deall a'r meddwl, at gariad yn hytrach na syniadaeth. I'r Methodist, y galon oedd cartref yr enaid a'r deall. Gan hynny amcana llawer o'r emynau at gynhyrfu profiad teimladol a dwyn pobl wyneb yn wyneb â dioddefaint yr aberth dwyfol. Hyn a gynhaliai eu brwdfrydedd. Ond yr oedd yna feddwl praff ynddynt hefyd; cyflwynent ddiwinyddiaeth y deffro. A heblaw meddwl a theimlad yr oedd ynddynt amgyffred treiddgar o gyflwr seicolegol dyn. Bardd o seicolegydd oedd Pantycelyn a geisiai gyfeirio nwydau a serchiadau nerthol gŵyr a gwragedd tuag at Iesu, craidd y Ffydd.

> Rho fy nwydau fel cantorion
> Oll yn chwarae'u bysedd cun
> Ar y delyn sydd yn seinio
> Enw Iesu mawr ei hun.

O ran cynnwys ac arddull roedd yr emynau hyn yn newydd yn ein llên, yn wahanol iawn yn eu hangerdd teimladol a'u huniongyrchedd personol i ddim a'u blaenorodd. Roeddent yn newydd hefyd yn null eu hiaith. Trwy gyfuno'r iaith lafar a'r iaith lenyddol creodd Pantycelyn iaith lenyddol newydd, yn abl, fel y dywedwyd, i drin bywyd cymhleth personau unigol ac i ddilyn troeon chwimaf y meddwl. Aeth ei emynau ef, tad y delyneg Gymraeg, i galon y genedl. Pantycelyn fu bardd y bobl. Am bron ddau can mlynedd, ei emynau a roes y mynegiant amlycaf i'w diwylliant cenedlaethol, a chlywir eu hadlais byth mewn tafarn ac ar gae rygbi. Taflant eu cysgod hyfryd dros brysurdeb hectig ein hoes seciwlar Seisnigedig, a pharhânt i gynhyrfu gweddill y credinwyr Cymraeg.

Roedd Pantycelyn yn dra awyddus i weld ei iaith yn parhau. Mewn llythyr a sgrifennodd at ei gyfaill Thomas Charles ychydig ddyddiau cyn ei farw dywedodd, 'Mae eisiau ysgolion Cymraeg yn fawr iawn tuag at ddysgu darllen gair Duw.' Fisoedd ynghynt ceisiodd godi trysorfa i gynnal yr Ysgolion Cylchynol, a gadawodd arian yn ei ewyllys at y pwrpas. Ofnai ganlyniad marw Mrs. Bevan a gynhaliodd ysgolion Griffith Jones ac meddai, 'Pe bai gennyf ond swllt i'w roddi at achos crefyddol, gwell fyddai gennyf roi un geiniog ar ddeg at gynnal ysgolion Mrs. Bevan na thalu ceiniog at adeiladu capel.'

Ond yn Llundain credid bod yr iaith ar ddarfod. Wrth gofnodi marwolaeth Pantycelyn dywedodd y *Gentleman's Magazine*, 'He is probably the last lyric poet of South Wales, the language of the country gradually giving way.'

IOLO MORGANWG 1747 - 1826

Ni welodd Cymru erioed athrylith fwy na Iolo Morganwg nac un rhyfeddach. Y saer maen hwn yw'r cymeriad hynotaf yn hanes ein llenyddiaeth. Yn fardd mawr, yn ysgolhaig disglair, ef oedd prif awdurdod ei oes ar hanes llenyddiaeth Gymraeg ac yn debyg i ddyneiddwyr y dadeni dysg yng nghwmpas ei wybodaeth mewn amrywiaeth o feysydd megis daeareg, llysieueg ac amaethyddiaeth. Eithr yr oedd rhyw ŵyrni ynddo a'i gyrrodd yn ddiorffwys ar hyd ei fywyd i ffugio llên a hanes. Roedd yn dwyllwr na bu ei debyg. Er hyn, neu'n hytrach o achos hyn, gadawodd ar ei ôl sefydliadau cenedlaethol mawr a gyfoethogodd fywyd Cymru ers bron dwy ganrif, Gorsedd y Beirdd a'r Eisteddfod Genedlaethol fodern. Griffith John Williams, un o ysgolheigion mwyaf Cymru, a ddadlennodd ei dwyll; efe hefyd a ddatguddiodd ei fawredd. Bwriadai agor ei gofiant mawr gyda phennod ar gefndir Iolo ym Morgannwg.

IOLO MORGANWG
Llyfrgell Gyhoeddus Caerdydd

Tyfodd y bennod yn llyfr gorchestol, *Traddodiad Llenyddol Morgannwg*, a roes i Forgannwg ei phriod le yn hanes ein llên. Dilynodd cyfrol gyntaf wych y cofiant wedyn. Colled anaele oedd marw'r awdur cyn gorffen yr ail.

Enw barddol Edward Williams oedd Iolo Morganwg. Fe'i ganed ym Mhenmon, pentref bach ym mhlwyf Llancarfan ym Mro Morgannwg tua thair milltir o'r Barri, ond treuliodd y rhan fwyaf o'i oes yn Nhrefflemin sydd dair milltir i'r gorllewin i gyfeiriad Sain Tathan a Llanilltud Fawr. Ef oedd yr hynaf o bump o blant, eu mam yn wraig alluog a berthynai i un o deuluoedd bonheddig y Fro. Ganddi hi y cafodd ei addysg fore; ni chafodd ddim ysgol cyn ei brentisio gyda'i dad, gŵr diwylliedig o saer maen.

Saer maen fu Iolo hefyd ar hyd ei fywyd, ac un medrus iawn. Arbenigai mewn gwaith marmor, ond cyflawnai holl orchwylion amrywiol adeiladydd gwledig. Codai dai a'u trwsio, a nodweddiadol oedd ei wybodaeth fanwl am bensaernïaeth. Gan nad oedd digon o waith yn y gymdogaeth iddo ef a'i dad a'i frodyr, hwythau hefyd yn seiri maen am gyfnod, crwydrai ymhell. Croesai Fôr Hafren i Wlad yr Haf a Dorset, Dyfnaint a Chernyw, ac âi i Lundain a Chaint a mannau eraill yn neddwyrain Lloegr. Byddai oddi cartref am fisoedd benbwygilydd, a phob amser fe gariai lyfrau a phapurau yn ei ysgrepan er mwyn gweithio arnynt pan gâi gyfle. Cyfuno'i waith fel ysgolhaig a'i alwedigaeth fel saer maen yr oedd pan gyd-olygai gyfrolau godidog y *Myvyrian Archaiology*. Cafodd ysbeidiau byr o fentro dulliau eraill o ennill ei damaid. Bu'n ceisio crafu bywoliaeth trwy ffarmio a chadw siop, bu'n berchen ar odyn galch, prynodd long ac agorodd weithdy yn Wells. Ond aflwyddiannus fu'r mentrau hyn. Bu'n byw mewn tlodi bron ar hyd ei fywyd, a'i wraig a'i blant weithiau mewn dygn angen. Treuliodd fisoedd yng ngharchar Caerdydd oherwydd dyled a chael ei gamdrin yn enbyd yno. Yn y carchar y cyfansoddodd lawer o *Cyfrinach Beirdd Ynys Prydain*, y llyfr a gyflwynodd ei freuddwyd am Orsedd y Beirdd a'r drefn ar fesurau cerdd dafod. Eithr er dyfned ei dlodi nid er mwyn elw personol y lluniodd ei ffugiadau. Er mor drofáus ei feddwl ni allwn lai na synnu at y wedd aruchel ac arwrol ar ei fywyd.

Cymdeithas fywiog, ddiwylliedig a Chymraeg Bro Morgannwg a roes gyfeirlad i fywyd Iolo. Am ganrifoedd ar ôl ei meddiannu gan y Normaniaid, Ffrangeg fu prif iaith rhan ddeheuol y Fro, a daeth Saesneg yn ei sgîl. Ond llifodd y Gymraeg yn ôl o'r Blaenau gan Gymreigio hyd yn oed hen deuluoedd Normanaidd. Byddai beirdd Morgannwg yn ymweld â dwsinau o gartrefi teuluoedd mawr Morgannwg a Gwent, a deuai beirdd Gwynedd, Powys a Deheubarth heibio hefyd yn eu tro. Erbyn dydd Iolo, Cymraeg oedd biau'r Fro a Chymraeg oedd iaith y bywyd llenyddol ac ysgolheigaidd a fyrlymai yno. Ysgolheigion o haneswyr a geiriadurwyr a roes ei addysg Gymraeg iddo a'i symbylu i ddysgu Lladin, Groeg a Ffrangeg. Eu canolfan hwy oedd y Bont-faen. Yno yr argraffwyd geiriadur mawr John Walters, y pwysicaf o athrawon Iolo. Fel disgybl iddo ef yr aeth Iolo ati ei hun i gasglu hen eiriau ac i lunio geiriau newydd er mwyn medru trafod pob pwnc mewn Cymraeg. Arhosodd y nwyd hwn gydag ef ar hyd ei oes. Cartrefodd llu o'r geiriau a fathodd yn yr iaith, megis adloniant, amaethyddiaeth, braslun, canmoliaethus, cylchgrawn, geiriadur, tanysgrifio. Casglai eirfaoedd tafodieithoedd fel y gwnâi Edward Lhuyd dair cenhedlaeth yn gynt, ac idiomau a diarhebion. Ar wahân i ysgolheigion yr oedd yn y Fro feirdd o bwys. Edward Williams o Lancarfan a ddysgodd y cynganeddion i Iolo. Roedd Dafydd Wiliam yr emynydd yn byw'n agos ato a daeth Thomas William, Bethesda'r Fro, i fyw yn Nhrefflemin.

Ond yn y Blaenau yr oedd yr egni barddonol mwyaf gyda chanolfannau pur nodedig ym Mhontypridd, Merthyr ac Aberdâr. Tir Iarll a feddai ar y traddodiad cyfoethocaf. Honnai Iolo ei fod ef ei hun yn hanu o hil penceirddiaid enwog yr ardal fryniog honno. Yno y trigai ei athrawon llenyddol. Siôn Bradford o Fetws Tir Iarll a'i cyflwynodd i'r cyfrolau o waith beirdd a llenorion y cwm, ac ef, Siôn, a draethai ar ogoniant gorffennol y rhanbarth. Byw yn y gorffennol a wnâi Iolo, ac yn Nhir Iarll y dechreuodd yn ifanc freuddwydio am Orsedd y Beirdd.

Roedd yr Iolo hwn a ymwelai â chartrefi beirdd ac ysgol-
heigion Morgannwg yn niwedd ei arddegau a'i ugeiniau cynnar
eisoes yn fardd da ei hun. Canai lawer am y Morgannwg a garai
mor angerddol, a daeth yn ŵr ifanc yn brif awdurdod ar ei
hanes. Ac yntau wedi ei eni ym mhlwyf Llancarfan o fewn
ychydig filltiroedd i Lanilltud Fawr, gwlad Catwg ac Illtud,
sylweddolodd yn fuan bwysigrwydd y Fro yn hanes y grefydd
Gristnogol yng Nghymru. Yng nghanol olion y gorffennol pell
yn eglwys Llanilltud hawdd i'r llanc synhwyrus oedd credu
mai dyma grud holl draddodiadau diwylliannol cenedl y
Cymry. Rhedodd ei ddychymyg yn wyllt. Mynnai fod Aneirin a
Thaliesin wedi cael eu haddysg yn Llanilltud Fawr ac mai
Catwg Ddoeth oedd athro mawr y Cymry. 'Doethineb Catwg
Ddoeth' gaiff y lle blaenaf yn nhrydedd gyfrol y *Myvyrian
Archaiology*. Dechreuodd ei Gymru ddychmygol ymffurfio yn
ei feddwl yn gynnar.

Pan ddaeth i adnabod Cymry Llundain, gogleddwyr y
Gwyneddigion a'r Cymmrodorion, ceisiodd brofi iddynt mai ei
hoff Forgannwg ef oedd talaith bwysicaf hanes llenyddiaeth
Cymru. Daliodd mai gŵr o Forgannwg oedd Dafydd ap Gwilym,
ac er mwyn profi hyn 'darganfu' lawysgrifau o'i ganeuon. Iolo
ei hun oedd eu hawdur, ond gan ei fod yn fardd mor wych
derbyniwyd ei haeriadau trwy gydol y ganrif ddiwethaf. Bu
angen ysgolheictod Griffith John Williams a Thomas Parry i
ddatguddio'r gwir am y ffugiadau hyn ac eraill. Cytunir heddiw
fod Iolo'n un o feirdd mawr Cymru. Ac yr oedd y cydoeswr hwn
â Williams Pantycelyn yn emynydd enbyd o gynhyrchiol, er
mai dwy gyfrol yn unig o'i dair mil o emynau a gyhoeddwyd.
Efe a greodd ganiadaeth Gymraeg yr Undodwyr; yn wir, ef fu'n
bennaf gyfrifol am sefydlu Cymdeithas yr Undodwyr yn neheu-
barth Cymru. Cyhoeddodd hefyd gyfrol o farddoniaeth Saesneg,
Poems Lyric and Pastoral. Un o danysgrifwyr honno oedd
Brissot, arweinydd y Girondins adeg y Chwyldro Ffrengig.

Roedd Iolo yn radical mawr y pryd hwnnw, yn gefnogwr y
Chwyldro ac yn gyfeillgar â radicaliaid mwyaf yr oes. Fel 'The
Bard' yr adwaenid ef gan ei gydnabod Seisnig, weithiau 'The
Bard of Liberty'. Bu'n bleidiwr cryf i *The Rights of Man* Tom

Paine ac yn wrthwynebwr cadarn i gaethwasiaeth. Gwrth-
ododd dderbyn ffortiwn a wnaeth brawd iddo yn Jamaica am
fod yr arian wedi ei wneud ar gefn caethweision, a gwrthodai
werthu siwgr yn ei siop yn y Bont-faen, meddai Elijah Waring,
am ei fod yn 'contaminated by human gore'. Un o'i arwyr yn y
cyfnod hwn oedd y Tywysog Madog y credid ei fod wedi
darganfod America yn y ddeuddegfed ganrif. Penderfynodd Iolo
groesi'r Iwerydd ei hun i chwilio am ei ddisgynyddion a oedd, fe
gredai, yn dal i fyw yng ngorllewin America fel Indiaid Cochion
Cymraeg eu hiaith. Ymbaratôdd gogyfer â'r bywyd garw a'i
wynebai trwy gysgu yn yr awyr agored. Dyna sut y cafodd y
fogfa, meddai. Mewn cadair freichiau y cysgai weddill ei oes
gan na allai orwedd mewn gwely o achos ei salwch.

Mae'n siŵr fod ei grwydro mynych a'i waith yn yr awyr
agored wedi bod yn llesol i'w iechyd. Nid chwilio am waith
oedd unig reswm y crwydro ond chwilio am lawysgrifau hefyd.
Gan nad oedd yng Nghymru lyfrgell genedlaethol na phrifysgol
yr oedd yr hen lawysgrifau ar chwâl mewn casgliadau mawr a
mân. Gan hynny, bywyd crwydrol o angenrheidrwydd oedd
bywyd yr ysgolhaig a oedd am eu copïo a'u hastudio. Ar hyd ei
oes cerddodd Iolo o lyfrgell i lyfrgell y tai mawr a'i ysgrepan
lyfrau ar ei gefn. Byddai'n copïo llawysgrifau am ddyddiau ar eu
hyd a dwyn y ffrwyth yn ôl ar ei gefn nes gorlenwi ei fwthyn. Ar
ôl bod am fisoedd un tro yn copïo yn llyfrgelloedd Gwynedd
dywed fod yr ysgrepan a gariai adref i Drefflemin yn pwyso
trigain pwys. Mae'r prif destunau a gopïodd yn y *Myvyrian
Archaiology*. Ar ôl ei farw, prynodd yr Arglwyddes Llanofer gan
ei etifeddion bedwar ugain ac wyth o gyfrolau o'i bapurau.
Roedd ei feistrolaeth ar gynnwys y llawysgrifau yn rhoi iddo
syniad cliriach am ddatblygiad llên Cymru na neb arall cyn y
ganrif hon. Ac yr oedd cwmpas ei wybodaeth yn rhyfeddol. I roi
un enghraifft, efe a sylwodd gyntaf ar y cyfatebiaethau rhwng
gwaith Dafydd ap Gwilym â rhai elfennau mewn barddoniaeth
Brofensaleg. Yr oedd yn feistr ar y canu caeth a'r canu rhydd, ar
y cywyddau a'r carolau, yr awdlau a'r baledi. Roedd hefyd yn
gyfansoddwr. Casglodd gannoedd o'r ceinciau a'r alawon a
genid gan y werin, ond gadawodd ar ei ôl hefyd gasgliadau o

Mab ffarm oedd ef. Fe'i ganed yn Graddfa yn ymyl Llanbradach, Dyffryn Rhymni, ardal a gynhyrchodd lawer o Ymneilltuwyr amlwg. Am bum mlynedd bu yn ysgol David Williams, Watford, ac wedyn yng Ngholeg Caerfyrddin. Cadwodd ysgol rad i blant ei ardal am chwe blynedd ac wedyn bu'n weinidog ym Mhont-ypŵl. Prin y gwnaeth neb yng Nghymru ei oes ef gymaint i greu cydwybod gymdeithasol a chydwladol iach trwy genhadu a sgrifennu. Cenhadodd yn egnïol dros ryddid gwleidyddol a chrefyddol. Ymdrechodd i ddeffro barn yn erbyn caethwasiaeth; ef oedd y Cymro amlwg cyntaf i wneud hynny, a'i dri llyfryn ar y pwnc oedd y cyntaf i'w drafod yn Gymraeg. Sgrifennai a

MORGAN JOHN RHYS *Rhiannon Prys*

phregethai dros heddwch ac yn erbyn rhyfel gan gydio yn nhystiolaeth cyfnod euraid y Crynwyr Cymreig ganrif a hanner ynghynt. Gwrthwynebai'n gryf y rhyfel Napoleonaidd pan oedd y rhyfel hwnnw'n dra phoblogaidd. Yn un o'r ugain pamffled Cymraeg a sgrifennodd rhoes ei farn am ryfel fel hyn: 'Gwell iti ddioddef carcharau na chymryd arfau creulondeb yn dy law i ddifetha dy gyd-greaduriaid . . . Y mae ymddygiad y Crynwyr yn fwy cyson â chrefydd Crist mewn perthynas i ryfeloedd nag un blaid arall.' Amlygodd ei ysbryd a'i ddiwinyddiaeth mewn marwnad a ganodd:

> Anghrist sy'n ei rym ple bynnag
> Nad yw cariad yn rhyddhau;
> Sylwedd crefydd yn yr enaid
> Ydyw caru a mwynhau.

Daliai fod rhyfel yn ganlyniad cefnu ar wir grefydd ac mai 'plentyn cyfiawnder yw heddwch'. Yn ei farn ef roedd heddwch a chyfiawnder yn anwahanadwy.

Yn *Y Cylchgrawn Cynmraeg* trafodai holl bynciau'r dydd. Cyfrannai ei hunan erthyglau crefyddol a gwleidyddol, addysgol a llenyddol, cymdeithasol a gwyddonol, ar ddiwydiant a morwriaeth, iechyd a marsiandïaeth, ysbytai, carchardai a thai i'r amddifaid. Yn y wasg a sefydlodd Howel Harris yn Nhrefeca y cafodd y rhifynnau cyntaf eu hargraffu er gofid i'r hen Evan Moses, Arolygwr Ysbrydol Teulu Trefeca, a ofnai radicaliaeth wrth-lywodraeth Rhys. Roedd yr elw i fynd at y genhadaeth ar gyfer yr Indiaid Cochion Cymreig a ddisgynnai, felly y tybiai Rhys a'i gyfoeswyr, oddi wrth wŷr y Tywysog Madog y credent iddo ddarganfod America yn y ddeuddegfed ganrif.

Credai Rhys fod y Chwyldro Ffrengig yn 'ffenomen' yn hanes dyn a'i fod o Dduw. Cyfieithodd lyfr gan Volney, athronydd a hanesydd Ffrengig, i'r Gymraeg. Aeth i Paris ym 1791, gan sefydlu eglwys Brotestannaidd yn Boulogne ar y ffordd, er mwyn hyrwyddo rhyddid Protestannaidd yn y gwagle a achosodd cwymp yr Eglwys Gatholig, a bu'n dosbarthu'r Testament Newydd ymhlith y tlodion. Gyda help cyfeillion roedd wedi sefydlu cymdeithas i godi arian i'r pwrpas. Arhosodd ym Mharis am flwyddyn.

Pan ddaeth yn ôl i Gymru ymdaflodd i'r gwaith o hyrwyddo addysg Gymraeg. Cafodd gyfle i bleidio'r achos trwy'r *Cylchgrawn Cynmraeg* a'i dygodd i gysylltiad personol â rhan fawr o arweinwyr Cymru. Ymgyrchai drwy'r wlad, de a gogledd, dros yr achos; roedd yn siaradwr cyhoeddus nerthol. Fel Griffith Jones, Llanddowror, gwelai mor ynfyd oedd dysgu plant Cymru drwy'r Saesneg. Profwyd bod hyn yn gwbl anneffeithiol. 'A ydyw'r Cymry yn gyffredin', gofynnai, 'rywbeth yn well oherwydd yr ysgolion Saesneg? . . . peth rhyfedd eu bod yn gwahaniaethu yn eu trefnu o ddysgu plant oddi wrth bob cenedl arall yn y byd. Nid oes un wlad ar a wyddom nad yw yn dysgu ei hiaith ei hun yn gyntaf i'r plant ond Cymru . . . Paham y mae'n rhaid i'r Cymry fod fel caethion?' Cariodd yr egwyddor hon o ddysgu trwy'r famiaith i'r ysgolion Sul hefyd wrth reswm. Er mai Thomas Charles a ddatblygodd yr ysgolion Sul yn gyfundrefn genedlaethol, Morgan John Rhys oedd arloeswr Cymreig y maes ac efe a luniodd y cynllun cenedlaethol cyntaf. Roedd y gŵr o Lanbradach mor angerddol ei ble dros addysg Gymraeg yn niwedd y ddeunawfed ganrif ag y bu'r gŵr o Landdowror tua'i dechrau. Sefydlu ysgolion Cymraeg oedd testun ei lyfryn olaf cyn mynd i America ym 1794. Yn ei *Anerchiad Difrifol i'r Cymry*, dywedodd, wrth gyfarch ei 'annwyl gydwladwyr': 'Y mae fy ymasgaroedd yn cyffroi o'm mewn wrth feddwl am y nos o anwybodaeth sydd yn gorchuddio dealltwriaeth rhan fawr o drigolion ein gwlad.'

Âi llawer o Gymry i America y blynyddoedd hynny. Morgan John Rhys oedd yr arweinydd yn eu plith. America, lle yr oedd yr Eglwys wladwriaethol wedi ei datgysylltu, a ddeuai agosaf at drefn yr efengyl iddo ef. Er bod rhyddid oddi wrth ormes ac erledigaeth yn gymhelliad dros yr ymfudo bu chwedl Madog hefyd yn symbyliad iddo. Unwaith yno, amlygodd eto ei allu trefnyddol mawr. Ar ôl ffurfio cwmni i'r pwrpas, sefydlodd wladfa Gymreig a'i galw yn Cambria. Ym mhrospectws ei gwmni soniodd am wladfa, 'which would flourish under the auspices of a free and enlightened people when the old Cambria is neglected and despised.' Prynodd dir a chynlluniodd dref, Beula. Sefydlodd ysgol rad, llyfrgell, eglwys anenwadol a gwasg argraffu, a chyhoeddodd bapur. Ond meddyliodd hefyd am rai dan draed ymhell o Beula. Marchogodd ar draws y cyfandir i sefyll wrth ochr yr Indiaid yn Ohio ac i ymladd dros eglwys pobl dduon yn Savannah. Fe'i dyrchafwyd i'r fainc yn farnwr. Bu'n sôn am ddod nôl i Gymru, ond ni ddaeth. Bu farw yn y wlad bell yn bedair a deugain oed.

ANN GRIFFITHS 1776-1805

O holl ferched Cymru Ann Griffiths a wnaeth fwyaf i gyfoethogi ein traddodiad Cristnogol. Hi a Morgan Llwyd yw'r ddau gyfrinydd mwyaf a welodd Cymru. Er bod Morgan Llwyd hefyd yn fardd, mewn rhyddiaith y gwnaeth ei gyfraniad mawr. Sgrifennai Ann Griffiths ryddiaith wych, ond ei hemynau yw ei gogoniant.

Nid mewn gwagle llenyddol y maged Ann Griffiths. Er bod Llanfihangel yng Ngwynfa mor ddiarffordd yr oedd bywyd llenyddol y gymdogaeth yn bur fywiog. Bu Twm o'r Nant yn byw gerllaw am ychydig. Y pennaf o'r beirdd lleol, a gynhwysai John Hughes, Pontrobert, oedd Harri ap Harri. I'w gylch disgyblion barddol ef y perthynai Siôn Ifan Tomos, tad Ann, ac i Ddolwar Fach yr aeth y llawysgrif drwchus o farddoniaeth a fu'n eiddo'r athro. Clochydd eglwys Llanfihangel oedd Harri ap Harri, yr eglwys a oedd yn brif ganolbwynt y canu plygain a oedd mewn cymaint o fri yn y rhan honno o Sir Drefaldwyn.

Cymraes uniaith oedd Ann na feddai ar ddigon o Saesneg i ddarllen llyfr Saesneg. Ychydig iawn o addysg ffurfiol a gafodd; dim ond ysgol fach a gedwid yn y fro gan Ann y Sais fel y'i gelwid hi. Merch ffarm yn Llanfihangel-yng-Ngwynfa oedd hi, merch hardd a siriol, yn fywiog a nwydus a hoff o ddawns a noson lawen, merch normal a oedd yn arweinydd yn ei chylch. Ar ei ffordd i ddawns yn Llanfyllin yr oedd hi pan berswadiwyd hi gan hen forwyn ei theulu yn Nolanog i aros i wrando ar bregethwr adnabyddus gyda'r Annibynwyr mewn cwrdd awyr agored. Effeithiodd y bregeth yn ddwfn arni, ac mewn canlyniad âi'n ddyfal i wasanaethau Eglwys y plwyf, ac wedyn, ar ôl cyfnod o bangfeydd ysbrydol, i seiat y Methodistiaid. Yn y seiat cyfarfu â John Hughes, Pontrobert, prentis gwehydd a oedd yn athro yn un o ysgolion Thomas Charles, diwinydd rhagorol, amrwd braidd ond a chanddo feddwl cryf. Ef fu athro ysbrydol Ann Thomas, fel yr oedd hi y pryd hwnnw; ef a'i hyfforddodd hi mewn diwinyddiaeth. Gyda'i hymennydd gloyw daeth Ann hithau yn ddiwinydd praff. Amlygir nerth ei meddwl yn ei llythyrau, sydd, medd Saunders Lewis, yn cynnwys peth o ryddiaith grefyddol fwyaf aruchel y Gymraeg.

Roedd ganddi gof eithriadol o dda. Cerddai draw dros y Berwyn i'r Bala i dderbyn cymun o law Thomas Charles, ac ar y ffordd yn ôl gallai adrodd y cyfan o'r bregeth a glywsai. Cadwai rannau helaeth o'r Beibl ar ei chof. Myfyriai'n barhaus ar yr hyn a glywai ac a ddarllenai ac ar ei phrofiadau personol ei hun. Bywyd o weddi ac o fyfyrdod dwys a meddylgar oedd ei bywyd yn awr, a châi brofiadau gorfoleddus. Byddai'n 'cael ymweliadau grymus yn ei hystafell ddirgel', meddai John Hughes, 'hyd oni byddai yn torri allan mewn gorfoledd.' Ymdeimlai i'r byw â'r presenoldeb dwyfol nes mynd i ystad o wynfyd, a dihidlai ffrwyth ei phrofiad a'i myfyrdod mewn penillion a fyrlymai gan angerdd, nad oes hafal i'w grym yn holl lenyddiaeth Cymru. Canai am santeiddrwydd y Duw tragwyddol ac am harddwch person Crist. Crist yw testun pennaf ei chân; yr ymgnawdoliad yw'r ffaith ganolog yn ei meddwl. Ymgordedda athrawiaeth person Crist a'i phrofiad personol ohono yn orfoleddus mewn emynau a glodfora ei degwch a'i fawredd a'i ogoniant. Yng Nghrist yr ymsercha, a gwna ddefnydd helaeth o'i meistrolaeth ar y Beibl mewn ffigurau ymadrodd beiddgar a thrawiadol i fynegi ei chariad a'i dyhead i ymuno ag ef. Llenwir bywyd i'r ymylon ag ystyr tragwyddol gan wrthrych ei haddoliad. Gwelwn rai o'r nodweddion hyn yn yr emyn nwydus hwn:

> Wele'n sefyll rhwng y myrtwydd
> Wrthrych teilwng o'm holl fryd,
> Er mai o ran yr wy'n adnabod
> Ei fod uwchlaw gwrthrychau'r byd:
> Henffych fore,
> Y caf ei weled fel y mae.

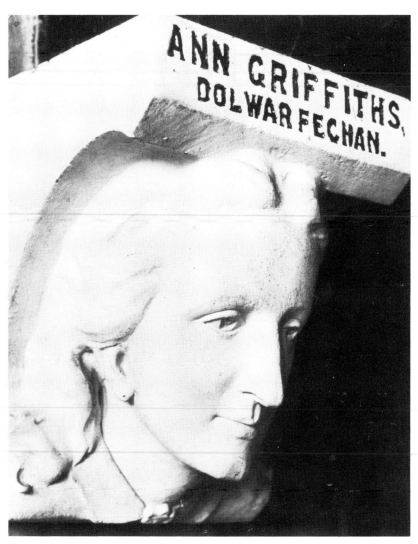

ANN GRIFFITHS   *Llyfrgell Genedlaethol*

Rhosyn Saron yw ei enw,
Gwyn a gwridog, teg o bryd;
Ar ddeng mil y mae'n rhagori
O wrthrychau penna'r byd:
Ffrind pechadur,
Dyma'r Llywydd ar y môr!

Beth sydd imi mwy a wnelwyf
Ag eilunod gwael y llawr?
Tystio'r wyf nad yw eu cwmni
I'w gystadlu â'm Iesu mawr:
O! am aros
Yn ei gariad ddyddiau f'oes.

Ychydig iawn o emynau a sgrifennodd yn ei llaw ei hun; yn wir
nid yw ei holl gynnyrch ond 70 o benillion. Fe'u hadroddai i'w
morwyn, Ruth Evans, a'u cadwodd ar ei chof a'u rhoi i John
Hughes a ddaeth yn ŵr iddi. Priododd Ann â Thomas Griffiths,
yntau'n emynydd, ond cyn pen blwyddyn bu farw ar ôl gened-
igaeth plentyn, yn naw ar hugain oed. Rhyfeddol yw bod gwraig
ifanc a dreuliodd ei bywyd mewn ffarm ddiarffordd yn llwyr
allan o olwg y byd mawr, un na bu ymhellach o'i chartref na'r
Bala, yn ffigur canolog yn nhraddodiad cân Gristnogol Ewrop.

DIC PENDERYN 1808 - 1831

Bu ymgais i ddechrau chwyldro trwy wledydd Prydain ym
Merthyr Tudful ym Mehefin 1831 fel y bu eilwaith gan Siartwyr
Gwent yn Nhachwedd 1839. Arweinydd yr ymgais gyntaf oedd
Lewis Lewis, Lewsyn yr Heliwr, a'r ail, John Frost. Ond Dic
Penderyn a gaiff ei gofio; o'i gwmpas ef y tyfodd y myth. Efe yw
merthyr cyntaf y dosbarth gweithiol; hynny a enillodd iddo le
yn y llyfr hwn.
Merthyr oedd y dref fwyaf o lawer yng Nghymru adeg y
gwrthryfel, gyda deugain mil o drigolion ynddi hi a'i chyff-
iniau: tref Gymraeg ei hiaith, yn stwrllyd a lliwgar ei difyrrwch,
gyda llawer o yfed a bocsio a gamblo, a rasys cŵn a cheffylau a

DIC PENDERYN   *Rhiannon Prys*

dynion. Roedd llawer hefyd o delynorion a baledwyr ar y strydoedd—enillai baledi Dic Dywyll incwm mawr iddo; canodd am y gwrthryfel ac am grogi Dic Penderyn. Roedd yno chwech ar hugain o gapeli Ymneilltuol a gychwynnwyd fel arfer mewn tafarnau; gweithwyr a'u teuluoedd oedd carn eu cynulleidfaoedd mawr. A beirdd o blith y gweithwyr a'r tafarnwyr yn bennaf a gystadlai yn eisteddfodau llewyrchus y dref. Mewn tafarnau y cyfarfyddai'r beirdd bryd hyn, ac yno'r ymgynullai cymdeithasau diwylliannol fel y Cymreigyddion, y Cymmrodorion, y Gomeriaid a'r Brythoniaid, a chymdeithasau dyngarol fel yr Iforiaid a'r Odyddion, y cyfan yn Gymraeg eu hiaith wrth reswm a rhai, megis yr Iforiaid, yn ymosodol eu Cymreictod. Y grefydd Gristnogol a'r diwylliant Cymraeg a roes urddas ar fywyd y bobl yr oedd eu hamgylchedd cymdeithasol mor arw. Denai'r capeli bregethwyr mwyaf Cymru ac ymwelai Iolo Morganwg a Carnhuanawc â'r cymdeithasau. O'r gymdeithas fywiog hon y cododd Thomas Stephens, y fferyllydd o ysgolhaig a fu'r cyntaf i sgrifennu hanes llenyddiaeth Gymraeg mewn ffordd feirniadol. Merthyr Tudful oedd prif ganolfan diwylliant Cymru.

Berwai'r dref gan drafodaeth ar wleidyddiaeth ganolog a lleol, ac Undodwyr o gyff teuluoedd gogledd Morgannwg yn amlwg ymhlith y rhai a ffurfiai farn gyhoeddus. Yno y cychwynnwyd y papur Cymreig cyntaf i weithwyr—*Y Gweithiwr* oedd ei enw. Yn arwyddocaol ddigon fe'i golygwyd gan John Thomas, gŵr diwylliedig a gychwynnodd gymdeithas eisteddfodol newydd, ac organydd capel mwyaf y Bedyddwyr; dywedir mai ei gôr ef oedd y cyntaf yng Nghymru i ganu'r *Messiah*.

Dilynwyd y Mesur Diwygio cyntaf a ddygwyd gerbron y senedd gan gynnwrf mawr a gweithredodd y gweithwyr eu hunain yn annibynnol o blaid ei amcanion. Disgrifiodd Gwyn Alf Williams y digwyddiadau. Cyfarfu miloedd o weithwyr ar y bryniau uwchlaw Merthyr yn niwedd Mai 1831, ac o dan arweiniad Lewsyn yr Heliwr, halier o Brynderyn, a glowyr a mwyn-weithwyr fel Dai Solomon a Dai Llaw Haearn, codwyd y Faner Goch, y tro cyntaf iddi gael ei defnyddio yng ngwledydd Prydain. Ddeuddydd yn ddiweddarach gorymdeithiodd miloedd i'r dref a rhoi yn ôl i'w perchnogion nwyddau a gymerodd Llys y Dyledwyr oddi arnynt. Ymdeithiodd mintai o filwyr Sgotaidd (Gaeleg eu hiaith y mae'n debyg canys o'r ucheldiroedd y deuent) i'r dref yn Aberhonddu. Mewn brwydr o flaen y Castle Inn ymosododd y gweithwyr arnynt a'u gorfodi i ymadael â'r dref, a fu yn nwylo'r bobl am bedwar diwrnod. Ddwywaith wedyn trechasant filwyr proffesiynol a meirch-filwyr, ac ildio'r dydd yn unig pan wynebwyd hwy gan ddrylliau 450 o filwyr proffesiynol; a dygwyd 800 yn rhagor yn gyflym o waelod Lloegr. Erbyn diwedd y flwyddyn roedd canolfannau milwrol y Llywodraeth yn Aberhonddu, Merthyr, Y Fenni, Casnewydd a Chaerdydd yn cylchynu'r mannau peryglus.

Yn ystod y frwydr o flaen y Castle Inn ar y trydydd o Fehefin y digwyddodd yr hyn y cyhuddwyd Dic Penderyn ohono. Yn y dafarn yr oedd yr ynadon, y meistri, y cwnstabliaid arfog ac eraill. Safai pedwar ugain o'r milwyr Sgotaidd naill ai yn y ffenestri neu mewn rhesi y tu fâs. Aeth dirprwyaeth, a Dic Penderyn yn aelod ohoni, i mewn i osod achos y gweithwyr gerbron yr ustusiaid a'r meistri. Wedi i'r ddirprwyaeth ddod allan, a'r gweithwyr yn dal i drafod ymateb y meistri, cyhoeddodd Uchel Siryf Morgannwg fod yr awr o rybudd a roddwyd o dan y Ddeddf Derfysg wedi dod i ben a bod rhaid iddynt fynd neu gael eu saethu. Anogwyd y dynion gan Lewsyn yr Heliwr eu harweinydd i sefyll ynghyd nes cael cytundeb i'w telerau. Wedyn galwodd arnynt i ddwyn drylliau a bidogau'r milwyr oddi arnynt. Mewn ymosodiad ar y milwyr clwyfwyd un ar bymtheg ohonynt, ond lladdwyd o leiaf bedwar ar hugain o'r gweithwyr ac anafwyd trigain a deg. Serch hynny daliasant i ymosod, a'r noson honno buont yn tanio ar Gastell Cyfarthfa, plas enfawr Crawshay, am ddwy awr o amser. Wedi gyrru'r milwyr o'r dref paratowyd yn rhyfeddol o drefnus i'w hamddiffyn. Amgylchynwyd pedwar cant o Feirchfilwyr Abertawe oedd ar eu ffordd yno, eu gorfodi i ildio, eu diarfogi a'u danfon tuag adref mewn cywilydd. Ar 6 Mehefin gorymdeithiodd tua 15,000 o Went i ymuno â'r gwrthryfel, ond fe'u hataliwyd gan filwyr yn Nowlais. Ni ddigwyddodd dim byd tebyg na chynt na chwedyn i'r buddugoliaethau hyn gan weithwyr arfog yn erbyn milwyr proffesiynol a meirchfilwyr yn unman yng ngwledydd Prydain.

Daeth y gwrthryfel i ben gyda thua seithcant o filwyr yn y dref. Erbyn diwedd Mehefin roedd chwech ar hugain o weithwyr yng ngharchar Caerdydd, Dic Penderyn a Lewsyn yr Heliwr yn eu plith. Gŵr pur arbennig oedd Dic Penderyn—Richard Lewis, un o bersonoliaeth ddeniadol a chynheddfau naturiol cryf. Perchid ei deulu. Nid heb arwyddocad yw bod ei chwaer yn briod â Morgan Howel o Gasnewydd, un o bregethwyr enwog y Methodistiaid Wesleaidd. Canodd Eben Fardd amdano:

> Her i Uriel, her i Gabriel,
> Her i'r angel gwycha'i sain
> Ddweud yn well na Morgan Howel
> Am y Groes a'r Goron Ddrain.

Gŵr hardd, cyhyrog a hoff o'i beint oedd Dic, ond gŵr hefyd, yn ôl tystiolaeth un a oedd yn ei adnabod ac a fu'n dyst i'r crogi, a 'wyddai fwy am hanes a chwrs y byd na nemor neb o'i gyd-weithwyr yn ardal Merthyr.' Fe'i ofnid gan y meistri haearn, ffaith sy'n taflu golau, hwyrach, ar ei dynged.

Y prif gyhuddiad yn ei erbyn oedd ei fod wedi trywanu Donald Black, milwr o Sgotyn, yn ei glun â bidog yn ystod yr ymosodiad ar y Castle Inn. Barbwr o Sais celwyddog a dystiodd iddo weld hyn yn digwydd; ni honnodd Black ei hun mai Dic a'i trywanodd. Yn ôl y farn gyffredin yr oedd yn ddieuog, a dros ddeugain mlynedd yn ddiweddarach datguddiodd y Parch. Evan Evans, Nantyglo tad Beriah Gwynfe Evans, fod Ieuan Parker, brodor o Gwmafan, wedi cyffesu iddo ar ei wely angau yn America mai ef a glwyfodd Donald Black. Dedfrydwyd Dic i farwolaeth. Cafodd Lewsyn yr Heliwr yr un ddedfryd ond fe'i ataliwyd ac alltudiwyd ef i Awstralia gyda Thomas Vaughan, David Hughes a Dai Llaw Haearn. Er gwneud ymdrechion egniol ar ei ran, gan gynnwys deiseb a arwyddwyd gan un fil ar ddeg o bobl, safodd y ddedfryd ar Dic Penderyn.

Mewn llythyr huawdl at ei chwaer, gwraig Morgan Howel, roedd Dic wedi gofyn iddi wneud trefniadau i'w gladdu. Cymraeg oedd iaith y llythyr; Cymraeg oedd ei unig iaith mae'n siŵr. Yn hyn yr oedd yn wahanol i John Penry ddwy-ieithog, merthyr Ymneilltuaeth Cymru bron dri chan mlynedd ynghynt. Roedd yr heniaith wedi parhau a'i gafael ar y werin yn gadarnach nag yn nydd Penry. 'O Dduw! dyma gamwedd', oedd geiriau olaf Dic cyn ei grogi ar Sadwrn, 13 Awst, yn 23 oed. Safai pedwar gweinidog Wesle gydag ef yn y dienyddle, sy'n awgrymu ei fod yn aelod gyda'r Wesleaid. Un ohonynt oedd Gwilym Lleyn, golygydd *Yr Eurgrawn* ac awdur *Llyfryddiaeth y Cymry.*

Tyrrodd cannoedd o bobl o'i fro enedigol a deg ar hugain o gamboiau i garchar Caerdydd erbyn chwech y bore i hebrwng ei gorff tua thref. Treiglodd yr orymdaith hir yn araf trwy Fro Morgannwg. Yn Sain Nicholas ymunodd twr o bobl Y Bont-faen â nhw, ac ym Mhenybont-ar-Ogwr daeth gwŷr y Pîl atynt. Pan ollyngwyd corff y merthyr i'r bedd yn hwyr y prynhawn ym

mynwent Eglwys Santes Fair, Aberafan, yr ocdd milocdd yno.
Darllenodd person y plwyf y gwasanaeth claddu o'r Llyfr
Gweddi Cyffredin, ac esgynnodd Morgan Howel i wal y fyn-
went ac annerch y dorf fawr. Yn ôl tyst a'i clywodd, ei eiriau
cyntaf oedd, 'Dic bach, wyt ti yma? Doedd dim ofon y rhaff arnat
ti.'

Canodd Dic Dywyll ac eraill lawer balad iddo:

> Mi welais riots Merthyr
> A gormes mawr y gweithwyr:
> Fe laddwyd trigain yn ddi-lai
> A chlwyfwyd rhai o'r milwyr.

> Daeth yno Wŷr yr Hirffyn,
> A'r Peisiau Bach i'w canlyn,
> Ond hawyr annwyl! acthus dric
> Oedd crogi Dic Penderyn.

JOHN FROST 1784 - 1877

Ymosodiad miloedd o Siartwyr ar dref Casnewydd oedd y
mwyaf uchelgeisiol o'r tri chyffro mawr—gwrthryfel Merthyr
a therfysg Beca oedd y ddau arall—a arweiniodd at ymosodiad y
Llywodraeth ar iaith a chenedligrwydd Cymru ym Mrad y
Llyfrau Gleision. Arweinydd gwrthryfel y Siartwyr Cymreig
oedd John Frost. Mab tafarn yng Nghasnewydd oedd ef, yn
Gymraeg ei iaith ac yn aelod gyda'r Annibynwyr, yn ŵr busnes
llwyddiannus a brentisiwyd yn grydd ac a fu'n gweithio mewn
siopau dillad ym Mryste a Llundain cyn agor ei fusnes ei hun yn
ei dref enedigol yn ddwy ar hugain oed.

Radical oedd John Frost a ddaeth yn gynnar i wrthdrawiad â
Rowland Prothero, teyrn cyfoethog o glerc tref a arweiniai
Chwigiaid y gymdogaeth. Carcharwyd ef am chwe mis am
enllibio Prothero yn un o'r deuddeg pamffled a sgrifennodd.
Pan ryddhawyd ef o'r carchar cafodd groeso brwd gan y dorf ar
strydoedd Casnewydd fel arwr y dref. Yn 1823 cefnodd ar ei
fusnes er mwyn ymroi i wleidyddiaeth leol ac am yr un mlynedd

ar bymtheg nesaf ef oedd prif arweinydd y gymdogaeth. Bu'n
ustus cyfiawn ac yn faer cytbwys ac effeithiol.

Tua diwedd y tri-degau ymunodd John Frost â'r Siartwyr a
oedd yn lluosog yng Nghasnewydd ac yn arbennig o gryf yn y
cymoedd diwydiannol. Cymry Cymraeg oedd y mwyafrif
mawr ohonynt, pobl a gafodd eu hunig addysg mewn ysgolion
Sul. Fe gyfrannodd y capeli a'r cymdeithasau dyngarol, gyda'u
bandiau pres a'u gorymdeithiau lliwgar, lawer at eu clymu
ynghyd mewn cymdeithas glòs. O'r gymdeithas hon y cododd y
'Gwartheg Scotch', a ddeilliai mewn rhan o'r *ceffyl pren*
gwledig, a geisiai sicrhau cyfiawnder i'r bobl yng nghanol
ansicrwydd mawr eu bywyd. Cyhoeddodd eu harweinydd, y
Tarw Scotch, ei fod 'yn elyn pob dychryndod', a soniai yn un o'i
lythyrau am ei 'naw mil o blant ffyddlon'. Cymry Cymraeg
oedd y cyfan bron o'r rhai a restiwyd, glowyr ifanc fel Wil
Aberhonddu a Shoni Coal Tar, ac ymdeimlent â'u Cymreictod.
Anerchid 'plant Hengist a Horsa' gan ddweud, 'Ni allwn ni y
brodorion a'r gwir berchnogion estyn troed heb eich bod yn
damsang arni.'

Yr hyn a ysgogodd John Frost yn bennaf i ymuno â'r Siartwyr
oedd tlodi'r bobl a system annynnol y tlotai. Roedd wedi hen
ennill enw fel 'cyfaill y tlawd'. Buan y dewiswyd ef yn gynrych-
iolydd i Gonfensiwn y Siartwyr yn Llundain, ac mewn canlyniad
çollodd ei le ar y fainc ym 1839. Ond erbyn hynny roedd y
Siartwyr Cymreig wedi dod i'r farn, yn annibynnol hwyrach ar
Frost, na lwyddai eu brwydr dros gyfiawnder cymdeithasol heb
ddefnyddio'r dulliau a fu mor llwyddiannus yn rhyfel annibyn-
iaeth America a'r Chwyldro Ffrengig. Penderfynasant ddefnyddio
grym milwrol mewn chwyldro a oedd i ymledu trwy Loegr a'r
Alban.

Yng Nghymru y dechreuai'r chwyldro mawr, a'r cam cyntaf
oedd cynllunio yn dra dirgel ymosodiad gan ddegau o filoedd o
siartwyr sir Fynwy ar dref Casnewydd yn nechrau Tachwedd
1839, 7-8,000 ohonynt yn ddynion arfog. Wedi cipio'r dref hon
byddai catrodau lluosog a ddaliwyd wrth gefn yn ymosod, yn ôl
y cynllun, ar drefi eraill megis Trefynwy, Y Fenni, Pont-y-pŵl,
Pontypridd a Chaerdydd. Tasg gwŷr Merthyr, er enghraifft, pan

JOHN FROST   *Llyfrgell Genedlaethol*

> Sons of Cambria!—come, arise
> And no longer be
> Serfs enslaved, whom all despise
>
> Will ye always bow so meek
> To the imperious nod
> Of a haughty race who seek
> To rule you by the rod?

Arweiniodd Williams y gwrthwynebiad i drefniadau creulon Deddf y Tlodion 1834. Bu'r rhain ymhlith prif gŵynion Beca. Canai'r beirdd gwlad amdanynt; er enghraifft, am y ffordd y gwahanent wragedd oddi wrth eu gwŷr:

> Hyd angau, medd y ffeirad ffraeth,
> Cysylltaf chwi â'ch gilydd;
> Nage, myn diawl, medd Shoni bach,
> Ond hyd y wyrcws newydd.

Y weithred ymosodol gyntaf a amlygodd ddicter mawr y werin oedd llosgi tloty newydd Arberth. Deuai anghyfiawnder yr ynadon yn uchel ymhlith cŵynion Beca. Pan ddaeth gohebydd *The Times* i fyny o Lundain adroddodd fod ynadon sir Gaerfyrddin yn edrych ar y bobl, 'as if they were beasts and not human beings.' Gwaethygwyd eu hanghyfiawnder gan eu Seisnigrwydd rhonc, canys Cymry uniaith oedd y werin. A'r pryd hwnnw roedd eu hunan-barch ar gynnydd, tystied llwyddiant Cymdeithas yr Iforiaid a sefydlodd 76 o gyfrinfeydd yng nghyffiniau Caerfyrddin mewn dwy flynedd yr adeg hon. Yr oedd Cymdeithas yr Iforiaid, a helpai ei haelodau i ddarparu gogyfer ag afiechyd a damweiniau a chladdedigaethau, yn ddigymrodedd yn ei Chymreictod. Geiriad y cyntaf o amcanion y Gymdeithas oedd, 'i hyrwyddo'r iaith Gymraeg, i gadw ei haelodau hyd y mae modd rhag eisiau, ac i uno pob Cymro fel un gŵr i gynnal ei gilydd.'

Cysylltodd Beca Seisnigrwydd prif weision y meistri tir hefyd ag anghyfiawnder. 'Rebecca also resolved,' meddai gohebydd *The Times*, 'that no Englishman shall be employed as a steward in Wales.' Poenid tenantiaid gan godiadau mynych a serth mewn rhenti pa mor galed bynnag y gweithient i wella'u ffarm. Meddai'r bardd gwlad,

Codi cloddiau, plannu coedydd,
Codi cerrig, sychu meysydd,
Codi rhent, on'd yw'n beth rhyfedd,
Bedair gwaith mewn deuddeng mlynedd

Ond y tollau a godid ar y ffyrdd a frifai fwyaf. Er enghraifft, ar un filltir a deugain o ffyrdd ym meddiant *Turnpike Trust* Llangadog a Llanymddyfri yr oedd tri ar ddeg o dollbyrth. Golygai hyn fod ffarmwr a âi i nôl llwyth o galch o odynau'r Mynydd Du yn gorfod talu mwy na gwerth y calch mewn tollau. Mewn cwrdd torfol ar Fynydd Sylen, y daeth miloedd iddo i wrthdystio yn erbyn yr anghyfiawnderau hyn, galwyd am dair bonllef i Hugh Williams—a thair i'r Frenhines!

Ond nid oedd siarad yn unig yn tycio dim. Wedi gosod clwyd newydd yn Efail-wen canwyd corn Beca ar noson 13 Mai, 1839. Daeth nifer o wŷr ar gefn ceffylau ynghyd i arwain cannoedd o wŷr traed, pob un wedi duo'i wyneb neu wisgo masg, gyda phais a betgwn amdano a bonet hen wraig am ei ben. Plant Rebecca oedd y rhain. Galwasant ar geidwad y dollborth i ddod allan o'i dŷ. Malwyd y glwyd a'r pyst yn goed tân a'u rhoi o gylch y tŷ. Rhoddwyd ffagl i'r cwbl a'i losgi'n ulw. Ail-adroddwyd y weithred yn Llanboidy. Dair blynedd yn ddiweddarach yr oedd tua chant ac ugain o dollbyrth sir Gaerfyrddin wedi'u dryllio, ddwywaith a theirgwaith drosodd weithiau. Lledodd y mudiad i Forgannwg a Gwynedd a chafwyd gwared ar dollbyrth bron yn llwyr.

Penllanw'r gweithgareddau hyn oedd dryllio tloty Caerfyrddin. Ymgasglodd torf o bum mil y tu allan i'r dref ac ymdeithio trwy'r strydoedd gyda phedwar cant o wŷr meirch ar y blaen. Nid cynt y malwyd y tloty nag y rhuthrodd y *Dragoons* ar y dorf gan glwyfo llawer a'u gwasgaru oll. Daliwyd Shoni Sgubor Fawr, y cawr o focsiwr gwalltgoch, a Dai Cantwr, pen faledwr y De, a'u danfon i ddilyn John Frost a siartwyr Gwent mewn alltudiaeth yn Awstralia.

GWENYNEN GWENT—ARGLWYDDES LLANOFER
1802 - 1896

Ddwy flynedd ar ôl gwrthryfel Merthyr Tudful cynhaliwyd y cyntaf o eisteddfodau enwog Y Fenni—Abergafenni—a dalient yn eu bri pan ymosododd y Siartwyr ar Gasnewydd a phan falai gwŷr Beca y gatiau yn sir Gaerfyrddin. Roedd y dosbarth breiniol wedi hen gefnu ar Gymru a'i thraddodiadau pan ddaeth cwmni o brif foneddigion dwyrain Gwent at ei gilydd, yng Nghymdeithas Cymreigyddion Y Fenni, i hybu'r iaith Gymraeg a'r diwylliant Cymreig. Carnhuanawc, Thomas Price, a'u hysbrydolodd ond Gwenynen Gwent, yr Arglwyddes Augusta Hall, a'u cynullodd ynghyd.

Yn Llanofer y ganed Augusta a phan briododd hi Benjamin Hall o Aber-carn, a roes ei enw i *Big Ben* yn Westminster, unwyd dwy stad fawr gyfagos â'i gilydd. Dysgodd ei Chymraeg fel merch ifanc wrth ymweld â ffermydd a chartrefi tenantiaid ei thad, y cyfan ohonynt y pryd hynny yn Gymry Cymraeg a'r mwyafrif yn Gymry uniaith. Daeth yn ifanc o dan ddylanwad Carnhuanawc a'i chyfeilles yr Arglwyddes Greenly—Llwydlas oedd ei henw barddol hi—a fedrai siarad a sgrifennu Cymraeg ac a ymddiddorai mewn alawon Cymreig.

Carnhuanawc, ficer Cwm-du, sydd am y ffin â Gwent, oedd gwladgarwr hynotaf y cyfnod. Ef yn anad neb a enynnodd y berthynas rhwng Cymru â'r gwledydd Celtaidd eraill. Teithiodd yn Iwerddon a'r Alban, Cernyw a Llydaw yn chwilio am lawysgrifau a hynafiaethau. Pwysodd yn llwyddiannus ar y Feibl Gymdeithas i sicrhau cyfieithiad o'r Beibl i'r Llydaweg, ac wedi dysgu'r iaith honno, fe'i cynigiodd ei hun fel cyfieithydd. Ef a gyflwynodd i Eisteddfod Y Fenni ddirprwyaeth Lydewig o bump a gynhwysai Francois Rio, a ddisgrifiwyd gan ei gyfaill Gladstone fel y Ffrancwr (sic) mwyaf nodedig a adnabu erioed, a La Villemarqué, uchelwr a ysbrydolwyd gymaint gan yr ymweliad nes rhoi ei fywyd i gasglu a chyhoeddi cerddi gwerin ei wlad: un o gymwynaswyr mwyaf Llydaw.

Sylweddolai Carnhuanawc arbenigrwydd y werin Gymreig. 'Byddai'n anodd dangos unrhyw wlad arall yn y byd,' meddai

YR ARGLWYDDES LLANOFER

Llyfrgell Genedlaethol

yn Eisteddfod Trallwng bron chwarter canrif cyn Brad y Llyfrau
Gleision, 'lle y mae gan y werin y fath ddiddordeb mewn
llenyddiaeth a phethau deallusol ag sydd gan bobl Cymru.' Ar
achlysur arall dywedodd,

> 'The Welsh language is at the present day to the Welsh peasant a much
> more cultivated and literary medium of knowledge than the English is
> to the Englishman of the same class . . . Show me another language in
> the world in which such a body of knowledge is found in the hands of
> the common people!'

Treuliodd ei fywyd yn ceisio meithrin yn y Cymry hunan-
barch a balchder cenedlaethol. Er mwyn hynny sgrifennodd
hanes Cymru mewn clamp o gyfrol Gymraeg o bron 900
tudalen. A phlediai'n gryf dros addysg Gymraeg i'r plant; dyna
oedd byrdwn ei neges gyntaf i Gymreigyddion Y Fenni. Ar ei
gost ei hun sefydlodd ysgol Gymraeg ei hiaith yng Nghwm-du;
ac ysbrydolodd sefydlu Coleg Llanymddyfri fel ysgol Gymraeg.
Gwenynen Gwent a brynodd y tir iddi ar yr amod mai Cymraeg
fyddai cyfrwng ei haddysg.

Yr oedd bywyd cenedlaethol Cymru yn dal yn ddigon cryf i
ennyn diddordeb y wraig nodedig hon er ei fod yn dechrau
gwanhau yn nes at oror Seisnig Gwent. Cymraeg oedd iaith
gweithwyr ei chartref a'r ystad eang ac iaith y gweithgareddau
ar yr ystad gan gynnwys y swyddfa bost. Gwnaeth Plas Llanofer
yn ganolfan i'r diwylliant Cymraeg; cadwai delynor swyddogol,
arwydd o'i diddordeb mewn alawon gwerin Cymreig a boblog-
eiddiodd trwy'r wlad. Sefydlodd ffatri i wneud y delyn deir-rhes;
rhoddai wobrau da yn Eisteddfod Y Fenni i delynorion, a
symbylai deuluoedd mawr i roi telynau teir-rhes costus yn
wobrau. Gwaddolodd gapeli ar yr amod mai Cymraeg fyddai
iaith eu gwasanaethau. Ni chawsai iaith a diwylliant Cymru y
fath nawdd mewn cartref uchelwrol ers canrifoedd, ac i
ychwanegu at y rhyfeddod, yn nwyrain Gwent o bobman y
digwyddodd. Noddwraig o dras Seisnig oedd yn gyfrifol am y
cyfan. Lluniodd y wisg Gymreig i ferched ac fe'i gwnaeth yn
ffasiynol mewn ymdrech i wneud pethau Cymreig yn ddeniadol
a hefyd er mwyn hybu'r fasnach wlân fel rhan o'i hymgais
ddyfal i gryfhau'r economi gwledig. Roedd yn hyddysg mewn

bwydydd Cymreig. Dyfynnir o hyd o'i llyfr coginio rhagorol, *The First Principles of Good Cookery.*

Fel trefnydd da cyfrannodd lawer at lwyddiant a lliwgarwch eisteddfodau'r Fenni. Hi oedd yn bennaf gyfrifol am gael cynifer o'r teuluoedd tiriog mawr i'w cefnogi, ac am ddwyn ymwelwyr o dri iddynt. Llywydd Cymreigyddion Y Fenni oedd Syr Charles Morgan o Dredegar, disgynnydd i Ifor Hael, noddwr Dafydd ap Gwilym. Galwyd ef yn Ifor Hael y Cymreigyddion. Ei fab oedd cadeirydd cyntaf Cyngor Sir Fynwy; yn yr iaith Gymraeg y cynigiwyd ac eiliwyd ef i'r gadair. Nodwedd arbennig o'r Eisteddfod, a barhâi am ddyddiau, oedd yr orymdaith liwgar trwy strydoedd gorlawn y dref fanerog a'i merched mewn gwisg Gymreig. Cludai hyd at bedwar cant o gerbydau hoirdd y boneddigion a'u teuluoedd, ac esgobion ac aelodau seneddol, beirdd, llenorion ac ysgolheigion, gweinidogion y goron ac ymwelwyr tramor a chynrychiolwyr llywodraethau tramor fel Denmarc a Ffrainc, Sardinia a Phrwsia, a hyd yn oed Twrci. Un o'r ymwelwyr mwyaf nodedig a wahoddwyd gan Arglwyddes Llanofer oedd Debendranath Tagore, athronydd a diwygiwr crefyddol mwyaf India a thad Rabindranath Tagore. Adnabyddid ef yn India hyd ei farwolaeth fel Maharishi—Y Doethwr Mawr.

Noddai'r Eisteddfodau ysgolheictod yn ogystal â llenyddiaeth Gymraeg a cherddoriaeth. Rhoddid gwobrau mawr hyd at ganpunt am draethodau. Y gwaith pwysicaf a wobrwywyd oedd 'Literature of the Kymry' Thomas Stephens, y fferyllydd o Ferthyr Tudful. Arwydd o nawdd y Cymreigyddion i ysgolheictod oedd sefydlu'r *Welsh Manuscript Society.* Hyn a symbylodd Gwenynen Gwent i brynu casgliad enfawr llawysgrifau a phapurau Iolo Morganwg ar ôl ei ddydd. Ymhlith beirdd gweithgar yr Eisteddfod oedd Aneurin Fardd a fuasai'n ddisgybl i Iolo Morganwg. Ei feddwl uchel ohono a barodd i dad Aneurin Bevan, yntau'n fardd gwlad, roi'r enw Aneurin ar ei fab.

Enillodd Maria Jane Williams, Aberpergwm, wobr am gasgliad arloesol o alawon Cymreig a gyhoeddwyd dan yr enw *The Ancient National Airs of Gwent and Morgannwg.* Merch alluog arall a berthynai i gylch Gwenynen Gwent oedd Jane

Williams, Talgarth. 'Ysgafell' oedd ei henw barddol, awdures a chofiannydd Carnhuanawc, hithau hefyd yn gerddor a chanddi ddiddordeb mewn alawon gwerin. Ac yr oedd Charlotte Guest, cyfieithydd y Mabinogion, yn un o'r cylch galluog hwn. Ond nid merched o'i dosbarth ei hun yn unig a gâi gefnogaeth Gwenynen Gwent. Hi a noddodd *Y Gymraes*, y cylchgrawn Cymraeg cyntaf i ferched, ac yr oedd yn gyfeillgar â Ieuan Gwynedd ei olygydd ac â'i wraig. A helpodd gyhoeddi *Geiriadur Cymraeg* Silvan Evans. Ni lafuriodd yr un wraig yn galetach na hi i gynnal iaith a diwylliant y genedl hon.

GWILYM HIRAETHOG 1802 - 1883

Fel llenor, golygydd, gwleidydd, darlithiwr a phregethwr, Gwilym Hiraethog oedd ffigur amlycaf trydydd chwarter y ganrif ddiwethaf mewn oes pan oedd pregethwyr yn arwyr Cymru. Erbyn ei gyfnod ef yr oedd Ymneilltuaeth yn atgyfnerthu hunaniaeth y Cymry fel y cryfhâi Catholigiaeth hunaniaeth y Gwyddelod. Rhoesai ruddin yn eu cymeriad a datblygodd eu dawn trefnu i'r fath raddau nes eu galw gan Ernest Renan yn Diwtoniaid y Celtiaid.

Ganed William Rees yn Chwibren Isaf, ffarm wrth droed Mynydd Hiraethog ym mhlwyf Llansannan, ardal a gyfrannodd yn helaeth at fywyd Cymru. Diwylliant traddodiadol y gymdogaeth oedd yr addysg sylfaenol, os anffurfiol, a gafodd. Bu am ychydig o aeafau yn ysgol Seisnigaidd y pentref, ond ei dad a ddysgodd iddo ddarllen Cymraeg a chan feirdd y cylch y cafodd ei addysg lenyddol. O Landeilo, Sir Gaerfyrddin, y daeth teulu ei dad; olrheiniai ei fam ei theulu yn ôl at Hedd Molwynog, sylfaenydd un o bymtheg llwyth Gwynedd. Ond er mor aruchel tras ei fam, tlawd oedd y teulu, a bu'n rhaid i William fynd i fugeilio'n ifanc iawn. Gwas ffarm ydoedd pan briododd, yn ddwy ar hugain oed, ac ni adawodd ei waith ar y tir nes mynd yn

GWILYM HIRAETHOG   *Llyfrgell Genedlaethol*

weinidog gyda'r Annibynwyr i Fostyn ym 1831 ar gyflog o
seithswllt yr wythnos. Yn ariannol ni bu'n dda ei fyd erioed. Yr
oedd eisoes yn adnabyddus fel pregethwr, yn aelod o'r cwmni
mawr o weinidogion a wnaeth y Cymry'n bobl mor effro
a diwylliedig. Gorlenwid ei gapel ym Mostyn weithfaol a
Chymraeg gan gynulleidfa a gynhwysai forwyr y deuai eu
llongau i'r porthladd prysur dros y Sul.

Pan symudodd i gapel Lôn Swan yn Ninbych yr oedd eisoes
yn dod i fri fel darlithiwr. Ef a sefydlodd y ddarlith boblog-
aidd fel cyfrwng addysg. Fel darlithiwr yr oedd yn ddigymar, ei
eglurebau yn ddisglair, ei hiwmor yn gyfoethog, ei ddarluniau'n
glynu yn y cof a'i areithyddiaeth yn ysgubol. Yn ei ddarlithiau
trafodai bynciau gwleidyddol a chrefyddol, arweinwyr mawr
fel Luther a Kossuth a Garibaldi, a digwyddiadau mawr eu
pwys megis y Diwygiad Protestannaidd a Chwyldroadau 1848
yn Ewrop. Medrai ddal cynulleidfa yng nghledr ei law am
deirawr gyda darlith ar ddaeareg neu seryddiaeth.

Roedd eisoes yn ymhél â'r wasg. Mae'n arwyddocaol fod
rhagflaenydd iddo fel gweinidog yn Lôn Swan wedi gwneud
defnydd effeithiol o'r cyfrwng hwn yn yr Unol Daleithiau yn
ogystal ag yng Nghymru, sef Robert Everett. Wedi iddo symud
i America, Everett a arweiniodd Gymry'r wlad honno i'r
mudiad yn erbyn caethwasiaeth ac i'r Blaid Weriniaethol.
Gwnaeth hynny yn bennaf trwy *Y Cenhadwr Americanaidd*, y
bu'n berchen arno, yn ei olygu a hyd yn oed yn ei argraffu rhwng
1842, y flwyddyn cyn cychwyn *Yr Amserau*, a 1875.

Ym 1843 symudodd i Lerpwl, y dref debycaf i brifddinas a
oedd gan Gymru, fel olynydd i'w gyfaill Williams o'r Wern a
ystyrid yn un o dri phregethwr mwyaf y ganrif. Sgrifennodd
Hiraethog gofiant iddo. Ei gyflog yn Lerpwl oedd teir punt yr
wythnos. Yno y bu byw weddill ei fywyd gan gynnal gweinid-
ogaeth orchestol. Cyflawnodd weithred unigol bwysicaf ei
fywyd yn fuan ar ôl cyrraedd y ddinas wrth sefydlu *Yr Amserau*,
y newyddiadur Cymraeg cyntaf i lwyddo. Am un mlynedd ar
bymtheg bu'n ei olygu'n ddi-gyflog. Rhyfedd y to o newyddiad-
urwyr a gododd y pryd hwnnw. Ganed cenhedlaeth gyfan o
wrthryfelwyr anghydffurfiol o fewn tair blynedd i'w gilydd yn

nechrau'r ganrif, gwŷr fel Samuel Roberts, Llanbrynmair
(S.R.), Caledfryn, Hugh Pugh, David Rees, Llanelli, golygydd Y
Diwygiwr, Ieuan Gwynedd a Gwilym Hiraethog. Roedd y
dynion disglair hyn oll yn weinidogion gyda'r Annibynwyr, yn
arweinwyr gwleidyddol ac yn newyddiadurwyr, a Hiraethog
oedd y pennaf yn eu plith. Bytheiriai Brutus yn eu herbyn yn Yr
Haul. 'Mae popeth o eiddo'r sect hon,' meddai am yr Annibyn-
wyr, 'yn gorffen mewn politics.' Hwy a'u tebyg oedd y deall-
usion Cymreig. Gwrthryfelent oll yn erbyn y traddodiad
pietistaidd a gadwai Gristnogion allan o'r byd politicaidd.
Mynnai'r rhain wneud eu Cristnogaeth yn berthnasol i fywyd
eu cymdeithas. 'Os rhaid inni fynd â pholitics allan o'r addol-
dai,' meddai Gwilym Hiraethog, 'y mae'n rhaid inni fynd â'r
Beibl allan.'

Trwy Yr Amserau yn bennaf, a unwyd wedyn â'r Faner, bu
dylanwad Hiraethog ar y farn gyhoeddus yn drymach na neb
arall yng nghanol y ganrif. Gyda dawn newyddiadurol eithriadol
trafodai bob pwnc o bwys mewn gwleidyddiaeth gartref a
thramor, er ei fod fel ei gyfoedion yn gyffredin, yn brin o
Gymreictod ymosodol. Arllwysodd hynny o Gymreictod
gwleidyddol a oedd ganddo i'r frwydr dros ddatgysylltu'r
Eglwys esgobol oddi wrth reolaeth Caer-gaint a'r wladwriaeth,
hynny yw, dros hunan-lywodraeth eglwysig. Ei ryng-genedl-
aetholdeb oedd nodwedd fwyaf arbennig ei bolitics. Ef oedd y
mwyaf cydwladol ei feddwl o Gymry'r dydd. Cyflwynodd i
Gymru syniadau radical Mazzini, y cenedlaetholwr mawr o
Eidalwr, y bu mewn gohebiaeth ag ef. Cefnogodd ei frwydr ef a
Garibaldi dros ryddid cenedlaethol yr Eidal oddi wrth Ymerod-
raeth Awstria. Rhoes gefnogaeth rymus i wrthryfel Hwngari yn
erbyn Awstria a gwnaeth Kossuth, arweinydd y rhyfel dros
ryddid cenedlaethol, yn cnw mor fawr yng Nghymru nes
danfon o'r Hwngariaid ddirprwyaeth i ddiolch yn bersonol
iddo. Ond ni hawliodd ef, fwy na neb arall o'i gyfoedion, ryddid
cenedlaethol i'w genedl ei hun. Yn boliticaidd yr oedd yn llawer
mwy o radical ac Anghydffurfiwr nag o Gymro. Apeliodd
radicaliaeth Mazzini a Kossuth ato yn fwy na'u cenedlaethol-
deb. Diau ei fod yn help i achos Kossuth ei fod ef a hanner pobl

Hwngari, yn wahanol i'r Gwyddelod, yn Brotestaniaid. Er hynny yr oedd yn wladgarwr o radical a garai ei wlad a'i hiaith. Fe alwodd ar aelodau seneddol Cymru i ymffurfio yn blaid Gymreig unedig. A gallai ei lach ddisgyn yn drwm ar brydiau ar ormes Lloegr. Gwelwyd hyn yn *Llythyrau 'Rhen Ffarmwr*, y llithiau ffraeth, arbennig o boblogaidd, a gyfrannai i'w bapur yn nhafodiaith ei ardal enedigol. Cystywai *John Bull* imperialaidd a militaraidd fel hyn hanner canrif cyn dydd dychan deifiol Emrys ap Iwan:

> Be mae nhw'n dweud amdanat ti tua'r India ene, os gwni? ac yn Jamaica? a New Seland? a'r Werddon? Mae nhw'n dy sbectio ymhob man fel blaidd, a sbeiliwr, a lleidar tir a gwlad—nid oes un genedl tan wybren yn dda gynthi hi amdanat ti. Rwyt ti'n meddwl fod genti hawl i fynd a gwlad pawb oddiarnyn nhw, ac i syltio'r bobl wedyn . . . Rwyt ti'n meddwl y gelli di'n trin ni'r Cymry fel fynni di.

Gwelwyd rhagoriaeth ei arddull, a gadwai'n glòs at yr iaith lafar, yn ei nofelau. Roedd yn arloeswr fel nofelydd yn ogystal ag fel newyddiadurwr a darlithydd, ac ym myd y ddrama hefyd o ran hynny. Bu *Aelwyd F'ewythr Robert*, a adlewyrchai ei gas at gaethwasiaeth yr ymgyrchodd yn nerthol yn ei erbyn, yn dra phoblogaidd a dylanwadol. Hiraethog yn ddiau oedd llenor mwyaf amryddawn y ganrif. Cyfansoddodd swm enfawr o farddoniaeth amrywiol, yn cynnwys awdlau a chywyddau, telynegion a chanu gwerinol, heb anghofio ei epig 'Emmanuel', 13,000 o linellau ohoni. Fe fydd byw o leiaf un o'i emynau cyhyd â'r iaith.

> Dyma gariad fel y moroedd,
>   Tosturiaethau fel y lli:
> T'wysog bywyd pur yn marw,
>   Marw i brynu'n bywyd ni:
> Pwy all beidio â chofio amdano?
>   Pwy all beidio â thraethu'i glod?
> Dyma gariad nad â'n angof
>   Tra fo nefoedd wen yn bod.
>
> Ar Galfaria yr ymrwygodd
>   Holl ffynhonnau'r dyfnder mawr:
> Torrodd holl argaeau'r nefoedd
>   Oedd yn gyfain hyd yn awr:

Gras a chariad megis dilyw
Yn ymdywallt yma 'nghyd,
A chyfiawnder pur a heddwch
Yn cusanu euog fyd.

Dywed Pennar Davies nad oes emyn mwy na hwn yn yr iaith Gymraeg. Ar wahân i'w emynau, nid ei farddoniaeth a werthfawrogir heddiw ond ei nofelau a *Llythyrau 'Rhen Ffarmwr.*

Trwy gydol holl weithgareddau amrywiol bywyd a wnaeth gymaint i ffurfio meddwl Cymru ac i gyfoethogi ei chymdeithas bu Gwilym Hiraethog yn weinidog ymroddedig mewn eglwys fawr. Er nad oedd dyfodol cenedlaethol i Gymru yn rhan o'i weledigaeth, gwelwyd cenedlaetholdeb gwleidyddol yn dechrau egino ynddo, a gweithredodd o fewn terfynau ei weledigaeth fel gwladgarwr unplyg. Pan ofynnwyd iddo beth a'i cynhaliai trwy lafur llethol ac anawsterau lu, atebodd, 'Gwladgarwch ac nid elw.'

GWEIRYDD AP RHYS 1807 - 1889

Gwerin Cymru yw gwir arwr hanes y Gymru fodern. Y mae Gweirydd ap Rhys, a elwir yn wron gan Thomas Parry yn ei *Hanes Llenyddiaeth Gymraeg Hyd 1900,* yn ymgorfforiad o'i rhinweddau a'i gwendidau. Fel cynifer o arweinwyr Cymreig y canrifoedd diwethaf, cafodd ei fagu'n ddifreintiau ac mewn tlodi, er ei fod yn olrhain ei achau yn ôl at Gweirydd ap Rhys Goch, uchelwr yn yr unfed ganrif ar ddeg y cymerodd ei enw oddi wrtho. Ni chafodd Robert John Pryse, a aned yn Llanbadrig, Ynys Môn, fynd i ysgol fonedd a phrifysgol fel y mwyafrif o arweinwyr ac ysgolheigion Seisnig ei gyfnod. Yn wir, dau ddiwrnod o ysgol bentref oedd y cyfan o addysg ffurfiol a gafodd cyn mynd yn was bach ar ffarm yn wyth mlwydd oed. Collodd ei fam yn bedair oed a phan oedd yn un ar ddeg oed bu farw ei dad. Rhoddwyd ef yn brentis plwyf gyda gwehydd. Dacth yn

artist yn ei grefft. Mantell o'i waith ef a gyflwynwyd i'r Dywys-
oges Victoria pan ddaeth i Eisteddfod Biwmaris ym 1832. Yn
nodweddiadol, ysgrifennodd lyfr a eglurai'r 'egwyddorion' dan
symudiadau mecanyddol y gwŷdd.

Ni chofiai amser pan na allai ddarllen a chrogai llyfr o'i flaen
ar y gwŷdd bob amser. Priododd yn ifanc â Gras Williams—ei
'ras ataliol' meddai—a chawsant saith o blant gan gynnwys
Buddug, awdur 'O na byddai'n haf o hyd', a Golyddan, yr
athrylith o fardd a fu farw'n un ar hugain oed pan oedd yn
fyfyriwr meddygol. Arferai Gweirydd weithio wrth ei grefft o
saith y bore hyd naw yr hwyr, ac ar ôl i'r teulu noswylio
byddai'n mynd ati i astudio hyd dri neu bedwar o'r gloch y bore.
Meistrolodd Saesneg a Lladin a Groeg. Cyhoeddodd eiriadur
Saesneg-Cymraeg er na wyddai'r ffordd i ynganu geiriau
Saesneg am na siaredid yr iaith o'i gwmpas. Golygodd Eiriadur
Pughe gan newid llawer ar yr orgraff er gwell. Cyhoeddodd
Ramadeg Cymraeg hefyd. Yn gerddor da, sefydlodd y cymdeith-
asau cerddorol cyntaf ym Môn. Yn nes ymlaen sgrifennodd ei
hunan-gofiant mewn deuddeg cyfrol, er na chyhoeddwyd mwy
na darn ohono. Yn hwn y gwelir ei arddull fywiog ar ei gorau.

Datblygodd yn llenor ac yn ysgolhaig o bwys, a phan oedd yn
hanner cant oed, rhoes y gorau i'w grefft a'i siop a symud i
weithio gyda Thomas Gee yn Ninbych ar *Y Gwyddoniadur* a
gyhoeddwyd mewn deg cyfrol fawr o 900 tudalen yr un ar gost
o £20,000. Cyfrannodd tua phum cant o erthyglau iddo.
Cymerodd bedair blynedd ar hugain i ddod o'r wasg, yr ym-
rwymiad cyhoeddi mwyaf yn Gymraeg. Ymddangosodd y
gyfrol olaf ym 1879, ond gwerthodd mor dda nes ei ail-argraffu
ymhen deng mlynedd. Gyda Thomas Stephens, yr ysgolhaig a
gadwai siop fferyllydd ym Merthyr Tudful, cyhoeddodd
Gweirydd *Orgraff yr Iaith Gymraeg*. Golygodd argraffiad newydd
o'r Beibl gydag esboniad a nodiadau, a phedair cyfrol fawr a
hardd *Enwogion y Ffydd*, yr ysgrifennodd lawer o'u cynnwys. Ef
a olygodd argraffiad newydd o gyfrolau'r *Myvyrian Archaiology*
sy'n cynnwys ein rhyddiaith foreaf a barddoniaeth y Cynfeirdd.
Cyhoeddodd *Hanes Llenyddiaeth Gymreig 1350-1650* mewn

GWEIRYDD AP RHYS

cyfrol pum cant o dudalennau, gwaith arloesol nad oedd dim
tebyg iddo'n bod.

Ond ei gamp fwyaf oedd cyhoeddi *Hanes y Brytaniaid a'r
Cymry* mewn dwy gyfrol fawr pum cant o ddalennau'r un
gyda cholofnau dwbl. Er ei fod heb fantais disgyblaeth academ-
aidd ysgrifennai gyda synnwyr cyffredin a gwrthrychedd
ysgolhaig sgeptig, yn bur rydd oddi wrth fympwyon yr oes, a'i
arddull yn syml a dirodres ar adeg pan oedd arddull chwyddedig,
rodresgar mewn bri. Tystia'r nodiadau niferus wrth odre pob
dalen i drylwyredd ei ymchwil i'r ffynonellau. Er iddo fod yn
gyfrannog o'r gwendid cyffredin o edrych ar hanes modern
Cymru fel rhan o hanes Lloegr, torrodd dir newydd trwy
gynnwys hanes cymdeithasol, llenyddol a chrefyddol, ac
amlygodd annibyniaeth ei farn trwy ymwrthod â'r myth a
wnaeth gymaint o ddrwg seicolegol fod y Cymry wedi eu
gwthio gan y Saeson i fynyddoedd penrhyn gorllewinol Ynys
Prydain. Dywedodd J. E. Lloyd, hanesydd mwyaf Cymru, mai
ar y llyfrau hyn y maged ef, mai hwy a'i gyrrodd i gychwyn
gweithio ar hanes Cymru. Cyn dyfod o'r Brifysgol a'i hysgol-
heigion proffesiynol bu llafur arwrol yr hanesydd gwerinol hwn
yn gymwynas amhrisiadwy â'r genedl.

EVAN JAMES, 1809 - 1878
a JAMES JAMES 1832 - 1902

Mor briodol yw bod tôn a geiriau anthem genedlaethol Cymru
yn waith dau o werin y cymoedd diwydiannol, yn gynnyrch y
diwylliant gwerinol deallusol cyfoethocaf a welwyd yn unman,
pennaf gogoniant Cymru. Gwehydd a gwerthwr gwlân a gwlanen
oedd Evan James, awdur geiriau 'Hen Wlad fy Nhadau'. Fe'i
ganed yng Nghaerffili a chadwai yr *Ancient Druid Inn*, tafarn
yn Argoed ym mhlwyf Bedwellte, am rai blynyddoedd; ac ym
Medwellte y ganed ei fab James, cyfansoddwr yr alaw, a fu yn
wehydd a thafarnwr yntau. Symudodd y teulu i Bontypridd, ac

yno ar lannau afon Rhondda y cafodd y penillion a'r alaw eu cyfansoddi ym 1856.

Ymdaflodd Evan a James i'r bywyd llenyddol, cerddorol a chymdeithasol a ffynnai ym Mhontypridd pan oedd cymoedd Morgannwg a Gwent yn Gymraeg eu hiaith, cyn dyfodiad addysg Saesneg lofruddiol a'r mewnlif Seisnig mawr. Ymddangosodd caneuon Evan—Ieuan ap Iago oedd ei enw barddol—yn *Gardd Aberdâr*. Roedd James ei fab yn delynor a feddai ar lais tenor da, ac yn gyfansoddwr a chasglwr miwsig a amrywiai o ddawnsfeydd i emyn-donau. Ar brynhawn Sul yn Ionawr aeth Evan mâs am dro i lan yr afon er mwyn ystyried ei ymateb i wahoddiad a gawsai gan ei frawd iddo ymuno ag ef yn America. Ymffurfiai penillion yn ei feddwl a esboniai pam na fynnai fynd. Daeth yn ôl i'r tŷ a'u gosod ar bapur. Ers cenedlaethau bellach maent yn rhan o fywyd Cymru.

EVAN A JAMES JAMES   *Alcwyn Deiniol*

Penillion syml oedd y rhain a ganai am feirdd yr henwlad a'i chantorion ac am y rhyfelwyr gwlatgar a fu'n ei hamddiffyn. Gorffenna'r pennill cyntaf gyda datganiad cadarn am eu haberth sy'n adlais o eiriau Gerallt Gymro saith canrif ynghynt, 'Dros ryddid collasant eu gwaed.' Dathlant brydferthwch cyfareddol Cymru fynyddig. Soniant am ei chaethiwed gwleidyddol, ond llawenhânt na lwyddodd hyn, na brad mewnol chwaith, i ladd yr heniaith annwyl. Yna, gydag ergydion morthwyl, pwnia'r awdur i dref ei ymlyniad wrth ei wlad a'i ddyhead angerddol i'w hiaith barhau cŷd ag y bo môr yn fur i'r Gymru a garai.

Wedi i Evan osod geiriau'r tri phennill ar bapur fe'u rhoddodd i'w fab o delynor. Pedair ar hugain oed oedd ef. Cynhyrfwyd James ganddyn nhw ac, yn ôl yr hanes enwog, aeth yntau hefyd yn ei dro i gerdded glannau afon Rhondda. Roedd yn nos erbyn hyn a phan ddaeth adref yn gyffro i gyd wedi cyfansoddi'r alaw roedd ei dad wedi mynd yn gynnar i'r gwely. Galwodd James arno i ddod i lawr, ac i gyfeiliant y delyn canodd iddo, 'Mae hen wlad fy nhadau yn annwyl i mi.' Felly y ganed y gân a ddeuai'n anthem genedlaethol Cymru. Fe'i galwyd yn briodol ddigon yn *Glanrhondda*.

Cam pwysig yn ei hanes oedd ei chynnwys gan Lywelyn Alaw mewn casgliad o alawon a gafodd wobr yn Eisteddfod fawr Llangollen ym 1858. Gwerinwr dawnus o Aberdâr oedd Llywelyn Alaw a ddechreuodd weithio o dan ddaear yn un-arddeg oed. Roedd yn gerddor da, yn delynor i deuluoedd Aberpergwm a Bruce y Dyffryn. Y beirniad yn Llangollen oedd Owain Alaw. Ef a loywodd y dôn a'i chynganeddu. Daeth yn boblogaidd yn gyflym. Fe'i canwyd yn yr eisteddfodau cenedlaethol ac mewn cyngherddau lu dros y wlad, a heb benderfyniad gan unrhyw gorff swyddogol derbyniwyd hi gan y Cymry fel eu hanthem genedlaethol. Fe'i mabwysiadwyd wedyn gan y Llydawyr a'r Cernywiaid fel eu hanthem hwy hefyd. Cymerodd ei lle gyda'r Ddraig Goch ymhlith prif symbolau ein cenedligrwydd. Bob tro y cenir hi gan y Cymry cânt eu herio gan ei Chymreictod glân a diledryw.

HENRY RICHARD 1812 - 1888

Yn nechrau'r ganrif *hon* yr oedd cyfartaledd y Cymry Cymraeg ym Merthyr Tudful (58%), y Rhondda (64%) ac Aberdâr (72%), a fu'n rhan o etholaeth Merthyr, yn llawer uwch nag yw heddiw yng Ngheredigion a Meirion, Arfon a Môn. Yng Nghwm Tawe cyfartaledd dechrau'r ganrif hon oedd 92½%. Tebyg i hynny fyddai'r cyfartaledd ym Merthyr Tudful pan etholwyd Henry Richard yn aelod seneddol ym 1868. Ni chawsai'r gyfundrefn addysg orfodol gyfle eto i anrheithio'r Gymraeg. Gan hynny, etholaeth Gymraeg ei hiaith a ddanfonodd Henry Richard i'r senedd, y gwerinwr cyntaf o Gymro i fynd yno, y radical o Ymneilltuwr Cymreig cyntaf i fod yn aelod o senedd Westminster, blaenffrwyth yr hyn oedd i ddod. Ymhen cenhedlaeth arall byddai rheolaeth y dosbarth tiriog Torïaidd a Seisnigaidd wedi ei dymchwel yn llwyr. Henry Richard ac etholiad 1868 a ddechreuodd y broses a esgorodd ar hanner canrif o reolaeth Rhyddfrydwyr ymneilltuol. Yn etholiad 1906 nid etholwyd yr un Ceidwadwr yng Nghymru gyfan; ond y Ceidwadwyr a'i rheolodd y rhan fwyaf o'r amser hyd heddiw.

Ganed Henry Richard yn Nhregaron, yn fab i weinidog gyda'r Hen Gorff. Ar ôl treulio chwe blynedd yn gweithio mewn siopau dillad yng Nghaerfyrddin ac Aberystwyth aeth yn llanc pedair ar bymtheg oed i Goleg yr Annibynwyr yn Highbury, Llundain, ac wedyn i'r weinidogaeth gyda'r Annibynwyr Seisnig, er ei fod yn huotlach yn y Gymraeg nag yn y Saesneg. Enillodd fri gyda'i amddiffyniad galluog o'r Cymry yn erbyn cyhuddiadau adroddiad y tri chomisiynydd ym Mrad y Llyfrau Gleision, yn arbennig gyda darlith dwy awr a hanner ei hyd a draddodwyd dan nawddd y Bwrdd Cynulleidfaol ac a gyhoeddwyd wedyn mewn cylchgrawn a chyfrol. Cyfrannodd lawer ysgrif i'r wasg Saesneg yn dehongli Cymru i'r Saeson, er enghraifft wrth esbonio arwyddocâd cynnwrf Beca. Cyfres o erthyglau ganddo i'r *Morning Post*, a gyhoeddwyd wedyn yn llyfr, a ddeffrôdd ddiddordeb Gladstone gyntaf yng Nghymru. Galwai'r rheiny am undeb i gael gwared ar reolaeth y dosbarth tiriog; trech gwlad nag arglwydd oedd eu harwyddair. Roedd

Henry Richard gan hynny yn nhraddodiad Gwilym Hiraethog a'r newyddiadurwyr o Annibynwyr.

Ym 1848, blwyddyn y chwyldroadau yn Ewrop, penodwyd ef yn ysgrifennydd y Gymdeithas Heddwch, a pharhaodd yn egnïol yn y swydd hyd 1884 gan ennill iddo'i hun y teitl 'Apostol Heddwch'. Sefydlwyd y Gymdeithas ym 1816 gan Tregelles Price, y Crynwr o Gastell-nedd. Ei ysgrifennydd cyntaf fu Evan Price o Lanbryn-mair a Chastell-nedd a fu farw yn ddeg ar hugain oed. Am bron gant o 120 mlynedd hanes y Gymdeithas bwysig hon, bu Cymry'n dal yr ysgrifenyddiaeth, gan ennill lle o bwys yn nhraddodiad heddwch Cymru. Yn ystod ei ysgrifenyddiaeth, trefnodd Henry Richard bedair cynhadledd heddwch fawr, ym Mrwsel a Llundain, Paris a Frankfurt, a gwnaeth deithiau personol hir ar y cyfandir i hyrwyddo cyflafareddiad fel dull o setlo anghydfod cydwladol. Roedd hyn yn destun mesur a gyflwynodd yn llwyddiannus i'r senedd. Nid breuddwyd pell i ddyheu'n ddi-symud amdano oedd heddwch iddo ef, ac nid cyflwr i'w sefydlu gan frenhinoedd a'u byddinoedd. Dyna a fu yn y gorffennol. I Henry Richard daioni positif, bendithiol i'r werin, oedd ef, daioni y mae'n rhaid creu mudiad o blith y bobl i lafurio drosto.

Ei fuddugoliaeth ym Merthyr Tudful oedd yr hynotaf yn etholiad mawr 1868 a welodd daflu mwy na hanner aelodau Ceidwadol Cymru o'u seddau ac ethol Rhyddfrydwyr yn eu lle. Henry Richard oedd y mwyaf gwerinol o'r rhain; Rhyddfrydwyr chwigaidd oedd y mwyafrif. Nid oedd pleidlais ddirgel yn bod y pryd hwnnw, ac yn y rhannau gwledig talodd llawer yn ddrud am eu beiddgarwch yn pleidleisio yn erbyn y meistr tir. Yn eu dicter taflodd y meistri dros 70 o denantiaid siroedd Caerfyrddin ac Aberteifi allan o'u ffermydd, a diswyddwyd 80 o chwarelwyr gan yr Arglwydd Penrhyn. Cymerodd Henry Richard ran flaenllaw mewn mudiad i helpu'r tenantiaid digartref. Tynnodd y camwri sylw mawr y tu allan i Gymru a chasglwyd £20,000 i'w helpu. Cryfhawyd yr achos radicalaidd gan y cof am ferthyron yr erledigaeth, ac wrth ddyfnhau ymwybyddiaeth wleidyddol y wlad cyfrannwyd at y deffro politicaidd ymhlith yr Ymneilltuwyr.

HENRY RICHARD   *Alcwyn Deiniol*

Amddiffynnodd Henry Richard yr iaith Gymraeg y dywedodd y Llyfrau Gleision amdani, 'The Welsh language is only the language of perjury'. Tynnodd sylw yn Nhŷ'r Cyffredin at eiriau a lefarwyd gan gyd-aelod: 'My friend the Member for Newcastle has said indignantly that Russia had reached the very limit of oppression because they were compelling the people of Poland to plead in the Russian language in the courts of justice.' Byth oddi ar y Ddeddf Ymgorffori ceisiodd Lloegr orfodi pobl Cymru i bledio yn Saesneg mewn llysoedd Cymreig. Hyd at bedwar ugain mlynedd ar ôl i Henry Richard gymharu gormes Rwsia yng Ngwlad Pwyl â gormes Lloegr yng Nghymru, yr oedd yn rhaid i ddiffynnydd uniaith Cymraeg dalu cyfieithydd am drosi ei dystiolaeth Gymraeg i iaith swyddogol y llys.

Etholwyd Henry Richard gyda mwyafrif mawr bob tro ym Merthyr Tudful, y dref fwyaf yng Nghymru. Er mwyn deall ei lwyddiant yno, rhaid cofio iddi fod yn dref radicalaidd er dechrau'r tri-degau. Mantais iddo oedd ei fod yn weinidog yr efengyl canys gweinidogion ei haml gapeli oedd ei phrif arweinwyr politicaidd hi. Anerchent gyrddau enfawr yn rhesi adeg y gwrthryfel, ac yn y pedwar-degau yr oeddent yn amlwg ymhlith arweinwyr y Siartwyr. Roedd capeli'r dref yn ganolfannau diwylliannol yn ogystal â chrefyddol a byddai eisteddfodau'r dref bron mor aml â'r cyrddau politicaidd; a symudai'r gweinidogion yn gartrefol o'r naill i'r llall. Gan mai Merthyr ac Aberdar oedd prif ganolbwynt diwylliannol a gwleidyddol Cymru, yr oedd yn naturiol i'r gweithwyr a gafodd y bleidlais ym 1868 gefnogi Henry Richard, y radical gwerinol. Bu'n aelod da yn lleol yn ogystal ag yn Westminster. Ef yn bennaf fu'n gyfrifol am godi £5,000 i helpu teuluoedd y glowyr pan gawsant eu cau allan o'r pyllau gan y meistri.

Am yn agos i ddau ddegawd Henry Richard fu prif ladmerydd radicaliaeth Cymru, hyd at godi to o arweinwyr ifainc o genedlaetholwyr. Ac ym Merthyr ei hun ym mlwyddyn gyntaf y ganrif newydd, etholwyd ymreolwr a bleidiai senedd i Gymru a phlaid Gymreig a weithredai ar linellau'r Blaid Genedlaethol Wyddelig. Keir Hardie oedd ei enw, sylfaenydd ac arweinydd y Blaid Lafur Annibynnol.

IEUAN GWYNEDD 1820 - 1852

Ni ddigwyddodd dim yng Nghymru'r ddeunawfed ganrif a godai fraw yn Lloegr ond bu newid mawr yn y sefyllfa erbyn trydydd degawd y ganrif nesaf. Gyda'r chwyldro diwydiannol, magodd Cymru bwysigrwydd i'r economi Seisnig, a chan hynny bwysigrwydd yng ngwleidyddiaeth Lloegr. Ni allai Llundain ei hanwybyddu mwy. A gyda thwf Ymneilltuaeth dechreuodd cymeriad y Cymry gryfhau. Er eu bod wedi derbyn y drefn boliticaidd Seisnig mor ddigwestiwn, yr oedd eu gwlad yn gwbl ddieithr i'r Saeson, ac wrth gwrs yn wahanol iawn mewn iaith, crefydd ac arferion. Y dieithrwch hyn oedd wrth wraidd ofn y Llywodraeth ohoni ac wrth wraidd adnewyddiad ei hawydd i ddileu nod amgen y Cymry. A bu digwyddiadau a chwyddodd ei hofn a'i phenderfyniad.

Gwelwyd terfysgu difrifol ymhlith gweithwyr Dinbych a Llanidloes, gwrthryfel ym Merthyr Tudful, gwrthryfel y siartwyr yng Ngwent a helyntion terfysglyd Beca yn sir Gaerfyrddin. Cododd to o arweinwyr megis Gwilym Hiraethog *Yr Amserau*, David Rees *Y Diwygiwr* ("cynhyrfer, cynhyrfer, cynhyrfer" oedd ei arwyddair ef) a Samuel Roberts *Y Cronicl*, a radicaleiddiodd Ymneilltuaeth Cymru.

Yn sgîl helynt y Llyfrau Gleision y gwnaeth Ieuan Gwynedd ei ôl ar feddwl ac ewyllys y werin Gymraeg, gwerin a brofodd ddeffro mewn diwylliant, crefydd a gwleidyddiaeth, a hynny yn y broydd amaethyddol yn ogystal â'r rhai diwydiannol. Ni phrofwyd dim tebyg yn Lloegr i'r cyffro meddyliol a welodd y Gymru wledig Gymraeg. Daeth cyfran sylweddol o'r werin, yn wŷr a gwragedd, yn ddarllenwyr, yn bobl a fedrai gynnal trafodaeth ddeallus am bethau'r meddwl a'r ysbryd. Ymhen degawd neu ddau prin yr oedd y 'yokel' yn cnoi ei welltyn yn bod mewn rhannau mawr o'r Gymru Gymraeg. Daeth diwylliant poblogaidd deallus unigryw Cymru i'w deyrnas. Ar y werin hon yr ymosododd y Llyfrau Gleision.

Yn dilyn holl gyffroadau terfysglyd y tri a'r pedwar-degau, danfonodd y Llywodraeth gomisiynau i Gymru i ymchwilio i'r sefyllfa. Yr olaf a'r pwysicaf o'r rhain oedd Comisiwn 1846.

Am chwe mis bu tri Sais anglicanaidd galluog ond trahaus wrthi'n casglu tystiolaeth am y Cymry, oddi wrth anglicanwyr yn bennaf er mai gwlad o ymneilltuwyr oedd Cymru. Yn Saesneg yr holent eu tystion er mai Cymraeg oedd iaith bron saith o bob wyth o'r Cymry. Hyd yn oed yn nwyrain Morgannwg a Mynwy, Cymraeg oedd iaith y mwyafrif helaeth. Datguddiodd Adroddiad Tremenheere ar gyflwr addysg y wlad rhwng Merthyr Tudful a Chasnewydd mai mewn 18 ysgol yn unig allan o 47 y dysgid Saesneg o gwbl. Ond pan fethai'r plant ag ateb cwestiynau'r comisiynwyr yn gall am na ddeallent yr iaith, fe'u collfarnwyd fel twpsod. Gyda dirmyg y trinid y Cymry gan eu hunig lywodraeth, fel estroniaid yn eu gwlad eu hunain. Prif amcan y comisiwn oedd llunio achos yn erbyn eu hiaith ac o blaid eu di-Gymreigio trwy addysg Saesneg. Gwnaed hyn yn glir yn senedd Westminster pan alwyd am ei sefydlu: 'If the Welsh had the same advantages for education as the Scotch (sic), they would, instead of appearing as a distinct people, in no respect differ from the English.'

Pan gyhoeddwyd adroddiad y comisiynwyr ym 1847 cythruddwyd y Cymry gan eu hymosodiadau celwyddog ar eu hanwareiddddra honedig ac anfoesoldeb honedig eu merched, ar eu hymneilltuaeth ac ar eu hiaith fel gwreiddyn y drygau i gyd. Llysenwyd yr adroddiad yn Frad y Llyfrau Gleision, adlais o Frad y Cyllyll Hirion a ddigwyddodd pan lofruddiwyd arweinwyr y Brythoniaid yn y bumed ganrif gan Horsa a'i wŷr mewn gwledd groeso i Gwrtheyrn.

Prif amddiffynnydd y Cymry yn erbyn enllibion yr adroddiad oedd Evan Jones a adwaenir fel Ieuan Gwynedd, gŵr saith ar hugain oed a oedd yn weinidog gyda'r Annibynwyr yn Nhredegar. Ganed ef ym Mryn Tynoriad rhwng Dolgellau a Llanuwchllyn, yn blentyn gwannaidd; fe'i poenwyd gan y ddarfodedigaeth ar hyd ei oes fer. O achos ei wendid corff, ysbeidiol fu ei addysg fore. Yn un ar bymtheg oed bu'n ceisio cadw ysgol yn y Brithdir ac wedyn mewn tri lle arall gan gynnwys Bangor. Oblegid diffyg cefnogaeth, methiant fu pob ymgais. Ond yr oedd wedi dechrau pregethu. Disgrifiwyd ef yn esgyn i'r pulpud ym Mangor fel 'llafn main, tal, tenau, gwledig

IEUAN GWYNEDD   *Llyfrgell Genedlaethol*

. . . ei got o frethyn cartre wedi mynd yn rhy fach iddo, a phâr o esgidiau hoelion trwm am ei draed, yr oedd wedi cerdded deugain milltir ynddynt y dydd o'r blaen. Ond yr oedd awdurdod, meistrolaeth a phenderfyniad yn amlwg yn ei holl ysgogiadau.' Meddai'r gŵr gwledig ei wisg a'i olwg ar alluoedd mawr ac egni anghyffredin. Bu am bedair blynedd yng Ngholeg yr Annibynwyr yn Aberhonddu cyn mynd i Dredegar, ond deunaw mis ar ôl mynd yno pallodd ei iechyd. Yna collodd ei briod a'i unig blentyn.

Y gŵr afiach ac unig hwn a ymdaflodd i frwydr y Llyfrau Gleision. Mewn llythyrau, llithiau a llyfrynnau, dadleuodd achos ei bobl yn dra medrus mewn Saesneg coeth, gyda llu o ffeithiau ac ystadegau di-droi'n-ôl i'w gefnogi. Bu gan Gwilym Hiraethog a Henry Richard ran amlwg hefyd yn amddiffyniad y Cymry, eithr Ieuan Gwynedd a wnaeth yr argraff ddyfnaf. Bu'n rhaid iddo wynebu trahauster Seisnig a thaeogrwydd Cymreig, y naill, meddai, 'yn synnu at anfoesgarwch yr iaith Gymraeg yn peidio marw o ran parch iddynt hwy', a'r llall yn meddwl 'nad oes dim a wna'r tro ond Sais a Saesneg. Nid oes un swyddog o werth os na bydd yn Sais; nid oes un llyfr yn synhwyrol os na bydd yn Seisnig.' A'r Cymry Sais-addolgar hyn a adawodd i'r Llywodraeth gael eu ffordd; hwy, yn wir, a'u hysodd ymlaen.

Polisi'r Llyfrau Gleision a orfu, a hynny am fod y Cymry yn dymuno ei fuddugoliaeth a Llywodraeth Llundain yn ei fynnu. Dyna fu polisi Llywodraeth Lloegr yn y Ddeddf Ymgorffori, 1536, a dyna'r polisi a ddilynodd trwy'r canrifoedd wedyn. Ei sylfaen oedd creu yng ngwledydd Prydain un deyrnas unedig, uniaith, un genedl. Golygai hyn ddileu'r genedl Gymreig. Gan fod honno'n bod oblegid yr iaith Gymraeg, rhaid i'r iaith fynd.

Gan na allai drechu ei afiechyd mynnodd Ieuan gan ei eglwys dderbyn ei ymddiswyddiad. Ym mis Mawrth 1848 symudodd i Gaerdydd i olygu *The Principality*. Ymhlith y pynciau a drafododd fel golygydd oedd heddwch cydwladol, uno'r enwadau a diogelu addysg a chrefydd rhag ymyrraeth gan y wladwriaeth. Ond gan na allai gytuno gwneud y papur 'yn hollol amddifad o wladoldeb Cymreig' symudodd i olygu *The Standard of Freedom*, papur radicalaidd yn Llundain. Gwaethygodd ei iechyd a

dygwyd ef yn ôl i Gaerdydd lle y treuliodd fwy na hanner ei
ddyddiau ar ei wely cystudd, ond ymhell o fod yn segur. Gydag
egni rhyfeddol golygodd chwarterolyn swmpus *Yr Adolygydd*
ac, yn briodol iawn i amddiffynnydd merched Cymru yn erbyn
cyhuddiadau awduron y Llyfrau Gleision, golygodd *Y Gymraes*
yr un pryd, y cylchgrawn Cymraeg cyntaf i ferched. Roedd yn
argyhoeddedig y gallai merched Cymru newid y ffasiwn o
ddirmygu iaith y wlad, a bu'r nawdd a roes yr Arglwyddes
Llanofer i'r papur yn arweiniad iddynt.

Er gorfod ymladd ar hyd ei oes yn erbyn profedigaethau
chwerw, bu Ieuan Gwynedd fyw bywyd hardd a gwrol, yn
ymgorfforiad o rinweddau goreuon y genedl, a sythodd ef
asgwrn cefn llawer Cymro a Chymraes. Bu farw yn un ar ddeg
ar hugain oed a'i gladdu yn y Groes-wen ger Caerffili.

ISLWYN 1832 - 1878

Yng Ngwent y ganed bardd Cymraeg mwyaf y ganrif ddiwethaf
ac yn yr Wyddgrug, o fewn chwe milltir i'r ffîn Seisnig, y ganed
Daniel Owen ein nofelydd mwyaf. Bu'r ddau mewn rhyw ystyr
yn gwarchod y ffîn. Amwys oedd safle cyfansoddiadol Gwent
hyd yn ddiweddar iawn. Cymru a Mynwy, *Wales and Mon-
mouthshire*, oedd yr ymadrodd a ddefnyddiwyd byth oddi ar
Ddeddf Ymgorffori 1536. Eithr beth bynnag oedd ei safle
cyfreithiol nid oedd amheuaeth ynghylch Cymreictod ei
phobl. Dywedodd Iolo Morganwg ym 1800 mai gan sir Fynwy
yr oedd y cyfartaledd uchaf o Gymry uniaith o holl siroedd
Cymru. Dim ond sir Gymreig ei chymeriad a Chymraeg ei
hiaith a allai gynhyrchu Islwyn. Wrth odre Mynydd Islwyn yn
nyffryn Sirhywi y ganed ef, yr ieuaf o ddeuddeg o blant, ac yno
y treuliodd ei oes. Yn ei *Atgofion am Sirhywi a'r Cylch* disgrifiai
Myfyr Wyn (William Williams) ardal a oedd mor Gymraeg ei
hiaith yn nyddiau Islwyn ag oedd Llanrhyddlad, cartref Gol-
yddan ym Môn, neu Lanuwchllyn heddiw.

ISLWYN   *Llyfrgell Genedlaethol*

Ei ddau athro barddol oedd Gwilym Ilid ac Aneurin Fardd. Perthynai Aneurin Fardd i un o'r amryw gylchoedd llenyddol a ffynnai yng Ngwent, lle y mwynhâi beirdd fri a dylanwad. Bu Gwilym Ilid am rai blynyddoedd yn fardd swyddogol Cymreig-yddion Y Fenni, ac ef a ddygodd Islwyn i gylch llenyddol y gymdeithas enwog honno. Gwilym Ilid hefyd a ddysgodd y cynganeddion a mesurau cerdd dafod iddo. Yn frodor o Fedwas, sefydlodd wasg Gymraeg ym Mhontllan-ffraith. Yr oedd yn un o feirniaid eisteddfodol enwocaf y ganrif, yn un o'r beirniaid a wobrwyodd 'Alun Mabon' Ceiriog yn Eisteddfod Genedlathol Aberdâr. Tua 1850 aeth i'r Unol Daleithiau a daeth yn adna-byddus ymhlith y Cymry yno fel athro barddol Islwyn.

Gŵr tyner a dihyder o natur bruddglwyfus oedd Islwyn a thawel fu ei fywyd. Bu mewn tair ysgol ym Mynwy a Morgan-nwg ac yn athrofa Dr. Evan Davies yn Abertawe. Pregethai, ond ni bu'n fugail eglwys. Bu'n olygydd nifer o gylchgronau Cymraeg, a bu'n cystadlu llawer mewn eisteddfodau—enillodd y gadair bedair gwaith yn yr Eisteddfod Genedlaethol—a chynhyrchodd lawer o farddoniaeth anwastad ei gwerth. Cyhoeddodd O. M. Edwards ddwy gyfrol o'i waith, y gyntaf yn 872 tudalen.

Y profiad trawmatig a liwiodd ei holl fywyd, ac a roes fod i'w farddoniaeth orau, oedd marwolaeth ei gariad, Ann Bowen, yn ugain oed pan oeddent ar briodi. Dygodd hyn dristwch arno, medd ei chwaer, 'a fu agos â'i lethu i'r bedd, ac oddi wrth effeithiau yr hwn ni allod ymiacháu cyhyd ag y bu byw.' Blodeuodd ei athrylith. Y ddwy flynedd a ddilynodd marw Ann Bowen, rhwng ei ddwy ar hugain a'i bedair ar hugain oed, a welodd ysgrifennu'r farddoniaeth fawr a enillodd i Islwyn ei le fel bardd Cymraeg mwyaf y ganrif, barddoniaeth gyfriniol ei chymeriad ac anturus a chyfoethog ei dychymyg. 'Ar ei orau,' medd W. J. Gruffydd, 'Islwyn yw bardd mwyaf Cymru; ar ei orau . . . gall sefyll ochr yn ochr â phrif feirdd y byd.'

DANIEL OWEN 1836 - 1895

Ganed a maged Daniel Owen yn yr Wyddgrug yn sir y Fflint, tref fach ddiwydiannol Gymraeg ei hiaith y pryd hwnnw, ac yno y bu'n byw ar hyd ei oes o fewn chwe milltir i ffîn Lloegr. Er mor agos oedd Lloegr, nodwedd ei nofelau yw eu Cymreigrwydd. Cymreigaidd yw cymeriad y bywyd trefol a ddisgrifia, heb ôl swbwrbiaeth Seisnigaidd, a Chymreigaidd yw ei gymeriadau. Cymreig hefyd yw natur gwaith yr awdur, yn rhyfeddol o rydd o ddylanwadau Seisnig. Gwnaeth bwynt o ymffrostio yn ei ragymadrodd i *Hunangofiant Rhys Lewis* nad yw'n ddyledus i estroniad am ei ddefnyddiau.

Fel yr oedd Islwyn, bardd Cymraeg mwyaf y ganrif ddiwethaf, yn gynnyrch Gwent pan oedd ei bywyd yn dal yn Gymraeg ei iaith ac yn Gymreig a go ddiddosbarth ei gymeriad yn y cymoedd diwydiannol, felly hefyd Daniel Owen, ein nofelydd mwyaf, yn sir y Fflint. Er i ddiwydiant ledu dros y gogleddddwyrain fel y de-ddwyrain, Cymraeg oedd iaith gweithwyr y ddau ranbarth fel ei gilydd, a'r capel Cymraeg oedd canolbwynt pwysicaf eu bywyd cymdeithasol a diwylliannol. Eu crefydd a'u hiaith a roes urddas i'w bywyd.

Plentyn y werin ddiwydiannol oedd Daniel Owen. Glôwr oedd ei dad a'i frodyr. Lladdwyd ei dad a dau fab iddo mewn damwain o dan ddaear pan dorrodd y dŵr drwodd ym Mhwll yr Argoed. Roedd yn ganwr da, a phan godai'r dŵr yn araf o'i gwmpas ef ac ugain arall, clywai'r dynion a geisiai dorri trwodd i'w hachub, y tad a'i feibion yn canu emyn a'r lleill yn eu canlyn, a'r canu'n mynd yn wannach, wannach nes ei dewi gan y dŵr. Os tlawd y cartref cyn y ddamwain roedd yr amgylchiadau wedyn yn enbytach byth, ond gwrthododd mam Daniel Owen dderbyn dim elusen. Dywedir am y wraig gadarn hon iddi gerdded unwaith bedair milltir a deugain mewn diwrnod i weld ei theulu gyda phlentyn ar ei braich am bron ddeugain o'r milltiroedd hynny, a rhoi help llaw i gorddi yn ystod ei hymweliad. Hanai o gyff Tomos Edwards, Twm o'r Nant, a brigodd dawn y bardd a'r anterliwtiwr hwnnw yn Daniel Owen.

DANIEL OWEN   *Llyfrgell Genedlaethol*

Roedd nwyd y llenor yn Owen yn ifanc ond prin fu'r cyfle i sgrifennu gan fod tlodi yn ei orfodi i weithio oriau hir i'w gynnal ei hun a'r cartref. Ni chafodd fawr ddim ysgol, ac yr oedd yr hyn a gafodd yn bur ddi-werth. Disgrifia yn *Rhys Lewis* yr addysg druenus a roddai hen filwr ungoes, byr ei dymer; dyna'r math a gafodd ef. Fe'i prentisiwyd yn deiliwr yn un-ar-ddeg oed, ac fel teiliwr y bu'n gweithio y rhan fwyaf o'i oes. Bu siop waith y teiliwr yn rhan bwysig o'i addysg. Yno y sylwai ar gymeriadau a digwyddiadau, a sgwrsio am lyfrau gyda'i gydweithwyr, a gynhwysai Almaenwr a ddysgodd Gymraeg. Bu'n pregethu, a threuliodd dair blynedd yng Ngholeg y Bala yn niwedd ei ugeiniau ond bu'n rhaid dychwelyd adref i ofalu am ei fam a'i chwaer a oedd yn wael eu hiechyd. Mentrodd ddechrau ei fusnes ei hun.

Does dim modd esbonio ymddangosiad llenor mor fawr o gefndir mor anaddawol. Afiechyd a osododd Daniel Owen ar y ffordd. Bu'n wannaidd ei iechyd ar hyd ei fywyd, a phan oedd tua deugain oed fe dorrodd i lawr yn llwyr. Aeth mor nerfus nes methu sefyll gerbron cynulleidfa. Ofnwyd am ei fywyd. Dyna'r pryd y pwysodd cyfaill o olygydd arno i gyfrannu i'r *Drysorfa*. Bu gwneud hynny'n ddihangfa iddo. Oni bai am ei afiechyd enbyd, ni chawsem y llenor mawr, y nofelydd mwyaf a welodd Cymru.

Roedd yn llenor wrth reddf. Mewn ystafell wrth gefn ei siop y sgrifennai. Yr ysgrifau cyntaf a luniodd oedd pregethau a ddisgrifiai gymeriadau. Dilynwyd y rhain gan ei frasluniau o 'Gymeriadau Methodistaidd'. *Y Dreflan* oedd ei nofel gyntaf, wedi ei sgrifennu i'r cylchgrawn bob yn bennod. Yn honno disgrifiodd fyd diddosbarth ei lencyndod mewn tref y chwarae-odd ran amlwg yn ei bywyd yn nes ymlaen—bu'n aelod o'i chyngor. Wedyn daeth y nofel a wnaeth ei enw'n hysbys i ddarllenwyr Cymraeg ym mhob man, *Hunangofiant Rhys Lewis*, a gyhoeddwyd yn *Y Drysorfa* yn yr un ffordd, bob yn bennod. Cynyddodd gylchrediad y cylchgrawn yn sylweddol canys yr oedd yn adroddwr stori tan gamp, a'i Gymraeg yn gryf a chyhyrog.

Cydio yn y cofiant, prif ffurf lenyddol y ganrif, a wnaeth yn *Rhys Lewis*, a dychwelodd eto ato yn ei nofel olaf, *Gwen Tomos*, pan oedd ei feistrolaeth ar y ffurf yn llwyrach. Gogoniant ei nofelau oll yw eu portread o'i gymdeithas a'u horiel o gymeriadau. Roedd cymdeithas oes Daniel Owen mor wahanol i'n hoes ni ag oedd i oes John Penry, ac y mae craffter a manylrwydd ei sylwadaeth arni yn gwneud ei nofelau yn ddogfennau hanesyddol o bwys. Âi Cymru ei gyfnod drwy gyfnewidiadau chwyrn, a chyda threiddgarwch athrylithgar sylwai ar y trawsnewid diwydiannol a chrefyddol, gwleidyddol a chymdeithasol a oedd yn newid cymeriad ei phobl. Daw darlun clir o'r hyn a ddigwydd i'r gymdeithas werinol Fethodistaidd ger ein bron ym mhob un o'i nofelau. Ar bobl y seiat y mae'r pwyslais yn *Rhys Lewis*; gwelir mwy o'r dosbarth canol newydd yn *Enoc Huws*, y rhyfeddaf o'i lyfrau ym marn rhai; ac yn *Gwen Tomos*, y llyfnaf a'r perffeithiaf o'i weithiau, ei faes yw'r gymdeithas wledig. Trwy'r cyfan rhed beirniadaeth dawel ar bobl unigol a chymdeithas, a'i ddychan ysgafn a'i ddoniolwch fel halen yn yr uwd.

Prif gyfrwng Daniel Owen wrth beintio ei ddarluniau byw oedd ymddiddan rhwng ei gymeriadau. Ac ni welwyd oriel o gymeriadau tebyg iddynt. Hwy a wna Daniel Owen yn artist mor fawr. Hwy a ddengys nerth ei ddychymyg creadigol—Wil Bryan a Thomas Bartley, Twm Nansi a Robert Wynn, Mari Lewis a Bob ei mab, Capten Trefor, Abel Hughes, Mr. Brown a mwy, llawer mwy. Cymerasant eu lle yn oriel y bywyd cenedlaethol; maent mor fyw inni ag unrhyw gymeriadau hanesyddol. Hwy yw prif hawl Daniel Owen ar y mawredd sy'n eiddo iddo.

MICHAEL D. JONES 1822 - 1898

Gallai Michael D. Jones, wrth fwrw golwg dros fywyd y Wladfa ym Mhatagonia ym 1870, adrodd am gyfiawnder i drigolion y drefedigaeth na welid ei debyg yng Nghymru ei hun. Os caled oedd ei bywyd, Cymraeg oedd iaith ei llysoedd a'i hysgolion; yng Nghymru cawsai'r iaith ei gyrru o bob llys, a chyn hir gorfodwyd addysg gwbl Saesneg ar bob plentyn yn y wlad. Cymraeg oedd iaith senedd fach y Wladfa, a hi oedd yr iaith swyddogol. 'Doedd gan Gymru ddim senedd; yn senedd Lloegr ni châi Cymro siarad gair o'i iaith, a Saesneg oedd iaith swyddogol Cymru ac amod cael swydd. Etholwyd aelodau senedd y Wladfa trwy bleidlais gudd; cyhoeddus oedd y pleidleisio yng Nghymru a thaflwyd ffermwyr o'u cartrefi a chwarelwyr o'u gwaith am bleidleisio'n groes i farn landlord a meistr. Yn y Wladfa câi merched bleidleisio; byddai'n rhaid aros am ddwy genhedlaeth i ferched Cymru gael y bleidlais. Câi gwŷr a gwragedd y Wladfa bleidleisio'n ddeunaw oed; newydd gael yr hawl yn ddeunaw oed mae pobl Cymru, ganrif yn ddiweddarach. Hynny yw, dangosai'r Wladfa, creadigaeth fawr Michael D. Jones, sut y byddai Cymru'n trefnu ei bywyd pe bai ganddi ryddid cenedlaethol.

O Neuaddlwyd yn Sir Aberteifi y deuai tad Michael D. Jones, ei fam o Ffos-y-ffin a'i dad-cu, Michael Jones yntau, o Lanybydder. Gŵr mawr oedd ei dad, Michael Jones oedd ef hefyd, a gychwynnodd ei yrfa fel gwas ffarm. Bu'n weinidog Hen Gapel enwog Llanuwchllyn ac wedyn yn bennaeth Coleg yr Annibynwyr yn y Bala. Yn nhŷ'r Hen Gapel y ganed Michael D. Cafodd addysg gan ei dad ac yn ddeuddeg oed yr oedd yn bur hyddysg mewn Groeg a Lladin. Fel Henry Richard o'i flaen bu yntau'n brentis dilledydd cyn mynd i Goleg Caerfyrddin a Choleg Highbury yn Llundain. Pan ddaeth yn athro ei hunan, ac yn brifathro yng Ngholeg y Bala, dysgai Hebraeg hefyd a gramadeg Cymraeg; lluniodd ei lyfr gramadeg ei hun. Yn ogystal â bod yn glasurydd—dyfynnai Horas mor rhwydd â Llyfr yr Hen Ficer—dysgai ddaeareg, cemeg, geometreg a cherddoriaeth a phynciau eraill.

Am ei fod yn radical a edrychai ar yr Unol Daleithiau fel cartref rhyddid, aeth i America ar ôl bod yn y colegau. Treuliodd ddwy flynedd yn ymweld â'r trefedigaethau bach Cymreig, yn pregethu yn eu capeli ac yn ysgrifennu i'r mynych gyfnodolion Cymraeg—bu trigain ohonynt yno y ganrif ddiwethaf. Am gyfnod bu'n weinidog eglwys yn Cincinnati. Aeth hefyd i Ohio

Yr eidox yn wladgar,
Michael D. Jones.

MICHAEL D. JONES   *Llyfrgell Genedlaethol*

am fod ei chwaer yn byw yno, hithau'n wraig i William Bebb, llywodraethwr y dalaith. Cafodd Michael D. ei gyflwyno yno i wleidyddiaeth ar lefel uchel, maes y llwyddodd y Cymry'n anghyffredin ynddo. Er mai ychydig o filoedd a aeth i America yn y ddeunawfed ganrif yr oedd 18 o'r 56 a arwyddodd y Datganiad Annibyniaeth o dras Gymreig, gan gynnwys Thomas Jefferson y deuai ei dad o Ddyffryn Ceiriog, a Robert Morris a elwid yn 'Dad y Llynges Americanaidd'; efe a gyllidodd y Rhyfel Annibyniaeth. Sut bynnag am hynny, sylwodd Michael D. fod y diwylliant Cymreig cyfoethog yn trengi pan âi'r iaith ar goll. Mewn canlyniad, daeth i'r casgliad y dylai'r Cymry a ffôi o dlodi a gormes eu mamwlad ddod ynghyd mewn un Wladfa, a chredai ar y pryd mai yn Wisconsin y dylai honno fod.

Daeth adref i ganol berw Brad y Llyfrau Gleision a'r cyffro a achoswyd gan frwydr yr Hwngariaid dros ryddid cenedlaethol dan arweiniad Kossuth. Cyfrannodd y ddau beth hyn at ei wneud yn genedlaetholwr Cymreig. Cytunai'n llwyr â phwyslais y Rhyddfrydwyr ar ryddid personol ond credai hefyd 'nad oes un cysondeb mewn bod dros ryddid personol ac ymladd yn erbyn annibyniaeth a rhyddid cenedlaethol.' Roedd ei genedlaetholdeb yn gwbl ddemocrataidd a di-drais, yn rhyng-genedlaethol a gwrth-imperialaidd, nodweddion a welir yng nghenedlaetholdeb Cymreig y genhedlaeth gyfoes hon.

Yn Michael D. Jones yr aeddfedodd yr ymdrech fwriadus i gynnal cenedligrwydd Cymru, peth na welsid mohono ers dyddiau Glyndŵr. Efe oedd y cyntaf i sylweddoli mai'r drwg sylfaenol oedd bod y genedl mewn caethiwed gwleidyddol, yn rhanbarth ymylol yn Lloegr heb iod o ryddid cenedlaethol. Dinistriodd ei chyflwr caethiwus yr hyder sy'n ofynnol i ennill rhyddid, ac amddifadwyd hi ar ôl Deddf Ymgorffori 1536 o arweiniad yr uchelwyr, y dosbarth a roddai arweiniad mewn gwledydd eraill. 'Oherwydd fod y Cymry yn oresgynedig yn eu gwlad eu hunain,' meddai bryd hyn, 'maent wedi colli eu hunan-hyder; ni chredant y gallant wneud fawr, ac am hynny ychydig y maent yn ei gynnig. Credant, fel pob caethion, mai gan eu meistr y mae'r gallu.' Ceisio adfer eu hyder oedd ei amcan o hyn allan, gan gadw hunan-lywodraeth yn gyson gerbron eu llygaid fel nod i gyrchu ato, a'r angen am weithredu'n boliticaidd yn annibynnol yn y cyfamser trwy blaid genedlaethol yn y wlad ac yn y senedd.

Roedd ganddo ddirnadaeth glir o erchylltra imperialaeth Lloegr yn y gwledydd bach agosaf ati yn ogystal ag mewn cyfandiroedd pell. Gwelodd mai amcan y Sacson oedd dinistrio cenedligrwydd Cymru, yr Alban ac Iwerddon ac adeiladu un genedl fawr Seisnig a Saesneg a ymgorfforai'r Cymry a'r Sgotiaid a'r Gwyddelod. Ganrif a chwarter yn ddiweddarach y mae'n enbyd o eglur fod Michael D. yn iawn er mai Prydeinig y gelwir y 'genedl' fawr Seisnig hon bellach.

Gwnaeth Michael Jones ymdrech arbennig i hyrwyddo cydweithrediad rhwng y gwledydd Celtaidd, ond yr oedd ganddo weledigaeth letach o fyd lle y cydweithredai'r cenhedloedd oll â'i gilydd dan reolaeth y ddeddf foesol. Roedd ei gred fod un ddeddf foesol yn rheoli llywodraethau a phersonau unigol yn gwbl sylfaenol iddo. Ond tybia rhai fel arall, meddai. 'Pan mae personau o dan y gwaharddiad "Na ladd", credir fod llywodraeth yn gwneud yn iawn yn saethu a chrogi pawb a wrthwyneba eu hewyllys i helaethu eu hawdurdod. Pan ddywed y ddeddf foesol "Na ladrata", credir fod gan lywodraeth ryddid i ladrata tiroedd a theyrnasoedd faint a fedro hi . . . Credaf innau mai yr un rheol foesol sydd i bawb.'

Casâi â'i holl galon imperialaeth a militariaeth a'r modd y llygrwyd y Cymry gwasaidd ganddynt. 'Os astudir hanes y Saeson o'u dyfodiad o Germani', meddai, 'nid oes modd gochel y canlyniad o'u galw yn genedl ladronllyd a llofruddiog . . . y mae chwennych eiddo cenhedloedd gwannach yn eu corddi yn wastadol . . . (credant) mai trwy saethu pobl y mae'r efengyl i gael ei lledaenu.' Gwelai berygl enbyd deffroad yr un ysbryd imperialaidd a militaraidd ymhlith yr Almaenwyr hefyd. 'Wedi i ddwy genedl falch ac ymosodol fel hyn gael eu cyffroi,' meddai, 'nid oes neb a all ddarogan y canlyniadau.' Fe'u gwelwyd ym 1914.

Llifodd Cymry'n o gyson allan o'r wlad i America a mannau eraill yn y pedwar a'r pum-degau. Yr hyn y ceisiodd Michael Jones ei wneud oedd siancli'r llif er mwyn creu trefedigaeth gref ymreolus, Gymraeg ei hiaith, Cymru fach rydd mewn gwlad dramor. Nid amcan y Wladfa, meddai, oedd

> 'creu ymfudiaeth ond ei reoleiddio. Mae'r ffrwd ymfudol eisoes yn rhedeg, a rhedeg a wna hi eto; ac yn lle ei bod yn ymdywallt ar hyd a lled y ddaear, amcenir ei throi i wneud un môr mawr . . . Ein prif wendid cenedlaethol yn bresennol yw ein gwaseidd-dra; ond meddiannai Cymry mewn Gwladychfa Gymreig galon ac ysbryd newydd.'

Ffurfiodd gwmni masnachol i'r pwrpas a buddsoddodd lawer o'i arian ei hun ynddo. Teithiodd i America eto ym 1858 ac anerchodd ddegau o gyrddau ar y cynllun. Ystyriwyd llawer lleoliad, gan gynnwys rhai ym Mrasil a Phalesteina. Dyffryn Chubut ym Mhatagonia a ddewiswyd, ac yng Ngorffennaf 1865 glaniodd y fintai gyntaf o'r *Mimosa* ar draethau Ariannin a sefydlu'r weriniaeth ddemocrataidd gyntaf a welwyd yn Ne America. Er mai ychydig filoedd yn unig a ymfudodd yno, creu'r Wladfa fu 'gweithred boliticaidd annibynnol gyntaf y werin Gymreig er pan gollodd Cymru ei hunaniaeth a cholli ei huchelwyr yng nghyfnod y Tuduriaid.' Costiodd y weithred yn ddrud i Michael D. a'i wraig. O waddol ei briod y daeth £2,500 i brynu'r *Mimosa*. Pan brynodd y cwmni long anghymwys a methu talu amdani, bu'n rhaid i Michael D. ei hun gwrdd â'r ddyled. Gwnaed ef yn fethdalwr. Bu arwerthiant yn ei gartref a gwerthwyd Bodiwan ei hun i Bwyllgor Athrofa'r Bala fel y gallai barhau i fyw yno.

Ar wahân i'w Chymreictod digyfaddawd amlygai'r Wladfa nifer o nodweddion meddwl Michael D. Jones am bolisi gwladol, megis ei gred mewn cydweithrediad a gwasgaru eiddo. Credai y dylai gweithwyr Cymru fod yn berchen ar dŷ a thir mewn gweriniaeth gydweithredol. Ymosodai'n drwm ar 'raib y cyfalafwyr' ac ar 'y trachwant am gyfoeth sy'n llosgi ym mywydau cyfalafwyr'; a chredai mewn datblygiad economaidd er budd y werin. Fel y gwisgai Gandhi hanner canrif yn ddiwedd-arach ddillad o frethyn cartref felly y gwisgai ef bob amser ddillad o frethyn Cymru, nid yn unig am eu bod yn Gymreig ond o achos y gwaith a roddent i Gymry yn eu cymdogaeth. Cymdeithas o gymdeithasau oedd cenedl iddo ef ac yr oedd meithrin y gymdogaeth leol o'r pwys mwyaf iddo.

Yn raddol tyfodd dylanwad y cenedlaetholwr mawr hwn. Ef oedd tad ysbrydol nifer o'r cwmni disglair o genedlaetholwyr a gododd yn chwarter olaf y ganrif. Pan dynnodd ef Michael Davitt, y chwyldroadwr Gwyddelig, i Gymru daeth Lloyd George i'r amlwg mewn cwrdd a anerchodd ym Mlaenau Ffestiniog. Mynegodd ef ei ddyled yn aml i Michael D. Jones, fel y gwnaeth Tom Ellis yntau, a gafodd lawer o'i gwmni. Pan fyddai'n mynd heibio i Gynlas, cartref Tom Ellis, ar ei ffordd i gyhoeddiad ar fore Sul, byddai'n sefyll am ysbaid i gael sgwrs gyda'r llanc ifanc i'w feithrin yn y 'pethe'. A soniodd O. M. Edwards lawer am ei ysbrydoliaeth: 'Dysgodd fi i ymhoffi yn hanes Cymru, agorodd fy llygaid i weld gogoniant y rhai a fu yn ymdrechu dros Gymru, tra y dysgid fi yn yr ysgol i edmygu y rhai a wnaethai ddrwg iddi. Enynnodd fy sêl, taniodd fy uchelgais, rhoddodd imi nod o'm blaen . . . Cefais yn ei gwmni beth na chefais yn yr un ysgol nag yn yr un coleg y bûm ynddynt erioed,—serch goleuedig at hanes ac at iaith Cymru, a chred ddiysgog yn y gallu grymus sydd wedi cael yr enw 'Cenedlaethol' wedi hynny . . . Bu am flwyddyn yn fy nysgu i sgrifennu hanes Cymru o safbwynt Cymro. Wrth ymadael â Bodiwan, cartref yr hen wron, byddai'n benderfynol, meddai, o wneud a fedrai 'i wasanaethu ein gwlad a'i gwerin.'

Gwelodd chwarter olaf y ganrif ddiwethaf ddeffroad gobaith newydd na welwyd ei debyg na chynt na chwedyn yn y Gymru fodern, gobaith y câi'r henwlad hon fwynhau dyfodol cenedlaethol. Michael D. Jones oedd prif ysbrydolwr y gobaith hwnnw.

EMRYS AP IWAN 1851 - 1906

Credai Emrys ap Iwan fod y gwaed Ffrengig yn ei wythiennau wedi cyfrannu at annibyniaeth ei feddwl. Beth bynnag oedd y rheswm, ychydig iawn yn ail hanner y ganrif ddiwethaf a welai Gymru â golwg mor glir ag ef ac a edrychai ar y byd o'u cwmpas mewn ffordd mor annibynnol trwy lygaid Cymreig, heb rith o Brydeindod i gymylu barn.

Gwerinwr oedd Emrys ap Iwan fel y cyfan bron o arweinwyr Cymru'r ganrif, yn fab i arddwr. Abergele oedd ei dref enedigol. O wybod am Seisnigrwydd y dref honno heddiw, y mae'n anodd sylweddoli bod Abergele yn ystod ieuenctid Emrys yn nodedig am ei Chymraeg rhywiog, Cymraeg cyfoethog Dyffryn Clwyd a Mynydd Hiraethog, ardaloedd a fu mor rhyfeddol eu cyfraniad i'n llenyddiaeth. Wedi magwraeth hapus yng nghanol y cyfoeth Cymreictod capelgar hwn, bu'n rhaid iddo groesi'r môr i Lerpwl yn bedair ar ddeg oed i weithio fel negesydd mewn siop ddillad. Ei flwyddyn yng ngerwinder y ddinas fawr Seisnig honno a blannodd ynddo'r sicrwydd fod rhagor rhwng Cymru a Lloegr mewn gogoniant. Daeth i gasáu â chas perffaith yr edmygedd anfeirniadol o bopeth Seisnig ymhlith ei gydwladwyr a'u gwnâi'n fodlon ildio eu treftadaeth ryfeddol eu hunain yn llywaeth ddiymdrech.

Daeth yn ôl i Abergele er mwyn mynd yn arddwr fel ei dad, ac am dair blynedd bu'n gweithio yng ngardd Plas Bodelwyddan, gan fyw mewn caban yn yr ardd. Enynnwyd diddordeb yn Ffrainc ynddo yn ifanc, ac ar ôl bod yn Athrofa'r Bala, croesodd i'r cyfandir er mwyn dysgu Ffrangeg ac Almaeneg a threuliodd deunaw mis fel athro Saesneg mewn ysgol yn Lausanne. Efe ei hun a adroddodd y stori amdano un tro, cyn iddo lwyr feistroli'r Ffrangeg, yn eistedd wrth fwrdd bwyd mewn gwesty pan ddaeth gweinyddes bert ato i ofyn beth a fynnai. Eisiau dau ŵy oedd arno—*deux oeufs*—ond wedi ei ddrysu'n lân gan lendid y lodes gofynnodd am *deux boeufs*—dau ŷch!

Gweinidog yr Efengyl oedd Emrys yn gyntaf oll. I'w bregethau y rhoes orau ei sgrifennu. Saif ei gyfrol o *Homilïau* am byth yn un o glasuron pennaf rhyddiaith Gymraeg. Fel ffordd o fyw y gwelai Gristnogaeth: tadolaeth Duw a brawdoliaeth dyn oedd dwy athrawiaeth fawr ei efengyl: caru Duw a charu cymydog oedd dau orchymyn mawr ei gyfraith ef, a'r ddau yn un ac yn anwahanadwy. Ymaflodd â'i holl galon yn nysgeidiaeth Iesu nad yw'r sawl na châr ei gymydog yn caru Duw, pa faint bynnag yw ei broffes. Ac mewn gwasanaeth y mynegir cariad. Mynegai ei feddwl cryf mewn Cymraeg coeth. Yn feistr ar yr iaith, deallai ei theithi cynhenid a'i hathrylith arbennig. Tarddai ei

EMRYS AP IWAN   *Llyfrgell Genedlaethol*

Gymraeg fel ffynnon fywiol yn nghrastir iaith chwyddedig, Seisnigaidd y cyfnod.

Yn ogystal â dangos yn ei waith ei hun beth yw Cymraeg gloyw a chaboledig, ef a ddarganfu wychder rhyddiaith y llyfrau a eilw 'Y Clasuron Cymraeg' a sgrifennwyd rhwng y Diwygiad Protestannaidd a'r Diwygiad Methodistaidd. Hyn a gyfannodd y traddodiad rhyddiaith Gymraeg, gan wneud dros ryddiaith yr hyn a wnaeth John Morris Jones dros farddoniaeth glasurol.

Roedd Emrys ap Iwan yn fwy na llenor ac ysgolhaig. Yr oedd yn ymladdwr. Ymdaflodd yn angerddol i'r frwydr dros yr iaith a'r genedl a garai gymaint. Gallasai fod wedi dewis llwybr haws a fyddai wedi dwyn elw ariannol mwy o lawer iddo. Cynigiodd ei brifathro yn Lausanne drosglwyddo'r ysgol iddo pe bodlonai aros am dair blynedd arall. Cafodd gynnig swydd yn y Llysgenhadaeth Brydeinig yn Belgrade a allasai arwain at yrfa mewn diplomyddiaeth. Eithr dewis byw mewn tlodi cymharol a wnaeth er mwyn gwasanaethu Duw trwy ei genedl. Bu'n weinidog yn Nyffryn Clwyd yn eglwysi'r Methodistiaid Calfinaidd yn Rhuthun a Threfnant a'r Rhewl.

Y pryd hwnnw roedd cymhleth y taeog wedi gwenwyno agwedd llu at yr iaith a'r genedl. Er enghraifft, pan oedd Emrys yn blentyn teirblwydd oed cyhoeddodd Llewelyn Prichard, Cymro Cymraeg, gyfrol o dros 600 tudalen ar *Heroines of Welsh History*. Yn ei ragymadrodd dadleuodd dros gael gwared yn llwyr ar yr iaith Gymraeg.

> It is already the misfortune of modern Europe to possess too many cultivated dialects ... It is important that the smallest possible number of leading languages should contain the whole stock of information and amusement; and that inconsiderable districts, such as Holland, Denmark, Piedmont and Wales, should not endeavour to immortalise their respective phraseology but contentedly slide into the speech of the larger contiguous nations.

Ac yr oedd gan Mr. Llewelyn Prichard awgrym anfarwol i'w wneud parthed llenyddiaeth Gymraeg:

> In order to do full justice to their national literature, and to make it an object of interest to others, they should divest it of its native garb (the Welsh language) and present it to the world in a form more qualified to allure the general reader, namely an English costume.

Yn eu sêl dros Gristioneiddio'r Saeson a ddechreuasai lifo i
Gymru, dechreusai enwad y Methodistiaid Calfinaidd sefydlu
capeli Saesneg mewn ardaloedd Cymraeg eu hiaith. Yr arfer
oedd gofyn i gnewyllyn o Gymry ymadael â chapel Cymraeg er
mwyn sefydlu un Saesneg. Yn gyffredin byddai mwyafrif
aelodau'r capeli Saesneg hyn yn Gymry Cymraeg. Gan weld
hyn fel gwendid moesol affwysol yn ei bobl, ffieiddiai Emrys yr
hyn a alwai'n 'Inglis Côs'. Codid cyfog arno gan anallu pathetig
y Cymry i sefyll gydag urddas dros eu cenedl a'u hiaith,
gwendid a'u gwnaeth yn ysglyfaeth barod i'r Dwymyn Seisnig
—ei ymadrodd ef. Tra oedd y Cymry'n addoli'r Saeson a
phopeth Seisnig yn wasaidd, dirmygai'r Saeson y Cymry am na
siaradent iaith wâr. 'The Welsh language,' meddai *The Times*,
'is the curse of Wales. Its prevalence and the ignorance of
English have excluded, and even now exclude, the Welsh from
the civilisation, the improvement and the material prosperity
of their English neighbours.'

Roedd Prydeindod yn ei anterth yng Nghymru. Gwelodd
Emrys mai Seisnictod oedd Prydeindod ac y byddai'r agwedd
slafaidd a enynnai at bopeth Seisnig yn rhwym o wanhau a
dwyn diwedd ar genedligrwydd Cymru. 'Y mae digofaint yn
llenwi fy enaid,' meddai, 'wrth weld yr ymdrech annirnadwy a
wna'r fintai Saisaddolgar i ddinistrio cenedligrwydd y Cymry.'

Mewn llythyrau ac ysgrifau deifiol rhoddai ei lach ar y
mawrion, a dychanai ariangarwch a Saisaddoliad eu canlynwyr.
Ffromodd cefnogwyr yr Inglis Côs yn aruthr. Galwodd Lewis
Edwards yn Sasiwn Dolgellau am 'roddi marc arno'. Gwnaed
hynny. Sychodd ei gyhoeddiadau a cheisiwyd, medd Emrys, 'fy
ngwthio o'r weinidogaeth trwy fy newynu.' Aethpwyd ym-
hellach. Gwrthodwyd ei ordeinio. Peth newydd iawn oedd ei
safiad dros genedl ac iaith mewn gwlad na wyddai ddim am
frwydro ymosodol dros ei threftadaeth. Sïocwyd y parchusion
ganddo. Ond parhau i ddychanu'r Cymry gwasaidd a wnâi
Emrys a chwerthin am ben y Sais unieithog. Pan fethodd Sais
yn Ffrainc â chael Ffrancwr i'w ddeall, meddai, trodd at ei wraig
a dweud yn ddig, 'Gracious me! this fellow is as ignorant as
Plato—he don't know a word of English.' Edrychai'r Cymry ar

Sais uniaith fel 'prodigy', meddai, ond ar Gymro uniaith fel penbwl.

Nid oedd yn wrth-Seisnig ond gwrthun ganddo oedd rhagrith teyrnas Gristnogol a ryfelai 'i orfodi Llywodraeth China i ddifetha ei deiliaid ag opiwm er mwyn cyfoethogi'r wlad a enillodd yr enw ''la perfide Albion'' . . . os nad yw ein Cristnogaeth yn ein cymell i ffieiddio ymddygiad o'r fath yma, i beth mae hi da?' Gwelodd Sais-addoliad fel achos diffyg hyder truenus y Cymry. Er eu bod yn ei farn ef yn fwy dawnus na'r un genedl yng ngogledd Ewrop oddieithr y Ffrancod a'r Gwyddelod, fe'u hataliwyd gan eu diffyg hyder rhag dyfeisio dim, rhag cychwyn dim, rhag barnu dim drostynt eu hunain a rhag eu rheoli eu hunain. Hyn a esboniai eu parodrwydd i dderbyn cyfundrefn addysg a daflodd y Gymraeg o'u hysgolion fel yr esgymunasid hi o'r llysoedd barn. Galwai Emrys am wneud yr iaith yn gyfrwng addysg o'r ysgolion cynradd hyd at y brifysgol, ac am adfer iddi statws swyddogol.

Gwnaeth safiad gwrol dros y Gymraeg yn llys barn Rhuthun, y dref y cartrefai ynddi. Gwrthododd roi ei dystiolaeth yn Saesneg. Pan geisiodd clerc y llys fynnu iddo wneud hynny atebodd yn herfeiddiol, 'Cymraeg yng Nghymru, os gwelwch yn dda.' Ni ddigwyddasai dim tebyg erioed o'r blaen. Gohiriwyd yr achos, a ddaeth yn *cause celébre*, ond enillodd Emrys y dydd.

Sylweddolodd fod yn rhaid brwydro'n boliticaidd, a mawr oedd ei edmygedd o'r Gwyddelod a thacteg Parnell yn senedd Westminster, a hynny ar adeg pan ddirmygid hwy gan y Cymry'n gyffredinol. Condemniodd garchariad Parnell a'i gyfeillion, heb flewyn ar ei dafod. 'Rhag ofn,' meddai, 'i neb gael achos i ddweud fod pob Cymro yn *loyal*, hynny yw yn wasaidd, yr wyf yn sgrifennu gair i ddweud fy mod i, o'r hyn lleiaf, yn ffieiddio â'm holl galon ormeswaith diwethaf y Sacsoniaid mewn gwlad nad yw eiddynt.' Un o'i ysgrifau doniolaf a miniocaf yw 'Bully, Taffy a Paddy' lle y mae'n cymharu trahauster y Sais a gwaseidd-dra'r Cymro â gwroldeb y Gwyddel. 'Y mae rhyddid cenhedlig mor werthfawr â rhyddid personol,' meddai, 'ac y mae'n wiw aberthu llawer er ei fwyn.'

Gwelai angen plaid genedlaethol Gymreig i frwydro'n ymosodol dros Gymru. Ni welai obaith i'r bobl 'wlanennaidd a diddrwg-didda' a wasgerid trwy'r pleidiau Seisnig ymladd o ddifrif drosti byth. 'Buont cyhyd mewn caethiwed nes dygymod ag ef.' Dyna paham y proffwydodd ym 1895, 'Oni chawn ymreolaeth yr un pryd â'r Gwyddelod byddwn yn rhy weinion i gael ymreolaeth byth.' Dwy blaid a ddylai fod yng Nghymru yn ei farn ef 'hyd oni chaffo hi ei hawliau cenhedlig, sef Plaid Gymreig a Phlaid wrth-Gymreig', debyg i'r sefyllfa yn Iwerddon.

Bu'n rhaid aros cenhedlaeth ar ôl dydd Emrys ap Iwan i weld ei ddylanwad yn dwyn ffrwyth, yn arbennig mewn brwydr dros yr iaith ac yn nhwf cenedlaetholdeb Cymreig fel grym gwleidyddol.

O. M. EDWARDS 1858 - 1920

Mewn tyddyn bach yng Nghwm Cynllwyd, Llanuwchllyn, y ganed O. M. Edwards. Nid oedd Coed-y-Pry yn ddigon mawr i gadw ceffyl i aredig y tir, ond yr oedd yno aelwyd hapus a bywyd teuluol cyfoethog. Os na chafodd y pedwar mab foethau ni welsant eisiau, ac fe'u trwythwyd gan eu tad a'u mam yn yr hen ddiwylliant ac mewn parch mawr at bregethwyr a'u neges. Byddai'r teulu'n gefn i gapel a noson lawen fel ei gilydd, ac ynddynt hwy meithrinodd Owen y ddawn a gafodd gan ei dad i adrodd stori. Gan ei dad hefyd y cafodd ei gariad at flodau ac adar, at y sêr a'r mynyddoedd.

O'r tair ysgol y bu ynddynt, yr Ysgol Sul yn unig a fu o werth iddo, meddai ef. Cofiai'n chwerw ar hyd ei oes am y *Welsh Note* yn Ysgol y Llan. Dywedodd yn *Clych Atgof:*

> Bob dydd byddai'r tocyn, fel pe yn ei bwysau ei hun, o bob cwr o'r ysgol, yn dod am fy ngwddf i. Y mae hyn yn gysur imi hyd heddiw—ni cheisiais erioed gael llonydd gan y tocyn trwy ei drosglwyddo i un arall . . . Hen gyfundrefn felltigedig, diolchaf wrth gofio fod gobaith imi weled amser y caf ddawnsio ar dy fedd.

Diwerth iddo fu ei flynyddoedd yn ysgol ramadeg y Bala, Ysgol Tŷ Dan Domen, a oedd yr un mor Seisnigaidd ag Ysgol y Llan, ond diolchodd ar hyd ei fywyd am addysg yr Ysgol Sul.

Bu yng Ngholeg y Bala am dair blynedd a'i wyneb ar y wein-idogaeth. Michael D. Jones oedd ei fentor bryd hyn. Yn *Clych Atgof* disgrifia ddylanwad yr hen wron arno: 'Pan yn gadael Bodiwan yr oeddym wedi penderfynu gwneud a fedrem dros ein gwlad a'i gwerin.' Enillodd ysgoloriaeth i fynd i goleg ifanc Aberystwyth a oedd yn nythle o genedlaetholwyr yn yr wyth-degau. Yno cydiodd crafangau Cymru'n dynnach byth ynddo. 'I want to do something for WALES,' sgrifennai yn ei ddyddiadur. Ac yn ystod ei dair blynedd yn Aberystwyth yr amlygodd ei ddisgleirdeb anghyffredin. Aeth i Brifysgol Glasgow am flwyddyn wedyn ac ennill ysgoloriaeth eto i fynd i Goleg Balliol, Rhyd-ychen. Cafodd yrfa eithriadol ddisglair yno gan gipio tair prif wobr hanes y Brifysgol a graddio yn y dosbarth cyntaf. Pan oedd eto'n fyfyriwr, dechreuodd ar ei waith dros Gymru. Yng nghanol ei waith academaidd trwm, ffeindiai amser i sgrifennu llithiau hynod o ddifyr i'r wasg Gymraeg mewn arddull wych ac ystwyth, seiliedig ar yr iaith lafar, cwbl wahanol i arddull Seisnigaidd glogyrnog y cyfnod. 'Yr oedd yr heniaith yn adnewyddu ei hieuenctid dan ei law,' meddai John Morris Jones, gan ychwanegu nad oedd neb yn Rhydychen a allai gystadlu ag ef ar ysgrifennu Saesneg cain chwaith.

Ef oedd yn bennaf gyfrifol am sefydlu Cymdeithas Dafydd ap Gwilym y dylanwadodd ei haelodau mor drwm ar iaith, llenyddiaeth a hanes Cymru. Ni welwyd na chynt na chwedyn y fath gwmni disglair o fyfyrwyr Cymraeg mewn prifysgol. Roedd Edward Anwyl, Puleston Jones a Lleufer Thomas yn eu plith, a John Rhys, Llewelyn Williams, J. E. Lloyd a John Morris Jones, yr ysgolhaig mawr y dywedwyd amdano na byddai'r iaith Gymraeg yn werth ei chadw erbyn hyn oni bai am ei waith. Ond O. M. Edwards oedd seren ddisgleiriaf cyrddau'r cwmni llachar hwn oherwydd ei wybodaeth a'i ffraethineb, ei syniadau a'i ddawn adrodd stori. Efe oedd ysbrydiaeth y Gymdeithas meddai Llewelyn Williams; ac ynddi hi amlygodd gyntaf swyn a nerth y bersonoliaeth a fyddai'n ysbrydoli miloedd.

Treuliodd flwyddyn ar y cyfandir ar ôl gorffen ei radd, a'r ffrwyth oedd dau lyfr taith, *Tro yn Llydaw* a *Tro yn yr Eidal*, a

O. M. EDWARDS   *Llyfrgell Genedlaethol*

amlygodd ei ddawn i ddarlunio'n lliwgar, i greu awyrgylch ac i ddisgrifio cymeriad. Cychwynnodd y llyfrau hyn gyfnod newydd mewn rhyddiaith Gymraeg, nid yn unig oblegid naturioldeb eu hiaith ac ysgafnder eu cyffyrddiad ond hefyd am fod yr awdur yn edrych ar y byd o'i gwmpas trwy lygaid Cymreig. Arddelai ei Gymreictod yn naturiol a di-lol a'i wneud yn sail ei agwedd at fywyd o'i gwmpas, gan helpu rhyddhau'r Cymry oddi wrth y meddwl darostyngedig chwedl W. J. Gruffydd, er bod imperialaeth Brydeinig yn dwyno glendid ei genedlaetholdeb fel y mae gwaetha'r modd. Ni bu O.M. yn genedlaetholwr yn ein hystyr ni i'r gair, yn angerddol o blaid rhyddid cenedlaethol. Wrth sgrifennu am Lywelyn ap Gruffudd ac Edward I dywedodd, 'Edward thought that Britain ought to be united: Llywelyn thought Wales ought to be free. Now, happily, we have the union and the freedom.'

 Dychwelodd i Rydychen fel cymrawd yng Ngholeg Lincoln a daeth yn enwog, medd Llewelyn Williams, fel yr athro medrusaf a'r darlithydd mwyaf poblogaidd yn y Brifysgol. Gweithiai'n enbyd o galed fel athro. Byddai'n darlithio a dysgu mewn tiwtorials trwy gydol y dydd hyd naw a deg o'r gloch y nos nes niweidio'i iechyd. Ond rhan o'i waith oedd hyn. Roedd eisoes wedi cyhoeddi tair cyfrol o'i waith ei hun pan gyd-olygai *Cymru Fydd*, cylchgrawn y mudiad cenedlaethol o'r un enw a ysbrydolodd Gymdeithas Dafydd ap Gwilym a'r dadeni llenyddol Cymraeg; heb genedlaetholdeb gwleidyddol mudiad Cymru Fydd ni welsid mo'r deffroad llenyddol. Cychwynnodd *Cymru*, y cylchgrawn mwyaf ei ddylanwad hyd at sefydlu *Beirniad* John Morris Jones, a thrwyddo bu'n dyfal feithrin sgrifenwyr o blith y werin. Rhoddai *Cymru* bwyslais trwm ar hanes Cymru canys teimlai O.M. mai prif achos methiant Cymru Fydd oedd anwybodaeth am Gymru Fu. Amcan ei fywyd bellach, meddai Saunders Lewis, oedd rhoi Cymru'n ôl i Gymru, rhoi cof i'r genedl. Casglodd rhai o'i ysgrifau ar hanes Cymru ynghyd mewn cyfrolau megis *Cartrefi Cymru* a *Llynnoedd Llonydd*, a chyhoeddodd gyfrol Saesneg, *Wales*, a roddai rediad hanes Cymru hyd at ddiwedd y ganrif ddiwethaf. Artist o hanesydd oedd ef nid chwilotwr, ac yr oedd ganddo'r dychymyg hanesyddol sy'n angenrheidiol i hanesydd mawr. Ymestynnodd faes haneswyr Cymreig. Dywed R. T. Jenkins iddo ychwanegu'r canrifoedd o 1600 ymlaen i'r gwŷr dysgedig ac ychwanegu'r canrifoedd cyn hynny at faes hanes Cymru i'r werin. Rhoes ei weledigaeth wefr i'w waith. Fel hyn y gwelai Gymru:

> 'Mae'r oll yn gysegredig'—pob bryn a phant. Mae'n gwlad yn rhywbeth byw, nid yn fedd marw, dan ein traed. Mae i bob bryn ei hanes, i bob ardal ei rhamant. Mae pob dyffryn yn newydd, pob mynydd yn gwisgo gogoniant o'i eiddo ei hun. Ac i Gymro, ni all yr un wlad arall fod fel hyn. Teimlai'r Cymro fod ymdrechion ei dadau wedi cysegru pob maes, a bod awen ei wlad wedi sancteiddio pob mynydd. A theimlo fel hyn a'i gwna'n wir ddinesydd.

Roedd ei lygad ar y werin wrth sgrifennu am hanes fel am bopeth arall. Bu gogoniant y werin yn rhan hanfodol o'i weledigaeth. 'Ni fu gogoniant Cymru'r tywysogion,' meddai, 'yn debyg i ogoniant Cymru'r werin.' Am ei dad a'i fam a'i athrawon Ysgol Sul a'u tebyg yn Llanuwchllyn y meddyliai. Gweithwyr llaw oeddent gan mwyaf, yn dyddynwyr a chrefftwyr. O'u plith hwy y deuai'r llenorion a'r cerddorion, yr ysgolheigion a'r meddylwyr, y pregethwyr a'r gwleidyddion; mewn gair, deallusion ac arweinwyr y genedl. Er eu mwyn hwy, fel y gwelsai hwy yn Llanuwchllyn yn ei ieuenctid, y treuliodd ei oes. Rhoes ddetholion helaeth o'r clasuron Cymraeg yn eu dwylo, gan gynnwys yr ugeiniau o gyfrolau bach hardd yng *Nghyfres y Fil*. Efe a welodd fawredd Islwyn gyntaf; cyhoeddodd ddau lyfr o'i waith, y cyntaf o'r ddau yn 860 o dudalennau. Gwnaeth hyn oll ar draul iechyd ac arian ar adeg argyfyngus yn hanes llenyddiaeth Gymraeg.

Ar ben y cyfan llafuriodd yr ysgolhaig a'r llenor hwn yn ddiarbed dros blant Cymru. Sefydlodd fisolyn bywiog, *Cymru'r Plant*, ar eu cyfer hwy, a chyflawnodd y gamp ryfeddol o'i olygu'n ddi-fwlch a sgrifennu llawer o'i gynnwys am wyth mlynedd ar hugain rhwng 1892 a'i farw ym 1920. A'i awydd angerddol i wasanaethu'r plant a'i dygodd yn ôl o Rydychen ym 1907 fel prif arolygydd cyntaf ysgolion Cymru, swydd enbyd o drwm a olygai ddyddiau deuddeg awr o ymweld ag ysgolion, pwyllgora, cynadledda a darllen llu o adroddiadau, ffurflenni, cofnodion ac ati. Er i ddiffyg cydymdeimlad â'i amcanion rwystro'r llwyddiant a ddymunai, serch hynny helpodd newid safle'r Gymraeg er gwell yn yr ysgolion, a thystiodd ugeiniau lawer o athrawon i'r ysbrydoliaeth a roddai ei ymweliadau. Trwy fawr lafur, efe yn anad neb a fu'n gyfrifol am dymheru rywfaint ar wrth-Gymreictod rhonc y gyfundrefn addysg.

O dan bwysau pobl y sir, dilynodd Tom Ellis fel aelod seneddol dros Feirion am dymor byr. Roedd allan o'i elfen yn y senedd, a phr'un bynnag roedd yn amhosibl cyfuno'r gwaith seneddol— di-dâl y pryd hwnnw—â'i swydd yn Rhydychen ac â gwaith mawr ei fywyd yng Nghymru. Ymgartrefodd yn Llanuwchllyn am bymtheng mlynedd olaf ei fywyd gan ymdaflu i waith blaenor yn y capel ac athro yn yr Ysgol Sul. Bu'n gadeirydd y cyngor plwyf a chychwynnodd bapur bro cyntaf Cymru—*Seren y Mynydd*. Ond o ran ysbryd nid oedd wedi ymadael â Llanuwchllyn erioed. Meddai W. J. Gruffydd'yn ei gofiant iddo:

> Bu'n byw yng nghanol ei fro, yn wlad ac yn bobl, am fwy nag ugain mlynedd, ond pan adawodd hwy a myned i Rydychen y gwelodd Lanuwchllyn; gwelodd hi fel y gwêl rhai dynion anghyffredin ffeithiau mawrion eu bod, mewn fflachiad clir a sydyn o ddealltwriaeth; gwelodd y Llan fel pentref, gwelodd hi hefyd fel arwydd o holl werin Cymru. Pobl Llanuwchllyn, tir Llanuwchllyn, hanes Llanuwchllyn, dyna Gymru.

TOM ELLIS 1859 - 1899

Tom Ellis oedd yr arweinydd gwleidyddol mwyaf llwyddiannus ac ymroddedig a gafodd Cymru yn y cyfnod modern. Ynddo gwelwn Gymru'n dod yn ymwybodol ei bod yn genedl a chanddi bwrpas yn y byd. Adlewyrchir meddwl rhai o'i gyfoedion ohono gan eiriau Syr Robert Hudson, gŵr o Sir Gaerefrog a fu am flynyddoedd yn ben ar y Ffederasiwn Ryddfrydol Genedlaethol, a ddywedodd mai Tom Ellis oedd ei arwr gwleidyddol ef: 'Pe gofynnid imi yn y dyddiau hynny', meddai, 'pa Gymro a fyddai ryw ddiwrnod yn Brif Weinidog, atebaswn heb betruso

Yr eiddoch yn wladgar.

Thomas E. Ellis.

TOM ELLIS   *Llyfrgell Genedlaethol*

dim, "Tom". Trychineb i Gymru oedd ei dorri i lawr yn ei ganol oed cynnar. Yng Nghymru yn unig y cofir amdano bellach ac fe'i cofi'r fel cenedlaetholwr unplyg a gymerodd lwybr anghywir yn anterth ei yrfa.

Roedd Tom Ellis yn weledydd. Sonia O. M. Edwards am noson loergan pan safai ar ffordd Bwlch-y-Groes uwchben Cwm Cynllwyd gyda llanc tal goleubryd a fu'n areithio ar wleidyddiaeth yn Ninas Mawddwy. Yr oedd yn olau fel y dydd a'r lleuad yn llawn, 'ond prin yr adnabyddem unlle. Yr oedd pob man fel pe wedi ei droi'n ysbrydol. Yr oedd yr Aran, Craig yr Ogof, yr Arennig, a'r llu y tu hwnt iddynt, dan olau tynerach na golau yr un dychymyg. Gallasem dybio mai huno'n drwm yr oedd y mynyddoedd yn y dydd; ond eu bod yn awr wedi deffro, a'u bod yn fyw. "Welwch chwi, Owen", ebe'm cydymaith, "dacw Gymru wedi ei gweddnewid o'n blaenau. Gawn ni'n dau fyw i'w gweld wedi ei gweddnewid mewn gwirionedd?"'
Tom Ellis oedd y gŵr ifanc a welodd y weledigaeth.

Am chwe blynedd disglair yn wyth a naw degau'r ganrif ddiwethaf, ef oedd arweinydd di-gwestiwn Cymru, yn ymgorff-oriad o ddeffroad cenedlaethol y cyfnod. Efe oedd gobaith y genedl. Mab i denant ar stad y Rhiwlas yng Nghefnddwysarn oedd ef. Cafodd ei addysg yn Ysgol Llandderfel, Ysgol Ramadeg y Bala, Coleg Aberystwyth pan oedd cenedlaetholdeb yn rym ymhlith y myfyrwyr yno, ac yn New College, Rhydychen. Ymhlith ei gyfoedion yn Ysgol Ramadeg y Bala yr oedd O. M. Edwards, Puleston Jones, D. R. Daniel a Mihangel ap Iwan, mab Michael D. Jones a ddylanwadodd mor drwm ar Ellis ac Edwards.

Rhaid gweld Tom Ellis ac O. M. Edwards fel cynnyrch Penllyn, y pum plwyf o gwmpas Llyn Tegid. Roedd Penllyn yn nydd Michael D. Jones, ac y mae hyd heddiw, yn un o ardaloedd mwyaf diwylliedig Cymru. Adeg ei ieuenctid ymdeimlai'r fro â'r bywyd newydd a gyniweiriai trwy Gymru yn grefyddol a diwylliannol, yn addysgol, economaidd a gwleidyddol. Rhedai gwefr y cynnwrf hwn trwy'r coleg prifysgol bach newydd yn Aberystwyth pan aeth ef yno, a blagurodd ei Gymreictod yng nghwmni cyd-fyfyrwyr fel J. E. Lloyd, Ellis Griffith a T. F.

Roberts a chwaraeodd ill tri ran amlwg ym mywyd eu cenhedlaeth. Ychwanegwyd dimensiwn arall i'w fywyd gan Rydychen lle y daeth dan ddylanwad sosialaeth Ffabiaidd Toynbee, delfrydiaeth T. H. Green ac imperialaeth Ruskin. Dygwyd ef i ganol gwleidyddiaeth Brydeinig gan ei benodiad yn ysgrifennydd preifat i Syr John Brunner, diwydiannwr cefnog. Darllenai'n helaeth, sgrifennai lawer i'r wasg a siaradai'n aml mewn cyrddau cyhoeddus, gan ddod yn adnabyddus a derbyniol, yn arbennig ym Meirion. Ym 1886, ar 14 Gorffennaf—dyddiad cwymp y Bastille ac arwyddo cytundeb Owain Glyndŵr â brenin Ffrainc ym Mharis—etholwyd ef, gwerinwr ifanc, gyda mwyafrif sylweddol i gynrychioli Meirionnydd yn senedd Westminster. O'r diwedd codasai gwleidydd o faintioli a oedd yn benderfynol o newid safle gwleidyddol gwaradwyddus y genedl Gymreig.

Gwelir mor radical fu'r newid ffrwydrol hwn yng ngwleidyddiaeth Cymru wrth edrych ar ei raglen etholiad. Roedd hon yn gwbl wahanol i'r hyn a gyflwynai'r hen Ryddfrydwyr chwigaidd cefnog, a'r un mor wahanol i Ryddfrydiaeth Gymreig y ganrif hon. Roedd bron y cyfan ohoni'n ymwneud â Chymru. Galwai hyd yn oed am hunan-lywodraeth. Am y tro cyntaf yng Nghymru fodern roedd cenedligrwydd Cymru yn ffactor boliticaidd. Roedd y rhwyg oddi wrth yr hen Ryddfrydiaeth fod yn chwyrn. Am bymtheg mlynedd o hyn ymlaen cenedlaetholdeb radical Cymreig fyddai'r grym creadigol yn ein gwleidyddiaeth. Ymwneud ag Iwerddon oedd unig bwynt y rhaglen nad oedd a wnelo ef â Chymru, ac yr oedd hwnnw hefyd yn ymwneud â chenedlaetholdeb. 'Mae Mr. Gladstone yn barod i wrando ar lais ac ymbil yr Iwerddon am hawl a gallu i reoli ei materion ei hun, gan ei meibion ei hun ar ei daear ei hun,' meddai Tom Ellis. 'Rhoddaf fy nghefnogaeth wresocaf iddo.' A'r frawddeg nesaf oedd, 'Y mae'n amser i'r Senedd wrando ar lais Cymru.' Galwai am ddatgysylltiad Eglwys Loegr yng Nghymru, hynny yw, am hunan-lywodraeth i'r Eglwys; am ddiwygiad trwyadl yn neddfau'r tir ac am 'gyfundrefn addysg i'r tlawd fel y cyfoethog gael cyfleusterau cyffelyb'. Ac yn bwysicaf oll galwodd am 'Ymreolaeth fel y byddo moddion

ymddatblygiad yn nwylo'r Cymry'. Ni clywyd erioed mo'r
nodyn hwn o'r blaen. Roedd Meirion wedi ethol cenedlaetholwr
radical a roddai ei deyrngarwch gwleidyddol i Gymru, un a
wnâi lawer mwy na phleidio polisïau cenedlaethol Cymreig;
ymgyrchai'n benderfynol er mwyn addysgu'r bobl a deffro
cefnogaeth iddynt yn y wlad.

Dylsai'r effaith fuan a gafodd cenedlaetholdeb Cymru ar
Lywodraeth Lundain ddysgu'r Cymry mai cenedlaetholdeb
yw'r arf grymusaf sydd ganddynt i'w gorfodi i weithredu yng
Nghymru. Yn ei areithiau enwog ym Midlothian ym 1880
soniodd Gladstone am y tair cenedl a gyfansoddai'r Deyrnas
Unedig, Lloegr, Iwerddon a'r Alban. Ni chynhwysai Gymru.
Eithr erbyn 1886, a grym cenedlaetholdeb Cymreig wedi
ymddangos, newidiodd y sefyllfa. Yn y flwyddyn honno dat-
ganodd Gladstone mewn pamffled ar y Cwestiwn Gwyddelig,
''The fact that Wales has been from the first under an incorpor-
ating union has blinded us to the fact that there are within the
United Kingdom no less than four nationalities.'' Ym 1886
felly, blwyddyn ethol Tom Ellis i'r senedd, y cydnabyddwyd
Cymru am y tro cyntaf yn endid cenedlaethol gan y Blaid
Ryddfrydol.

Er i'w feddwl gael ei liwio gan imperialaeth Brydeinig
Ruskin a Rhodes yn nes ymlaen, ac er na lwyddodd i ymysg-
wyd mor rhydd oddi wrth Brydeindod ag y gwnaeth y
Gwyddelod, parhaodd cenedligrwydd Cymreig yn sylfaen
ei gredo a'i weithgarwch. Mewn cyfarfod ym Mlaenau Ffestin-
iog yn fuan ar ôl ei ethol datganodd, 'Nid rhyw ddwsin neu dair
ar ddeg o siroedd wedi cael eu rhannu gan ddwrn y Sais ydyw
Cymru, ond cartref ein cenedl ni ac ôl bys y Goruchaf arni.' O
Iwerddon y tynodd ei ysbrydiaeth yn bennaf; Thomas Davis a
Mazzini, y cenedlatholwyr mawr, oedd ei athrawon politic-
aidd; Parnell oedd ei arwr a'i batrwm; creu plaid genedlaethol
annibynnol debyg i'r blaid Wyddelig oedd ei amcan.

Canolbwyntiodd yn y senedd ar gael gwelliannau ym mywyd
Cymru ac nid heb lwyddiant. Ymdeimlai i'r byw â dioddefaint
cymdeithasol mawr ei gyfnod. Yn ei feddwl am hyn dylan-
wadwyd yn drwm arno gan y Ffabianiaid a'r Sosialwyr Cristnogol.

Gweithiodd yn galed ar hwnc y tir a oedd mor bwysig i bobl cefn gwlad lle'r oedd hen ormes ac anghyfiawnder landlordiaeth yn parhau. Rhoddodd i'r Comisiwn Tir hanes digwyddiad a greodd argraff ddofn arno fel crwtyn wyth mlwydd oed. Un diwrnod pan oedd ei dad i ffwrdd yn Nyffryn Clwyd roedd ei ddau gi yn cadw cwmni i'r gwas a oedd yn troi'r tir. Yn sydyn rhedodd un ohonynt ar ôl ysgyfarnog ond heb ei dal. Y noson honno daeth Sais o gipar i'r tŷ ac adrodd yn fygythiol drosedd y ci. Drannoeth gorchmynnwyd tad Tom Ellis i ddwyn ei ddau gi i blas y Rhiwlas lle cawsant eu saethu. Clywodd yn gyfrinachol y collai ei ffarm yn ogystal â'i gŵn, ac yn wir daeth rhybudd i ymadael. Wedyn, ar ôl llawer o drafod, cynigiwyd y ffarm iddo ar £10 o godiad yn y rhent, swm mawr y pryd hwnnw. Wltimatwm oedd hyn. Â'i holl gyfalaf wedi ei suddo yn y ffarm, a theulu o blant bach ganddo, ni allai Mr. Ellis wneud dim ond cytuno. Wyth mlynedd ynghynt cawsai ei frawd ei daflu allan o'i ffarm am wrthod pleidleisio dros y Tori, a chafodd ei ragflaenydd yng Nghynlais ei droi mâs am yr un rheswm. Gormes landlordiaid yn fwy na dim a gynullodd yr amaethwyr wrth gefn Tom Ellis. Ym mrwydr y tir cafodd ffermwyr Cymru eu cyffwrdd am yr unig dro yn eu hanes gan rywbeth tebyg i ysbryd chwyldroadol. Deffrôdd hyn fraw hyd yn oed ymhlith arweinwyr y Blaid Ryddfrydol a ofnai weld Cymru'n dilyn llwybr arwahanol y Gwyddelod.

Ym 1888 dygodd fesur tir Cymreig gerbron y senedd gan ddod o fewn deunaw pleidlais i'w gael trwodd. Ei waith ar gwestiwn y tir fu sylfaen yr enw a wnaeth fel seneddwr; sicrhau'r Comisiwn Tir Cymreig oedd ei lwyddiant seneddol mwyaf. Ond ei egni ef yn bennaf oedd wrth gefn y Ddeddf Addysg Uwchraddol i Gymru, 1889, a fu'n gyfrifol am sefydlu trigain ysgol uwchradd. Gwir i'r rhain ddatblygu mewn ffordd a Seisnigai feddwl ac iaith eu disgyblion yn arswydus, ond yr oedd hyn yn gwbl groes i amcanion Tom Ellis. Ar gwestiwn yr iaith dywedodd ar ei ben, 'Y mae pob trefniad addysg a alltudia neu a anwybydda iaith cartref y plant yn drefniad gau ac anfoesol.' Ac ar hanes Cymru, 'Nid oes ond dirmyg a sen pe dwedid na fyddai dim yn ysgolion Cymru i apclio at orffennol y wlad.'

Ond adlewyrchu Prydeindod cynyddol Cymru yn hytrach na'i chenedligrwydd a wnaeth yr ysgolion.

Maes pwysig arall a gafodd sylw mawr ganddo oedd llywodraeth leol, a chynnes oedd ei groeso i'r Ddeddf a sefydlodd y cynghorau sir. Gweithiodd yn galed i baratoi'r wlad gogyfer â'u dyfodiad a goleuo'r bobl ynghylch eu galluoedd. Gwelai ynddynt gyfle i gymryd cam bras tuag at ymreolaeth. Galwai am un cyngor cenedlaethol gydag awdurdod mewn nifer o feysydd amrywiol. Yn wahanol i'r Gwyddelod credai fod amgylchiadau Cymru yn gorfodi symud tuag at hunan-lywodraeth bob yn gam o'r gwaelod i fyny. Serch hynny, gwnaed y gymhariaeth rhyngddo â Parnell, ei arwr. 'Mr. Ellis is called the Parnell of Wales,' meddai papur Saesneg. 'He is an incomparably better speaker than Parnell . . . There is an enormous quiet force in what he says.'

Ond digwyddodd trychineb yn ei fywyd personol a newidiodd ei strategiaeth, er heb wanhau dim ar ei ymlyniad wrth Gymru. Yn niwedd 1889 aeth ar wyliau i'r Aifft. Yno cafodd deiffws ac wedyn diphtheria. Dygwyd ef i ymyl angau. Am wythnosau gorweddai rhwng byw a marw. Ond hyd yn oed yn ei gystudd trwm, yng nghanol gwres llethol yr Aifft, mewn gwendid a thwymyn, Cymru a lanwai ei feddwl. Cafodd weledigaeth o'r Gymru a fynnai. Ar Ddydd Gŵyl Dewi, 1890, wedi treulio deg wythnos yn ei wely, lluniodd destament a grynhoai ei obeithion. Addunedodd weithio hyd angau dros Gymru rydd ac unol; dros gyfundrefn addysg genedlaethol; dros brifysgol, amgueddfa a llyfrgell genedlaethol; dros ryddhau'r Eglwys oddi wrth y wladwriaeth a rhyddhau'r gwaddoliadau at amcanion cenedlaethol; dros rwydwaith o lyfrgelloedd a neuaddau pentref; dros y ffermydd bychain a'r diwydiannau sy'n rhaid wrthynt er mwyn cael cenedl iach a chyflawn; 'ond yn bennaf bwysicaf oll, gweithiwn dros Gymanfa Ddeddfwriaethol, wedi ei hethol gan ddynion *a merched* Cymru, ac yn gyfrifol iddynt. Bydd yn symbol ac yn rhwymyn o'n hundeb cenedlaethol, yn erfyn i weithio allan ddelfrydau cymdeithasol a diwydiannol . . .'

Dychwelodd i Gymru â'i iechyd wedi ei ysigo'n barhaol, ac yntau'n ddim ond deg ar hugain oed. Bu'n rhaid iddo fynd am ysbeidiau hir yn y blynyddoedd canlynol i chwilio'r haul yn neheudir Ffrainc a De Affrica. Dyma'r pryd y cyflwynwyd iddo dysteb am fil o bunnoedd fel arwydd o serch y bobl. Daliai'n llawn penderfyniad i wasanaethu ei genedl hyd eithaf ei allu, ond ymhen dwy flynedd wynebwyd ef gan argyfwng a ddangosodd fod ei afiechyd mawr wedi ei wanhau'n foesol yn ogystal â chorfforol. Ym 1892 etholwyd Llywodraeth Ryddfrydol, ond gyda mwyafrif o ddeugain yn unig. Rhoddai hyn gyfle mawr i'r 31 A.S. Rhyddfrydol Cymreig—dim ond tri Cheidwadwr a etholwyd mewn seddau Cymreig—ennill llawer i Gymru pe gweithredent fel plaid genedlaethol annibynnol, a chreu'r fath blaid annibynnol fuasai uchelgais Tom Ellis. Ond yr oedd Gladstone yn effro i'r perygl. Gwelai'r hen strategydd mor anhepgor oedd rhwystro gweithredu annibynnol gan y Cymry. Er mwyn dryllio unoliaeth yr aelodau Cymreig cynigiodd swydd i'w harweinydd a'i rhwystrai rhag rhoi arweiniad annibynnol, a hyd yn oed rhag siarad yn y senedd, sef swydd chwip. Derbyniodd Tom Ellis, gan ddal y gallai wneud mwy dros Gymru y tu ôl i'r llenni, ac fe wnaeth lawer, ond cyn pen ychydig roedd y Blaid seneddol Gymreig a greodd yn gandryll, heb neb hafal iddo i'w harwain a'i hysbrydoli, neb a chanddo ei weledigaeth a'i ymroddiad llwyr i Gymru, neb â'i allu a'i swyn. Diflannodd y gobaith am blaid annibynnol yn y wlad. Mae'n debyg na dderbyniasai'r swydd oni bai am ei afiechyd trwm; ond cyfunai ffactorau eraill hefyd i'w wanhau. Ni thelid dim cyflog i aelodau seneddol yn y dyddiau hynny ac ni feddai Ellis ar annibyniaeth ariannol Parnell; mab i ffarmwr o denant ydoedd, nid sgweier. Pe cydweithredai â'r Llywodraeth yr oedd cyfeillion ariannog a'i helpai. Ar ben hynny, pan ddaeth yn ôl o Affrica roedd Lloyd George wedi herio ei awdurdod. A chyn bwysiced a'r un o'r rhain, efallai, oedd cwymp ei arwr mawr Parnell mewn cywilydd.

Dywedwyd mai gorchwyl pwysicaf llywodraeth gwlad yw gwasanaethu ffyniant ysbrydol a diwylliadol cenedl a gwareiddiad. Ni cheisiodd Llywodraeth Llundain erioed gyflawni'r gorchwyl hwnnw yng Nghymru. Ni welwyd hi erioed yn rhoi arweiniad i greu amodau datblygiad y drcftadaeth genedlaethol nac i gryfhau safle'r iaith, a wnaeth Gymru'n genedl ac sy'n cynnal ei chenedligrwydd hi. Popeth a wnaeth er lles gwareiddiad Cymru fe'i gwnaeth o dan bwysau trwm o du Cymru ei hun. Gwyddai Tom Ellis mai plaid annibynnol a sianelai rym cenedlaetholdeb Cymreig yn unig a ddygai bwysau effeithiol. Darfu am y gobaith o'i chreu pan dderbyniodd swydd yn y Llywodraeth. Dibynnai bellach ar gael wrth ei gefn hynny o rym oedd gan genedlaetholdeb Cymreig yn y Blaid Ryddfrydol pan weithiai oddi mewn i'r system; ac am ychydig flynyddoedd amlygodd y grym hwnnw gynnydd ym mudiad Cymru Fydd.

Pan gododd Cymru Fydd yn rymus ar ôl etholiad 1892, gan esgor ar gannoedd o ganghennau dros y wlad a threfniadaeth bur effeithiol gyda Beriah Gwynfe Evans yn drefnydd cenedlaethol, galwodd llawer ar Tom Ellis i dorri'n rhydd oddi wrth y Llywodraeth er mwyn arwain y mudiad. Uchafbwynt llwyddiant Cymru Fydd oedd dyfodiad y Prif Weinidog, Rosebery, i Gaerdydd ym 1895 i ddatgan o blaid senedd i Gymru. Ond sefyll mewn swydd a wnaeth Tom Ellis.

Dygnodd arni oddi mewn i'r system, a helpodd Cymru Fydd a'i gyd-aelodau mwy annibynnol i ennill llwyddiannau pwysig megis sefydlu Prifysgol genedlaethol a symud ymlaen tuag at Lyfrgell ac Amgueddfa genedlaethol. Gallai honni fel prif westai yng nghinio'r *British Empire Club* ym 1893, 'At the present time Wales and her people are receiving far more consideration than at any time in their history since their conquest by the Saxons.' Ond ymgiliodd y gobaith o greu plaid genedlaethol Gymreig, yr unig beth a allai weddnewid safle Cymru yn sylfaenol.

Treuliodd lawn cymaint a mwy o'i egnion yng Nghymru ag yn Westminster. Llafuriodd yn arbennig o galed i wella'r gyfundrefn addysg yn yr ysgolion cynradd ac uwchradd. Roedd yn aelod cydwybodol o Bwyllgor Addysg Meirion ac o Fwrdd Canol Cymru. Arweiniodd yng nghynghorau'r Brifysgol a bu'n warden Urdd y Graddedigion. Gweithiodd dros ei hen goleg yn Aberystwyth a bu'n llywydd cymdeithas ei gyn-fyfyrwyr. Hyrwyddodd y celfyddydau cain, pensaernïaeth ac addysg dechnegol; ac amlygodd radd o ddiwylliant Cymreig na wclwyd ei thebyg erioed o'r blaen mewn aelod seneddol yng Nghymru. Cychwynnodd gynllun i olygu a chyhoeddi testunau ysgolheigaidd ar ran gwasg newydd y Brifysgol, ac ef ei hun a olygodd gyfrol o weithiau Morgan Llwyd, gan ddangos bod ei allu i lafurio'n Herciwleaidd yn dal hyd y diwedd.

Ond golygu gweithiau Morgan Llwyd oedd, yn arwyddocaol ddigon, ei waith olaf. Geiriau'r Golomen sy'n cloi llyfr Cymraeg olaf y gyfrol, yr *Anerchiad i'r Cymry:*

> 'Gwrandawed pawb ar y llais cywir, ond na reded a'r ôl cysgodau. A gwna dithau o Eryr yr hyn sydd ynot fel y dylit ei wneuthur. Amen. Ac felly ffarwel.'

Ym mrawddeg olaf ei Ragymadrodd y mae Tom Ellis yn sôn am yr ail gyfrol a gynlluniodd a'i fwriad i osod Morgan Llwyd yn 'ci le ymysg cymwynaswyr a chwmwl tystion Cymru.' Dyddir y Rhagymadrodd 20 Mawrth 1899. Ar 5ed Ebrill ymunodd y gŵr da a galluog hwn ei hun â'r cwmwl tystion o gymwynaswyr Cymru: ffarweliodd un a geisiodd wneud yr hyn a ddylai wrth ddilyn gweledigaeth ei ieuenctid o Gymru wedi ei gweddnewid. Bu farw'n ddeugain oed. Beth pe cawsai'r iechyd a'r hir-hoedledd a fwynhaodd Lloyd George?

J. E. LLOYD 1861 - 1947

Ei hanes yw cof cenedl. Tebyg yw cenedl heb hanes i ddyn heb gof. Heb gof, heb orffennol, ac y mae cenedl heb orffennol yn genedl heb ddyfodol hefyd. Hynny yw, heb hanes heb genedl. Ac y mae'r Cymro sydd heb ymwybod â hanes ei wlad wedi ei wahanu oddi wrthi hi a'r llif cenedlaethau a fu o'i flaen ef. Nid cenedl, ond rhan o 'genedl' Brydeinig, yw Cymru iddo ef. Mae'r cyflwr trist hwn yn amlwg yn ein bywyd cyfoes, tystied y datganiad hwn am y Cymry: '

> Between the mid-sixteenth century and the mid-eighteenth century they had practically no history at all, and even before that it was the history of rival brigands who have been ennoblified (sic) by being called princes.

Neil Kinnock biau'r geiriau. Fe'n hatgoffir o eiriau croniclwr Seisnig, Nicholas Trevet. 'The viciousness which makes people hate their princes and delight rather in abusing than in praising them.'

Y mae hanesydd mawr yn dŵr o nerth i genedl. Gwelodd Cymru'r ganrif hon gwmni o haneswyr ardderchog yn codi. Y mwyaf yn eu plith yw J. E. Lloyd, 'hen ddewin Bangor'. Efe fu'r cyntaf i gyflwyno hanes Cymru gyda holl gyfarpar beirniadol yr ysgolhaig mawr. Hyn a'i gwnaeth yn gymwynaswr mor fawr. Yn Lerpwl y ganed ef ond o Bowys y daeth ei deulu. Fel gŵr o Bowys yr ystyriai ei hun ac ar Ynys Dysilio, sant brenhinol Powys, y claddwyd ef. Yn gynnar yn ei fywyd, pan oedd yn fyfyriwr yn Rhydychen, lle y rhoddwyd ef yn y dosbarth cyntaf mewn Groeg a Lladin a Hanes, enillodd wobr yn Eisteddfod Genedlaethol Lerpwl am 'Lawlyfr ar Hanes Cymru hyd 1282'. Ei fwriad oedd mynd i'r weinidogaeth gyda'r Annibynwyr, ac am gyfnod maith bu'n bregethwr lleyg, ac etholwyd ef yn Llywydd Undeb yr Annibynwyr ym 1934. Ond yr hyn a wnaeth oedd mynd i Goleg Aberystwyth fel darlithydd ar hanes, ac oddi yno i Goleg Bangor fel cofrestrydd a darlithydd ar hanes Cymru. Ym Mangor y bu byw weddill ei oes, gan gyflawni gwasanaeth mawr yn y Coleg a'r Brifysgol. Er enghraifft, ef a luniodd gyfansoddiad y Bwrdd Gwybodau Celtaidd, a bu'n gadeirydd syber ac urddasol arno hyd 1940.

Ond ei ysgolheictod fel hanesydd oedd ei ogoniant. Ym 1911 daeth ei gampwaith o'r wasg mewn dwy gyfrol, *A History of Wales to the Edwardian Conquest*. Ni welsid dim tebyg i hwn ar hanes Cymru o'r blaen. Cyn iddo ymddangos roedd yn rhaid i athrawon ddod o hyd i hanes y cyfnod cyn 1282 ym *Mrut y Tywysogion* a llyfr Dafydd Powell a gyhoeddwyd ym 1584 a *Hanes y Brytaniaid a'r Cymry* gan Gweirydd ap Rhys. Ond yn nwy gyfrol fawr J. E. Lloyd cawsant ffrwyth gwybodaeth fanwl o'r holl ffynonellau a beirniadaeth lwyr arnynt. Didolent yr hanes oddi wrth y chwedlau a chywirent gamsyniadau lu. Rhoesant unoliaeth i rediad hanes Cymru ac adroddent y stori yn eglur a darllenadwy mewn arddull gain, liwgar ac urddasol. Ymdeimlai Lloyd â naws gwlad, darluniai olygfeydd yn wych,

J. E. LLOYD

a goleuwyd y cyfan gan ei ymdeimlad cenedlaethol cryf. Roedd J. E. Lloyd yn genedlaetholwr a rannai weledigaeth Tom Ellis, O. M. Edwards a Chymru Fydd. Dywedodd J. Arthur Price, a fu yn Rhydychen gydag ef, 'It was from Professor Lloyd that I learnt my first lesson in modern Welsh nationalism. Lloyd explained to me that Welsh nationalism was not a memory of ages that were past, but a real power in the hearts of modern Welshmen.' Ond er bod cenedlaetholdeb yn ei gymell ni chaniatái iddo benderfynu ei gasgliadau.

Gwelir holl nodweddion yr hanesydd mawr yn *Owen Glendower*, sy'n rhoi darlun eglur o yrfa Owain Glyndŵr o'i ddechrau i'w ddiwedd; ac yn *The Story of Ceredigion 400-1277* a chyfrolau mawr *The History of Carmarthenshire* a olygwyd ganddo. Pan etholwyd ef yn Gymrawd o'r Academi Brydeinig traddododd ddarlith ar *The Welsh Chronicles* a gyhoeddwyd gan Wasg Rhydychen. Er na sgrifennodd lyfr ar y cyfnod ar ôl Owain Glyndŵr yr oedd ganddo wybodaeth fanwl ac eang am holl hanes Cymru. Roedd hyn yn amlwg yn y deucant o erthyglau a sgrifennodd i wahanol gylchgronau a'r cant ac ugain o ysgrifau a gyfrannodd i'r *Dictionary of National Biography*. Y wybodaeth eang hyn a'i gwnaeth yn gyd-olygydd mor rhagorol i'r *Bywgraffiadur Cymreig*. J. E. Lloyd oedd brenin haneswyr Cymru.

LLOYD GEORGE 1863 - 1945

Lloyd George yw'r gwleidydd disgleiriaf a welodd gwledydd Prydain. Er mai fel cenedlaetholwr Prydeinig y dylanwadodd drymaf ar Gymru, dechreuodd ei yrfa boliticaidd fel cenedl-aetholwr Cymreig, gan wneud cyfraniad allweddol tuag at wneud Cymru'n realiti gwleidyddol. Am bymtheng mlynedd problemau Cymru a bwysai drymaf ar ei feddwl.

Cafodd ei fagu yn Llanystumdwy yng nghartref brawd ei fam, Richard Lloyd y crydd, gŵr hynod, o feddwl cryf a ddylan-wadodd yn drwm arno mewn cyfnod pan oedd Cymru'n profi newid mawr a chynhyrfus. Blynyddoedd ieuenctid Lloyd

LLOYD GEORGE   *Cof Cenedl*

George a welodd weddnewid ei bywyd gan ddiwydiant a rheilffyrdd a gwrthdrawiad chwyrn rhwng meistr tir a thenant. Dyma'r cyfnod pan daflodd y Gymru wledig iau teuluoedd tiriog Seisnigaidd oddi ar ei gwar. Un ar hugain oed oedd Lloyd George pan roddwyd y bleidlais i'r werin wrywaidd, a chyn bo hir sefydlwyd y cynghorau sir. Daeth dosbarth canol newydd i'r teyrnas a Lloyd George y cyfreithiwr yn esgyn i'w plith o gartref gwerinol y crydd.

Am chwe blynedd cyn ei ethol yn aelod seneddol bu'n gweithio ar ei ben ei hun fel cyfreithiwr ac yn ennill amlygrwydd yn y llysoedd sirol a'r bywyd gwleidyddol. Yn ystod y blynyddoedd hyn tyfodd cenedlaetholdeb yn rym yng ngwleidyddiaeth Cymru gan ei impio'i hun wrth y radicaliaeth a gafodd y fath fuddugoliaeth yn etholiad 1868. Ym 1886 cafodd Tom Ellis, mab i denant o ffarmwr, ei ethol yn aelod seneddol Meirionnydd. Gŵr gwahanol iawn i Lloyd George oedd ef gyda'i gefndir academaidd a'i ddiwylliant eang, ond daeth y ddau yn bur agos at ei gilydd, a bu Tom Ellis, fel Michael D. Jones, yn ddylanwad trwm arno. Ni rannai ddiddordeb Ellis yn llenyddiaeth a hanes Cymru, ac ni ddangosodd erioed ei gydymdeimlad ef ag Iwerddon. Radicaliaeth y genhedlaeth gynt oedd cynefin Lloyd George, dros y tenant yn erbyn y meistr tir, dros ymneilltuwyr a'r alwad am ddatgysylltiad, yn erbyn y clerigwyr, dros ddirwest ond yn fwy yn erbyn y bragwyr. Roedd yn selog dros hunan-lywodraeth ond ni welai ymhellach na ffiniau Cymru, a heb fawr wybodaeth am hanes a diwylliant Cymru yr oedd ei genedlaetholdeb yn ddiffygiol mewn dyfnder. Nid annheg fyddai ei ddisgrifio fel cenedlaetholwr cul.

Meddai Lloyd George ar lais arian a huodledd y pregethwyr mawr, a fflachiai ei feddwl cyflym yn ddisglair mewn dadl. Am chwe blynedd cyn ei ethol yn aelod seneddol cydiodd ym mhob cyfle i amlygu'r doniau hyn ar lwyfan ac mewn llys. Ni bu'n ddrwg ganddo weld torri'r gyfraith mewn achos da. Roedd wrth ei fodd gyda'r terfysgu yn erbyn y degwm, a bu ei swydd fel ysgrifennydd Cynghrair Gwrth-ddegwm De Arfon yn gymorth i'w ddatblygiad fel y prif wrthryfelwr yn erbyn y mawrion Seisnig neu Seisnigaidd. Etholwyd ef fel henadur ar gyngor cyntaf sir Gaernarfon, ac yn y flwyddyn ganlynol, gyda deunaw o fwyafrif, fe'i etholwyd i senedd Lloegr lle y byddai'n eistedd am dros hanner can mlynedd. Yr oedd gan Gymru bellach ddau arweinydd cenedlaethol o allu eithriadol.

Pan gyrhaeddodd Westminster yr oedd aelodau seneddol Cymru, o dan arweiniad Tom Ellis, yn gweithredu fel plaid Gymreig, ond oddi mewn i'r Blaid Ryddfrydol, nid yn annibynnol fel y Gwyddelod. Bedair blynedd yn ddiweddarach gwnaeth ef, a thri arall, ymdrech fyrhoedlog i sefydlu plaid Gymreig gwbl annibynnol. Gwyddai mai dyna'r angen ond ni ddaliodd ati. Ymlafniodd i ennill cydraddoldeb cymdeithasol i'r Cymry, ac yn nes ymlaen troes ei egnïon dihysbydd i gyfeiriad y wladwriaeth les. Ymdaflodd i'r frwydr dros ddatgysylltiad a oedd iddo ef, fel ei symbylydd Tom Ellis, yn frwydr genedlaethol yn cyfateb ar lefel is i ymreolaeth yn Iwerddon, gydag Ymneilltuaeth wedi ei huniaethu â chenedligrwydd Cymreig fel yr oedd pabyddiaeth â chenedligrwydd Gwyddelig.

Ar ôl i Tom Ellis dderbyn swydd yn y Llywodraeth fe'i disodlwyd gan Lloyd George fel prif arweinydd Cymru, ac am ychydig flynyddoedd gweithredodd dros ei genedl gydag egni a phenderfyniad. Gwnaeth ymdrech lew i uno dwy ffederasiwn Ryddfrydol Cymru, gan ddweud wrth annerch Rhyddfrydwyr y Gogledd, 'It would be an advantage to fuse the two organisations, were it only to impregnate the timid, genteel Liberalism of the Northern Committee with the robust, plucky Liberalism of the South.' I Gymru Fydd y rhoddodd ei egni mwyaf. Ymgyrchodd o'i blaid yng nghymoedd Morgannwg, a oedd yn Gymraeg eu hiaith y pryd hwnnw, o dan gochl darlithio ar Lywelyn Fawr. Rhoddwyd cefnogaeth gadarn iddo gan Mabon, tywysydd galluog y glowyr, yntau'n arweinydd capel a chôr ac eisteddfod. Ar y dechrau mudiad diwylliannol yn bennaf oedd Cymru Fydd a roddai ei bwyslais, o dan arweiniad Tom Ellis, ar hanes a diwylliant; rhoes O. M. Edwards a J. E. Lloyd eu cefnogaeth gref iddo. Ond datblygodd yn fudiad gwleidyddol nes dod am gyfnod byr y peth tebycaf a welsai Cymru i blaid genedlaethol. Ffurfiwyd cannoedd o ganghennau ar hyd a lled y wlad a phenodwyd Beriah Gwynfe Evans, gŵr nodedig o Nanty-glo yng Ngwent a fu'n brifathro ysgol Gwynfe, Llangadog, yn drefnydd cenedlaethol. Lloyd George oedd ei arweinydd diamheuol, yn rhoi ei deyrngarwch i Gymru yn hytrach nag i Blaid a chyda'i bwyslais ar ymreolaeth. 'Yr wyf yn sicr y byddai Cymru yn esiampl i wledydd y byd pe câi hunan-lywodraeth,' meddai. Am ysbaid fer cariodd Cymru Fydd bopeth o'i flaen. Yr uchafbwynt oedd datganiad yr Arglwydd Rosebery, y Prif Weinidog, o blaid senedd i Gymru pan ddaeth i Gaerdydd ym 1895.

Eithr methiant trychinebus yn y De fu ymdrech Lloyd George i uno'r ddwy ffederasiwn o blaid ymreolaeth. Daeth pethau i'r pen mewn cwrdd stormus yng Nghasnewydd ym 1896. Cynigiodd Elfed fod sefydlu un Cyngor Rhyddfrydol i Gymru. Aeth y lle'n wenfflam. Ceisiodd Lloyd George siarad ond ni chafodd unrhyw wrandawiad. Dywedodd yr Henadur Robert Bird o Gaerdydd,

> Throughout South Wales there are thousands upon thousands of Englishmen . . . a cosmopolitan population who will not tolerate the predomination of Welsh ideas.

Ar ôl hyn ymddadfeiliodd Cymru Fydd fel caenen o eira dan haul poeth ac ni chlywyd fawr mwy amdano. Ond esgorodd ar sefydliadau cenedlaethol, y Brifysgol, y Llyfrgell a'r Amgueddfa Genedlaethol, ac ar ysgolheictod John Morris Jones a barddoniaeth fawr T. Gwynn Jones.

Eithr ysgaru'r Eglwys wladol yng Nghymru oddi wrth y wladwriaeth Brydeinig oedd y pwnc a gynhyrfai fwyaf ar y wlad. Yr oedd yn achos anatebadwy ac yr oedd yr ymneilltuwyr yn un o'i blaid. Eu cyfrwng, yn weinidogion a lleygwyr, oedd y Blaid Ryddfrydol. Roedd crefydd a gwleidyddiaeth yn gwbl gymysg â'i gilydd. Meddai Syr Reginald Coupland yn *Welsh and Scottish Nationalism*,

> 'By the end of the nineteenth century politics in Wales had become religious and religion had become political almost to the same extent as in sixteenth century Scotland.'

Parhaodd Lloyd George i gyfeirio at hunan-lywodraeth mewn ambell araith megis yng Nghricieth yn niwedd 1897. 'Ni chyflawna Rhyddfrydiaeth ei gorchwyl,' meddai, 'nes bod Cymru'n ennill hunan-lywodraeth.' Daliai i godi materion Cymreig yn y senedd. Pan enillodd y Rhyddfrydwyr eu budd-ugoliaeth ysgubol ym 1906—ni adawyd gymaint ag un Ceid-wadwr ar ôl yng Nghymru—fe'i penodwyd i'r Bwrdd Masnach ac wedyn i'r Trysorlys. Sicrhaodd Adran Gymreig yn y Bwrdd Addysg. Ond yr oedd y tân Cymreig wedi hen ymadael â'i fol. Gwnaeth bethau mawr a gwerthfawr ar y llwyfan Seisnig. Roedd mentro ei fywyd mewn gwrthwynebiad i Ryfel De Affrica yn odidog, a phennod ardderchog yn ei fywyd oedd ei frwydr fel Canghellor y Trysorlys dros fesur o gyfiawnder cymdeithasol. Parhaodd yn ei elfen wrth osod ei lach ar ei hen elynion yr arglwyddi.

Ond gadawodd ei genedlaetholdeb Cymreig ymhell ar ôl ac o hyn allan gellir ei gymharu â Henry VII yn ei effaith ar Gymru. Er iddo barhau i siarad yr iaith Gymraeg fel gwladgarwr o ryw fath, nid ymladdodd unwaith yn ymosodol drosti. Prydeinig oedd ei genedlaetholdeb yn awr. Y gwerthoedd imperialaidd a militaraidd a arddelir gan genedlaetholdeb Prydeinig a goleddai bellach. Prydain oedd ei wlad mwy. Gwawdiai genedlaetholdeb Cymreig bellach fel y gwna teip y 'cystal Cymro â neb'. Ym 1936 defnyddiodd lwyfan yr Eisteddfod Genedlaethol yn Aberteifi i gyhoeddi y byddai Plaid Genedlaethol Cymru fel cicaion Jona yn codi mewn noswaith ac mewn noswaith yn darfod.

LLEWELYN WILLIAMS 1867 - 1922

Mab ffarm ar ystad Abermarlais wrth ochr y ffordd fawr rhwng Llangadog a Llanwrda oedd Llewelyn Williams. Golygai'r fro hon gymaint iddo â Llanuwchllyn i O. M. Edwards. Fe'i gwelai â llygad hanesydd fel rhan o'r Cantref Mawr, caer gryfaf gwrthwynebiad y deheudir i'r Normaniaid. Cafodd ei fagu fel Annibynnwr a'i unig addysg Gymraeg oedd yn Ysgol Sul Ebenescr, Llansadwrn. Yn yr ysgol gynradd ni chlywodd air o'r

iaith, nac wedyn yng Ngholeg Llanymddyfri ychwaith. Enill-
odd ysgoloriaeth mewn hanes i Goleg Brasenose, Rhydychen,
Coleg y Trwyn Pres fel y'i galwodd. Yn Rhydychen dylan-
wadwyd yn drwm arno gan Gymdeithas Dafydd ap Gwilym a
oedd newydd ei sefydlu. 'Credaf i bawb ohonom', meddai,
'dderbyn mwy o les ysbrydol a meddyliol yn y Dafydd nac
mewn unrhyw ddosbarth yn y Brifysgol.'

Fel newyddiadurwr y cychwynnodd ei yrfa. Ym 1890 aeth yn
olygydd i'r *South Wales Star* yn y Barri, papur lleol newydd
mewn tref newydd sbon a dyfodd o gwmpas dociau a agorwyd
yn 1889. Deuai dros dri chwarter trigolion y dref o'r tu allan i
Gymru. Yn y Barri y sefydlodd Llewelyn Williams gangen
Gymreig gyntaf Cymru Fydd. Roedd yn genedlaetholwr Rhydd-
frydol erbyn hyn, wedi ei ysbrydoli fel cynifer o'i gyfoeswyr
ifainc gan Mazzini a Thomas Davis. Gwnaeth ei bapur yn
lladmerydd y cenedlaetholdeb hwn. Symudodd i'r *Evening
Post* yn Abertawe—'a howling wilderness' meddai am y dref
honno—ac ym 1895 aeth i Lundain i weithio ar y *Star*. Ddwy
flynedd yn ddiweddarach dechreuodd ar ei yrfa fel bargyfreith-
iwr, gan ddod yn Sidanwr yn nes ymlaen, ond parhaodd i
sgrifennu i'r wasg.

Pan enillodd y Rhyddfrydwyr eu buddugoliaeth ysgubol ym
1906 a thaflu pob un Ceidwadwr allan o seddau Cymru,
etholwyd Llewelyn Williams yn aelod dros Fwrdeisdrefi
Caerfyrddin. Fe'u cynrychiolodd am ddeuddeng mlynedd, gan
golli ei le yn y senedd pan ddiddymwyd y sedd.

Mae'n arwyddocaol mai yn Llundain y dechreuasai Cymru
Fydd ac mai Llewelyn Williams a sefydlodd ei changen gyntaf
yng Nghymru. Efe oedd y cadarnaf o genedlaetholwyr Rhydd-
frydol y ganrif hon. E. T. John yn unig a gymharai ag ef, a
chroesodd John i'r Blaid Lafur, a chael ei ddadrithio gan honno
hefyd ymhen rhai blynyddoedd. Er nad oedd yn fwy rhydd na'r
gweddill o'i gyfoeswyr oddi wrth Brydeindod a theyrngarwch i
Brydain Fawr a'i Hymerodraeth, safodd yn ddi-ŵyro dros
hunan-lywodraeth i Gymru ar hyd ei fywyd. Ym 1894, pan
oedd yn ysgrifennydd Cymru Fydd yn y deheudir, anerchodd

LLEWELYN WILLIAMS   *Llyfrgell Genedlaethol*

ddeugain cwrdd ym Morgannwg dros y mudiad yng nghwmni Lloyd George. Geiriau O'Hagan, meddai, oedd ei gyffes ffydd:

There never lived a nation yet
That ruled another well.

Nid ildiodd i demtasiwn swydd neu anrhydedd a ddifethai ei annibyniaeth, a hynny ar adeg pan gladdwyd cenedlaetholdeb Rhyddfrydol am byth o dan lwythi o swyddi ac anrhydeddau. Cynigiodd Lloyd George iddo sedd yn ei gabinet ond am fod llinynnau ynghlwm wrth y cynnig atebodd Llewelyn Williams, 'Nid yw fy enaid ar werth'. Daliai i weithio dros hunan-lywodraeth hyd yn oed wedi'r rhyfel pan oedd cenedlaetholdeb Rhyddfrydol wedi ymddadfeilio'n anadferadwy, yr olaf o'r ffigurau mawr i wneud hynny. Yng nghysondeb ei safiad dros Gymru yr oedd yn unigryw ymhlith yr aelodau seneddol Rhyddfrydol. Ers ugain mlynedd bu'n eglur mai plaid yr anghydffurfwyr oedd y Blaid Ryddfrydol. Buddiannau'r ang-hydffurfwyr a'i hysgogai. Nid ymdrechai hi ddim dros y genedl a difraw lugoer fu ei hagwedd at yr iaith. Bodlonai ar safle Cymru fel rhanbarth ymylol yn Lloegr, heb iod o reolaeth dros ei bywyd cenedlaethol, ac ni wnaeth ddim ymdrech i godi statws yr iaith mewn bywyd swyddogol nac i wella ei safle yn yr ysgolion, er bod addysg Saesneg a'r llif mewnfudwyr Seisnig yn cyflym Seisnigo'r wlad. Am fod plaid fwyaf Cymru'n amddifad o ysbryd brwydro dros unrhyw wedd ar ei bywyd cenedlaethol, arhosodd yr ormes Seisnig yn ddi-gyffwrdd.

Daethai Llewelyn Williams yn gynnar i'r casgliad fod yr Eglwys Sefydledig yng Nghymru bob amser yn wrth-gened-laethol a'i bod ers dyddiau Gerallt Gymro wedi bod yn un â gormeswyr y genedl. Trwy'r Eglwys wladol y defnyddiai'r Wladwriaeth ei grym dros y maes crefyddol yng Nghymru. Gan hynny bu hunanlywodraeth i'r Eglwys esgobol yn grwsâd ganddo; hyn fu testun rhai o'i areithiau gorau yn y senedd. Wynebodd y math o wrth-ddadleuon a glywir i hunanlywodraeth genedlaethol; fod yr Eglwys yn rhy fach a thlawd i sefyll ar ei thraed ei hun, ac y byddai ei hannibyniaeth ar y wladwriaeth ac ar Eglwys Loegr yn arwain at wendid a nychdod, ac at chwalfa ariannol a chrefyddol. Pan ddaeth yr Eglwys yng Nghymru yn ymreolus gwelwyd gwacter y dadleuon hyn, ond oedwyd gweithredu hyd nes bod y mudiad cenedlaethol wedi chwythu ei blwc.

Roedd cefnu Lloyd George ar ymreolaeth yn un rheswm dros bellhau Llewelyn Williams oddi wrtho, ond yr oedd rhesymau eraill. Credai fod Lloyd George wedi ymwerthu i'r Torïaid; a bu'n ddigyfaddawd ei wrthwynebiad i gonsgripsiwn tra oedd Lloyd George yn ei gefnogi'n gryf. Ofnai Williams y byddai gorfodaeth filwrol yn dod i aros ac y byddai Prydain yn troi'n wladwriaeth filitaraidd. Un o'i weithgareddau harddaf yn ystod y rhyfel oedd mynd i'r tribiwnlysoedd i amddiffyn gwrthwynebwyr cydwybodol. Ac ar ôl y rhyfel ef oedd yr unig arweinydd Rhyddfrydol Cymreig a wrthwynebodd bolisi Gwyddelig L.G. yn gyson ac yn agored.

Y gwrthdrawiad hwn ag L.G. a wnaeth is-etholiad enwog sir Aberteifi mor enbyd o chwerw, gan rannu teuluoedd a gwahanu hen gyfeillion. Trwy fwyafrif bach, Llewelyn Williams fu dewis swyddogol y Rhyddfrydwyr, ond safodd Ernest Evans, ysgrif-ennydd personol L.G., yn ei erbyn fel Rhyddfrydwr annibynnol. Collodd Williams y dydd. Hon oedd ei frwydr etholiadol olaf. Y flwyddyn ganlynol bu farw yn bymtheg a deugain oed.

Hanes a llenyddiaeth Cymru oedd ei gynefin, er iddo fod hefyd yn ddylanwad mawr ar y mudiad drama newydd. Am flynyddoedd bu ei areithiau o'r maen llôg ar hanes Cymru yn nodwedd ddeniadol o'r Eisteddfod Genedlaethol. Y mae ei gyfrol *The Making of Modern Wales* yn waith sylweddol. Cyhoeddodd ddwy nofel, *Gŵr y Dolau* a *Gwilym a Benni Bach*, a llyfr o straeon byr, *'Slawer Dydd*, y cyfan yn yr un cywair a gwaith D. J. Williams, y dylanwadodd yn drwm arno. 'Pwlffyn o ddyn corfforol' oedd disgrifiad D. J. ohono. Ceisiai ddeffro'r ysbryd cenedlaethol trwy faledi, effeithiol os gor-ramantus, yn null Thomas Davis arweinydd *Young Ireland*, er enghraifft yn ei ddisgrifiad o senedd Glyndŵr:

> From wild Eryri's untamed steep,
> From Denbigh's fertile plain,
> The men of Wales in council meet,
> A Nation once again.

Cyfuna ei faledi wladgarwch rhamantus a chariad at ei fro,
Dyffryn Tywi a'r Cantref Mawr.

> Oh! Ystrad Tywi leal and true
> The home of the brave and free.
> Ne'er did it bend to foe or friend,
> Save in proud liberty.

Ym 'Meilir's Lament for Gwenllian', a sgrifennwyd yn llyfrgell
Tŷ'r Cyffredin—a sgrifennwyd dim tebyg yno erioed?—canai i
dywysogion Dinefwr, arwyr rhyddid.

> Elidyr Sais to Dinefwr came,
> Dinefwr so high and strong,
> The shield of Strath Tywi 'gainst Norman might,
> The cradle of Cymric song.

Yn y faled hon â ei deimlad yn drech nag ef wrth feddwl am Frad
y Cyllyll Hirion bymtheg canrif yn gynt.

> The Saxon churls were ever false,
> They win by fraud and guile,
> Since they stabbed our chiefs with their long knives
> And killed them with a smile.

Gyda marw Llewelyn Williams collodd Cymru y mwyaf
unplyg ei Gymreictod o Ryddfrydwyr amlwg dechrau'r ganrif.

GEORGE M. LL. DAVIES 1880 - 1949

Yn Rhydychen y gwelais George Davies gyntaf. Â'i glogyn hir
amdano cerddai, yn ŵr tywysogaidd yr olwg, ar draws St. Giles
tuag at borth Coleg Balliol lle yr arhosai yn ôl ei arfer gyda
Meistr y Coleg, A. D. Lindsay. Buasai'n pregethu y noson
honno yn Eglwys St. Mary, prif eglwys myfyrwyr y Brifysgol. Y
tro nesaf imi ei weld oedd mewn stryd yn y Rhondda yn cerdded
gyda'r un urddas ac yn gwisgo'r un clogyn, ei wyneb yn wên, a
phlant bach yn cydio yn ei ddwylo. Bu ganddo ddawn i drin
plant erioed.

GEORGE M. Ll. DAVIES

Yn Lerpwl y ganed ef, ei dad o Geredigion a'i fam yn ferch i John Jones, Tal-y-sarn, un o bregethwyr mwyaf y ganrif ddiwethaf. Wedi i fusnes ei dad dorri aeth i weithio mewn banc yn 16 oed. Yn 24 oed bu'n ysgrifennydd pennaeth Banc Martins, ac yn 28 oed penodwyd ef yn rheolwr cangen y banc yn Wrecsam, lle y bu'n llwyddiant mawr. Petasai wedi aros, diau y buasai wedi dod yn un o benaethiaid ei fanc. Hyfforddiant gŵr busnes, felly, a gafodd.

Flwyddyn wedi iddo fynd i Wrecsam cyhoeddodd yr Arglwydd Haldane, y Gweinidog Rhyfel, fwriad y Llywodraeth i fynnu gosod gorfodaeth filwrol pe nad ymunai digon o ddynion yn wirfoddol â'r Tiriogaethwyr. Ymatebodd George Davies yn gydwybodol a chafodd gomisiwn fel is-gapten yn y Ffiwsilwyr Brenhinol Cymreig. Buan y daeth yn gapten, ac ef a gynrychlai'r gatrawd, gan gario ei lliwiau, yn holl ogoniant ei wisg filwrol, yn arwisgiad y Tywysog Edward yng Nghaernarfon ym 1911. Ond ddeunaw mis yn ddiweddarach fe'i trawyd gan yr argyhoeddiad arswydus ei fod wedi bradychu Crist wrth ymbaratoi i ladd dynion. Am fisoedd bu mewn argyfwng ysbrydol dwfn. Cododd o'r pydew wedi penderfynu mai ufudd-dod i Grist a gâi reoli ei fywyd fyth wedyn. Ymadawodd â'r fyddin ac â'r banc. Cymerodd swydd fwy cydnaws â'i ysbryd mewn gwasanaeth cymdeithasol. Penodwyd ef yn Ysgrifennydd Ymddiriedolaeth Dai a sefydlwyd gan David Davies, Llandinam.

Yn niwedd 1914 daeth cwmni o heddychwyr Cristnogol ynghyd yng Nghaergrawnt i ffurfio Cymdeithas y Cymod. Penodwyd Richard Roberts o Flaenau Ffestiniog yn Ysgrifennydd a George Davies yn Ysgrifennydd Cynorthwyol ar gyflog o £10 y mis. Dywedodd Richard Roberts amdano:

> It is impossible to describe George Davies without recourse to superlatives. When he came into my office unannounced, I could think of nothing that described the effect he had on me save some superlative like 'the sun in splendour'. What he meant to us while he was with us can never be told . . . Of all the people in the Fellowship of Reconciliation, George Davies was perhaps the most remarkable.

Nid oes gen i'r ddawn i gyfleu rhin ei bersonoliaeth. Ymwneud â phobl oedd ei elfen: rhwydwaith o berthnasau personol oedd ci fyd. Dygai i'w berthynas ag eraill awyrgylch o dangnefedd llawen. Gwrandawai'n astud ar gŵyn yr eiddilaf a dygai'n barod feichiau'r distadlaf, gan ei roi ei hun mor llwyr iddyn nhw ag y gwnâi i'w ffrindiau oll. Roedd yn gwmnïwr ardderchog, yn storïwr da yn llawn hiwmor gloyw, mor ddiddan yng nghwmni plant bach â neb. Mewn cwmni o ddau y byddai ar ei orau, er ei fod yn gallu trafod cwrdd o ddeucant neu ddwy fil.

Gofynnodd Cymdeithas y Cymod iddo ofalu am fintai fawr o droseddwyr ifainc anhydrin iawn mewn plas gwledig ym Melton Mowbray. Dysgodd yno, lle y gwnâi ei siâr o sgrwbio'r byrddau a'r lloriau, mai'r Bregeth ar y Mynydd oedd yr ethig fwyaf llwyddiannus wrth drafod llanciau anystywallt. Ymadawodd â nhw pan osodwyd gorfodaeth filwrol ar y wlad, ac am gyfnod bu'n fugail defaid yn Llŷn. Aeth ar genhadaeth hedd trwy'r pentrefi ac anerchai'r cyn-reolwr banc hwn gyrddau awyr agored ar y Maes ym Mhwllheli a Chaernarfon.

Mewn carcharau y treuliodd y rhan fwyaf o'r tair blynedd nesaf, yn Wormwood Scrubs, Knutsford, Birmingham a Dartmoor. Danfonwyd ef o Dartmoor am beth amser i weithio ar y ffordd fawr rhwng Llanwrda a Phumsaint, a thra oedd yno etholwyd ef yn llywydd gwersyll y gweithwyr. Roedd wedi meistroli'r grefft o dorri cerrig yn Dartmoor lle y cawsai gyngor da gan Wyddel a gymerodd drugaredd arno wrth ei weld yn defnyddio llawer gormod o egni. 'No, no, no, sonny. That's not the way at all,' meddai, 'All you 'ave to do is to bring the bloody 'ammer up, and the Lord God will bring it down.' Dynwaredai George yr acen Wyddelig yn wych wrth adrodd ei stôr o straeon Gwyddelig. Cafodd ei ddwyn yn ôl i'r carchar, i Birmingham y tro hwn, am iddo fynnu pregethu heddwch.

Pan gafodd ei ryddhau saith mis ar ôl diwedd y rhyfel aeth i fyw i ganol heddwch Nant Ffrancon. Yn fuan roedd yng nghanol gwaith cymod. Pan aeth y berthynas yn wael iawn rhwng chwarelwyr a'u meistri a rhwng gweision ffermydd a'r ffermwyr galwyd George Davies i mewn gan yr undebau i weithredu fel cymodwr. Bu galw amdano mewn gwledydd tramor hefyd, yn Norwy, Denmarc a Sweden ymhlith eraill. Pwysai'r sefyllfa Wyddelig a'r dioddefaint enbyd yn yr Almaen yn drwm iawn

arno yn y cyfnod hwn. Dyma flynyddoedd y *Black and Tans* yn
Iwerddon a chreulonderau mawr o'r ddau du. Bu George
Davies yn hoff o'r Gwyddelod erioed ac ymddiriedent hwy
ynddo ef. Gan hynny cafodd weld eu harweinwyr, De Valera,
Arthur Griffith a Desmond Fitzgerald, a ddeuai'n weinidog
tramor maes o law, yn eu cuddfannau. Dysgai drwyddynt beth
oedd telerau heddwch eu plaid. Ceisiodd wedyn gael yr eglwysi
ym Mhrydain i weithredu. Anerchodd Gymanfa Gyffredinol
Eglwys Bresbyteraidd yr Alban yng Nghaeredin ac wedyn
Sasiwn y Presbyteriaid Cymreig ym Mhorthmadog pan oedd
Lloyd George y Prifweinidog yn ŵr gwadd. Rhoes wybod
i Lloyd Geroge am yr ymddiddan cyfrinachol a fu rhyngddo a
De Valera, a'r wythnos wedyn cafodd ei ddewis gan gynhadledd
fawr ar y mater yn Westminster i ddwyn neges i'r Prif Weinidog
yn Downing Street. Gwelodd Archesgob Caer-gaint a'i berswadio
i ddanfon llythyr i'r *Times*, a llwyddodd i gael yr Arglwydd
Salisbury, cyfaill oddi ar ei ddyddiau fel gwrthwynebwr cyd-
wybodol, i dynnu'n ôl gynnig o gerydd a oedd ganddo yn Nhŷ'r
Arglwyddi. Ar gais y Cabinet aeth eto i Ddulyn i gwrdd â De
Valera. Ffrwyth hyn oll fu'r cyfarfyddiad cyntaf rhwng De
Valera a Lloyd George. Dywedodd y Canon Raven ei fod yn
hysbys mai ymdrechion George Davies a chwalodd y gwahan-
fur a rwystrasai drafodaeth cyn hynny.

Gan gydweithredu'n agos â'r Crynwyr bu'n egnïol yn ceisio
lliniaru'r sefyllfa druenus yn yr Almaen lle'r oedd newyn
creulon wedi dilyn dial cïaidd ei gelynion. Aeth George Davies
draw i weld y sefyllfa drosto'i hun gan aros gyda Dr. Siegmund
Schultze, heddychwr a fu'n gaplan i'r Kaiser. Cyhoeddodd
bamffled gwybodus ar *Reparations and Industrial Ruin* a
broffwydodd yn gywir y câi'r gosb ar yr Almaen ganlyniadau
tost yn y Gymru ddiwydiannol.

Ym 1923 derbyniodd wahoddiad i sefyll yn yr etholiad
cyffredinol fel heddychwr Cristnogol yn sedd Prifysgol Cymru.
Bu'n fuddugoliaethus, yr unig un i'w ethol i'r senedd erioed fel
heddychwr Cristnogol. Parodd ei etholiad syfrdanol fraw a
gymherir gan Kenneth Morgan ag effaith dadl Undeb Prifysgol
Rhydychen ddeng mlynedd yn ddiweddarach pan benderfynodd

mwyafrif y myfyrwyr nad ymladdent 'for King and Country'; canys wrth ethol George Davies amlygodd graddedigion Prif-ysgol Cymru eu bod yn ymwrthod â rhyfel a gwerthoedd militariaeth. Yn y senedd derbyniodd y chwip Lafur. Ymddidd-orodd yn arbennig mewn addysg, ond, yn naturiol, ar Iwerddon y gwnaeth ei araith fwyaf. Collodd ei sedd yn yr etholiad nesaf.

Ysgrifennai lawer ar hyd ei fywyd, llyfrau, pamffledi, can-noedd o erthyglau a miloedd o lythyrau gofalus. Cyfrannodd yn helaeth i gylchgronau Cymraeg megis *Y Deyrnas*, cylchgrawn heddychwyr Cymru. Bu'n gefn i feirdd a llenorion Cymraeg— cyhoeddodd gyfrol o ganeuon Cymraeg o waith Madoc Jones, bardd o'r Rhondda. Fe'i gwahoddwyd i olygu'r *Welsh Outlook*, y cylchgrawn Cymreig uchaf ei safon. Achubodd ddau wyth-nosolyn rhag tranc, *Y Dinesydd*, Caernarfon a'r *Darian*, Aberdâr.

Cynigiwyd nifer o swyddi iddo, gan gynnwys wardeniaeth Coleg Harlech. Gwnaeth ei lyfr *Politics of Grace* gymaint o argraff ar y Cristion mawr C. F. Andrews nes ei wahodd i weithio yn India. Roedd Andrews yn gyfaill i Gandhi, dyn mwyaf y ganrif hon, a phan ddaeth y Mahatma i Lundain i Gynhadledd y Ford Gron gofynnodd am gael cyfarfod â George Davies. Yn nodweddiadol, yn y cwrdd rhyngddyn nhw trefnodd ef gyfarfod personol rhwng Gandhi a Lloyd George.

Dewis aros yng Nghymru a wnaeth gan gychwyn pennod gyfoethog odiaeth yn ei hanes yng nghanol gŵyr a gwragedd y Gymru ddiwydiannol a fathrwyd gan dlodi a diwcithdra'r dirwasgiad mawr. Bu'n gweithio gyda'r Crynwyr ym Mryn-mawr a Rhosllannerchrugog, lle y crynhodd gannoedd o lowyr o'i gwmpas ynghyd â myfyrwyr o lawer gwlad, i droi pymtheg acer o dir yn barc o erddi a meysydd chwarae i'r ifanc. Pan ddeuthum i i'w adnabod yng nghanol y tridegau, gweithiai yn y Rhondda o ganolfan y Crynwyr ym Maes-yr-haf, Trealaw. Treuliodd ddeng mlynedd yno yn ymroi i felysu a chyfoethogi bywyd teuluoedd y lleng enfawr o lowyr di-waith, gan barhau yr un pryd gyda'i genhadaeth hedd trwy Gymru a'r tu allan iddi, yn annerch a chadeirio cyrddau a chynadleddau, yn teithio a phregethu. Sefydlwyd ugeiniau o glybiau yn y Rhondda i wŷr a gwragedd gael cymdeithasu â'i gilydd a gweithio wrth grefftau. Dysgent wneud celfi a sgidiau a dillad ac ati, cynhaliwyd cyngherddau, cynhyrchent ddramâu. Roedd wrth ei fodd yn ymweld â'r cannoedd cyfeillion da a wnaeth trwy'r clybiau hyn. Mewn caban bach wrth gefn Maes-yr-haf y bu'n byw. Mesurai tua deg troedfedd wrth ddeg, heb le i fwy na gwely cul, cist, cwpwrdd dillad, bwrdd bach a dwy gadair. Derbyniai bunt yr wythnos i'w gynnal ei hun gan gwmni cydweithredol o gryddion yr helpodd i'w sefydlu yn Birmingham.

Sefydlodd wersyll gwyliau i'r di-waith mewn hen fragdy yn ymyl glan môr Bro Morgannwg. Rhwng dechrau Mai a diwedd Awst deuai cant neu fwy o ddynion yno am wythnos o wyliau. Yn naturiol roedd ymhlith y cymysgedd diddorol hwn o fil a hanner o ddynion rai anodd eu trin, ond llwyddai George Davies i'w cael i ymdoddi'n gymdeithas hapus yn cyd-sgwrsio a chyd-gerdded, cyd-chwarae a chydweithio, cyd-drafod a chyd-weddïo. Ceid trafodaeth ar feysydd o bob math, yn cynnwys athroniaeth a diwinyddiaeth. Ymhlith y cyfraniadau llai craff oedd un Bob Ellis, 'Gee, it used to puzzle me who was God's father. Thinkin' of 'im all by 'imself in space, 'adn't got no wife nor nothin'.' Nid ar chwarae bach y trefnwyd hyn oll, ond yr oedd George Davies yn drefnydd da, ac fel cyn-fancwr cadwai ei gyfrifon yn lân a manwl.

Ac yntau bron yn drigain oed bu'n rhaid iddo wynebu straen a thorcalon rhyfel mawr arall. Ymgodymodd â baich llywyddiaeth Heddychwyr Cymru yn ychwanegol at bopeth arall, gan sgrifennu pamffledi, erthyglau a chylchlythyrau ar ran y mudiad, ac annerch cyrddau a chynadleddau trwy'r wlad. Yn niwedd 1946, wedi gweld gwaith yn dychwelyd i'r cymoedd, symudodd i fyw i Ddolwyddelan, pentref genedigol ei daid, ac yno, mewn tair blynedd, y claddwyd y cymar hwn i Ffransis o Assisi.

D. J. DAVIES 1893 1956

Un o'r mwyaf nodedig o adeiladwyr Plaid Cymru oedd D. J. Davies, a fu'n bennaf gyfrifol am lunio ei pholisïau cconomaidd. Dylanwadodd ei erthyglau lu a'i lyfrau a llyfrynnau ar genhedlaeth gyfan o genedlaetholwyr. Yng Nghefn Mwng, Carmel, ger Llandybïe, ym maes y glo caled, y ganed ef, y trydydd o naw o blant. O sir Aberteifi y deuai ei dad, a'i fam o'r Rhondda. Symudodd Thomas ei dad yn ifanc i Ddowlais ac wedyn i'r Rhondda lle y cyfarfu ag Elen ei wraig a oedd yn forwyn yn Ffarm y Pentre. Wedi colli ei waith yno aeth Thomas a'i deulu i'r maes glo carreg a chartrefu yng Ngharmel. Bu Elen farw yno ar enedigaeth plentyn. Aeth D. J. Davies i ysgolion Maes-y-bont a'r Gelli Aur lle y profodd o erwinder y *Welsh Note* a'i guro'n fynych am siarad Cymraeg; ac yn ddeuddeg oed dechreuodd weithio mewn pwll glo. Bu'n gweithio mewn amryw byllau yn Llandybïe, Crosshands a'r Tymbl a draw ym Medlinog, lle'r oedd ei gyflog yn ddim ond prin ddigon i dalu am ei lety. Aeth i weithio oddi yno i'r Barri gan obeithio mynd i'r môr.

Yn 19 oed aeth i'r Unol Daleithiau, ac am saith mlynedd bu'n crwydro'r wlad honno. Ymwelodd â'r cyfan ond un o'r taleithiau gan gynnwys Alaska. Arferai ddweud iddo wthio hanner canrif o fywyd i'r saith mlynedd hynny. Gweithiodd mewn pyllau glo o Pennsylvania i Colorado ac yn aml byddai'n teithio o fan i fan o dan y trenau fel 'hobo'. Ei brofiad yno o ddulliau trahaus y perchenogion wrth rwystro'r gweithwyr rhag ffurfio undebau llafur a wnaeth sosialydd Marcsaidd ohono. Agorodd ei bwll ei hun gan ei enwi yn Northwestern Coal & Coke Co. Daeth yn agos at angau pan gwympodd tunelli o'r graig arno; parlyswyd aelodau o'i gorff dros dro a niweidiwyd ei ysgyfaint. Credai D.J. y buasai wedi marw oni bai ei fod mor iach o gorff. Gofalai bob amser am ei iechyd corfforol, heb smocio na phrin gymryd dim diod alcoholaidd. Fel bocsiwr llwyddiannus cymerodd ran mewn deugain ymryson. Gwisgai weddill ei fywyd oriawr gwerth £40 a enillodd yn un o'r rhain. Am gyfnod bu'n ysgrifennydd undeb llafur, a chollodd ei waith fwy nag unwaith am gynhyrfu'r gweithwyr. Gweithiodd hefyd fel cynorthwywr i barti o syrfeiwyr; hynny a'i cymerodd i Alaska a'r Yukon, ac i Tsieina a Siapan. Am saith mis astudiodd y gyfraith mewn prifysgol, ond daeth ei arian i ben cyn gorffen ei gwrs.

Ym Mai 1918 ymrestrodd yn y Llynges Americanaidd. Yn honno crwydrodd y byd fel Peiriannydd Dosbarth 1, gan fynd i Archangel, Affrica, India a Gwlad yr Iâ. Parhaodd i focsio a daeth yn bencampwr pwysau canol. Yn niwedd 1918 pan drawodd ei long yn erbyn ffrwydryn bu ymhlith y lleiafrif a gafodd eu hachub ar ôl dyddiau mewn cwch agored yng ngogledd Môr Udd. Dywedai mai Alaska a'r llynges oedd y ddau le mwyaf gwallgof y bu ynddyn nhw, a hynny yn ei farn ef am nad oedd fawr o wragedd yn y naill a dim oll yn y llall. Fe'i argyhoeddwyd mai gwragedd sy'n gwareiddio cymdeithas. Daeth o America yn fenywydd cadarn.

Ymadawodd â'r llynges yng Ngorffennaf 1919 a mynd yn ôl i Landybïe lle y bu'n byw am y pum mlynedd nesaf. Bu'n gweithio ym mhwll y Pencae ar yr un pryd â Dr. Gomer Roberts yr hanesydd a gafodd gymorth gan chwech o'i gydweithwyr o lowyr i fynd i'r coleg; cyhoeddasant gyfrol o'u barddoniaeth eu hunain, *O Lwch y Lofa*, a rhoi'r elw i Dr. Gomer. Eithr ym mis Mai 1921 anafwyd D.J. mor dost mewn cwymp nes methu ag ail-gydio yn ei waith am dair blynedd. Ym 1924 rhoes y gorau i'r pwll glo am byth.

Y pum mlynedd hyn yn Llandybïe oedd cyfnod ei weithgarwch mwyaf dros y Blaid Lafur. 'A crusading socialist' oedd disgrifiad un o'i gyfeillion ohono. Darllenai yn helaeth a sgrifennai draethodau a gâi eu cywiro gan James Griffiths a fuasai'n fyfyriwr yn y *Central Labour College* yn Llundain, sefydliad a ddiwreiddiodd lawer o arweinwyr Llafur Cymru. Y *White House*, Rhydaman, oedd canolbwynt gweithgareddau'r Blaid Lafur bryd hynny. Yno y trefnwyd ac y dosbarthwyd gwaith ei haelodau. Cyfrifoldeb arbennig James Griffiths, meddai D. J. Davies, oedd trefnu chwalu cyrddau'r Torïaid.

Trobwynt pwysicaf ei fywyd oedd ei ymweliad â'r Coleg Cydwladol yn Elsinore, Denmarc, ym 1924. Dywedodd Peter

D. J. DAVIES

Maniche, y prifathro, mai ef oedd y myfyriwr gorau o'r holl ddynion a fu yn y Coleg yn ystod ei dymor maith ef yn y swydd. Yn Elsinore y cyfarfu â darlithydd ifanc o Wyddeles, Noelle Ffrench, a gawsai yrfa academaidd eithriadol o ddisglair. Cyhoeddasai eisoes lyfr galluog, *Education for Life*. Ymserchodd hi yn y Cymro hardd a'i hiwmor hyfryd a siaradai, meddai hi, ag acen debyg i wŷr Cork. Fel hyn y dechreuodd partneriaeth sy'n unigryw yng ngwleidyddiaeth Cymru.

Yn Nenmarc profodd D. J. Davies dröedigaeth ysbrydol a'i gwnaeth yn genedlaetholwr Cymreig. Wedi iddo ddysgu'r iaith Ddanaidd yn o lew, bu'n darlithio yn un o'r colegau gwerin. Rhoes prifathro'r coleg, Gronwald Nielsen, air cryf o gyngor iddo: 'Your country is ruled by England. Your duty, young man, is plain. You must go back to Wales and work to make her free.' Protestiodd D.J. nad oedd gobaith llwyddo am fod Lloegr mor gryf a Chymru mor wan. Nid anghofiodd byth ateb Nielsen. 'The path of duty is plain before you and you must tread that path. That is the important thing for a human being—not whether you succeed or fail, but to do what is morally right.' O hyn allan rhoes ei alluoedd mawr at wasanaeth Cymru, gan groesi o'r Blaid Lafur Annibynnol, yr ILP, i'r Blaid Genedlaethol fel y gwnaeth T. Gwynn Jones a nifer sylweddol o arweinwyr cynnar y blaid Gymreig gan gynnwys D. J. Williams a Waldo Williams.

Un o'i arwyr mawr oedd Jean Jaurès, cyfaill i Keir Hardie, arweinydd sosialwyr Ffrainc a phrif obaith y ddynoliaeth yn ei ddydd. Llofruddiwyd ef ar drothwy'r rhyfel byd am ei fod yn heddychwr a gredai y gallai gweithwyr y gwledydd rwystro rhyfel trwy wrthod ymladd yn erbyn ei gilydd a chyhoeddi streic gyffredinol. Dyna fu gobaith Keir Hardie hefyd. Ond yn y rhyfel byd cyntaf llifodd gweithwyr Cymru a Lloegr yn lluoedd i ryfela yn erbyn gweithwyr yr Almaen ac Awstria. Fel Keir Hardie a James Connolly, arweinydd sosialwyr Iwerddon, roedd y sosialydd mawr hwn yn genedlaetholwr a welai mor amhrisiadwy yw bywyd cenedl. 'Os nad oes gan y gweithwyr wlad, fel yr honna'r Maniffesto Comiwnyddol,' meddai, 'yna nid oes ganddynt ran yn y ddynoliaeth . . . Os dinistriwch y genedl fe giliwch yn ôl i farbareiddiwch.' Dyna neges na fwriodd wraidd ymhlith gweithwyr Cymru, ac eithrio lleiafrif o genedlaetholwyr fel D. J. Davies.

Parhaodd yn sosialydd, ond cefnodd ar ei Farcsiaeth a chofleidiodd sosialaeth eangach a mwy dynol, sosialaeth gydweithredol debyg i eiddo Robert Owen, a berchir yn Nenmarc fel proffwyd mawr. Cynyddodd pwysigrwydd y ffactor foesol yn ei feddwl, y nerth ysbrydol a allai oresgyn y tyndra a'r gwrthdaro mewn cymdeithas a chreu cynghanedd, harmoni cymdeithasol, trwy gydweithrediad. Er ei fod yn dal i weld bod dosbarth yn ffaith sylfaenol, nid dros ddosbarth yr ymladdai mwy ond dros gymuned, a'r gymuned genedlaethol yn arbennig. Roedd nerth y syniad cydweithredol wedi gafael ynddo wedi iddo ei weld ar waith yn Nenmarc, a hwnnw a reolai ei feddwl economaidd a chymdeithasol wedyn. Roedd tipyn yn gyffredin rhwng hyn â syndicaliaeth *The Miners' Next Step*, ond yr oedd yn wahanol iawn i sosialaeth ganoliaethol y Blaid Lafur. Sosialaeth D. J. Davies a fabwysiadwyd gan Blaid Cymru, 'If socialism is anything,' meddai, 'it is a harmonious system of society where spiritual values take precedence over material values.' Ond sut oedd deffro yn y Cymry ynni ac ewyllys i greu trefn gydweithredol a Chymru rydd? Gwelodd yn Nenmarc mai wrth drwytho ugeiniau o filoedd o bobl yn yr ysgolion gwerin yn nhraddodiadau a diwylliant, hanes ac iaith eu gwlad y deffrowyd yn y Daniaid yr ewyllys a'r egni i ddatblygu bywyd eu cenedl a goresgyn y grymoedd a'i bygythiai. Edmygai eu hymlyniad cadarn wrth werthoedd eu bywyd cenedlaethol, a mawrygai'r arwyddair a fabwysiadwyd ganddynt ar ôl colli Schleswig-Holstein, rhan gyfoethocaf eu gwlad, yn y rhyfel yn erbyn Prwsia, 'Yr hyn a gollasom yn allanol fe'i henillwn yn fewnol.' Mynnai gymhwyso gwersi Denmarc at Gymru.

Pan ddaeth yn ôl i Gymru aeth i Goleg Aberystwyth lle y gwnaeth dair gradd. Roedd yn dal yn aelod o'r Blaid Lafur bryd hynny, ond yr oedd Plaid Genedlaethol Cymru wedi ei sefydlu erbyn hyn a chyn pen dwy flynedd ymunodd D.J. â hi. O 1927 ymlaen cyfrannodd yn gyson i'r *Ddraig Goch*. Ar ôl ymadael ag Aberystwyth prynodd ef a Dr. Noelle Bantybeiliau, plasty bach yn ymyl Gilwern, er mwyn sefydlu coleg gwerin tebyg i golegau Denmarc, ond bu'n rhaid rhoi'r gorau i'r bwriad ymhen blwyddyn, er i D.J. fyw yno weddill ei fywyd yn sgrifennu a gwneud gwaith ymchwil. Am flynyddoedd bu Pantybeiliau yn gyrchfan cenedlaetholwyr ifainc o bob rhan o'r wlad ac o'r tu allan, a elwai ar helaethrwydd y ddysg a'r croeso a geid yno ganddo ef a Dr. Noelle.

Yn ogystal â llu o erthyglau, y cesglir rhai ohonynt yn *Towards Welsh Freedom*, ysgrifennodd *The Economic History of South Wales, Hanes y Diwydiant Glo, Cymoedd dan Gwmwl, Diwydiant a Masnach*, ac er mwyn hyrwyddo cenedlaetholdeb Cymreig cyhoeddodd y Blaid *Can Wales Afford Self-Government?*. Datblygodd ei syniadau am drefn gydweithredol yn *Towards an Economic Democracy*. Un o'i bamffledi mwyaf gwerthfawr oedd *Silicosis and the Welsh Miner*. At hyn cyhoeddodd Plaid Cymru ddau lyfr bach gwerthfawr gan Noelle Davies ar *Grundtvig* o Ddenmarc a *James Connolly* o Iwerddon. Gan ei fod yn byw ar ffin sir Fynwy cymerai ddiddordeb angerddol yn safle'r sir honno. Efe a arweiniodd ymgyrch Plaid Cymru i ennill cydnabyddiaeth swyddogol iddi fel rhan o Gymru ac i gael gwared ar yr ymadrodd 'Cymru a Mynwy'— *Wales and Monmouthshire*—a ddefnyddiwyd byth oddi ar y Ddeddf Ymgorffori, 1536. Ysgrifennodd bamffled gwybodus ar y cefndir cyfreithiol a hanesyddol, a dadleuai ar lafar ac ar bapur yn erbyn aelodau'r *Monmouthshire is English Society* a arweiniwyd gan yr Arglwydd Raglan, Syr Mathers Jackson a thirfeddianwyr mawr eraill a gefnogid yn llafar iawn gan glerc Bwrdeisdref Casnewydd a'i swyddogion.

D. J. Davies hefyd a arweiniodd yr ymgyrch oddi mewn i'r Blaid i wneud mwy o ddefnydd o'r iaith Saesneg. Cymraeg oedd ei hunig iaith yn y blynyddoedd cynnar. Cyhoeddwyd *The Welsh Nationalist* yn fisol mewn canlyniad. Yr oedd cwestiwn yr iaith ar flaen ei feddwl pan gynigiodd am swydd Ysgrifennydd y Blaid ym 1931. Y mae ateb Saunders Lewis i lythyr ganddo y pryd hynny yn taflu golau ar feddwl y ddau:

About the language matter. Do you feel that our members are fanatical about it? I agree that they don't study other aspects of nationalism half enough, and that they lack an embracing synthesis in which language and literature have a place and no more and no less, but that is due to the one-sided tradition of Welsh culture, its lop-sided development. But especially among our young people I feel there is a growing appreciation of your point of view, and a broader conception of nationalism, so that I hope you'll soon find them coming round to you.

Yn yr un modd dadleuodd D. J. Davies yn gryf a llwyddiannus dros symud prif swyddfa'r Blaid o Gaernarfon i Gaerdydd.

Dywedodd D.J. wrthyf am ddadl a glywodd ym 1920 yn y Gwynne Hall, Castell-nedd. Dadl oedd hi ynghylch y ffordd y dylid rheoli'r diwydiant glo ar ôl ei wladoli; roedd Adroddiad Comisiwn Sankey, a oedd newydd ei gyhoeddi, wedi cymeradwyo gwladoli. H N Brailsford, hen sosialydd glew, oedd seren y noson. Polisi Webbaidd y Blaid Lafur dros reolaeth ganolog a gyflwynodd y noson honno. Yn ei erbyn, dadleuwyd dros reolaeth gydweithredol, ddatganoledig. Ar ddiwedd y ddadl parhaodd y drafodaeth mewn cwmni wrth gefn y llwyfan. Daliai Brailsford i fynnu bod polisi cydweithredol yn gwbl anymarferol yn Lloegr, 'But,' meddai, 'I think you could do it in Wales, because your people have culture.' Ennill rhyddid cenedlaethol er mwyn creu economi a gynhaliai'r diwylliant Cymreig mewn trefn gyfiawn oedd syniad llywodraethol D. J. Davies.

J. E. JONES 1905 - 1970

Datblygiad pwysicaf y ganrif hon ym mywyd cenedlaethol Cymru fu adeiladu plaid annibynnol. Er ei bod yn blaid genedlaethol a lafuria i gael gwared ar y drefn sy'n dinistrio'r genedl Gymreig, hi yw'r lleiaf siofinistaidd ei chenedlaetholdeb o bleidiau gwledydd Prydain, ac nid oes un yn fwy cydwladol ei hagwedd na hi. Ymgyrcha'n ymosodol flwyddyn ar ôl blwyddyn i amddiffyn y genedl ac i ennill sefydliadau a gryfha ei bywyd,

gan sianelu'r nerthoedd sy'n hyrwyddo ei pharhad. Enillodd
lawer bendith economaidd a diwylliannol, gwleidyddol a
gweinyddol, ond diau mai ei chyflawniad pwysicaf fu deffro a
dyfnhau'r ymwybyddiaeth genedlaethol ymhlith cannoedd o
filoedd, creu meddwl Cymreig annibynnol ac atgyfnerthu
ewyllys y Cymry i fyw fel cenedl. Er ei bod ymhell o' ennill
rheolaeth i'r Cymry ar amodau eu bywyd cenedlaethol, oni bai
am ei gwaith byddai cyflwr y genedl, er mor druenus yw, yn
llawer mwy gresynus nag y mae.

Sefydlwyd y blaid genedlaethol fechan ym 1925 pan oedd
Cymru wedi taro ei man isaf, ei hysbryd ar y llawr a'i hewyllys
i fyw wedi darfod i bob golwg. Roedd yn gyfnod o ddirwasgiad
economaidd enbyd, ac anwybyddai'r Llywodraeth ei effeithiau
creulon ar bobl Cymru bron yn llwyr; ei hunig feddyginiaeth
oedd symud y Cymry o'u gwlad i gael gwaith yn Lloegr; aeth
bron hanner miliwn rhwng y ddau ryfel. Cyfnod o drai arswydus
yn hanes yr iaith oedd hwn. Roedd rhan fawr o'r dosbarth canol
a'r dosbarth gweithiol wedi dilyn y dosbarth breiniol a gefnasai
ar Gymru ers canrifoedd, gan roi eu teyrngarwch i bleidiau a
sefydliadau Lloegr ac i'w hiaith a'i diwylliant hi. Llithrai
cenedl y Cymry allan o hanes heb brotest a heb frwydr. Derbyn-
iai ei diwedd fel tynged anorfod. Trengai o ddiffyg ewyllys i fyw.

Tra yr oedd bywyd mewnol y genedl yn darfod, cynyddu'n
anferthol a wnâi grym y wladwriaeth Brydeinig. Roedd nerth
honno mor fawr bellach nes iddi efryddu Cymru drwy ei han-
wybyddu. Prif achos cynnydd gallu'r wladwriaeth fu'r rhyfel
mawr, a wnaethai ddrwg mor enbyd i'n bywyd. Bu'r effaith ar
y genedl fach Gymreig yn waeth lawer nag ar Loegr er cynddrwg
ydoedd yno. Y mae campwaith A. J. P. Taylor, *English History
1914-1945*, yn agor fel hyn: 'Until August 1914 a sensible law-
abiding Englishman could pass through life and hardly notice
the existence of the state, beyond the post office and the
policeman . . . All this was changed by the impact of the Great
War . . . The history of the English (sic) state and of the English
people merged for the first time.' Roedd Cymru'n rhan o'r
'English nation' a ymdoddodd yn 'the English state.'

Prif adeiladydd y blaid Gymreig newydd oed J. E. Jones a fu'n drefnydd ac ysgrifennydd iddi am 32 mlynedd nes i afiechyd ei orfodi i ymddeol o'i swydd. Ef oedd y cyntaf erioed i roi ei fywyd i weithio'n wleidyddol yn llawn amser dros y genedl Gymreig. Roedd ymhlith y cynharaf o'r brîd newydd o genedl-aetholwyr a roddai eu teyrngarwch blaenaf i Gymru, nid Prydain. Yn wahanol i genedlaetholwyr Cymru Fydd, a geisiai gysoni eu teyrngarwch i Gymru ac i Brydain Fawr, nid oedd dim amwysedd ynghylch teyrngarwch y to newydd hwn. Cymru eu cenedl a'i câi. Ac â theyrngarwch y mae a wnelo cenedlaeth-oldeb Cymreig.

J. E. JONES

Mab y mynydd oedd J.E. Fe'i ganed yn Hafoty Fawr yn ymyl Melin-y-Wig, Corwen, fferm fechan dan hanner can cyfer sydd dros fil o droedfeddi uwchlaw lefel y môr, a mynyddoedd uchaf Gwynedd a Phowys i'w gweld yn codi'n hanner cylch o'i blaen hi, y Berwyn, y tair Aran, y ddwy Arennig a mynyddoedd Eryri. Cartref croesawgar oedd Hafoty Fawr mewn bro gynnes lle ffynnai diwylliant braf Meirionnydd. Byddai J.E. yn cystadlu llawer yn ei heisteddfodau. Gwelid nodweddion hawddgar ei gartref a'i fro yn ei bersonoliaeth. Aeth i Ysgol Ramadeg y Bala lle bu Tom Ellis ac O. M. Edwards yn ddisgyblion, ac oddi yno ym 1924 i Goleg y Brifysgol, Bangor. Yno ymdaflodd i waith Cymdeithas y Tair G a flaenorodd sefydlu'r Blaid Genedlaethol, a phan sefydlwyd honno ym Mhwllheli yn y flwyddyn ganlynol, ef a wnaed yn ysgrifennydd ei changen yn y Coleg. Gwelsai'n fore reidrwydd plaid annibynnol a roddai Gymru'n gyntaf ac a ymroddai i weithio drosti; ac yn fuan amlygodd ei ddawn fawr i drefnu ac ysbrydoli. Adeiladodd y gangen fwyaf yng Nghymru, yr ymestynnai ei dylanwad ymhell y tu hwnt i furiau'r Coleg.

Bu'n ffodus i gael swydd fel athro mewn dyddiau pan oedd swyddi'n brin, ond bu'n rhaid cyrchu Llundain i'w chael. Yn fuan penodwyd ef yn ysgrifennydd cangen Llundain o'r Blaid, yn olynydd i John Gwilym Jones, ac unwaith eto amlygodd ei ddawn trefnu wrth ei gwneud yn gangen fwyaf y Blaid gyda thros gant o aelodau. Pan fu farw'r annwyl H. R. Jones, Ysgrifennydd y Blaid Genedlaethol ac un o'i phrif sylfaenwyr, penodwyd J.E. i'w ddilyn. Rhoes heibio ei swydd ddiogel yn Llundain a dychwelodd i Gaernarfon ym 1930 fel trefnydd plaid fechan iawn, ansicr ei dyfodol, ar gyflog o £4 yr wythnos. O hynny allan adeiladu plaid i Gymru oedd ei waith yn nannedd gwrthwynebiad grymus y sefydliad a'r pleidiau Prydeinig a'r cyfryngau. Doedd ganddi'r nesaf peth i ddim trefniadaeth, un pwyllgor sir a phum cangen yn unig; ac yr oedd yr amgylchiadau'n dra anfanteisiol i blaid Gymreig newydd—dirwasgiad economaidd, tlodi mawr a diweithdra llethol.

Bwriodd J.E. ati gan weithio dyddiau o bymtheg awr heb ddim help yn y swyddfa. Ymhen pum mlynedd roedd un ar ddeg o bwyllgorau sir a thrigain a phump o ganghennau, rhai bach iawn at ei gilydd mae'n wir; dim ond chwech aelod oedd eu heisiau i ffurfio cangen bryd hynny. Creodd gynhadledd flynyddol effeithiol ac Ysgol Haf luosog a roddai addysg wleidyddol werthfawr i'r aclodau. Cychwynnodd Cronfa Gŵyl Ddewi i gynnal y Blaid yn ariannol ac fe'i hadeiladodd. Er hynny, ymgodymai'r Blaid ag anawsterau ariannol ar hyd y ffordd; ym 1938 fe'n galwyd i gyfarfod arbennig o'r Pwyllgor Gwaith am nad oedd gennym arian i dalu J.E. Ni wyddem ble i droi; roedd arnom ddyled o £300. Gwaith J.E. a'n tynnodd drwodd. Ymroes i hybu'r *Ddraig Goch*, cylchgrawn misol y blaid. Efe yn bennaf a gasglai'r deunydd iddo; efe a'i is-olygai a'i weld trwy'r wasg, a chododd ei gylchrediad i saith mil y mis. Dechreuwyd misolyn Saesneg, y *Welsh Nationalist* a ddaeth wedyn yn *Welsh Nation* ac yn fuan gwerthid dwy fil o bob rhifyn. Cyhoeddwyd cant a hanner o bamffledi yn ystod ei ysgrifenyddiaeth, a phob un yn talu drosto'i hun; a nifer o lyfrau yr un modd. Siaradodd mewn cannoedd o gyrddau, ac ef oedd prif drefnydd yr etholiadau seneddol.

Un o'i gampau mwyaf diddorol oedd arwain mintai fach i dynnu'r *Union Jack* i lawr o Dŵr yr Eryr yng nghastell Caernarfon a gosod baner y Ddraig Goch yn ei lle, y tro cyntaf i'r Blaid gael dim cyhoeddusrwydd cydwladol. Y peth mwyaf trawiadol a drefnodd oedd yr ymgyrch yn erbyn yr Ysgol Fomio yn Llŷn. Fel rhan o honno sicrhaodd gefnogaeth cannoedd o gynghorau a chymdeithasau a chyrff crefyddol trwy Gymru benbaladr. Yn Llŷn ei hun trefnodd ddeiseb a arwyddwyd gan 85% o'r bobl. Ei waith ef oedd y cyfarfod o saith mil a gynhaliwyd ar Faes Pwllheli a'r cwrdd o bymtheg mil yng Nghaernarfon i groesawu Saunders Lewis, Lewis Valentine a D. J. Williams o'r carchar.

Bychan iawn oedd y Blaid y pryd hwnnw, a'r straen o'i dal ynghyd yn drwm. Bach oedd cyfartaledd y rhai a boenai ateb ceisiadau'r trefnydd. Dywedai J.E. mai rhyw un o bob deg o'i lythyrau a atebid. Dioddefodd ymosodiadau cïaidd; cafodd siomedigaethau lu. Yn y diwedd distrywiwyd ei iechyd. Ond daliodd ati'n llawen a melys ei ysbryd. Yr un oedd yr angerdd a'i cynhaliai ag a fynegwyd yng nghân Prosser Rhys:

Ond—glynu'n glos yw 'nghynged
Wrth Gymru, fel y mae,
A dewis er ei blynged,
Arddel ei gwarth a'i gwae.
Bydd Cymru byth, waeth beth fo'i rhawd,
Ym mêr fy esgyrn i, a'm cnawd.

Pan ddaeth y rhyfel proffwydwyd tranc buan y Blaid yn gyffredinol a hithau wedi bod mor feiddgar â gwrthsefyll y peiriant militaraidd. Nid felly y bu, ond yn hytrach fel arall, ar ôl cadw'r fflam Gymreig yn fyw trwy gydol y rhyfel roedd hi'n **gryfach ar y diwedd nag oedd chwe blynedd ynghynt. Fel** ugeiniau eraill o aelodau'r Blaid gwrthododd J.E. gael ei orfodi i ymuno â'r lluoedd arfog. Heriodd yr awdurdodau yn enw Cymru gan fynnu bod ganddi hawl fel cenedl i benderfynu ei thynged ei hun. Dygwyd ef gerbron ynadon Caernarfon bedair gwaith pan oedd yr ysbryd rhyfelgar yn ei anterth. Dadleuodd ei achos yn feistrolgar bob tro gan amlygu grym ei feddwl a nerth ei ewyllys. Yn y diwedd gadawyd llonydd iddo heb ei garcharu.

Pan benderfynodd y Blaid symud ei phrif swyddfa o Gaernarfon i Gaerdydd symudodd yno i fyw, ac oddi yno y trefnodd ymgyrchoedd o bob math; yn erbyn diweithdra a gorfodaeth filwrol; dros 'TVA i Gymru' er mwyn creu gwaith; a thros Gymru fel endid economaidd a llawer mwy. Pan drosglwyddwyd yr ychydig raglenni radio Cymraeg i donfedd sâl sefydlodd Gymdeithas Gwrandawyr Cymru; cyn ennill y dydd dygwyd llawer o'i haelodau gerbron eu gwell am wrthod talu am eu trwydded radio. Gyda help Wynne Samuel, trefnodd ymgyrchoedd egnïol dros iaith a thir a chymunedau yn erbyn y Comisiwn Coedwigo, megis honno yn Nyffryn Tywi uchaf, ac yn erbyn y Swyddfa Ryfel, yn Epynt ym 1940 ac mewn llawer lle ym 1945-6, gan gynnwys Mynydd Du sir Gâr, lle y cynhaliwyd cwrdd yng nghanol gaeaf ar lan Llyn-y-Fan, a Thrawsfynydd lle y buom yn gwarchae'r gwersyll milwrol am ddau ddiwrnod. Datblygodd y gwrthwynebiad i foddi Cwm Tryweryn gan Gorfforaeth Lerpwl yn ymgyrch genedlaethol fawr. Gweithgaredd arall oedd y gyfres hir o ralïau blynyddol lliwgar a'u gorymdeithiau a ddechreuodd ym Machynlleth yn niwedd y pedwardegau; Caerdydd a welodd y mwyaf uchelgeisiol o'r rhain. Weithiau gadawem faen coffa ar ein hôl, mcgis hwnnw ym Mhencader lle y naddwyd geiriau herfeiddiol yr hen broffwyd ar wenithfaen Trefor. Wrth gwrs, cynyddai'r gwaith etholiadol fwyfwy a'r Blaid yn ymladd mwy o seddau seneddol a lleol mewn etholiadau cyffredinol ac is-etholiadau. Yr unig dro y bu J.E. ei hun yn ymgeisydd, yng Nghaernarfon, dyblodd y bleidlais. Casglodd lawer o'r hanes yn ei gyfrol werthfawr *Tros Gymru.*

Deffrowyd a dyfnhawyd ymwybyddiaeth genedlaethol cannoedd o filoedd o bobl gan ymgyrchu dyfal y Blaid. Hyn oedd ei gwaith sylfaenol. Ni cheisiai ac ni allai plaid Brydeinig ei gyflawni. Gwelwyd peth o'i ffrwyth yng ngweithgareddau'r Llywodraeth sy'n sensitif i nerth potensial cenedlaetholdeb Cymreig; ond yn bwysicach na hynny fe'i gwelwyd ym meddwl ac ysbryd pobl Cymru. Un canlyniad pwysig fu mynnu o ugeiniau o filoedd o rieni di-Gymraeg wreiddio eu plant yn iaith a diwylliant Cymru trwy eu danfon i ysgolion Cymraeg.

Am bymtheng mlynedd bu J.E. yn ysgrifennydd tra effeithiol i'r Gynghrair Geltaidd, ac ef oedd yn gyfrifol am lwyddiant y gyfrol flynyddol a gyhoeddai. Bu'n weithgar gydag undeb cenhedloedd bach di-lywodraeth Ewrop a threfnodd ei gynhadledd flynyddol yng Nghaerdydd un tro. Enghraifft o'i ddiddordeb mewn gwledydd bach yw ei lyfr difyr *Tro i'r Swisdir.* Sefydlodd Gylch Cinio Cymraeg Caerdydd, a lledodd y syniad i lu o drefi mawr a mân. Roedd yn flaenor yng nghapel Heol y Crwys ac yn athro ar ddosbarth mawr yn ei Ysgol Sul. Pan orfodwyd ei ymddeoliad gan afiechyd meithrinodd ei ddawn garddio. Meistrolodd y grefft gyda thrylwyredd nodweddiadol nes medru siarad ag awdurdod mewn ugeiniau o raglenni teledu. Defnyddir ei *Lyfr Garddio* mewn llawer cartref o hyd.

Er ei siomi'n fynych iawn a chael ei feirniadu'n chwerw lawer gwaith daliodd ati'n siriol heb chwerwi dim. Tanseiliwyd ei gyfansoddiad cadarn gan orweithio, ond er gwaetha'r afiechyd cynyddol fe'i gyrrwyd ymlaen gan ei ewyllys haearnaidd. Y gwaith hwn a ddaliodd y Blaid at ei gilydd trwy bob straen. Estynnodd ei waith ef, y gwleidydd cyntaf i ymroi ar hyd ei oes i wleidyddiaeth Gymreig yn hytrach na gwleidyddiaeth Seisnig neu Brydeinig, einioes y genedl. Pan ddaeth yr etholiad cyffredinol ym 1970, mynnodd, er mor fregus ei iechyd, ymdaflu i waith y swyddfa o fore hyd hwyr. Dychwelyd adref o'r swyddfa yr oedd un hwyr pan fu farw wrth olwyn y car, fel milwr yn marw ar faes y gad.

HUW T. EDWARDS 1893 - 1970

Pan ddechreuodd Huw T. Edwards weithio yn fachgen 14 oed yn chwarel ithfaen Penmaen-mawr, yr oedd ganddo filltiroedd i gerdded i'r gwaith gyda'i dad o'u cartref ar lethrau Mynydd Tal-y-cafn. Deunaw mis o addysg ffurfiol a gawsai. Fel y rhelyw o'i gyfoeswyr diwylliedig yng Nghymru, cynnyrch diwylliant y capel a'i gymdeithas ddiwylliadol oedd ef, a rhan o'i ogoniant oedd ei deyrngarwch ar hyd ei fywyd i'w gapel a'r diwylliant Cymraeg y trwythwyd ef ynddo. Er iddo orfod ymadael â bro ei febyd ni chefnodd ar ei ddiwylliant gwerinol deallusol hi.

Tlawd oedd y teulu. 'Arferai fy nain ddilladu ei phum plentyn,' meddai 'drwy hel gwlân oddi ar eithin a'i nyddu gartref yn ôl arfer pobl y mynydd.' Pan gafodd ei dad ddamwain enbyd yn y chwarel cynhaliwyd y teulu gan gyfraniadau ei gydweithwyr, Gwyddelod yn eu plith. Eithr er cymaint eu tlodi, unplyg ac urddasol oedd eu bywyd. Awgrymir natur ei gefndir gan englyn o waith Huw T. i Fynydd Tal-y-cafn:

> Mynydd yr oerwynt miniog—a diddos
> Hen dyddyn y Fawnog,
> Lle'r oedd sglein ar bob ceiniog
> A 'nhaid o'r llaid yn dwyn llog.

Dywed Huw T. mai wedi clywed gan Wil Sir Fôn am Eldorado'r De y cododd docyn am Donypandy, lle y cafodd waith dan ddaear, fel y gwnaethai D. J. Williams ychydig ynghynt, a gwneud enw iddo'i hun fel paffiwr yn y bythau bocsio. Taflwyd cysgod dros yr Eldorado gan streic y Cambrian. Yn ystod y streic honno y gwelodd Huw T. nerth Mabon fel arweinydd. Mewn cwrdd mawr ym Mhen-y-graig roedd Mabon

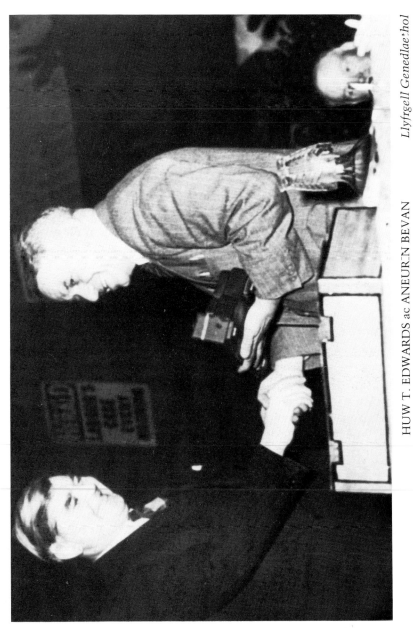

HUW T. EDWARDS ac ANEURIN BEVAN

Llyfrgell Genedlaethol

i roi adroddiad o'i gyfarfod gyda pherchenogion pyllau'r Cambrian
yn Llundain. Cyn iddo gyrraedd roedd Arthur Cook wedi siarad
ac wedi awgrymu'n gryf fod gan Mabon siârs yn y Cambrian.
Aeth y cwrdd yn ferw. Cyrhaeddodd Mabon yn y man a bron
bob llaw yn ei erbyn. Cyn pen deng munud roedd bron bob llaw
o'i blaid. Dyna, meddai Huw T., ei fesur fel areithydd. Ond
aeth ysbryd y dynion ar streic yn chwerwach, chwerwach ac
aeth yr awdurdodau'n fwyfwy gormesol. Ar ôl dwyn cannoedd
o blismyn yno, gyrrwyd y milwyr i mewn gan Winston Church-
ill, yr Ysgrifennydd Cartref. Dyna pryd y bathwyd y gair
Tonypandymonium. Bu Huw T. yng nghanol yr helynt. Yn
fuan wedyn yr oedd yn un o'r glowyr a ddewiswyd i ddisgyn i
bwll Senghennydd i wneud a allent i achub rhai nad oedd
ymhlith y 450 glöwr a laddwyd yn y danchwa erchyll.

Ar 14 Awst 1914 roedd yn croesi'r môr i Ffrainc fel milwr, a
bu'n ymladd ym mrwydr Mons. Ym Mawrth 1918 cafodd ei
glwyfo'n dost iawn, a deffrôdd mewn ysbyty yn Wallasey lle y
bu am bum mis. Bu'n ddi-waith am amser ar ôl ei ryddhau o'r
fyddin, a cherddodd yn ofer o'r Gogledd i Gaerdydd i chwilio am
waith. Pan ddychwelodd, dewiswyd ef yn Ysgrifennydd Cangen
Penmaen-mawr o'r Undeb Cludiant a Gweithwyr Cyffredinol,
a dyna ddechrau ei yrfa mewn bywyd cyhoeddus. O'r tridegau
cynnar ymlaen bu'n amlwg fel arweinydd undeb llafur; daeth
yn brif swyddog ei undeb yng Ngogledd Cymru. Yn fuan
etholwyd ef yn gadeirydd cyngor Penmaen-mawr. Meddai ar
feddwl chwim a dawn lafar a'i gwnaeth yn bwyllgorwr medrus;
ac at hynny roedd yn ŵr o farn ac yn wybodus am y sefyllfa
gyfoes, yn medru cadeirio yn gadarn a phwyllog. Pan ddaeth y
Blaid Lafur i rym ym 1945, ac yntau'n aelod ohoni, yr oedd
eisoes yn ŵr o ddylanwad, ac yn y pumdegau, o gwmpas y gŵr
creigiog hwn yn anad neb y bu gwleidyddiaeth Cymru'n troi.
Ateb y Llywodraeth i bwysau'r cenedlaetholwyr am ymreolaeth
oedd sefydlu'r Cyngor Ymgynghorol Cymreig ym 1949, a Huw
T. Edwards a benodwyd yn gadeirydd arno, y swydd fwyaf
dylanwadol yng Nghymru mae'n siŵr. Cynhyrchodd y Cyngor
nifer o adroddiadau gofalus ond ni thalodd y Llywodraeth
nemor ddim sylw iddynt. Cafodd H.T. lond bol o hyn, ac, ar ôl

deng mlynedd o anwybyddu sarhaus, ymddiswyddodd gan ddatgan bod 'y Cyngor wedi mynd yn offeryn hwylusach i Lywodraeth y dydd nac i'r genedl Gymreig.'

Er chwerwed y profiad hwn parhaodd i gredu mai yng Nghymru, ac nid yn Llundain, y gellid gwneud y gwaith gorau dros y genedl hon, a gwasanaethu Cymru oedd yr amcan a reolai ei fywyd. Gan hynny, gwrthododd fwy nag un cyfle i fynd i'r senedd. Gwrthododd yr M.B.E. a gwrthododd hefyd gael ei urddo'n farchog. Eithr fe'i cyfrifai'n fraint i fod yn drysorydd capel yr Annibynwyr yn Shotton. Gwasanaethodd ar lawer corff lleol a chenedlaethol. Roedd yn aelod o gyngor sir y Fflint ac am flynyddoedd bu'n gadeirydd ei Bwyllgor Addysg, yr un mwyaf blaengar yng Nghymru. Ar y dechrau yr oedd yn wrth-wynebus i ysgolion Cymraeg, ond unwaith yr argyhocddwyd cf o'u gwerth fe'u hyrwyddai'n rymus, a bu wrth ei fodd yn gweld ei ŵyrion yn cael bendith eu haddysg. Yn sir y Fflint yn unig y datblygwyd, dan arweiniad Haydn Williams a Moses Jones, rwydwaith o ysgolion cynradd Cymraeg ac ysgolion uwchradd dwyieithog a ddygai addysg Gymraeg o fewn cyrraedd pawb a'i dymunai.

Fel y newidiodd ei farn am ysgolion Cymraeg felly hefyd am senedd i Gymru. Pan gychwynnwyd yr Ymgyrch Dros Senedd i Gymru yn nechrau'r pumdegau gyda chynhadledd genedlaethol yn Llandrindod mynegodd ei wrthwynebiad cryf mewn pam-ffled, *They Went to Llandrindod.* Ond bu'n ddigon mawr i ddatgan yn gyhoeddus yn y Rhyl yn ystod wythnos yr Eisteddfod ddwy flynedd yn ddiweddarach ei fod wedi newid ei feddwl ac na welai fod dyfodol cenedlaethol i Gymru yn bosibl heb ennill hunanlywodraeth. Parhaodd i ddatblygu fel cenedlaetholwr, ac ym 1959, yn ddewr iawn, ymunodd â Phlaid Cymru, gan roi heibio gydag unplygrwydd nodweddiadol, ei henaduriaeth ar y Cyngor Sir a chadeiryddiaeth y Pwyllgor Addysg a phob swydd a ddaliai yn rhinwedd ei aelodaeth o'r Blaid Lafur. Rhai blyn-yddoedd yn ddiweddarach ail-ymunodd â'i hen blaid, ond parhaodd i helpu Plaid Cymru ac i gyfrannu'n hael i'w choffrau.

Dechreuasai golli ffydd yn y Blaid Lafur flynyddoedd cyn hyn
wrth ei gweld mor ddifater ynghylch Cymru. Am genhedlaeth
gyfan buasai hunan-lywodraeth i Gymru yn rhan o'i pholisi.
Gwnaethpwyd sawl datganiad yn ei chynadleddau rhwng
dechrau'r ganrif a dechrau'r ail ryfel byd, megis hwn ym 1918:

> Labour believes in self-government. The Labour Party is pledged to a
> scheme of statutory legislatures for Scotland, Wales and even England,
> as well as for Ireland.

Gwnaed datganiad cryf o farn y Blaid Lafur am werth hunan-
lywodraeth i Gymru gan Arthur Henderson, yr ysgrifennydd
galluocaf a gafodd: ef oedd Ysgrifennydd Tramor y Llywodraeth
Lafur gyntaf. Dywedodd ar ran ei Blaid,

> The Labour Party is pledged to the widest and most generous measure
> of Home Rule that can be devised. We regard the claims of Wales to self-
> government on these lines as strictly analogous to those of Ireland . . .
> Nationalism means the vigorous development of the material and
> moral resources of the whole people. It is hardly possible to conceive an
> area in which a scheme of parliamentary self-government could be
> established with better chances of success (than Wales) . . . Given self-
> government, Wales might establish itself as a modern utopia, and
> develop its own institutions, its own arts, its own culture, its own ideal
> of democracy in politics, industry and social life, as an example and an
> inspiration to the rest of the world.

Yn y traddodiad hwn y maged Huw T. Edwards. Ond parhaodd
yn dynn ei ymlyniad wrth Aneurin Bevan, er na chroesodd yr
ymadrodd 'cenedl Gymreig' dros wefusau hwnnw, am mai
Bevan a safai dros y math o sosialaeth y credai ynddo. Yn
wahanol i Bevan, ac yn debycach i Keir Hardie, bu Huw T.
Edwards yn deyrngar i Gymru, a phrofodd, fel llawer o Gymry'r
Blaid Lafur, y tyndra a grëir gan wrthdrawiad rhwng teyrn-
garwch i blaid a theyrngarwch i'w cenedl. Yr hyn a wnaeth
Huw T. yn unigryw ymhlith Llafuryddion Cymreig amlwg
oedd bod tynfa Cymru ar sawl achlysur wedi profi'n drech na
thynfa plaid. Dyna sy'n esbonio'r hyn a alwodd James Griffiths
yn 'waywardness' ei yrfa. Teip James Connolly, y sosialydd o
genedlaetholwr Gwyddelig, oedd ef, y Connolly a arweiniodd
fataliwn o undebwyr llafur yn Nulyn yng ngwrthryfel y Pasg

1916 ac a glwyfwyd yn dost Ar gadair y cariwyd ef i'w ddi-
enyddiad. Cyn cwrdd â'i ddiwedd dwedodd am y sosialwyr
Prydeinig, 'Ni ddeallant pam 'rwyf yma. Anghofiant fy mod yn
Wyddel.' Ni châi neb anghofio bod y sosialydd gan H.T. yn
Gymro.

Y *Faner* oedd prif offeryn cenedlaethol Cymreig yn y cyf-
ryngau. Pan oedd mewn perygl ym 1956 H.T. a'i hachubodd
trwy ei phrynu. Buddsoddodd arian sylweddol ynddi a gweith-
iodd drosti mewn cylchoedd dylanwadol. Er ei fagu mewn tlodi
mawr yr oedd yn nodedig o hael, wedi ymwadu'n llwyr â
gormes arian. Cyfeillion *Y Faner* a phobl y 'Pethe' oedd cynefin
y gŵr cynnes hwn. Ymhyfrydai mewn llenyddiaeth Gymraeg.
Sgrifennai Gymraeg cyhyrog ei hun, tystied ei ddau lyfr hunan-
gofiannol, *Tros y Tresi* a *Troi'r Drol.* Yr oedd yn fardd da ac yn
englynnwr medrus. Bûm ar ginio gydag ef un tro yng nghartref
Megan Lloyd George ym Mryn Awelon, Cricieth. Pan gyrhaedd-
odd, cyfarchodd Megan gyda dau englyn a gyfansoddodd wrth
ddod yn y car. Darn o Gymreictod oedd Huw T. A gawn weld
arweinydd undeb llafur byth eto yn byw er mwyn Cymru?

IFAN AB OWEN EDWARDS 1895 - 1970

Er mor fawr oedd gwasanaeth O. M. Edwards i blant ac ieuenctid
Cymru, bu gwasanaeth ei fab yn fwy, wrth sefydlu ac arwain
Urdd Gobaith Cymru, y mudiad ieuenctid unigryw a feithrin-
odd Gymreictod miloedd lawer o Gymry. Yn Rhydychen, lle'r
oedd ei dad yn athro, y treuliodd ei fachgendod, ond dihangai'r
teulu i ganol Cymreictod Meirion ddiwrnod cyntaf pob gwyliau
ac oedi hyd y diwrnod olaf cyn dychwelyd. Yn Rhydychen, gan
hynny, y cafodd ei addysg nes mynd i Ysgol Ramadeg y Bala pan
symudodd y teulu i fyw i Lanuwchllyn. Yr oedd yr addysg a
gafodd yn y Bala yr un mor Seisnigaidd ag yn Rhydychen, ond
fe'i trwythwyd yn iaith a diwylliant Cymru gan gymdeithas
ddiwylliedig Penllyn. Torrodd y rhyfel ar draws ei gwrs yn

Aberystwyth ac aeth yn gynnar i Ffrainc lle y bu'n ymladd ym mrwydr waedlyd y Somme. Clwyfwyd ef sawl gwaith; a chafodd ei erlid am fynnu sgrifennu adref yn Gymraeg, a hyd yn oed ei garcharu fel 'stubborn Welsh pig'; ond parhaodd i droseddu.

Roedd ar ganol ei gwrs gradd yn Rhydychen pan fu farw ei dad. Buasai ef yn golygu *Cymru'r Plant* oddi ar 1892, ac un diwrnod pan ddychwelodd Ifan i'w lety ar ôl arholiad gwelai barsel o broflenni'r cylchgrawn yn ei ddisgwyl. Cymerodd at yr olygyddiaeth ar unwaith, a bu'n golygu *Cymru'r Plant* am ddeng mlynedd ar hugain, gan sgrifennu a theipio'r rhan fwyaf o bob rhifyn ei hunan. Yn Ysgol Ramadeg Dolgellau y cafodd ei swydd gyntaf; dysgai hanes ac ymarfer corff. Cawn weld iddo wneud ymarfer corff yn rhan bwysig o weithgarwch yr Urdd. Yn nechrau 1922 cyhoeddodd ei fwriad i sefydlu'r hyn a alwai'n Urdd Gobaith Cymru Fach i blant a oedd yn barod i addunedu siarad a darllen Cymraeg a chwarae yn yr iaith a chanu caneuon Cymraeg.

Yn ystod y flwyddyn gyntaf ymunodd 720 o blant â'r Urdd, y fesen a dyfai'n dderwen fawr. Ddwy flynedd yn ddiweddarach sefydlwyd adran gyntaf y De yn Abercynon dan arweiniad bachgen ifanc, R. E. Griffith, a ddeuai'n brif drefnydd maes o law. Yn ystod Eisteddfod Caergybi ym 1927 gorymdeithiodd mil o aelodau'r Urdd trwy strydoedd y dref i gyfeiliant seindorf Llangefni.

Ym mis Medi y flwyddyn honno apeliodd Ifan ab Owen at fechgyn i ddod i wersyll yn Llanuwchllyn yn Awst 1928. Efe ei hun, gyda help ei wraig Eirys, a weithiai'n galed gydag ef ar hyd y blynyddoedd, a drefnai'r gwersyll a'r bwyd i'r deucant o fechgyn a ddaeth. Dyma ddechrau un o lwyddiannau mwyaf yr Urdd. Y cam nesaf a gymerodd oedd prynu Plas Glan-llyn ar lan Llyn Tegid a'i helaethu. Yno maes o law yr âi'r bobl ifainc a berthynai i Aelwydydd ar hyd a lled y wlad. Wedyn sefydlwyd gwersyll plant yn Llangrannog. Ar ôl cyfnod o drefnu'r gwersyll-oedd i fechgyn a merched ar wahân i'w gilydd daethant yn gymysg. Traeth hyfryd Llangrannog oedd y prif atyniad i blant y gwersyll yno, tra y byddai gwersyllwyr Glan-llyn yn dringo mynyddoedd, pererindota, ymdrochi yn yr afon neu rwyfo ar y

IFAN AB OWEN EDWARDS

llyn. Roedd yn ysbrydiaeth i'r plant yn Llangrannog a'r bobl ifainc yng Nglan-llyn i gymysgu â chyfoedion o amryw ardaloedd gyda'u hamrywiol dafodieithoedd. Yn nes ymlaen trefnwyd wythnosau gogyfer â dysgwyr. Cafwyd gwersylloedd cydwladol hefyd i bobl ifanc o lawer gwlad ac eraill i ieuenctid o'r gwledydd Celtaidd. Defnyddid y gwersylloedd yn y gaeaf yn ogystal â'r haf. Bob blwyddyn â tua 14,000 i Langrannog a Glan-llyn. Wedyn sefydlwyd canolfan breswyl yn yr hen *Grand Hotel* yn y Borth, a ail-enwyd yn Bantyfedwen, rhodd gan gymwynaswr cyfoethog. Bu'r Urdd yn ffodus i gael cymorth cyfeillion cefnog i gwrdd â'i chostau mawr. Ym Mhantyfedwen mwynhaodd miloedd o oedolion o Gymru a gwledydd tramor, yn ogystal â phobl ifainc, gyrsiau a chyrddau trafod o bob math.

Datblygiad mawr arall oedd sefydlu Eisteddfod Genedlaethol yr Urdd, sy'n gampwaith o drefnu glân. Yng Nghorwen y cynhaliwyd y gyntaf yn haf 1929 gyda Thomas Arthur Jones yn ysgrifennydd mygedol. Ofnwyd y gallai'r ymateb fod yn wan gan na roddid gwobrau i'r buddugwyr ond yn hytrach farciau i'w hadrannau. Ond bu'r cystadlu yn frwd a'r safon yn uchel o'r dechrau. Tyfodd yr Eisteddfod yn sefydliad blynyddol mawr sy'n parhau am bum niwrnod yn y Gogledd a'r De am yn ail. Mae'n uchafbwynt rhwydwaith o eisteddfodau cylch a sir. Â buddugwyr eisteddfod gylch i'r eisteddfod sir, a'r buddugwyr yno i'r Eisteddfod Genedlaethol. Daw 12,000 o gystadleuwyr a thua chant a hanner o filoedd o'r cyhoedd i'r ŵyl wefreiddiol hon. Pan fu'r Eisteddfod yn Llanelli trefnais â thîm camera teledu o Ddenmarc, a oedd am wneud cyfweliad, i gwrdd â fi ar y maes fel y caent weld yr ŵyl. Cawsant eu syfrdanu. Rhyfeddent weld lluoedd o blant yn mwynhau adrodd a chanu a miloedd mwy yn mwynhau gwrando arnynt. Nid oes dim byd tebyg, meddent, mewn unrhyw wlad ar y cyfandir.

Gosodwyd pwyslais o'r dechrau ar weithgareddau awyr agored, ar chwaraeon ac ymarfer corff. Trefnwyd mabol-gampau mawr a hardd. Gorymdeithiai miloedd o blant a phobl ifainc yn eu gwisgoedd gwyrdd a choch a gwyn i faes chwarae mawr, ac yno aent trwy'r campau y buasent am fisoedd ymlaen-llaw yn dysgu eu symudiadau a'u dawnsfeydd. At hyn sefydlwyd cynghrair pêl-droed gogyfer â thîmau'r Urdd a gystadleuai am ei chwpan.

Yn y tridegau, pan dyfai'r Urdd mor gryf, yr oedd mudiad ieuenctid pwerus iawn yn yr Almaen. Ni allai naws ac amcanion Ieuenctid Hitler fod yn fwy gwahanol i'r mudiad Cymreig, a feddai ar adduned driphlyg: Byddaf ffyddlon i Gymru a theilwng ohoni, i'm cyd-ddyn pwy bynnag y bo ac i Grist a'i gariad ef. Cristnogol a chydwladol oedd cenedlaetholdeb y mudiad Cymreig. Cynhyrchid llyfrau ar gyfer gwasanaethau Cristnogol; cynhelid Sul yr Urdd; a phob mis Mai cyhoeddid Neges o Ewyllys Da i wledydd y byd.

Tyfodd yn fudiad o 52,000 o aelodau gyda staff llawn amser o dros hanner cant. Mae ganddo dri chant o glybiau a elwir yn Aclwydydd. Sefydlodd bencadlys mewn bloc o adeiladau yn Aberystwyth. Yno y golygir ei gylchgronau, *Cymru'r Plant* a *Deryn* i'r plant Cymraeg a *Bore Da* a *Mynd* i'r dysgwyr. Ac nid cyhoeddi cylchgronau a llyfrau fu'r unig gymwynas a wnaeth yr Urdd â llenyddiaeth Gymraeg. Trefnodd ymgyrch flynyddol i'w aelodau werthu llyfrau Cymraeg. Gwerthwyd 400,000 cyn i'r Cyngor Llyfrau gymryd y gwaith drosodd ym 1965, gan roi hwb gwerthfawr i gyhoeddwyr trwy ymestyn eu marchnad fach.

Un o fentrau pwysicaf Ifan ab Owen Edwards oedd sefydlu, gyda chefnogaeth yr Urdd, ysgol gynradd Gymraeg yn Aberystwyth ar ddechrau'r rhyfel, gweithred arloesol a gychwynnodd yr arfer iachus o ddynodi ysgolion lle'r oedd y Gymraeg yn iaith yr holl weithgareddau fel ysgolion Cymraeg. O dan ei phrifathrawes athrylithgar, Norah Isaac, bu'r ysgol yn llwyddiant ysgubol. Dan gyfarwyddyd y sylfaenydd, lluniwyd cwricwlwm a adawai i bersonoliaeth y plentyn gael pob cyfle posibl i ddatblygu'n gytbwys.

Bu Ifan ap, fel y gelwid ef, yn weithgar mewn llawer sefydliad a chymdeithas genedlaethol. Gwasanaethodd y Llyfrgell Genedlaethol am bedair a deugain o flynyddoedd a bu'n Llywydd ar ei chyngor. Gweithiodd dros Ymgyrch Senedd i Gymru. Ond y gamp aruthrol a'i hanfarwolodd oedd sefydlu ac arwain Urdd Gobaith Cymru, y mudiad ieuenctid mawr ac unigryw a fu'n esiampl wiw ac yn ysbrydoliaeth i lawer cenedl fach.

DAI FRANCIS 1911 - 1980

Ni welwyd mwy o arwriaeth yng Nghymru'r ganrif hon nag yn streiciau'r glowyr ac ymgyrchoedd Cymdeithas yr Iaith. I deulu glofaol ym Mhant-y-ffordd, Blaendulais yng nghanol Morgannwg y ganed Dai Francis. Roedd ei dad yn ddïacon gyda'r Annibynwyr yn Onllwyn a lliwiwyd holl fywyd Dai gan y gymdogaeth lofaol Gymraeg y maged ef ynddi a'r capel yr âi deirgwaith y Sul iddo fel crwt. Ysgol elfennol oedd yr unig addysg ffurfiol a gafodd. Yn grwtyn pymtheg oed aeth o'r ysgol i weithio gyda'i dad yng nglofa'r Onllwyn. Yr argraff a wnaeth gorymdeithiau'r glowyr yn ystod streic 1925 a'i harweiniodd i fynd i wrando ar ei arwr, Arthur Horner, yn annerch cwrdd yn y capel i groesawu streicwyr yn ôl o'r carchar. Ddeng mlynedd yn ddiweddarach, dan ddylanwad rhyfel cartref Sbaen, ymunodd â'r Blaid Gomiwnyddol fel yr oedd Arthur Horner wedi gwneud, yntau hefyd yn gynnyrch y capel. Oni bai am hynny efallai na buasai wedi gwneud safiad mor gadarn dros Gymru a'i hiaith a'i diwylliant. Pe bai yn y Blaid Lafur, hwyrach y llyncasid ef gan y gwrth-Gymreictod mileinig a wnaeth fwy na dim i ladd y Gymraeg yn y cymoedd diwydiannol. Pan aned Dai Francis yr oedd cyfartaledd y Cymry Cymraeg yng nghymoedd Morgannwg yn llawer uwch nag y mae heddiw yn Nyfed a Gwynedd; ac yr oedd y diwylliant a'r capeli Cymreig o hyd yn rymus eu heffaith ym mywyd y gymdeithas. Mae bywyd Dai yn dyst na bu buddugoliaeth Prydeindod yn y Gymru ddiwydiannol ddim yn gwbl lwyr.

Gŵr dynol, cynnes a diwylliedig oedd ef, a fu'n ffyddlon i'w deulu a'i gymdogaeth, i'w gydweithwyr, ei genedl a'r ddynoliaeth. Yr Onllwyn oedd ei filltir sgwâr, ei diwylliant oedd ei gynefin. Carai ei hiaith a magodd ei blant ynddi. Noddai ei heisteddfodau, yn arbennig eisteddfod y plant. Cadeiriai ei chôr meibion. Sefydlodd Neuadd yr Onllwyn lle y cynhaliwyd

DAI FRANCIS　　　　　*Llyfrgell Genedlaethol*

y cwrdd ffarwel nodedig ar ôl ei farw. Nid rhyfedd mai Dai o'r Onllwyn oedd yr enw barddol a ddewisodd pan dderbyniwyd ef i'r Orsedd.

Etholwyd ef yn gadeirydd cyfrinfa pwll yr Onllwyn yn ystod y rhyfel ac ym 1959 penodwyd ef yn brif swyddog gweinyddol rhanbarth De Cymru o Undeb y Glowyr; ac ym 1963, cyn i Lywodraeth Lafur ddechrau cau 55 pwll ym maes glo De Cymru—un pwll bob chwech wythnos am chwe blynedd—penodwyd ef yn ysgrifennydd. Golygai hyn symud o'r Onllwyn i Gaerdydd. Fel prif arweinydd dosbarth gweithiol Cymru—a arweiniwyd gan y glowyr erioed—ymladdodd gydag ysbryd a gallu. Chwaraeodd ran allweddol yn streiciau 1972 a 1974, a bu'n ffynhonnell nerth a disgyblaeth i'w gymrodyr trwy wledydd Prydain yn y trafodaethau gyda'r Llywodraeth.

Tynnodd yr Undeb i ganol y bywyd diwylliannol Cymreig. Ef oedd yn bennaf gyfrifol am sefydlu Eisteddfod y Glowyr ym Mhorth-cawl. Arweiniodd y symudiad i achub llyfrgelloedd gwych neuaddau'r gweithwyr a oedd yn ddrych o'r diwylliant cyfoethog a fuasai unwaith yn y meysydd glo. Bu'n gefn i *Llafur*, y gymdeithas a'r cylchgrawn sy'n ceisio adfer cof gweithwyr Cymru. Ymdrechodd i uno glowyr Gogledd a De mewn rhanbarth genedlaethol. Yn unol â pholisi'r Blaid Gomiwnyddol, y bu Idris Cox a'i debyg yn brwydro drosto, arweiniodd y glowyr, yn eu cynhadledd flynyddol ym 1974, i benderfynu o blaid senedd i Gymru. Rhoes ei gefnogaeth frwd i'r ymgyrch dros gynulliad etholedig i Gymru ac yn y refferendwm lluniodd yr arwyddair 'Cymru yn Erbyn y Torïaid'. 'Mae'r Adweithwyr yn unol yn eu gwrthwynebiad', meddai, pan oedd Neil Kinnock yn arwain y Blaid Lafur yng Nghymru i gydweithredu â'r Torïaid i ladd y cynulliad. Ei gamp fwyaf oedd yr ymgyrch lwyddiannus gyda Tom Jones, Shotton, i sefydlu Cyngor Undebau Llafur Cymru—y *Wales TUC*—'Senedd Gymreig y Gweithwyr' oedd ei ddisgrifiad ef ohono. Efe a etholwyd yn gadeirydd cyntaf iddo.

Roedd y gwladgarwr hwn yn gydwladwr selog, yn wrthwynebwr cryf i *apartheid* ac yn gefnogwr cadarn i'r mudiad dros heddwch a diarfogiad—gwisgai fathodyn CND yn gyson. Pan helpodd lunio baner pwll yr Onllwyn rhoes bennill Elfed arni:

> Dyn yw dyn ar bum cyfandir
> Dyn yw dyn o oes i oes

Priodol oedd ei goffáu ym 1981 gan Eisteddfod Ryngwladol yr Onllwyn, a gyfunodd ei wladgarwch a'i gyd-genedlaetholdeb, ei ffyddlondeb i'w gydweithwyr a'i gariad at ei fro.

Ym 1976 gofynnodd Undeb Cenedlaethol y Myfyrwyr iddo sefyll am swydd Canghellor Prifysgol Cymru. Yr unig ymgeisydd arall oedd Charles Windsor, Tywysog Cymru. Apeliodd yr her at Dai Francis fel Cymro a gweriniaethwr. Charles Windsor a etholwyd, ond am y tro cyntaf erioed cafodd aelod o'r teulu brenhinol ei wrthwynebu mewn etholiad, a hynny gan ymgeisydd y bobl, tywysog glowyr Cymru.

KATE ROBERTS 1891 - 1985

Cynnyrch bro'r chwareli yn Arfon oedd Kate Roberts, yr artist mwyaf o wraig a godwyd yng Nghymru. Gweithiodd ei thad am drigain a chwech o flynyddoedd fel chwarelwr, a chwyddai rywfaint ar ei dipyn cyflog trwy gadw tyddyn bach. Bu'n byw yn Rhosgadfan ar hyd ei fywyd, ac yno, ar lethrau Moeltryfan, bedair milltir o Gaernarfon, y ganed Kate Roberts. Un o Rostryfan, y pentref nesaf, oedd ei mam. Pobl ddeallus a darllengar oedd y ddau. 'Yr oedd gan fy mam feddwl ymchwilgar. Cymerai ddiddordeb ymhob dim,' meddai Kate Roberts. 'Anaml y byddem ni yn tewi â siarad ar yr aelwyd gartref . . . a mam fyddai'r prif siaradwr.' Ond bu'n rhaid iddi hi a'i gŵr lafurio'n galed iawn i gadw'r teulu rhag angen. Y fam a wnâi'r rhan fwyaf o'r gwaith ar y tyddyn, yn arbennig yn y gaeaf pan na byddai'r tad gartref o gwbl pan oedd yn olau.

Cymdeithas o bobl dlawd ac ymdrechgar a geid yn Rhosgadfan a'r cyffiniau, ond cymdeithas glós a chymwynasgar y trôi eu bywyd o gwmpas cartref, chwarel a'r capel. Âi plant i gyfarfodydd y capeli; i'r gymdeithas lenyddol a'r cwrdd darllen yr âi'r bobl ifainc, a'r bobl hŷn i'r seiat a'r cwrdd gweddi. Cododd yr ardal uniaith Gymraeg hon ddau lenor o bwys, Glasynys a Dic Tryfan neu Richard Hughes Williams a rhoi ei enw llawn iddo. Y fro hon a'i chymdeithas ddiwylliedig a roes i Kate Roberts ei gweledigaeth. Aeth i ysgol y pentref, i Ysgol Uwchradd Caernarfon ac i Goleg y Brifysgol, Bangor. Ar ôl graddio bu'n athrawes am flwyddyn yn Llanberis ac wedyn yn Ystalyfera, lle y bu'n dysgu Gwenallt ac Islwyn Williams yr ysgrifennwr storïau byrion. Oddi yno symudodd i ofalu am yr Adran Gymraeg yn Ysgol Sir Aberdâr. Priododd Morris Williams ac aeth i fyw i

Gaerdydd, a symud eto i Donypandy lle y gweithiai ei gŵr gyda Evans & Short yr argraffwyr. Cafodd felly brofiad o fyw mewn tri chwm diwydiannol ym Morgannwg. Daeth ei chartref yn y Rhondda yn ganolfan ymdrechion dros y di-waith ac i weithwyr Plaid Genedlaethol Cymru. Pan safodd Morris Williams am sedd ar y cyngor lleol yn enw'r Blaid, bwriodd Kate Roberts ei hun i'r gwaith politicaidd. Yn y Rhondda y perfformiwyd ei drama *Ffarwel i Addysg*, gyda Kitchener Davies yn aelod o'r cwmni; ac actiodd hi yn nramâu Kitchener ei hun. Yna daeth y symudiad mwyaf tyngedfennol yn ei bywyd. Mentrodd Morris Williams a hithau ar y cŷd i brynu'r *Faner*. Symudasant i Ddinbych ym 1935 ac yno y bu hi byw weddill ei bywyd. Ar ôl marw Morris Williams ym 1946 hi a ofalai am y fusnes.

Gellir rhannu gyrfa lenyddol Kate Roberts yn ddwy ran, ac ergydion personol a roes gychwyn i'r ddau gyfnod. Y colledion a gafodd ei theulu yn y Rhyfel Byd Cyntaf a'i cynhyrfodd i ddechrau sgrifennu. Cafodd ei brawd Evan ei glwyfo'n ddifrifol ar y Somme, ond yr ergyd dostaf oedd marw David ei brawd ieuangaf ym Malta ym 1917. 'Methais â deall pethau,' meddai, 'a gorfod sgrifennu rhag mygu.' Ei gofid a'i chariad at ei bro oedd y tanwydd a yrrodd beiriant ei dychymyg. Yn ei hardal enedigol y lleolir y llyfrau a sgrifennodd cyn yr ail ryfel. Disgrifiant frwydr ei chymdeithas yn erbyn tlodi ac anghyfiawnder, ei phoen a'i siomedigaethau, ond hefyd ei gobaith a'i hurddas a'i gwroldeb. O'r dechrau cyntaf nodweddir ei gwaith gan sylwgarwch manwl a synwyrusrwydd anghyffredin. Roedd ei hiaith yn gyhyrog a'i harddull yn blaen a chaled ond amrywiol. Mae'n osgoi sentimentaliti fel y pla. Cyfrol o straeon byr, *O Gors y Bryniau*, oedd ei llyfr cyntaf, ac y mae'n debyg mai yn ffurf y stori fer y cyflawnodd ei gwaith gorau oll. Ond yn ogystal â thair cyfrol o straeon byr fe gyhoeddodd dair nofel cyn y rhyfel. Erys *Traed Mewn Cyffion* yn gampwaith o epig sy'n rhoi darlun o dair cenhedlaeth teulu chwarelyddol a'u brwydr yn erbyn tlodi yn y cyfnod cyn y chwalfa fawr, pan oedd cymdeithas yn glós a'i Chymraeg a'i gwerthoedd yn gadarn.

Ni chyhoeddodd yr un llyfr yn y cyfnod rhwng 1937 a 1949. Blynyddoedd o brysurdeb mawr gyda'r *Faner* oedd y rhain.

KATE ROBERTS   *Llyfrgell Genedlaethol*

Sgrifennodd gannoedd lawer o erthyglau i'r papur hwnnw. Ym
1946 trawodd trasiedi bersonol eto. Bu farw Morris ei gŵr a'i
gadael mewn unigrwydd mawr gyda'r cyfrifoldeb o ofalu am y
wasg ar ei hysgwyddau. 'Syrthiodd fy myd yn deilchion o'm
cwmpas,' meddai. 'Y pryd hynny y dechreuais edrych i mewn
i mi fy hun,' a'r canlyniad oedd *Stryd y Glep*, lle y disgrifir
ymdrech enaid dynes. Daethai trobwynt yn ei hanes llenyddol.
Dadansoddiad o fywyd mewnol pobl unigol yn eu poen a'u
hunigrwydd a geir yn y storïau a'i nofelau o hyn ymlaen, a
hynny yn erbyn cefndir bywyd trefi bach. Creodd gymeriadau
sy'n byw yn ein meddwl heddiw a disgrifia eu hamgylchedd
mewn ffordd sy'n glynu yn y cof. Gwragedd yw ei phrif gymer-
iadau. O ran hynny gwragedd fu arwyr ei llyfrau o Jane Gruffydd
yn *Traed Mewn Cyffion* ymlaen. Gydag eithriad neu ddau,
pobl ddi-liw, ddiddrwg-ddidda yw ei dynion, fel Griff y gwein-
idog caredig ond di-asgwrn-cefn yn *Tywyll Heno*. Ond brithir
ei gwaith gan blant hoffus a naturiol sy'n bersonoliaethau
arbennig.

   Yr oedd Kate Roberts yn fwy na llenor mawr. Roedd yn
gymeriad mawr, yn ddarn o gadernid Gwynedd, yn gryf ac
unplyg, yn arweinydd sicr ei gwerthoedd a chlir ei gweled-
igaeth. Er nad oes arlliw o bropaganda yn ei gwaith llenyddol,
brwydrodd ar hyd ei bywyd dros y Gymru a garai mor angerddol
a thros heddwch a chyfiawnder yn y byd. Ni ellir ei dychmygu'n
derbyn cyflwr caeth adfydus Cymru yn llonydd. Dywedodd
cyd-athrawes iddi yn Aberdâr, 'Adnabod Kate a'm gwnaeth yn
ymwybodol fy mod yn Gymraes . . . Taniodd Kate fi â pheth o'i
hangerdd ynghylch ein gwlad, a dysgais ei bod yn casáu'r
goncwest o Gymru gan Edward I mor ffyrnig â phe bai wedi
digwydd yn 1912 ac nid yn 1282.' Dangoswyd ei rhuddin gan y
modd y derbyniodd ei chyfrifoldeb dros *Y Faner*, prif gyfrwng
cenedlaetholdeb Gymreig yn y wasg, ar ôl marw ei gŵr, a'i
hymdrech i'w chynnal yn nannedd anawsterau mawr. Yr oedd
yn arweinydd ym mywyd Cymraeg Dinbych, nid yn unig
trwy'r cymdeithasau llenyddol a diwylliadol a'r Urdd. Bu'n
gefn i'r mudiad i gael ysgol Gymraeg. Bu'n ffyddlon odiaeth i'w
chapel, a pharatoai'n ofalus gogyfer â'i dosbarth o ferched

mewn oed yn yr Ysgol Sul. A thrwy'r blynyddocdd gwcithredodd yn y ffordd ymosodol y galwai cyflwr Cymru amdani.

Yr oedd ymhlith aelodau cynharaf y Blaid Genedlaethol, ac nid perthyn iddi yn unig a wnâi'r llenor mawr hon ond gweithio drosti. Fel sosialydd a heddychwraig yr oedd yng nghanol traddodiad radicalaidd Cymru. Yn Ysgol Haf gyntaf y Blaid ym Machynlleth hi a etholwyd yn llywydd y cylch merched. Yr oedd eisoes, gyda D. O. Roberts, wedi sefydlu cangen gyntaf y Blaid yn neheudir Cymru, yn Abercwmboi, Dyffryn Cynon. Gweithiodd yn galed yn yr etholiad lleol a enillodd Morris Williams ym 1937. Cynhaliodd golofn am flynyddoedd yn *Y Ddraig Goch*. Dywedodd wrthyf pan ddathlai Plaid Cymru ei hanner canmlwyddiant ei bod wedi mynychu pob un ysgol haf a chynhadledd o'r dechrau. Gadawodd fwy na hanner ei hystad i Blaid Cymru yn ei hewyllys. Yr oedd ei chenedlaetholdeb yn gwbl gydwladol. Ar ôl y rhyfel casglodd filoedd o bunnoedd i Gronfa Achub Ewrop a drefnodd trwy'r *Faner* i helpu trueiniaid dioddefus Ewrop. Gydag ewyllys gref parhaodd i roi cefnogaeth weithgar i'r mudiad heddwch a'r achos cenedlaethol hyd at henaint. A godwyd gwraig fwy na hi erioed yng Nghymru?

SAUNDERS LEWIS 1893 - 1985

Yn Wallasey, Lerpwl, y ganed y Cymro hwn a safodd gyda'r fath athrylith ac ymroddiad yn erbyn difodi Cymru. Yn Lerpwl y cafodd ei addysg gynradd ac uwchradd ac ym Mhrifysgol Lerpwl y gwnaeth ei raddau. Saesneg oedd ei ddewis faes, a bu'r Athro Saesneg, Oliver Elton mawr ei fri, yn ddylanwad trwm arno. Pan oedd eto'n fachgen ysgol, adolygai lyfrau Saesneg i'r wasg leol ac wedyn dramâu Saesneg; tocyn rhad i weld y ddrama fyddai ei dâl am ei hadolygu.

Ar ochr ei fam yr oedd Saunders Lewis yn ŵyr i Dr. John Thomas, un o arweinwyr amlycaf Methodistiaid Calfinaidd Cymru. Pan fu farw ei fam yn ifanc, modryb o Fôn a'i magodd. Un o Flaen Gwendraeth ar bwys Gors-las yn sir Gaerfyrddin oedd ei dad, yntau'n perthyn i deulu pwysig o Fethodistiaid a gynhyrchodd bregethwyr o'r ddeunawfed ganrif ymlaen. Bu diwylliant dwfn y Parch. Lodwig Lewis yn ffactor o bwys mawr ym magwraeth ei fab. Cymraeg oedd iaith y cartref.

Bu gan Saunders Lewis feddwl uchel o'r milwr ar hyd ei fywyd, ac yn Awst 1914 ymunodd yn wirfoddol â'r fyddin. Bu'n swyddog yn y *South Wales Borderers;* yn nes ymlaen câi ei ddiarddel yn ffurfiol gan y gatrawd fel gŵr esgymun am ei ran yn llosgi'r Ysgol Fomio. Cafodd ei glwyfo yng Nghoedwig Bourbon. Lladdwyd brawd iddo yn Fflandrys. Ym 1917 danfon-wyd ef i Athen i wasanaethu'r llysgenhadaeth Brydeinig. Ei brif ddyletswydd yn ystod ei ddeunaw mis yno oedd gwarchod Venizelos, y gwleidydd Groegaidd a arddelid gan y Cyng-hreiriaid. Y cyfnod hwn yng ngwlad Groeg a ddysgodd iddo mor gwbl gelwyddog y gallai newyddiadurwyr a diplomyddion fod; byth wedyn darllenai eu hadroddiadau a'u datganiadau gyda'r sgeptigaeth fwyaf.

Cyfnod y rhyfel a welodd grafangau Cymru'n gafael ynddo yn ddiollwng. Ymdrech cenedlaetholwyr Iwerddon a'r lle a gâi

SAUNDERS LEWIS rhwng LEWIS VALENTINE a D. J. WILLIAMS

llenorion yn ei hywyd cenedlaethol a'i rhoddodd gyntaf ar
lwybr cenedlaetholdeb Cymreig. 'Trwy ddarllen llenyddiaeth
Yeats, Synge, Patrick Colum, trwy'r rheiny y dês i, am y tro
cyntaf, i ddeall beth oedd gwladgarwch ac ysbryd cenedl,'
meddai. Yna, pan ddaeth adref o Ffrainc ym 1916 digwyddodd
brynu copi o gofiant Emrys ap Iwan gan T. Gwynn Jones mewn
siop lyfrau ail-law yn Abertawe. Cafodd y llyfr effaith ysgytiol
arno. Dyfnhawyd y dylanwadau hyn yn Ffrainc ei hun gan
lyfrau Barrés, a ddysgodd iddo ei fod yntau'n un o'r diwreidd-
iedig rai. Deuai i'w feddwl eiriau ei dad, 'Ni ddaw dim byd
ohonoch chi Saunders nes y dowch yn ôl at eich gwreiddiau.'
Erbyn diwedd 1916 yr oedd yn genedlaetholwr unplyg a chyfan,
a dderbyniai ei gyfrifoldeb personol am gynnal y dreftadaeth
Gymreig; ac yn fwyfwy ymdeimlai â'r alwad i ddeffro teyrn-
garwch y Cymry i'w gwlad fel y byddent fyw yn llawn fel
cenedl.

Ar ôl ei ryddhau o'r lluoedd arfog dychwelodd i Brifysgol
Lerpwl i orffen ei gwrs yno; ond wedyn ni ddilynodd rhawd
Eingl-Gymreig arferol y rhelyw o Gymry galluog y dinasoedd
Seisnig a gâi yrfa ddisglair yn Lloegr. Dod i fyw yng Nghymru er
mwyn byw dros Gymru a wnaeth ef. Er mai yn Saesneg y
sgrifennodd ei ddrama fer gyntaf, *The Eve of St. John*, a'i lyfr
cyntaf ar lenyddiaeth Gymraeg, *A School of Welsh Augustans*,
ymroddai i feistroli'r Gymraeg, gan ei drwytho ei hun yng
nghlasuron yr iaith. Iaith y clasuron yw sylfaen yr arddull lem
a glân a ddaeth yn nodwedd o'i sgrifennu. Yn fuan ymddang-
osodd llyfr ac ysgrif ganddo a newidiodd gwrs beirniadaeth
lenyddol Gymraeg.

Williams Pantycelyn yw teitl y llyfr gorchestol hwn a
ddisgrifiwyd fel 'the most sustained piece of literary criticism
in the Welsh language.' Ynddo cyflwynir y bardd ac arweinydd
athrylithgar o Bantycelyn gan Lewis fel seren fore rhamantiaeth
yn llenyddiaeth Ewrop ac fel un o gyfrinwyr Cristnogol mawr
Ewrop. Byddai gosod llenyddiaeth Gymraeg yn erbyn cefndir
Ewropeaidd, a'i gweld ym mhersbectif Ewrop, yn nodweddu ei
holl feirniadaeth lenyddol. Yr un mor chwyldroadol oedd ei
erthygl ar Ddafydd Nanmor yn *Y Llenor*, y cylchgrawn gloyw y

bu Saunders Lewis yn bennaf gyfrifol am ei gychwyn. Yn hon dangosodd fod mwy na cheinder ymadrodd ym meirdd mawr yr Oesoedd Canol. Ceir ynddynt gorff mawreddog o feddwl ac o fyfyrdod ar werthoedd eu cymdeithas sydd o werth parhaol, a darlun cyfoethog o wareiddiad sefydlog a'u swyddogaeth hwy ynddo. Myfyrient yn barhaus ar y gwareiddiad hwn ac ychwanegu'n dawel ato, gan drosglwyddo'u darlun ohono o oes i oes. Nid tynnu sylw at eu doniau personol a wnâi'r beirdd eithr ychwanegu at adeiladwaith fawreddog ein llenyddiaeth fel yr ychwanegai penseiri di-enw at gampwaith Prifeglwys Chartres.

Cyflwynai Saunders Lewis ei weledigaeth o lên Cymru gyda grym cyffrous i'w fyfyrwyr yn y Brifysgol. Mynych y disgrifiwyd imi angerdd ei ddarlithio a'i symudiadau corfforol gosgeiddig wrth yrru ei bwyntiau i dref. Wrth ddarlithio ar Ann Griffiths, rhedai dagrau dros ei ruddiau. Pan berswadiwyd ef i gynnal dosbarth allanol yn Aberystwyth yn ystod y rhyfel deuai deucant ynghyd wythnos ar ôl wythnos i wrando ar y dewin yn traethu'n gyfareddol ar lenyddiaeth Gymraeg. Yr oedd yn ddarlithiwr a siaradwr cyhoeddus o'r radd flaenaf.

Dywedodd rywdro fod pob beirniad llenyddol o bwys yn sgrifennwr go doreithiog, a mwy na hynny, mai cyfansoddi llenyddiaeth yw ei waith. Dyna a wnâi ef. Am ugeiniau o flynyddoedd daeth o'i law gyfres faith o lyfrau ac ysgrifau meistrolgar, yn rhychwantu bob cyfnod, a oedd eu hunain yn llenyddiaeth gain. Amlygent amgyffrediad dwfn o'n holl lenorion mawr, a chyfoethogwyd yr ymdriniaeth gan wybodaeth am lên a gweddau cerddorol, artistig a phensaernïol gwledydd eraill, yn arbennig Ffrainc a'r Eidal. Cyflwynent lenyddiaeth Gymraeg fel un o lenyddiaethau mawr Ewrop yr Oesoedd Canol, gan helpu trwy hynny i ryddhau Cymru o'i thaleithioldeb Prydeinig. Ni welwyd dim tebyg yng Nghymru i'w gymharu â'r corff mawreddog hwn o feirniadaeth lenyddol. Gweddnewidiodd ein golwg ar lenyddiaeth Gymraeg.

Rhagorai ym mhopeth a wnâi.

Clasuron bach yw ei ddwy nofel; ac er mai cymharol ychydig o ganeuon a sgrifennodd cred rhai mai yn ei farddoniaeth, sy'n cynnwys rhai dramâu, y gwelir ei fawredd gliriaf. Gallai hefyd

lunio dychan a loriai ambell elyn Prydeinllyd a Saisaddolgar,
megis y penillion a anfarwolodd y Parchedig J. D. Jones,
Bournemouth, a siaradai mor ddirmygus am genedlaetholdeb
Cymreig, brawd i Haydn Jones a fu'n A.S. Rhyddfrydol Meirion-
nydd am ddeugain mlynedd diffaith.

O'th bwlpud plu dy bregeth wêr
Ddiferodd ar y glythion,
A thoddion saim dy Saesneg bras
Fu moddion gras bolrythion.

Dramodydd oedd Saunders Lewis uwchlaw pob dim arall.
Nid oes corff o ddramâu Cymraeg hafal i'w ddeunaw drama ef.
Trwyddynt hwy gwnaeth ei gyfraniad pwysicaf i lenyddiaeth
Cymru. Crisialodd ynddynt ei fyfyrdod ar dynged y ddynoliaeth
yn ogystal ag ar hynt a helynt Cymru. Enillasant iddo le fel
dramodydd o safle Ewropeaidd. Fel llenor a dramodydd Saunders
Lewis yw ffigur canolog y dadeni rhyfeddaf a welodd yr iaith
Gymraeg erioed.

Ond fel cenedlaetholwr o wleidydd y gwnaeth yr artist a'r
ysgolhaig hwn fwyaf i newid hanes Cymru. Mae'n amhosibl
didoli ei wleidyddiaeth oddi wrth ei lenyddiaeth: un oedd y
llenor a'r gwleidydd. Nodwedd drawiadol o'i fywyd yw ei
unplygrwydd llwyr. Un gwead diwnïad yw ei lenyddiaeth a'i
wleidyddiaeth; ar y lefel ddyfnaf mae ei lenyddiaeth o bob
math, yn wleidyddol; ac o ddechrau ei yrfa gyhoeddus mynnodd
mai yn y maes politicaidd y sicrheir dyfodol Cymru a'i gwar-
eiddiad, ac mai mater politicaidd yw diogelu'r iaith: politicaidd
fu ymosodiad Llywodraeth Lloegr arni o'r Ddeddf Ymgorffori
ymlaen.

Cymru oedd ffwlcrwm ei feddwl a gwrthrych ei deyrngarwch,
ac fc'i gwelai bob amser fel rhan o wareiddiad Ewrop. Ni
welwyd y gyd-berthynas rhwng ei astudiaethau llenyddol a
gweddill ei fywyd yn gliriach yn unman nag yn ei newydd-
iaduraeth. Ei lithiau misol i'r *Ddraig Goch* a'r pum cant a
thrigain o erthyglau wythnosol i'r *Faner* yn ystod blynyddoedd
y rhyfel ac wedyn yw'r newyddiaduraeth ddisgleiriaf a welodd
Cymru. Tâl yr erthyglau hyn eu darllen hyd heddiw.

Dysgodd Saunders Lewis mai gwarchod y cornelyn hwn o etifeddiaeth ysblennydd Ewrop yw ein braint, ac mai Ewrop-eaidd yw'r dreftadaeth Gymreig y mae'n rhaid inni roi blaen-oriaeth i'w hamddiffyn. Yn ei ysgrif ar Thomas Mazaryk, creawdwr Sieco-Slofacia, dywed, 'Ond yr oedd gan Fasaryk bob amser ddau gartref, Bohemia ac Ewrop. Dyna'r unig gened-laetholdeb y gallaf fi ei edmygu.'

Yr oedd yn Gristion o argyhoeddiad dwfn. Ymunodd â'r Eglwys Gatholig yn nechrau'r tri-degau a thrwy hynny fforffedu cydymdeimlad llawer o anghydffurfwyr Cymru. Ni welent y Cristion mawr: S.L. y pabydd a lanwai eu llygaid hwy. Ym Medi 1985, yn yr offeren i'r meirw ym Mhrifeglwys Gatholig Caerdydd, y gwasanaeth tebycaf a welodd Cymru i angladd gwladwriaethol, gorweddai medal Urdd Sant Gregori ar ei arch. Roedd y Pab Paul VI wedi ei enwi'n Farchog o'r Urdd, un o'r anrhydeddau uchaf y mae'r Eglwys Gatholig yn eu dyfarnu i leygwyr. Treiddiodd ei Gristnogaeth drwy ei holl feddwl a'i waith. Yn y ffydd Gristnogol y gwreiddiwyd ei argyhoeddiad cymdeithasol a'i holl lenyddiaeth, a glynodd wrth y gwerthoedd Cristnogol yn ei holl weithgareddau. 'Amcan gwleidyddiaeth,' meddai, 'yw ymgeleddu bywyd dyn.' Y bod dynol, a grewyd ar lun a delw Duw, nid y wladwriaeth, yw'r gwerth uchaf ar y ddaear; ei urddas ef neu hi sy'n rhaid ei amddiffyn rhag traha cyfalafiaeth a systemau politicaidd gormesol. A chan fod y creadur dynol yn hanfodol gymdeithasol, rhaid amddiffyn y cymdeithasau y mae'n perthyn iddynt, yn deulu a bro, eglwys ac undeb llafur ac ati. Cymdeithas yw'r genedl, cymdeithas o gymdeithasau, cymuned o gymunedau. Wrth amddiffyn y gymdeithas genedlaethol a'r cymdeithasau a berthyn iddi amddiffynnir y person unigol; ac wrth ddatganoli cyfrifoldeb ychwanegir at ei urddas a chyfoethogir ei ddynoliaeth. Gan hynny, pwysleisiai'r angen am ddatganoli cyfrifoldeb gymaint byth ag y bo modd, gan roi i bobl gymaint o reolaeth ag sy'n bosibl ar amodau eu bywyd, yn eu gwaith a'u cymdogaeth a'u cymdeithasau amrywiol. Yn unol â hyn, cymhellai ei bamffled polisi cyntaf roi'r gallu i gynghorau lleol i sefydlu diwydiannau a gwasanaethau cyhoeddus o bob math, naill ai yn unigol neu mewn cyd-weithrediad â'i gilydd; hynny yw, pleidiai sosialacth ddinesig.

Erbyn dechrau'r ganrif roedd y cenedlaetholdeb radicalaidd Cymreig a gafodd fynegiant gobeithiol ond byrhoedlog yng Nghymru Fydd wedi chwythu ei blwc, byth i'w adfer mwy. Cariodd Prydeindod a'i imperialaeth Brydeinllyd y dydd mewn Rhyddfrydiaeth Gymreig, ac wedyn yn y Blaid Lafur a'i disodlodd: sychodd ffrwd cenedlaetholdeb Llafur cyfnod Keir Hardie. Cryfhawyd gafael Prydeindod gan dair ffactor enfawr eu dylanwad, addysg Seisnig, y dylifiad Seisnig mawr a'r Rhyfel Mawr a arweiniodd at gynnydd anferth yng ngrym y wladwriaeth. Prin y bu sôn am Gymru yn etholiadau cyffredinol ddechrau'r ugeiniau. Prydeindod oedd yn ben a Chymru'n isgenedl fach ddi-nod a disylw yn cyflym fynd o'r golwg ar ymylon Lloegr.

Dyna'r sefyllfa pan gamodd Saunders Lewis a'r Blaid Genedlaethol fechan i'r llwyfan gwleidyddol. Efe oedd arweinydd naturiol y cwmni bach o wladgarwyr a wrthodai dderbyn caethiwed gwleidyddol Cymru. Cyfarfu mintai ohonynt ym Mhwllheli yn Awst 1925 i ffurfio Plaid Genedlaethol Cymru. Cynhwysai'r aelodau cynnar nifer o bobl academaidd megis Griffith John Williams ac Ambrose Bebb; ffermwyr fel Moses Gruffydd y trysorydd cyntaf; gweinidogion—Lewis Valentine oedd y llywydd cyntaf; athrawon—D. J. Williams, a anerchodd y cyrddau cyntaf yn y gogledd a'r de, a Kate Roberts, a sefydlodd y gangen gyntaf yn y de, yn Abercwmboi yn Nyffryn Cynon; ambell newyddiadurwr—Gwilym R. Jones a sefydlodd gangen gyntaf y gogledd, yn Nyffryn Nantlle; chwarelwyr fel Gwallter Llyfnwy ac Evan Alwyn Owen, a H. R. Jones yr ysgrifennydd cyntaf, a aeth i'r chwarel yn dair ar ddeg oed. Diogelu'r genedl a'i threftadaeth oedd eu pennaf amcan; ennill rhyddid cenedlaethol—nid annibyniaeth—eu pennaf nod gwleidyddol.

Saunders Lewis fu'r llywydd rhwng 1926 a 1939, ac am y rhan fwyaf o'r amser hwnnw bu'n olygydd *Y Ddraig Goch*. Dygai i'r gwaith fanteision mawr: grym ymenyddol cwbl eithriadol; cadernid cymeriad, ymroddiad llwyr a dygnwch diollwng; dawn siarad cyhoeddus—ni byddai byth yn ymfflamychu ond byddai ei ddwyster angerddol bob amser yn cyffroi; a dawn arbennig fel pwyllgorwr a chadeirydd. Daliai fod paratoi gogyfer â phwyllgor yr un mor bwysig â pharatoi i annerch cwrdd cyhoeddus. At hyn yr oedd yn hael ei werthfawrogiad o waith eraill: darllened ei ysgrifau am H. R. Jones a Prosser Rhys.

Iddo ef, grym ysbrydol oedd cenedlaetholdeb a helpai bobl i orchfygu eu hanawsterau materol. 'Does dim tebyg i'r ymdeimlad o berthyn i wlad nobl', meddai, 'i ysbrydoli ieuenctid i arwriaeth'. Credai y rhoddai ymdrech gref dros ryddid cenedlaethol urddas a mawredd i'r Cymry.

Ym 1930, yn y dyddiau cyn cydnabod Cymru'n endid i bwrpas darlledu, fe'i gwahoddwyd gan y BBC i roi sgwrs radio Saesneg ar 'Gymru heddiw ac yfory' a brofodd yn ormod i'r Gorfforaeth Brydeinig ei stumogi. Fe'i gwaharddwyd, a'r rheswm—'the talk was calculated to inflame national sympathies.' Fel maes cymerodd S.L. 'the futility of mere cultural nationalism . . . this inoffensive and untroublesome way of being a nation.' Dadleuai dros genedlaetholdeb gwleidyddol a allai ymgodymu â diweithdra enbyd y dydd. Yr oedd Cymru y pryd hynny mewn anobaith dwfn, heb neb ond y cwmni bychan o genedlaetholwyr yn brwydro'n ymosodol dros ddyfodol cenedlaethol. Deffro ei hymwybod cenedlaethol oedd yr angen fel y gweithredai ei phobl dros eu gwlad. Dyma ble Saunders Lewis:

> This latent sense of Welsh nationhood, might it not be awakened and roused to action? If we realised the greatness of our past, the grim will-power that enabled the Welsh people centuries gone by to maintain their unity and their traditions in the face of relentless invasion over a period of hundreds of years, if we realised the resilience of fathers and ancestors in the face of adversity not less menacing than that which confronts us today, might we not by such examples in our past history find new inspiration to join together in a general attack on the troubles of today? There is nothing like the sense of belonging to a noble country and to courageous ancestors for inspiring youth to heroism. Nationalism is above all a fountain head of heroism and of brave resolve. It gives a beaten people hope. It gives them resourcefulness and drives away apathy and cynicism and selfishness. It rouses them to cooperation and

it kills obstruction and the spirit that says 'No'. In the present economic
and social distress of Wales this inspiration is just what we lack.

There can be no happy tomorrow at all for Wales unless we can
arouse *ourselves* to action, to self-discipline, to a spirit of strong manly
independence and to an ancestral pride. What the Wales of today and
tomorrow needs is a call to heroism. The heroic note has not been heard
in Welsh politics. And that is why I am a political Nationalist—because
nationalism is a call to action and cooperation, because nationalism
closes the gaps of class and imposes on rich and poor, on clerk and
labourer, an ideal that transcends and yet enriches the individual, the
ideal of nation and country. A wave of national revival in Wales would
enable us to come together and to organise our resources. It would give
us the courage and clear vision necessary for our social reconstruction.
It would give us the will to master our circumstances.

'Calculated to inflame national sympathies' yn wir. Hyn fu
amcan Saunders Lewis ar hyd ei fywyd.

Gwelai gydag angerdd mai'r ffactor sy'n penderfynu parhad y
gymuned genedlaethol yw'r iaith. Hyn oedd neges ei ddarlith
radio ar Dynged yr Iaith, a oedd yn seiliedig ar ei gred fod y
Gymraeg yn bwysicach na hunan-lywodraeth am na byddai
cenedl yn bod hebddi. Amlygai'r ddarlith enwog honno ei nerth
a'i wendid fel arweinydd cenedlaethol. Roedd yno anogaeth i'r
Blaid ymroi i weithredu dros yr iaith trwy ddulliau union-
gyrchol. Eithr ped ymdaflai i'r frwydr dros yr iaith ar draul
popeth arall peidiai â bod yn blaid wleidyddol. Llesteiriwyd ei
gwaith politicaidd yn fwy na dim eisoes gan ei brwydro cyson
dros yr iaith. Parai hyn i bobl ei hystyried yn fudiad iaith a fawr
ddim arall. Er na fynnem ollwng yr iaith o'i lle sylfaenol yn ein
gwaith mynnem fod yn blaid wleidyddol effeithiol; pe methem
yn hynny deuai diwedd yr iaith ynghynt. Gan hynny pender-
fynwyd sefydlu cymdeithas a ganolbwyntiai ar frwydro dros yr
iaith. Talodd y polisi hwn ar ei ganfed, ac yng Nghymdeithas yr
Iaith amlygwyd yr arwriaeth a welai Saunders Lewis fel un o
ffrwythau pwysicaf cenedligoldeb.

Eithr y cyntaf i amlygu arwriaeth wrth weithredu dros
Gymru oedd Saunders Lewis ei hun, ynghyd â D. J. Williams a
Lewis Valentine, yn y Tân yn Llŷn. Pan gyhoeddodd y Llywod-
raeth ei bwriad i sefydlu ysgol fomio, sefydliad a dyfai'n
drefedigaeth filwrol Saesneg yn un o brif gaerau iaith a diw-

ylliant Cymru, cododd gwrthdystiad ar unwaith. Cyn pen
blwyddyn yr oedd gwlad gyfan yn gwrthwynebu. Eithr ni thalai
Llundain ddim sylw; gwrthododd hyd yn oed dderbyn dirprwy-
aeth genedlaethol. Ymddug Llywodraeth Prydain fel pe bai'n
Llywodraeth Loegr yn unig. Yn Lloegr ei hun roedd ei hym-
ddygiad yn wahanol iawn. Bwriadai sefydlu ysgolion bomio yn
Holy Island, Northumberland ac Abbotsbury yn Dorset. Tyn-
nodd yn ôl o'r cyntaf o achos cysylltiadau hanesyddol Seisnig
ac o'r ail am ei fod yn fagwrfa eleirch gwylltion. Y peth cyntaf
a wnaeth y fandaliaid yn Llŷn oedd tynnu plasty bach hanes-
yddol Penyberth i'r llawr cyn codi siediau yn ei le. Y siediau
hyn a roddwyd ar dân gan y tri. Yn yr achos a ddilynodd yng
Nghaernarfon traddododd Saunders Lewis un o'r areithiau
disgleiriaf a glywyd mewn llys barn, gan ddal bod galw ar
Gristnogion i ufuddhau i'r ddeddf foesol sy'n rhan o'r traddodiad
Cristnogol. Methodd y rheithgor â chytuno cael y tri yn euog a
symudwyd yr achos i'r *Old Bailey* er mwyn cael rheithgor o
Saeson a wnâi hyn. Dedfrydwyd hwy i naw mis o garchar a
dreuliwyd yn *Wormwood Scrubs*. Diswyddodd Coleg y Brif-
ysgol, Abertawe, Saunders Lewis. Pan ryddhawyd y tri o'r
carchar daeth 15,000 i'w croesawu yng Nghaernarfon mewn
cyfarfod na bu ei fath yng Nghymru.

Ymhen tair blynedd daeth yr Ail Ryfel Byd. Credwyd yn
gyffredinol y rhoddai ben ar genedlaetholdeb gwleidyddol
newydd Cymru am byth. Ond nid felly y bu. Gwrthododd y
cenedlaetholwyr â chymryd eu distewi. Trwy gydol y rhyfel bu
llais proffwydol Saunders Lewis yn hyglyw trwy erthyglau
disglair 'Cwrs y Byd' yn *Y Faner* a gynghorai a goleuo a chryf-
hau'r rhai a feddyliai yn annibynnol fel Cymry. Yng nghanol y
rhyfel ymladdodd etholiad chwerw am sedd seneddol Prif-
ysgol Cymru yn erbyn y cyn-genedlaetholwr W. J. Gruffydd.
Cafodd 1,330 i'w gefnogi yn erbyn 3,098 Gruffydd. Hon oedd ei
weithred fawr olaf fel gwleidydd o genedlaetholwr. Ysgrifennu
fyddai ei arf bellach. Gwnai hynny'n ddi-baid, gan bwysleisio
mai am ei fod yn iawn y mae'n rhaid gweithio mewn mudiad i
achub cenedl, nid am fod gobaith iddo lwyddo.

Parhaodd ei ddawn greadigol i flodeuo mewn toreth o lyfrau ac ysgrifau am ddeugain mlynedd a mwy ar ôl ei garchariad yn *Wormwood Scrubs*, a pharhaodd i ysbrydoli cenhedlaeth ar ôl cenhedlaeth â balchder yn eu cenedligrwydd ac â'r ewyllys i fyw er mwyn Cymru. Pe buasai wedi ei eni'n Wyddel buasai'n arweinydd cenedlaethol o faintioli Parnell gyda chenedl wrth ei gefn. Ond ei dynged oedd ei eni'n Gymro, yn perthyn i bobl heb eu cyffwrdd yn ddwfn gan ysbryd cenedl a heb deyrngarwch diymod i'w gwlad, pobl a ddirymwyd gan y Seisnigrwydd a elwir yn awr yn Brydeindod, pobl nad yw eu cenedligrwydd yn fwy na ffaith ymylol, amherthnasol i faterion gwir bwysig bywyd, ac sydd gan hynny yn ddigyffro pan welant eu gwareiddiad oesol yn cael ei ddinistrio gerbron eu llygaid heb fawr ddim ymroddiad gwleidyddol i'w achub.

Ym mywyd Saunders Lewis gwelwn barhad rhyfeddol traddodiad Taliesin ac Aneirin, Dewi Sant ac Illtud, Llywelyn ap Gruffudd ac Owain Glyndŵr, Pantycelyn ac Ann Griffiths. Gwnaeth ymdrech orchestol i draddodi i'n plant ac i blant ein plant y winllan wen a roed i'n gofal ni. Ni welodd Cymru neb mwy nag ef.